독서와 지식의 풍경

독서와 지식의 풍경
—조선 후기 지식인들의 읽기와 쓰기

배우성 지음

2015년 3월 16일 초판 1쇄 발행

펴낸이 한철희 | 펴낸곳 돌베개 | 등록 1979년 8월 25일 제406-2003-000018호
주소 (413-756) 경기도 파주시 회동길 77-20 (문발동)
전화 (031) 955-5020 | 팩스 (031) 955-5050
홈페이지 www.dolbegae.com | 전자우편 book@dolbegae.co.kr
블로그 imdol79.blog.me | 트위터 @Dolbegae79

책임편집 김진구·김태권
표지디자인 김동신 | 본문디자인 이은정
마케팅 심찬식·고운성·조원형 | 제작·관리 윤국중·이수민
인쇄·제본 한영문화사

ISBN 978-89-7199-653-9 (94910)
　　　 978-89-7199-501-3 (94080) (세트)
이 도서의 국립중앙도서관 출판시도서목록(CIP)은 e-CIP 홈페이지
(http://www.nl.go.kr/ecip)에서 이용하실 수 있습니다.(CIP제어번호: CIP2015002859)

책값은 뒤표지에 있습니다.

※ 본문에 실린 유물 이미지는 소장처로부터 복제 허가를 얻은 것입니다. 소장자를 알지 못해 사전 허가를
　 받지 못한 유물의 경우, 사후에라도 연락을 주시면 허가 절차를 밟도록 하겠습니다.
※ 이 저서는 2009년 정부(교육과학기술부)의 재원으로 한국학술진흥재단의 지원을 받아 수행된 연구임
　 (KRF-2009-812-A00011).
　 원과제명: 조선 후기 지식인과 지식의 맥락-독서 양상과 지식의 공유 구조를 통해서 읽는 조선 후기 문화사

돌베개 한국학총서

18

독서와 지식의 풍경

배우성 지음

조선 후기 지식인들의 읽기와 쓰기

돌베
개

조선 후기 지성사의 맨얼굴과 마주하기

　연구의 길로 접어든 사람에게 정해진 학위과정을 마친다는 것은 '앞으로
는 학문적으로 독립할 수 있다'는, 아니 '그래도 좋다'는 일종의 신호다. 나도
오래전 그 신호를 받았다. 그런데 그 뒤로 나는 무엇을 했을까. 선생님들이
나 선배들이 걸어온 길을 충실히 따라 걷기 위해 노력했던 시간도 있었지만,
내 길을 찾아 '나 나름대로' 헤매왔던 시간도 적지 않았다. '나름대로의 길'이
라고 해서 특별할 것은 없다. 혼선과 시행착오도 많았다. 그러나 간혹 무지와
굴레로부터 벗어나는 기쁨을 맛보기도 했으니 그것으로 족하다.

　기대 밖의 소득도 있었다. 어느 때부터인가 나는 내 안의 목소리에 귀 기
울이기 시작했다. 한 편의 논문을 쓰는 동안에는 그 논문에 충실하려 노력했
지만, 나는 여전히 현실 사회와, 나아가 대중 독자와 거의 소통하지 못했다.
소통 역량의 부재는 인정할 수밖에 없는 나의 한계였던 것이다. 이제라도 문
제 해결의 실마리를 찾아야 한다는 '절박함'이 내 안에 있었다.

　물론 참고가 될 만한 사례가 많다. 사회적 실천을 중요하게 보는 역사가
는 역사 관련 현안에 개입하거나 한 걸음 더 나아가 사회운동에 참여할 수도
있다. 국가나 지방자치단체, 혹은 시민사회가 요구하는 문화정책을 수립하고
문화산업에 기여하는 경우도 있다. 그 시대가 필요로 하는 관점에 입각해 한
국사 전체의 뼈대를 세워나가는 일은 학문적 과정이자 사회적 실천이기도 하
다. 한국의 역사가들은 1960~1980년대에 민족주의사학, 민중사학, 과학적

·실천적 역사학을 체계화해냈다. 그들이 읽어내려 했던 것은 민족, 자주, 민중, 발전 같은 단어였다. 이 모든 경우에서 역사가는 현실의 '무엇' 또는 '누군가'를 위해 '기여'했다. 일종의 소통이다.

역사가는 대중적 감각에 조금 더 가까운 소통을 시도할 수도 있다. 먼저 간 남편에 대한 절절한 사랑이 느껴지는 원이 엄마 편지를 연구할 수도 있고, 이문건이라는 인물이 손자 사랑하는 마음으로 적어내려간 육아일기를 분석할 수도 있다. 조선의 선비문화와 '선비다움'을 오늘에 되살려야 한다고 말하거나, 반대로 세계에 눈을 돌리지 못하고 망국을 초래한 책임을 조선의 위정자에게 물어야 한다고 주장할 수도 있다. 이 모든 장면에서 소통의 밀도는 높을 수밖에 없다. 그들이 그랬던 것처럼 우리도 누군가의 자식이거나 부모이며 남편이거나 아내이기 때문이다. 우리도 그들처럼 각박한 현실과 요동치는 국제질서 속에서 살아가고 있기 때문이다.

나는 많은 역사가들이 열정적으로 수행해왔거나 지금도 계속하고 있는 이런 소통의 방식을 스스로의 의제로 삼아본 적이 있었을까. 비슷하게 쓰거나 말한 적은 있었던 것 같다. 그런데 그럴 때마다 어딘지 모르게 남의 옷을 빌려 입은 것 같은 '불편한' 느낌을 지울 수 없었다. 왜일까. 학자들만의 논리, '그들만의 리그'에 갇혀 있었기 때문일까. 그럴 수도 있다. 그러나 꼭 그런 것만은 아니었다. 되돌아보니 나는 소통 그 자체보다는 내가 보아온 소통 방식으로는 나 자신을 완전히 납득시키지는 못했던 것 같다.

사회적 실천과 대중적 소통을 소중히 여기는 역사가에게 과거는 언제나 현재의 로망을 비추어보기 위한 도구다. 다르게 말한다면, 역사가는 끊임없이 과거를 통해 현재를 본다. 역사가도 현재를 살고 있으니 현재와 소통하려는 그의 시도는 그 자체로 정당하다. 그런데 과거가 '현재를 비추어보는 거울'이 되려면 한 가지 전제가 충족되어야 한다. 과거란 현재와 단선적으로 이어지거나 현재와 동일한 조건을 가진 그런 실체여야 하는 것이다. 내가 조금 의아하게 여기는 것은 바로 이 지점이다. 과연 그런가?

나는 과거가 우리가 생각하는 것보다 훨씬 '낯선' 것일지도 모른다는 가

정이 필요하다고 본다. 시간은 같아 보이는 많은 것들의 의미를 다르게 만드는 마법사다. 그러니 서로 다른 시대들 사이에는 그 시대를 구성하는 변수의 수와 종류와 크기가 다를 수밖에 없는 것이다. 그것이 맥락context의 차이다. 그렇다면 '시간이 만들어내는 그 낯선 느낌'을 피하거나 무시하지 말고 정면에서 마주 보아야 하는 것은 아닐까.

생각이 여기에 미치고 보니, 찾아나가야 할 길은 좀 더 분명해진다. 시간을 함부로 뛰어넘지 않기. 개념이든 가치든, 그 무엇이든 과거와 현재를 동일시하지 않기, 그리고 현재의 로망을 과거에 무원칙하게 투영하지 않기. 시간이 주는 제약을 그대로 받아들이면서 과거의 양상을 드러내기. 그리하여 최종적으로는 그렇게 그려낸 그림으로 '현재까지'에 대해 묘사하기.

그들의 문화를 그 사회의 맥락 위에서 읽어낸 뒤 그것이 어떻게 이어지거나 재해석되는지를 설명할 수 있다면, 궁극적으로 과거를 단절된 것으로 간주하지 않고 현재까지 이어지는 어떤 것으로 다룰 수 있다면 그것으로 부족함은 없을 것이다. 이런 방식이 얼마나 효과적인 소통을 가능하게 할지는 아직 확신할 수 없다. 그러나 나는 많은 역사가들에 의해 '이미 검증된, 안전하고 편한 길'보다 좀 불편하고 멀더라도 다른 길을 찾아보고 싶다.

이 책이 조선 후기를 다루게 된 것은 역사가들에게 이 시기가 현재의 로망을 비추어보는 유력한 '거울' 중 하나였기 때문이다. 개설서에 따르면, 조선 후기는 사회경제사적으로 근대를 준비하는 시기이며, 운동사적으로는 중세적 질곡을 뚫고 변혁 주체가 탄생하는 시기이기도 하다. 문화사·지성사적으로도 그런 총체적 변동에 어울릴 만한 새로운 움직임들이 있었다.

이 책은 조선 후기 문화사 내부의 균열을 발견하고, 거기에 의미를 부여하려 했다. 현재의 로망을 비추어보는 데 집착하지만 않는다면, 지식이 '규범적으로 이래야 한다'고 말할 필요는 없다. 나는 이 책에서 이 시기의 지식인과 지식을 둘러싸고 있는 맥락의 실체를 드러내는 일에 집중하고 싶다. 그들은 무엇을 추구할 만한 지식이라고 생각했을까. 읽고 쓰는 행위, 지식의 위계에 관한 그들의 아이디어는 무엇이었을까. 그들은 어떤 지식을 담은 책을 어떻게 읽었으며, 어떤 방식으로 공유했을까.

읽고 쓰는 것을 둘러싼 역사, 혹은 책과 독서의 울타리에 관한 역사를 통해 조선 후기의 맥락을 재구성해보고 싶다는 생각을 처음 한 것은 10여 년 전쯤이었다. 그즈음이었던 것 같다. 18세기 독자들이 『택리지』를 저자의 의도와 거의 무관한 방식으로 읽었다는 사실을 알게 되었다. 이는 『택리지』만의 문제는 아닐 것이다. 그렇다면 이 현상을 어떻게든 그 시대의 눈으로 설명해야 하지 않을까 싶었다.

이 책을 본격적으로 구상하게 된 것은 2009년 한국연구재단의 인문저술 지원을 받게 되면서부터였다. 지식의 위계, 쓰기·읽기·공유하기에 관한 얼개를 갖추고 사료를 읽어나갔다. 적지 않은 균열의 지점들을 발견하면서, 시간의 눈으로 보면 아무것도 당연한 것은 없다는 사실을 실감했다. 그 균열의 흔적들은 '지체의 증거'가 아니라 시대의 맥락을 구성하는 질료일 뿐이다. 이 책은 인문저술의 일환으로 새로 집필한 원고에 그동안 발표해온 몇 편의 개별 연구를 가다듬어 덧붙인 것이다.

얼마 전 펴낸 『조선과 중화』에 이어 이 책까지 돌베개에서 출간하게 된 데는 약간의 사정이 있다. 『조선과 중화』 원고를 넘겨주기로 한 약속을 1년 넘기도록 지키지 못하고 있던 차에 마침 이 책의 원고를 마무리했다. 한국연구재단에 결과를 보고해야 하는 시한이 있는 터라 탈고 시점의 선후가 바뀌게 된 것이다. 미안한 마음에 이 원고를 먼저 내밀었다. 연달아 책을 낼 수 있도록 도움을 주신 한철희·소은주 님, 난삽한 원고를 꼼꼼하게 점검하고 책 모양을 갖추어주신 김태권·김진구 님께 감사드린다. 저술 지원을 받을 수 있도록 도움을 주신 한국연구재단, 그리고 익명의 심사자들에게도 감사의 말씀을 드린다. 1년 사이에 두 번씩이나 기꺼이(?) 교정을 분담해준 김현정·이승재 등 대학원생들에게도 고맙다는 말을 전하고 싶다.

독자들은 이 책에서 조선 후기 지식의 맥락을, 읽기·쓰기·공유하기의 역사에 관한 민낯을, 그리고 그 민낯에 작용하는 여러 힘을 읽을 수 있을 것이다. 그러나 막상 출판을 앞두고 보니 걱정이 앞선다. 한국 지성계의 현실을 조선 후기에 비추어보면서 그 역사에서 어떤 가치를 발굴하거나 교훈을 얻어야 한다고 생각하는 독자라면, 이 책이 조금 낯설게 느껴질 수도 있기 때문이다. 혹시라도 그런 경우가 있다면 그것은 전적으로 내 역량이 아직 충분하지 못하기 때문일 것이다. 역사가는 대개 자기가 공부해온 시대에 관한 전문가들이다. 나는 주로 조선 후기에 관한 글을 써왔다. 그런데 시간이 주는 무게감을 진지하게 받아들이면서부터 '조선 후기적 관성inertia이 재해석·해체되어가는 과정'이라는 관점에서 다음 시기를 설명해야 하지 않을까 하는 생각을 하곤 한다. 그것은 거의 무모한 도전일 것이다. 그러나 그런들 어떠랴. 그 과정에서 작고 사소한 것이라도 깨달을 수 있다면, 그리하여 소통의 영역을 조금이라도 넓혀갈 수 있다면, 그것만으로도 거기에 들이는 시간이 헛되지는 않을 것이다.

읽히지 않으면 죽는 것이 인문학이라 했던가. 언젠가 좀 더 잘 읽히는 '대중적인' 글을 써보고 싶은 꿈도 있다. 그것이 내가 감당할 수 있는 일이라면 말이다. 대중적 글쓰기란 무엇일까. 역사를 '파편화'하여 맥락 없는 이야기를 양산하는 것만은 아닐 것이다. 현재의 로망을 과거에 덧씌워 어떤 가치들을 발굴하는 것만도 아닐 것이다. 가능하면 그런 강박에서 자유로워지고 싶다. 소박하나마 내가 가진 문제의식의 본질을 무너뜨리지 않으면서도 더 많은 사람과 소통할 수 있는 글쓰기, 인문학적인 여운이 길게 남는 글쓰기를 할 수 있으면 좋겠다. 최초 독자일 아내와 두 아이들이 '충분히' 공감할 수 있는 정도라면 아주 불가능한 일은 아닐 것이다. 준비가 필요하다. 어디서부터 시작해야 할까. 즐거운 고민거리를 안은 채 나는 아무것도 없는 출발점에 다시 서 있다.

2015년 2월
배봉산 자락, 연못가 연구실에서
배우성

독서와 지식의 역사,
그 조건과 맥락을 독해하기

지식의 조건들을 문제 삼는 이유

역사가는 자신이 가진 로망을 과거에 비추어보는 데 익숙하다. 그런 시선
으로 보면 조선 후기는 새로움을 읽어내기에 부족하지 않은 매력적인 시대
다. 그들은 사회의 성격이 얼마나 달라져왔는지, 과거의 질곡을 뚫고 새로운
인간형이 어떻게 등장하는지를 밝혔다. 지식의 경우에도 예외는 아니다. 자
주 '실학'이라는 이름으로 불리는 새로운 지식들에 대해 이렇게 질문해왔다.
지식은 얼마나 자주적이며 민족적인가. 얼마나 민중적인가. 얼마나 객관적이
며 과학적인가. 얼마나 개방적인가. 그 지식들은 어느 정도의 밀도로 이해되
고 있었는가. 그런 관점에서 보면 전문가의 탄생, 새로운 글쓰기의 등장, 양
명학적 문예이론의 대두, 나아가 서양과학에 대한 탐구의 흔적 등은 반드시
기억해야 하는 것들이다. 그런데 이 질문들은 많은 경우 지식을 둘러싼 '조건
들'에 대해서는 크게 관심 두지 않는다.

우리가 문화재급 기록물을 대하는 태도에도 비슷한 면이 있다. 조선시대
에 만들어진 기록물 중에는 『승정원일기』처럼 방대한 연대기나, 『화성성역의
궤』처럼 자세한 공사보고서가 있다. 이것들은 모두 유네스코 세계기록유산
으로 등재되어 있다. 우리는 이런 책을 보면서 한국의 기록문화가 비교우위
에 있다고 생각할 뿐이다. 질문을 더 확장해나가지 않는 것이다.

지식의 내용이나 밀도보다 중요한 것은 지식이 가지는 사회적 의미일 것이다. 우리 학계에서 그 점에 주목한 경우가 전혀 없었던 것은 아니다. 연구에 따르면, 조선은 국가가 인쇄 출판을 독점했다. 민간 상업출판이 활성화되었던 중국이나 일본과는 전혀 딴판이다. 사정이 그렇다 보니 서점이 활성화될 리도 없다. 민간 출판이 없고 출판물을 거래할 서점이 없으니 책이 자유롭게 유통될 리도 없다. 정약용과 같은 시대를 산 사람 중에 정약용의 훌륭한 저술을 읽어본 사람은 거의 없었다.[1] 이런 점을 무겁게 받아들인다면, 생산과 유통이라는 관점에서 볼 때 조선시대 책의 역사가 가지는 의미는 지극히 제한적이었다고 말할 수 있을 것이다.

책이 지식을 담는 그릇이라면, 책의 사회사를 그려보는 일은 무엇보다 중요하다. 우리는 그렇게 그려진 그림을 보면서 국가 주도형의 경직된 출판문화에 대한 진한 아쉬움을 느끼게 된다. 그 아쉬움은 어디에서 오는 것일까. 책과 출판이 가야 할 '당연한 길'이 전제되어 있기 때문이 아닐까. 책은 민간에서 다양하게 인쇄 출판하고 불특정 다수에게 유통해야 한다는 전제 말이다.

유럽 역사에 따르면, 구텐베르크의 활자는 인쇄술의 발달을 가져왔다. 새로운 인쇄술은 책과 팸플릿을 비약적으로 증가시켰다. 더 많은 독자층을 겨냥하여 인쇄 부수를 늘리는 저자가 있는가 하면, 소수 고급 독자를 상대로 이윤을 추구하는 경우도 있었다. 유럽 엘리트들은 책을 매개로 여론을 만들어나갔다. 팸플릿은 책보다 속도가 빠르다는 장점이 있었다. 이것은 뒷날 잡지의 선구가 된다.[2] 유럽에서 인쇄술의 발달이 근대라는 새로운 시대를 열었다는 사실에 주목한다면, 우리는 자연스럽게 이런 질문을 하게 된다. 왜 우리는 유럽처럼, 아니면 적어도 중국이나 일본처럼 하지 못했던 것일까. 그만큼 사회가 경직되었다는 뜻이 아닐까.

1 강명관, 2014, 『조선시대 책과 지식의 역사-조선의 책과 지식은 조선 사회와 어떻게 만나고 헤어졌을까?』, 천년의상상.
2 볼프강 헤를레스·클라우스-뤼디어 마이 지음, 배진아 옮김, 2010, 『책 vs 역사: 책이 만든 역사, 역사가 만든 책』, 추수밭; 니콜 하워드 지음, 송대범 옮김, 2007, 『책, 문명과 지식의 진화사』, 플래닛미디어.

'가야 할 길'을 정해놓고 역사를 읽는 것이 무용하다고 말할 필요는 없을 것이다. 그러나 지식을 외부 조건들과의 관계 속에서 이해하기 위해서라면, 반드시 유럽적·고전적 관점을 취할 이유는 없다. 인쇄술과 출판유통에 관한 그런 고전적 관점은 '그 시대의 그들'에게 책과 지식이 가지는 의미가 무엇이었는지를 설명해주지는 않기 때문이다.

이 책에는 어떤 종류의 '가야 할 길'도 전제되어 있지 않지만, 적어도 분명한 점은 있다. '그리 유럽적이지 않은' 그 시대에도 사람들은 책을 쓰거나 필사했으며, 읽고, 그들 나름의 방식으로 공유했다. 그들은 왜 무엇을 쓰고 베꼈으며, 어떻게 책을 읽었는가. 이 책에서 던지는 질문은 이런 것이다. 이 점을 이해하기 위해서는 그들이 쓰고 읽으려 한 지식이 그들에게 어떤 의미였는지를 드러내지 않으면 안 된다. 그렇다면 지식의 내용만이 아니라 그들이 생각한 지식의 '조건들'이 문제다. 이 책이 지식의 위계hierarchy와 맥락context을 문제 삼으려 하는 것은 그런 이유이다.

이 책은 총 3부 8개 장으로 구성되어 있다. 1부(1~3장)는 지식의 위계에 관한 그 시대 사람들의 정서를 확인하려는 것이다. 교류와 저술 양상을 검토하게 될 1장은 그 서론에 해당한다. 도시문화를 공유한 지식인 사회에서 신분을 넘어선 교류는 어떤 양상을 띠고 있었는가(1장 1절). 새로운 미학에 눈뜨거나 저술의 의미를 재발견하게 되었을 가능성은 없는가(1장 2절).

1절과 2절이 18세기와 19세기 조선 사회의 문화적 분위기를 거시적으로 관찰한 것이라면, 3절과 4절은 안정복과 홍대용의 '읽고 쓰는' 행위를 통해 저술 행위의 의미를 미시적으로 들여다본 것이다. 안정복은 왜 읽고 쓰려 했는가. 그에게 『동사강목』東史綱目은 어떤 의의를 지닌 책인가. 그는 『동사강목』이 유포될 수 있는 가능성에 대해 어떻게 생각했는가. 북경을 다녀온 노론계 지식인 홍대용은 여러 가지 의미에서 안정복과 입지가 달랐다. 그런 홍대용이 생각한 '읽기와 쓰기'는 어떤 것이었는가. 그는 그의 '북학파' 친구들처럼 고문古文에 연연하지 않는 글쓰기를 지향했는가. 서양 과학에 심취했던 그는 주자학에 대해, 나아가 다독多讀에 대해 어떤 입장을 가졌는가.

1부 2장에서 다루어보려는 핵심적인 문제는 문체와 지식의 위계에 관한 지식인 집단의 정서다. 한문학계의 연구는 문체文體라는 창을 통해 18세기의 역사상을 보여준다는 점에서 매우 유익하다고 하지 않을 수 없다. 그 연구들에 따르면, 청나라에서 흘러들어온 새로운 지식과 문화는 경화세족京華世族이 누리던 도시문화의 토대가 되었다. 장서가의 등장, 박학풍과 고증학풍의 대두, 패관소품의 유행 등도 모두 그 산물이다. 그중에서도 고증학, 패관소품 등은 특별한 의미를 가진다. 주자학으로 강고하게 짜인 조선 사회에 균열을 낼 가능성을 내포하고 있기 때문이다.

패관소품의 독자 중에는 이덕무, 박제가, 유득공 같은 서얼뿐만 아니라 남공철, 김조순, 박지원 같은 노론계 엘리트도 있었다. 심지어 사도세자까지 패관잡기稗官雜記 마니아였다는 사실이 알려지고 있다.[3] 그런데 패관소품에 열광했던 사람들은 내면에 주자학을 인정하지 않으려는 욕구가 있었다고 말할 수 있을까? 패관잡기를 본다는 것의 의미는 어디까지 확장될 수 있는가.

이런 질문도 가능하다. 정조가 노론의 신진 엘리트들에게 반성문을 요구한 것은 그 문체가 성리학의 토대를 무너뜨릴 수 있을 만큼 파괴력이 있다고 생각했기 때문인가. 만일 그렇다면 반성문 한 장으로 문제를 해결할 수 있을까. 정조는 왜 하필이면 김조순을 외척으로 삼아 그에게 다음 시대를 맡기려 한 것인가. 그렇듯 강력하게 문체를 '탄압'하던 정조가 죽자, 그 문체는 다시 살아나 19세기 조선 사회를 밑에서부터 흔들었는가. 19세기에 전범典範 없는 글쓰기가 널리 유행했다는 증거는 없다. 그렇다면 새로운 문체에 환호했던 그 많은 사람들은 반성문이라는 가벼운 견책에 지레 겁을 먹고 모두 철저한 자기검열을 했던 것인가.

만일 문체에 관한 모든 것을 이항대립의 양편에 놓을 수 없다면, 지식의 위계에 대한 그 시대 사람들의 생각을 들여다보는 데서 해법을 찾아야 하지 않을까. 공안파公安派의 문예이론에 공감하고 자유로운 글쓰기를 선도했다

---

3   혜경궁 홍씨 지음, 정병설 옮김, 2010, 『한중록』, 문학동네, 123~124쪽.

고 평가받는 박지원과 이덕무는 스스로 생각하던 지식의 위계 안에서 문체를 어디에 위치시켰는가(2장 1절, 2절). 박지원은 노론 명문가의 후예이지만 상대적으로 자유인이었다. 그에 비하면 같은 노론계라도 관료적인 체질을 지닌 이서구는 박지원과 입장이 같을 수 없다. 이서구의 문체와 학문에 대한 문제의식은 어떤 것이었는가(2장 3절).

문체를 지식의 위계 내에서 어딘가 위치시킨다는 것은 새로운 글쓰기를 주장했던 사람의 문제이기도 했지만, 역으로 그 문체를 '탄압'할 수밖에 없었던 정조의 문제이기도 했다. 1부 3장은 정조가 생각하던 지식의 위계와 문체, 정학正學과 실용 학문, 나아가 사학邪學과 속학俗學에 관한 문제를 다룬다.

문체반정文體反正은 확실히 새로운 사상에 대한 탄압이라고 하지 않을 수 없다. 그러나 냉정하게 생각할 부분도 있다. 정조의 입장에서 보면 천주교 신자로 의심받고 있던 남인을 탕평의 한 축으로 남겨놓기 위해서 노론계의 약점이 필요했기 때문이다. 그러나 정작 중요한 질문이 남아 있다. 정조는 문체에 관해 모든 사람들에게 동일한 기준을 적용했던 것일까. 만일 그렇지 않다면 문제가 그리 간단하지 않다.

이 책은 정조가 주자주의자인가 아닌가에 초점을 맞추고 있지는 않다. 굳이 말한다면 정조가 성리학적 사회질서를 넘어서려는 의지를 갖지는 않았다고 본다. 그러나 그런 의지가 없다고 해서 '보수적'이었다고 말하는 데는 관심이 없다. 설사 정조가 '보수적'이었다고 해도 그 '보수적인' 정책이 다음 시기 성리학을 넘어서려는 사회적인 동력이 되지 말라는 법은 없다. 그러나 그 점조차 이 책의 관심사는 아니다.

정조와 관련한 이 책의 논점은 아래 질문들과 관련되어 있다. 정조는 주자학이 이기심성론과 인물성동이론을 중심으로 이해되어오던 관성을 어떻게 보고 있었으며, 이 학문과 지식 체계의 어떤 면을 어떤 방식으로 옹호하려고 했는가(3장 1절). 이질적이라고 평가되는 사조들을 품어 안을 수 있는 가능성은 어느 지점에서 어떻게 생기게 되는가. 그 시대 사람들이 생각하던 지식의 위계와 정조가 구상하던 지식의 맥락은 어떤 연관성이 있는가(3장 2절).

2부에서 문제 삼고 싶은 것은 새로운 경세 지식들이 다른 시간 혹은 다른 집단들 사이에서 어떻게 달리 이해되었는가 하는 점이다. 이를 위해 18~19세기 조선 사회에 유포된 저작을 검토하려 한다. 이중환의『택리지』, 유형원의『반계수록』은 새로운 경세서 가운데 불특정 다수의 독자들이 가장 많이 보았거나, 가장 높이 평가한 책이다. 이 두 사례는 저자와 다른 시간대를 사는 독자들, 또는 저자와 다른 지식인 집단에 속한 독자들이 텍스트를 어떤 방식으로 읽었는지를 잘 보여줄 수 있을 것이다.

18세기와 19세기 지식인들 사이에서 가장 널리 읽힌『택리지』는 필사본이었다. 따라서『택리지』로 조선 후기 사상과 문화를 말하려 한다면, 최남선이 간행한『택리지』가 아니라 필사본『택리지』를 검토해야 한다. 현재 남아 있는 필사본 가운데 가장 표준적인 형태로 여겨지는 것들에는 어떤 문제점이 있는가(1장 1절). 이중환의 시대와 가까운 것으로 판단되는 사본寫本들은 어떤 이름으로, 어떤 형식으로 구성되어 있었는가(1장 2절). 이중환의 주변 사람들, 나아가 다른 시간대의 독자들이 이 텍스트를 '다르게 읽은' 흔적은 어떤 식으로 남아 있는가(1장 3절).

『택리지』는 저자가 알려지지 않은 채 비공식적으로 유포된 경우가 많았다. 반면『반계수록』은 저자의 이름과 함께 필사본과 활자본으로 널리 보급되었다.『반계수록』에 대해서는 지금도 많은 연구가 이루어지고 있다. 이 책에는 얼마나 개혁적인 내용이 담겨 있으며, 유형원의 사상은 뒷날 어떤 지식인 집단에게 어떻게 계승되는가. 연구자들의 관심은 거칠게 말하자면 대략 이런 것이었다.

선행 연구 중에는『반계수록』이 남인계 진보개혁론의 토대가 되었다고 본 경우도 있지만, 노론 낙론계 관료들의 경세론을 보완하는 역할을 했다고 평가한 경우도 있다. 이 두 입장은 매우 달라 보이지만, 비非송시열계 경세론을 '적극적으로' 평가한다는 점에서는 다르지 않다. 그런가 하면 세도정치기 노론 낙론계 산림인 오희상, 홍직필 등이『반계수록』을 높게 평가한 사실을 알려주는 연구도 있다.[4]

어느 학파에서 어떤 인물들이 『반계수록』을 높게 평가했는지 그 전모는 아직 확인되지 않았다. 이 문제에 관한 연구는 여전히 현재진행형이다. 그러나 현재까지 밝혀진 내용으로만 보더라도 『반계수록』을 어느 학파나 집단, 혹은 어느 시기의 지식인들만 높이 평가했다고 말하기는 어렵다. 『반계수록』을 누가 긍정적으로 언급했는지가 결정적으로 중요한 것은 아닌 셈이다.

정작 중요한 것은 『반계수록』을 읽는 방식이다. 유형원이 『반계수록』에서 구사했던 경세론은 어떤 다른 요소들과 어떤 방식으로 연관되어 있는가(2장 1절). 소론계 지식인 윤증과 양득중, 노론계 이재의 문하에서 배운 홍계희가 『반계수록』을 읽는 방식은 어떻게 다른가. 그들은 어떤 것들과의 연관 속에서 『반계수록』을 이해했는가. 그들은 『반계수록』의 논리 구조 전체를 실현 가능하다고 생각했는가(2장 2절, 3절).

2부에는 누구나 같은 책을 읽고 같은 방식으로 이해했으리라는 기대가 선입견에 가까울지 모른다는 생각이 놓여 있다. 그렇다면 18세기 지식인들이 같은 책을 공유하며 누구나 공공의 장에서 토론했으리라는 기대는 어떨까. 만일 '다르게 읽기'의 실상을 드러낼 수 있다면, '공유와 토론'에 관한 우리의 기대 역시 선입견이 될 가능성이 있다. 21세기에조차 저자의 손을 떠난 책은 독자의 몫이지 않은가. 3부는 지식 공유의 실상을 드러내고 그 구조를 분석하는 것을 목적으로 삼는다.

3부 1장에서는 지식의 보급과 유통에 관한 정조의 전략을 다룬다. 정조는 누구보다 왕성한 지식욕을 가졌지만, 문체반정과 서적 수입 금지 정책을 시행하기도 했다. 새로운 지식에 목말라했던 것은 '독서인' 정조이며, 자신이 설정한 지식의 위계에 따라 지식을 통제하고 관리하려 했던 것은 '군주' 정조다. 군주 정조는 새로운 지식의 보급과 유통에 절대적인 영향력을 가진 존재였던 것이다. 정조는 거질의 『고금도서집성』을 수입한 뒤 이 책의 열람 범위

---

4   노대환, 2008, 「세도정치기 산림의 현실인식과 대응론 ─ 노론 산림 오희상·홍직필을 중심으로」, 『한국문화』 42, 77~78쪽.

를 어떻게 제한했는가. 정조가 열람을 제한했다면, 그것은 정조가 취한 지역 정책과 연관되지 않았을까(1장 1절). 정조가 지식을 통제하려는 의도를 가지고 있었다면, 그것은 아마도 규장각을 통해 구현되었을 것이다. 정조가 규장각에서 간행한 번각본飜刻本과 언해본諺解本 중에서 특별히 주목해야 할 것들은 무엇인가. 정조는 이 책들을 누구에게 읽히려 했는가(1장 2절).

정조가 경향분리京鄕分離의 시대적 추세를 거스르려 했을 가능성은 높지 않다. 그런 전제에서 보면 지방 지식인이 새로운 지식을 '공유'하고 '공공의 장에서 토론'할 수 있는 기회를 잡는 일은 더욱 어려워지지 않았을까. 2장에서는 18세기 지방 지식인 황윤석을 통해 그 현실을 들여다본다. 황윤석이 가진 지식인으로서의 경세의식은 이른바 경화세족이 보여주었던 의식과 같은가(2장 1절). 그가 가진 지방 지식인으로서의 정체성은 어떤 문제에 어떤 방식으로 투영되었는가(2장 2절). 지방 지식인의 눈에 비친 서울 학계는 어떤 모습이었는가(2장 3절).

이제 남은 것은 서울 학계 내부에서 우리의 기대치만큼 지식을 '공유하고 토론했는가'를 확인하는 일이다. 3장에서는 이 문제를 다룬다. 백탑시파에 관한 선행 연구를 읽다 보면 18세기 서울 학계 내부에서 당파와 신분이 완전히 무력화되었을지도 모른다는 느낌을 받는다. 그러나 깨끗이 풀리지 않는 의문이 남아 있다. 박지원의 우정론은 수평관계의 확대와 동지적 결합을 상징하는가. 경화세족 내 모든 집단에서 명문 벌열과 중인은 '벗'이 되었는가. 홍대용은 왜 조선에서 친구를 찾기 어렵다고 호소했는가. 같은 문제의식이 엿보이는 홍양호와 박지원은 왜 서로에게 무관심했는가. 만일 이런 문제들이 그 시대의 실제를 반영하는 것이라면, 이 다양한 집단들 사이에서 새로운 지식을 '모두 공유하고 모두 토론'했다고 보기 어려울지도 모른다(3장 1절).

이 책의 마지막 절은 19세기에 관한 이야기로 마무리할 것이다. 19세기가 정조 시대와 단절된 측면만 있는 것은 아니다. 정조 시대가 박지원과 이덕무를 배출했다면, 19세기는 두 사람의 손자인 박규수와 이규경을 낳았다. 이규경의 주변에 '낮은 곳의 경세가'라고 불러도 좋을 또 한 사람, 김정호가 있었다. 박규수와 김정호는 경세학으로서의 지도에 대해 어떤 안목을 가지고 있었을까. 두 사람은 과연 같은 곳을 바라보고 있었을까(3장 2절).

18세기, 19세기 조선 사회에 다양한 사상과 문화가 있었으며 그 위에서 새로운 인간형들이 출현했다는 사실은 널리 알려져 있다. 그러나 이 책은 조금 다른 가능성을 찾고 싶다. 그 사상과 문화가 지식의 위계에 관한 어떤 합의의 외연 속에 있었을 가능성. 그 합의의 과정에서 의리학義理學, 그리고 의리학을 전제로 하는 경세학經世學이 중요한 의미를 가졌을 가능성. 다른 시대와 다른 집단의 독자들이 경세서를 읽는 방식이 결코 똑같지 않았을 가능성. 그리고 신분과 당파가 여전히 공유와 소통의 맥락을 형성했을 가능성까지.

만일 이 모든 가능성을 검증할 수 있다면 그것은 아마도 18세기, 19세기 조선 지식인들이 '수신제가치국평천하'라는 『대학』大學의 교의를 부정하지 않기 때문일지도 모른다. 선비로서 차마 시대와 국가에 대한 책임의 끈을 놓아버리지는 못한다는 생각. 그가 박지원과 같은 명문가의 후예이든 이덕무와 같은 '낮은 곳의 경세가'이든 상관없는 일일 것이다. 아무리 '패관소품이라면 열광하고, 경세라면 하품하는' 것이 일상 풍경이라고 해도 달라질 것은 없을 것이다. 이 책이 찾으려고 하는 그 여러 가지 가능성을 결코 '그 시대의 한계'로 오독하지 않았으면 한다. 조선 후기 지식인과 지식의 맥락을 묘사하려는 작은 시도로 읽히기를 바란다.

지식의 위계와 맥락이란 무엇인가

이 책은 지식의 위계와 맥락이라는 프리즘을 통해 조선 후기 지식인 사회를 들여다보려고 한다. 이 문제에 관한 조선 지식인들의 아이디어를 이해하기 위해서는 그들의 사유방식을 검토해보는 것도 나쁘지 않을 것이다. 다음 에피소드를 보자. 사신단의 일원으로 중국 땅을 밟은 홍대용이 한족 지식인 엄성과 반정균을 만난 것은 1766년 2월의 일이었다. 중국 지식인을 만나 가슴속 이야기를 깊이 나누고 싶다던 평소의 소망이 이루어지는 순간이었다.

마음과 생각이 통하는 데 말이 다르고 만남의 횟수가 많지 않은 것은 전혀 문제가 아니었다. 긴 필담을 나눈 그들은 진정한 친구가 되었다. 헤어질 때가 되자 반정균이 눈물을 터뜨렸다. 홍대용은 반정균에게 보낸 편지에서 감정을 드러내는 것은 '부인婦人의 인仁'일 뿐이라며 점잖게 훈계했다. 비슷한 시기 일본을 방문했던 원중거도 헤어짐을 슬퍼하는 일본인의 눈물을 보고 '부인의 인'을 떠올렸다.[5]

후마 스스무夫馬進에 따르면, 스스럼없이 눈물을 보이는 일본인과 중국인, 그런 모습에 의아해하는 홍대용과 원중거의 차이는 사적인 감정을 긍정하는 세계에 살던 사람과 그것을 통제해야 하는 세계에 살던 사람의 차이다. 다른 식으로 말하면 성리학을 비판하고 고증학과 고학古學으로 나아가려는 나라와, 여전히 성리학 일존주의를 지향하는 나라 사이에서 확인되는 지적 풍토의 차이다.

과연 그렇게만 말해도 좋을까. 홍대용도 헤어짐을 슬퍼했으며 심지어 골방에서 남몰래 눈물을 흘렸다. 그것은 개인 홍대용이 느꼈을 자연스러운 감정이다. 그것을 정情이라고 해도 좋을 것이다. 정을 정만의 문제로 본다면 슬픔 같은 그런 자연스러운 감정을 드러낸다 해서 전혀 문제될 것이 없다. 박지원은 상대를 눈물로 감동시킴으로써 친구를 사귈 수 있다고 했으며, 이덕무는 눈물 흘리는 반정균의 모습을 당연하게 받아들였다.[6] 정은 언제나 금기시되어야 할 가치는 아니다. 정은 다만 어떤 특정한 조건에 포함되어 있거나 그 조건과 특정한 방식으로 관계되는 경우에만 문제되었던 것이 아닐까.

정情에 관한 또 하나의 에피소드를 보자. 1762년(영조 38), 사도세자가 뒤주에 갇혀 죽는 전대미문의 사건이 벌어졌다. 아버지가 죽어가는 모습을 목

5　夫馬進, 2008, 「一七六五年洪大容の燕行と一七六四年朝鮮通信使－両者が体験した中国・日本の「情」を中心に」, 『東洋史研究』67-3(후마 스스무, 2009, 「홍대용과 조선통신사」, 한양대학교 초청강연 원고 참고).
6　김명호, 2012, 「연암의 실학사상에 미친 서학의 영향」, 실시학사편, 『연암박지원연구』, 사람의무늬, 91~92쪽.

격한 어린 아들이 뒷날 왕위에 오르면서 내린 윤음의 첫머리는 널리 알려져 있다. 정조는 분명 이렇게 말했다. "아, 과인은 사도세자의 아들이다." 그런데 정조는 도대체 무슨 말을 하고 싶었던 것일까. 한국고전번역원이 제공하는 『홍재전서』 번역문은 이렇게 되어 있다.

"아, 과인은 사도세자思悼世子의 아들이다. 선대왕先大王께서 종통을 중요하게 여기시어 나에게 효장세자孝章世子의 후사가 될 것을 명하셨지만, 전에 선대왕께 올린 상소를 보면 근본을 둘로 할 수 없다는 나의 뜻을 잘 볼 수 있을 것이다. 예를 엄히 하지 않을 수는 없지만 인정 또한 펴지 않을 수 없다. 향사饗祀의 절차는 응당 대부大夫로서 제사 지내는 예를 따라야 하겠고 태묘太廟와 동일하게 할 수는 없다. 혜경궁에 대해서는 의당 경외에서 공물貢物을 진헌하는 의식이 있어야 하겠으나 대비와 동등하게 할 수는 없다. 유사로 하여금 대신에게 의논한 다음 절목을 강정講定하여 아뢰게 하라. 괴귀怪鬼하고 불량한 무리가 이를 빌미로 감히 하지 못할 말을 한다면, 여기에 대해서는 선대왕의 유교遺敎가 있으니, 응당 해당되는 형률로써 논하고 선대왕의 영령께 고할 것이다. 모두 잘 알도록 하라."

오류가 없는 완벽한 번역문이다. 그런데 이 번역문을 이렇게 읽어낼 수 있을까. '나는 누가 뭐래도 사도세자의 아들이다. 영조대왕께서 종통 문제 때문에 나를 효장세자의 아들로 삼아 왕통을 계승하게 했지만, 내가 사도세자의 아들이라는 사실은 변할 수 없고 그 점에 대해서는 이미 영조대왕께 말씀드린 바 있다. (이제 내가 왕이 되었으니) 내 아버지 사도세자에 대해서는 그 위상에 합당하게 제사 지내고 어머니 혜경궁 홍씨에 대해서도 합당한 수준의 공물을 진헌해야 할 것이다. 불량한 무리들이 이 결정을 빌미로 하지 못할 말을 한다면, 영조대왕께서 생전에 내리신 하교가 있으니 엄히 벌하고 영조대왕의 영전에 고할 것이다.'

영조는 사도세자가 죽은 뒤 그에게 '사도'라는 시호를 내렸다. 만일 그것이 영조가 아들을 죽음에 이르게 한 것을 후회했기 때문이라면, '선대왕의 유교遺敎'는 '영조가 사도세자의 죽음이 잘못된 것임을 공표하는 차원에서 시호를 내린 일'이 될 것이다. 그렇다면 불량한 무리들이 주장할지도 모르는 '하지 못할 말'이란 '사도세자에 대한 정당한 대우에 반대하는 주장'이 된다. 전후가 이치에 들어맞는 듯하다. 그러나 이런 독해가 정당한 것이라고 말하기 위해서는 다른 기록을 확인해볼 필요가 있다.

　같은 윤음은 『일성록』, 『영조실록』 등 다른 연대기에도 등장한다. 『일성록』은 기사의 제목을 강綱으로, 내용을 목目으로 한 강목체 일기다. 해당 기사의 강은 이렇게 되어 있다. "사도세자에게 향사饗祀하는 절차와 혜경궁에게 공물을 바치는 의절을 대신에게 문의하라고 명하였다." 자신과 사도세자의 관계에 관한 정조의 절절한 문제의식이 엿보이는 제목은 아니다. 목의 내용은 『홍재전서』의 기사와 같지만, 한 부분에서 표현이 다르다. 『홍재전서』의 '감히 하지 못할 말'(不敢言)에 해당하는 대목이 이 기사에서는 '추숭'追崇이라고 되어 있다. 『영조실록』 역시 마찬가지다.

　'감히 하지 못할 말'이 '추숭'이라면 정조는 '결코 사도세자를 추숭하자는 주장을 용납하지 않겠다'고 말한 셈이다. '선대왕의 유교'란 '영조가 사도세자를 추숭해서는 안 된다는 취지로 내린 하교'일 수밖에 없다. 정조 자신은 영조의 하교를 준수하겠다고 선언한 것이 된다. 필자는 이 윤음을 이런 의미로 읽는다.

　'내가 사도세자의 친아들임에도 불구하고 영조대왕께서 종통을 잇기 위해 나를 효장세자의 아들로 삼아 왕위를 잇게 하셨으니, 내가 효장세자의 아들로 왕통을 계승했다는 사실은 변할 수 없는 것이고, 그런 내 생각에 대해서는 이미 영조대왕께 말씀드린 바 있다. 그것이 예禮다. 그러나 (예를 침해하지 않는 범위 내에서라면) 정情을 펴지 않을 수는 없을 것이다. (사도세자에 대해서는) 군주 아래 등급으로 제사 지내고, 어머니에 대해서도 대비 아래 등급으로 공물을 진헌해야 할 것이다. 불량한 무리들이 이 결정을 빌미로 사도세자 추숭을 주장한다면, 추숭하지 말라 하신 영조대왕의 생전 하교가 있으니 그것을 근거로 엄히 벌하고 영조대왕의 영전에 고할 것이다.'

　이 윤음이 그동안 학계에서 논쟁[7]이 되었던 것은 원문을 어떻게 독해하느냐에 따라 18세기 정치사를 이해하는 밑그림이 달라질 수밖에 없기 때문일 것이다. 그런데 이 윤음에서 필자는 조선 후기 지식의 맥락과 위계를 질문하기 위한 실마리를 찾을 수도 있다고 생각한다.

정조 개인의 입장에서 생각해보면, 아버지를 죽음에 이르게 한 사람들에 대해 원망하는 감정을 삭이기 어려웠을지도 모른다. 즉위한 후에도 한동안 자신을 위태롭게 한 세력이 아버지를 죽게 한 무리와 무관하지 않다고 생각했을 가능성도 배제할 수 없다. 그러나 이 모든 것은 개인 정조의 문제다. 영조의 빈전 앞에 서서 윤음을 내린 정조는 더 이상 개인 정조가 아니다. 효심 깊은 정조의 입장에서 보면, 이렇게 말할 수밖에 없는 처지가 원망스러웠을지도 모른다. 그럼에도 정조는 효장세자의 뒤를 잇게 한 영조의 결정을, 사도세자를 추숭하지 말라 한 영조의 하교를 결코 거스를 수 없는 존재인 것이다.

왕통과 혈통에 관한 정조의 문제의식은 그만의 것이었을까. 정조가 그 시대의 상식에 반하는 주장을 했을 리는 없다. 정조는 자신이 정치적 정당성을 얻기 위해서는 할아버지가 정해놓은 공적公的 질서를 준수하겠다고 선언하는 일이 무엇보다 시급하다는 것을 알았을 것이다. 이 지점에서는 정조가 마음속에서 무엇을 생각했는지는 그리 중요하지 않다. 그 시대에 공유되던 가치, 그것들 사이의 위계와 질서를 확인하는 것이 필요할 뿐이다.

공개적인 자리에서 눈물을 흘리지 말아야 한다는 홍대용과 예를 침해하지 않는 선에서 사도세자에게 제사를 지내야 한다고 주장한 정조 사이에 어떤 공통점을 발견할 수 있을까. 홍대용이 반정균의 눈물을 문제 삼은 것은 왜일까. 석별의 정이 아무리 깊다 해도 결코 예를 본질로 하는 '관계'를 넘어설 수는 없기 때문이라고 생각한 것은 아닐까. 만일 그렇다면 문제 삼아야 할 것은 정 자체가 아니라 예에 비춘 정의 상대적 위치다. 감정을 통제하는 행위 그 자체가 아니라 그 행위가 다른 요소들과 결합되는 방식, 즉 예와 정의 위

7   이덕일, 2011, 『사도세자가 꿈꾼 나라-250년 만에 쓰는 사도세자의 묘지명』, 역사의아침; 정병설, 2012, 『권력과 인간-사도세자의 죽음과 조선 왕실』, 문학동네.

계가 중요한 것이다.

정조의 경우라면 어떨까. 정조는 결코 예禮와 정情을 양자택일의 문제로 여기지 않았다. 예는 의심할 여지없이 모든 것의 기준이며, 정은 예와 충돌하지 않는 범위 내에서 용인될 수 있는 하위 개념이다. 정조가 사도세자에 대한 제사를 주장하면서 강조한 것은 정 자체가 아니라 그 정이 예를 침해해서도 안 되고 침해할 수도 없다는 사실이었다. 정이 중요한 것이 아니라 예에 비춘 정의 위계가 중요한 것이다. 정조가 말한 예와 정이 정확히 공公과 사私로 치환된다고 보기는 어려울 것이다. 성리학에서는 공을 천리天理로, 사를 인욕人慾으로 본다.[8] 이런 문맥으로 보면 모든 정情이 반드시 사私라고 말하기는 어렵게 된다. 그런 논리로 본다면, 용인될 수 있는 정은 공公으로서의 정일 뿐이다.

이 두 개의 에피소드는 18세기 조선 사회가 가진 사유방식의 실제를 잘 보여준다. 이 구조는 조선 후기 사회에서 지식의 위계를 묻는 데도 동일하게 적용될 수 있다. 예와 정의 자리에 성현의 말씀을 담은 경전과 인간의 감정을 자극하는 패관소품을 대입하고, 정조와 그 시대 지식인의 어깨너머에서 그들의 눈으로 상황을 가정해보자. 모든 지식은 동등한 가치를 갖는 것도 아니며, 기호에 따라 취사선택할 수 있는 것도 아니다. 세상의 모든 지식은 그들이 가장 가치 있다고 생각하는 것을 정점으로 한 구조 안으로 수렴되거나, 그 바깥쪽에 배치될 뿐이다.

지식의 위계는 지식을 둘러싸고 있는 맥락의 하나일 것이다. 그런 점에서 보면 이 책에서 지식의 맥락을 위계와 구별하는 것은 다소 인위적인 면도 있다. 그러나 이유가 전혀 없는 것은 아니다. 지식의 위계와는 별개로 주목하고 싶은 다른 '조건'들이 있기 때문이다.

그중 하나는 '다르게 읽기'의 가능성에 관한 것이다. 샤르티에와 카발로는 유럽 독서의 역사를 온전히 드러내기 위해서는 '텍스트의 세계'와 '독자

---

8   미조구치 유조 지음, 최진석 옮김, 2004, 『개념과 시대로 읽는 중국사상 명강의』, 소나무, 107~121쪽.

의 세계'가 어떻게 만나는지를 주목해야 한다고 주장했다. 그들은 독서를 '독자가 텍스트를 보고 의미를 전유appropriation하는 과정'으로 정의했다.[9] 이런 입장에 서면 독서는 결코 지식을 이해하고 습득하는 보편적인 절차가 아니다. 중세 유럽에서도, 조선에서도 책은 필사본이 주종을 이루었다. 그러나 유럽에서 책은 상품이었지만, 조선에서는 많은 경우 그렇지 않았다. 그렇다면 필사와 독서의 양상도 다를 수밖에 없다. 중요한 것은 그런 균열의 지점을 포착하고 그 의미를 드러내는 일이다.

다른 하나는 지식의 장에 작용하는 여러 힘에 관한 것이다. '지식은 누구에게나 공유되어야 한다'는 식으로 정의하지만 않는다면, 당파나 신분처럼 조선 사회를 규정하는 다양한 힘들이 지식이 공유되는 장에 어떤 영향을 미치지 않았다고 단정하기 어렵다. 다시 홍대용과 정조의 에피소드로 돌아가보자. 홍대용이 눈물을 흘리며 석별의 정을 나누는 반정균을 보며 '부인婦人의 인仁'을 떠올린 것을 어떻게 이해하면 좋을까. '정이 예를 침해해서는 안 된다'는 원칙은 부인에게는 해당하지 않는다는 의미일 것이다. 자신이 생각하는 기준이 모든 사람에게 적용된다고 보지는 않은 것이다.

정조의 문체반정은 어떨까. 정조가 홍대용과 같은 발상을 했다면, 시대를 책임져야 할 벌열가의 후예들을 대할 때와 중인 검서관의 후예들을 대할 때 문체를 꾸짖는 맥락과 강도가 같지 않았을지도 모른다. 만일 그렇다면 정조의 문체반정을 다만 보수적인 문화정책이라고 말하거나 남인을 보호하기 위한 정치적 판단이라고만 말하는 것은 지나치게 일면적이다.

우리가 '책이란 이런 것, 지식이나 독서란 이래야 하는 것'이라는 강박을 가지고 있다면, 그것은 아마 우리가 모르는 사이에 우리를 규정하고 있는 유럽적인 상식 때문일 것이다. 그러나 조선 후기 지식의 위계와 맥락을 들여다보기 위해서는 이런 강박에서 잠시라도 자유로워지는 편이 좋다.

9　로제 샤르티에·굴리엘모 카발로 엮음, 이종삼 옮김, 2006, 『읽는다는 것의 역사』, 한국출판마케팅연구소, 11~62쪽; 고원, 2006, 「'책의 역사'에서 '독서의 역사'로─아날의 새로운 역사」, 『역사와문화』 12, 297쪽.

지식이란 사전적인 의미에서는 '앎에 관한 모든 것'이라고 말해도 좋을 것이다. 경사자집經史子集은 동양 사회의 지식 분류법 가운데 가장 유력한 것이다. 말 그 자체로 본다면, 유교 경전(경), 역사책(사), 제자백가의 저서(자), 개인 문집(집)이나, 그것과 관련된 것들에 관한 지식을 말한다. 조선 지식인들이 읽고 쓰고 공유하려 했던 지식도 이 범주에서 벗어나지 않을 것이다. 이 책은 그중에서도 사회적인 책임감과 관련한 지식에 초점을 맞추어 살펴보고자 한다. 수기치인修己治人, 혹은 수신제가치국평천하修身齊家治國平天下라는 말. 수기修己 혹은 수신제가修身齊家가 자기 자신과 가족에 관한 문제라면, 치인治人 혹은 치국평천하治國平天下는 사회, 국가, 세계에 대한 자세를 의미한다. 사회에 공헌하는 것이 지식인의 숙명이라면, 어떤 지식을 추구해야 하는가. 어떻게 읽고 쓰고 공유해야 하는가. 조선 지식인들이 이런 종류의 사회적 책임에서 자유로울 수 없는 존재였다면, 무엇보다 그 지식의 맥락을 검토해야 하지 않을까.

1부

지식인들은 어떤 지식을 추구했을까

1장.

지식인들은 무엇을 어떻게 읽고, 쓰고, 공유했을까

교유와 새로운 문예사조의 대두

고문古文에 따르는 글쓰기를 절대적인 것으로 여겨왔던 조선 사회에서 박지원朴趾源(1737~1805)의 법고창신론法古創新論, 나아가 고문에 연연하지 않는 글쓰기는 새로운 지식, 새로운 문예사조를 상징하는 의미가 있었다. 박지원이라는 이름 석 자는 그와 문제의식을 같이하던 지식인 집단을 대표한다. 박지원을 비롯해 이덕무李德懋(1741~1793), 유득공柳得恭(1748~1807), 박제가朴齊家(1750~1805), 이서구李書九(1754~1825) 등 일군의 지식인들은 흔히 북학파, 연암일파, 백탑시파白塔詩派 등으로 불린다. 서울의 도시문화를 공유하는 이 교유권이 특별한 의미를 가지는 것은 그들이 당파와 신분을 뛰어넘어 교류했기 때문일 것이다.

이덕무는 백탑시파의 서얼 동인을 대표하는 인물이다. 18~19세기 서얼은 유력한 지식인들을 배출하면서 그들 나름의 학맥과 통혼권을 유지하고 있었다. 이 시기를 대표하는 서얼로는 이명계-이진, 이봉환-이명오-이만용, 이숙-이희경-이희영, 이덕무-이광규-이규경, 유한상-유금·유련, 유득공-유본학·유본예, 박제가-박장암·박장임, 김창복-김인겸, 원중거-원유진, 성대중-성해응 등이 있었다. 이들 가운데 이진李璡, 이희경李喜經, 유금柳琴, 유련柳璉, 유득공, 박제가, 원중거, 원유진, 성대중 등은 백탑시파의 서얼 동인이기도 했다. 이들은 이봉환李鳳煥으로부터 이어진 참신한 시풍을 계승

했다.[1]

신분과 당파를 넘어선 문예 활동이 박지원과 그 친구들에 의해서만 시작되었다고 말할 수는 없다. 남인 계열 지식인들도 중인과 교유관계를 가지고 있었다. 이용휴李用休(1708~1782)는 이익李瀷(1681~1763)의 조카이자 이가환李家煥(1742~1801)의 아버지다. 그는 위항시인 김숙金潚의 문집에 서문을 써주었다. 그가 남긴 글 중에는 억울함의 범주에 관한 흥미로운 이야기도 있다.

이용휴에 따르면, 세상에는 크게 억울한 일도 있지만, 분명 억울한 일인데도 그렇게 여겨지지 않는 사례도 있다. 재능 있는 사람이 그 재능을 펴보지도 못하고 요절한 경우가 그 하나라면, 재능을 발휘해 이미 큰 성취를 이루었는데도 세상에 알려지지 않은 경우가 다른 하나다. 재능 있는 젊은이가 요절하는 것은 운명이며 그 운명은 하늘이 정하는 문제이니 억울하다고 말하기 어려울지도 모른다. 그러나 신분 때문에 큰 성취가 세상에 알려지지 않는데도 그것을 당연한 듯이 여긴다면 당사자로서는 정말이지 억울한 일이 아닌가. 그 큰 성취가 신분 문제 때문에 묻히지 않도록 하려면 무엇이 필요한가. 권력이나 지위가 아니다. 중요한 것은 문장가의 필력이다.[2]

이용휴는 왜 김숙의 문집에 서문을 써야 했을까. 다시 이용휴 자신의 목소리를 들어보자. 김숙은 드러내주어야 하는 사람들 중에서도 단연 으뜸이다. 김숙은 위항인이지만 고사高士와 운인韻人으로 자처하였으며, 극도로 가난했지만 권세가의 문 앞을 한 번도 서성이지 않았다. 평생토록 오직 독서하고 시를 지었다. 김숙의 생각과 언어는 범상치 않았으며 그런 이유로 세상과 어울리지 못했다. 간혹 홀로 술을 따르고 큰 소리로 노래하며 가슴속에 맺힌

---

1 안대회, 1995, 「서얼 시인의 계보와 시의 사적 전개 - 18세기 참신한 시풍의 형성과 서얼시인」, 『문학과 사회집단』, 한국고전문학회, 284~287쪽.
2 이용휴, 『탄만집』, 序, 萍窩集序.
天下有大寃而兩造之枉不與焉 有才而夭不成者 旣成而湮無聞者是已 夭不成者天 湮無聞者地 天者命也 無論 地則隨其所處而扶抑之 崇顯者裁解呻佔 率有集行 寒微者雖藝窮風騷 時遇文明 獨屈而不伸 甚矣 地之爲政不公也 雖然 苟欲伸之 不須勢位 直文章家一筆力耳.

것을 토해내어 사람들의 혼을 움직이고 마음을 슬프게 했다.[3]

이용휴의 시선에서 보면, 김숙은 독서인으로 대우받아 마땅한 인물이지만, 결코 그렇게 인정받지 못했다. 사대부가 아니기 때문이다. 위항인(또는 여항인)은 '학문적으로 충분한 소양을 가지고 있지만 신분적으로는 사대부가 아닌 사람'을 가리킨다. 김숙은 시인에 머무를 수밖에 없는 그런 한계 때문에 괴로워했다. 이용휴가 굳이 김숙의 문집에 서문을 쓰려 한 것은 김숙 한 사람을 위해서가 아니었다. 이용휴는 김숙과 같은 처지에 있을 또 다른 사람들을 의식하고 있었다. 그러나 거기까지였다. 이용휴가 김숙과 소통하는 방식과 밀도는 박지원 일파의 그것과는 달랐다.

폭넓은 교유에 관한 한 소론계 관료학자 홍양호洪良浩(1724~1802) 역시 예외는 아니다. 그는 신경준申景濬(1712~1781), 이종휘李種徽(1731~1797) 등과 역사지리 문제에 관해 관심을 공유했다. 신대우申大羽(1735~1809)와는 고문 위주의 문장뿐만 아니라, 금석학·고증학에 관해서도 토론했다.[4] 금석학이 금속이나 비석에 쓰인 글을 연구하는 분야라면, 고증학은 실증적인 방법으로 고전을 연구하는 학문이다. 홍양호는 학문적인 관심의 폭만큼이나 교유의 범위도 넓었다. 그는 위항인들의 시문집인 『풍요속선』風謠續選에 서문을 지어주는가 하면, 유력한 위항시인 차좌일車佐一, 장혼張混, 왕태王太, 윤사국尹師國 등과도 친했다. 홍양호에게 『풍요속선』의 서문을 부탁한 인물은 천수경千壽慶이었다. 인왕산 자락 옥류동 계곡에서는 옥계시사玉溪詩社라는 이름의 중인 시모임이 열렸는데, 천수경은 그 모임의 중심인물이었다. 홍양호는 그런

---

3 이용휴, 『탄만집』, 序, 萍窩集序.
當吾之世 可伸者亦多 而萍窩金君士澄 其最也 君奮於委巷之中 以古高士韻人自題 雖貧無以爲生 權貴之
門 不能一得其足跡 平生惟讀書治詩 其詩攀步不凡 務滫俗瀟 故與世寡合 而玄思奇語 往往有不經人道者
或孤斟長吟 以舒其胸中之鬱轖 如哀玉之鳴 寒泉之瀉 令人魄動神悽 士澄之不遇在此 而其可傳亦在此矣
今余之序士澄者 非惟伸士澄一人 將以併伸諸如士澄者.
4 홍양호의 개방적 교유관계는 마치 그의 조부 홍중성洪重聖이 당파가 다른 김창흡과 어울렸던 사실을 연
상하게 한다. 홍중성과 김창흡은 의고문에 대한 비판적 정서를 공유했던 것 같다. 그러나 홍양호의 문장관은
고문古文을 전범으로 삼았다는 점에서 차이가 있다.

천수경의 부탁을 받고 위항인들의 문집에 서문을 써준 것이었다. 홍양호는 김홍도金弘道(1745~1806?)의 부채 그림에 글을 써주었을 정도로 화원들과도 친분을 유지했다.

청나라 학자들과의 만남도 있었다. 홍양호는 1794년(정조 18) 사신단의 일원으로 중국에 갔다가 기윤紀昀(1724~1805)을 처음 만난 뒤 계속 편지를 주고받으면서 우정을 이어갔다. 기윤은 청나라를 대표하는 유력한 고증학자 중 한 명이었다. 『사고전서』四庫全書 편찬을 주관했던 기윤은 고증학과 서양 학문에 대한 홍양호의 지적 갈증을 해소해주었다.[5] 기윤은 당시 예부상서였다. 조공국 사신을 접대하는 직책이다. 기윤은 북경에 온 조선 지식인들과 자연스럽게 접촉했다. 기윤이 만난 사람들 중에는 홍양호의 아들인 홍희준, 그리고 서형수, 박제가, 유득공 등도 있었다. 특히 홍양호-홍희준-홍석모·홍경모 등 홍양호 집안의 3대는 기윤 집안의 지식인들과 3대에 걸쳐 교유했다.[6]

특수한 지식을 공유하는 집단들도 생겨났다. 천문학이나 역산학曆算學은 원래 기술직 중인들이 주도하던 전문 분야였다. 하늘에서 벌어지는 현상을 관찰하거나 책력冊曆을 계산하는 일은 오랫동안 특수한 신분층만의 일이었던 것이다. 그러나 정조 시대에 천문학과 역산학에 관한 국가적 프로젝트가 활성화되면서 관련 지식을 매개로 활발히 교류하는 사람들이 생겨났다. 그들 중에는 서명응-서호수 등 소론 명문가 가문이 있었는가 하면 이가환, 이벽, 이승훈 등 남인계 지식인도 있었다. 노론계의 엘리트인 홍대용이 있었는가 하면, 노론계와 남인계에 혈연과 학연이 두루 걸쳐 있는 정철조鄭喆祚(1730~1781), 정후조鄭厚祚 형제 등도 있었다. 천문학·역산학 분야 전문가들의 학문 열기는 19세기 초반까지도 이어졌다. 홍석주의 독서 목록에는 『역상고성』曆象考成, 『역상고성후편』曆象考成後編, 『의상고성』儀象考成, 『역산전서』曆算全書 등 18세기 청나라에서 간행된 천문학·역산학 관련 서적들이 망라되

---

5 진재교, 1999, 「홍양호의 교유관계와 문학활동에 대하여」, 『한문교육연구』 13, 306~318쪽.
6 진재교, 2003, 「18세기 조선조와 청조 학인의 학술교류 – 홍양호와 기윤을 중심으로」, 『고전문학연구』 23.

어 있다.[7]

새로운 지식인 집단이 형성된 배경에 도시문화가 있었다면, 그 도시문화의 저변에는 18세기부터 수입량이 대폭 늘어난 중국 서적이 있었다. 천문학·역산학 분야에서 전문가들이 배출된 것도 수입 서적 때문이다. 한정된 사람들만이 한정된 분야의 수입 서적을 읽었던 것은 아니다. 민간 부문의 서적 수입이 활성화되면서 유수의 장서가가 등장하기도 했다. 북경 유리창 서적시장이 활성화되고, 서적 중개인이 등장하면서 나타난 현상이었다.

정상기鄭尙驥(1678~1752)에 따르면, 수입 서적의 양이 늘어난 것은 "사대부 및 중서배中庶輩들 가운데에서 글을 좋아하는 자들이 기이한 글과 이상한 서적을 중국에서 많이 사왔기 때문"이다.[8] 특히 소설, 소품문小品文 같은 '기이한 글과 이상한 서적'이 집중적으로 흘러 들어오면서 박학풍, 고증학풍이 유행했다. 이 새로운 경향은 18~19세기 문학과 학문 분야의 지각 변동으로 평가되기도 한다.[9]

'중서배'가 수입 서적의 주체로 떠오르고 있었다는 사실, 그리고 수입 서적들 대부분이 '기이한 글과 이상한 서적'이었다는 사실은 좀 더 음미해볼 필요가 있다. 중서배들은 이미 수입 서적의 중개인이면서 소비자였다. '기이한 글과 이상한 서적'이 각광받는 현실은 오랫동안 중시되어왔던 서적들이 외면당하는 세태와 맞물려 있다. 정약용丁若鏞(1762~1836)은 1802년(순조 2) 두 아들에게 보낸 편지에서 이 문제를 거론했다.

근래에 한두 소년들이 원나라와 명나라의 경박한 사람들이 지은 보잘것없는 문장을 가져다가 그대로 모방해서 절구絶句나 단율短律을 짓고는,

7 문중양, 2011, 「전근대라는 이름의 덫에 물린 19세기 조선 과학의 역사성」, 『한국문화』 54.
8 정상기 지음, 이익성 옮김, 1992, 『농포문답』, 廣書籍, 한길사(강명관, 1996, 「조선 후기 서적의 수입 유통과 장서가의 출현 - 18, 19세기 경화세족 문화의 한 단면」, 『민족문학사연구』 9, 174쪽에서 재인용).
9 강명관, 1996, 「조선 후기 서적의 수입 유통과 장서가의 출현 - 18, 19세기 경화세족 문화의 한 단면」 (1999, 『조선시대 문학예술의 생성공간』, 소명출판에 재수록).

외람되게 당세에 뛰어난 문장이라고 자부하면서 거만하게 남의 글을 폄하하고 고금古今을 휩쓸려고 하고 있는데, 나는 이들을 딱하게 여긴다. 반드시 먼저 경학經學으로써 근본을 확고히 세운 뒤에 사서史書를 섭렵해서 정치의 득실과 치란治亂의 근원을 알아야 하며, 또 모름지기 실용적인 학문에 마음을 써서 옛사람들의 경세에 관한 서적을 즐겨 읽고서 마음속에 항상 만백성을 윤택하게 하고 모든 사물을 기르려는 마음을 둔 뒤에야 비로소 독서하는 군자가 될 수 있는 것이다. (……) 수십 년 이래로 일종의 괴이한 의논이 있어서 우리나라의 문학을 크게 배척하여 모든 선현의 문집에 눈을 돌리려 하지 않는데, 이는 큰 병통이다. 사대부의 자제로서 국조國朝의 고사故事를 알지 못하고 선배의 문집을 읽지 않는다면, 비록 그의 학문이 고금을 꿰뚫었다 할지라도 자연 조잡하게 될 것이다.[10]

정약용은 '기이한 글과 이상한 서적'이 범람하는 사이 경학經學·경세학經世學 관련 서적뿐만 아니라 국내 문인들의 문집조차도 외면받고 있음을 지적하고 있다. 경학이란 유교 경전에 관한 연구를, 경세학이란 정치적 실천에 관한 학문을 뜻한다. 정약용이 강조한 역사서, 실용의 학문이 바로 경세학이다. 경학은 체體, 경세학은 용用에 해당한다. 정약용의 문맥에서 경세학은 결코 공리功利의 학문은 아닌 것이다. 하여튼 정약용은 그런 '기초적이고도 소중한' 책들이 도외시되고 있는 세태를 비판했다. 물론 정약용이 모든 종류의 수입 서적을 금기시한 것은 아니다. 그는 경학이나 역사에 관한 것이라면 '군서群書를 박람博覽하는 일'이 중요하다고 생각했다. 서적 수입을 전면 금지하면서도 한편으로는 주자학 서적 가운데 완성도 높은 책을 들여오게 하는 정조의 정서와 크게 다르지 않다.[11]

---

10   정약용, 『여유당전서』 제1집, 권21, 告二兒.
11   정조의 경학사상을 '송학 중심의 한송절충론'이라 부를 수 있다면(김문식, 1996, 『조선 후기 경학사상 연구』, 일조각, 56쪽), 그때의 한학은 의리학 혹은 의리학을 전제로 한 경세학과 충돌하지 않는 것이어야 한다.

책이 넘쳐나는 것은 부분적으로는 서쾌와 서점 때문이기도 하다.[12] 서쾌는 서적 중개상을 가리키는 말이다. 인쇄술의 발달에 힘입은 점도 있을 것이다. 홍한주洪翰周(1798~1868)는 19세기 서울에서 서적이 범람하는 상황을 이렇게 묘사했다. "천하에 서적이 많기가 요즘 같을 때가 없었다. 고금의 사람들 중에 조금이라도 문자를 아는 자들은 저술로 스스로 자명自命하지 않는 이가 없으니 무릇 이른바 모집某集이며 모서某書며 하는 것들이 거의 집을 채우고 우마를 땀나게 할 정도이다."[13] 정조가 차단막을 치면서 막으려 해보았지만, 서적의 도도한 흐름을 인위적으로 막을 수 없는 상황이었다.

경화세족은 조선 후기 서울의 명문가 출신을 다른 집단과 구별해 부르는 용어다. 경화세족 중에는 서로 장서를 빌려 보거나 교환하면서 지식정보를 넓혀가는 사람들이 생겨나기도 했다. 서유구徐有榘(1764~1845) 가문과 홍석주洪奭周(1774~1842) 가문이 대표적이다. 서유구는 홍길주洪吉周(1786~1841)의 저작인『수여방필』睡餘放筆과『수여연필』睡餘演筆,『숙수념』孰遂念을 빌려다 읽었으며, 홍한주는『지수염필』智水拈筆을 집필하는 과정에서 서유구의『임원경제지』林園經濟志를 참고했다.[14] 경화세족 내부에서 필기류筆記類 저작을 서로 공유하게 된 것은 19세기에 들어 총서叢書 편찬이 유행했기 때문이다.

두 집안 사이에는 왕실 도서인『고금도서집성』古今圖書集成에 관한 정보도 오갔다.[15] 1827년(순조 27) 여름, 정조의 사위였던 홍현주洪顯周가 대리청정 중이던 효명세자에게 말했다. "신은 규장각 출신이 아니라서『고금도서집성』을 평생토록 보지 못하였으니, 바라건대 한번 빌려 보게 해주십시오." 효명세자가 웃으며 허락하고는 하인을 시켜 홍현주의 집으로 가져다주었다. 홍현주는 육촌동생인 홍한주를 불렀다. 홍한주는 한두 차례 홍현주의 집에 들

12   이민희, 2008,「조선과 중국의 서적 중개상과 서적 유통문화 연구」,『동방학지』141.
13   홍한주,『지수염필』권1.
天下書籍之繁富 莫今日如 蓋古今人稍解文字者 莫不以著述自命 凡所謂某集某書 殆充棟宇汗牛馬(진재교, 2007,「19세기 경화세족의 독서문화 – 홍석주 가문을 중심으로」,『한문학보』16, 143쪽에서 재인용).
14   진재교, 2007,「19세기 경화세족의 독서문화 – 홍석주 가문을 중심으로」, 145~162쪽.
15   진재교, 2007,「19세기 경화세족의 독서문화 – 홍석주 가문을 중심으로」, 150쪽.

러『고금도서집성』의 '강령'綱領, 즉 전체 목차를 보고는 이 책의 서지적 특징을 기록으로 남겼다. 홍현주가 사적으로 효명세자에게 그런 부탁을 한 것은 아마도 서유구 때문인 것 같다. 서유구는 할아버지 서명응徐命膺(1716~1787), 아버지 서호수徐浩修(1736~1799)에 이어 3대째 규장각의 관원, 즉 각신閣臣을 역임했다. 책을 본 홍한주는 이 책의 규모에 놀라움을 감추지 못하면서 "서유구가 말한 내용이 과장이 아닌 것 같다"는 말을 덧붙였다.[16]

홍한주가 홍현주를 '한두 번' 찾아가서『고금도서집성』의 강령을 보았다는 대목도 음미해볼 만하다. 5,000책이 넘는 엄청난 양의『고금도서집성』을 개인에게 내려주는 일은 전례가 없을 뿐만 아니라 물리적으로도 불가능하다. 그렇다면 효명세자가『고금도서집성』의 강령을 포함해 홍현주가 궁금해했을 만한 주제를 담은 얼마간의 책자를 내려주었다고 보는 것이 합리적이다. 그것은 아마도 홍한주가 홍현주를 '한두 번' 찾아가서 볼 수 있는 분량일 것이다. 홍한주는『고금도서집성』의 강령을 보고 책의 규모를 짐작할 수 있었다.

늘어난 것은 정상기가 말하는 '기이한 글과 이상한 서적', 혹은 경화세족의 장서가적 문예취미에 부합하는 서적만이 아니었다. 19세기에는 역사학·지리학·천문학·역산학, 기타 서양 과학 서적 등 여러 개별 영역에서 심화된 지식정보를 담은 책들이 수입되었다. 이 문헌들을 들여오고 활용하는 데 적극적으로 나선 것은 체제의 주변 혹은 외곽에 있던 중인들이었다. 그중에서도 서얼과 역관의 움직임이 두드러진다. 역관들은 북경을 왕래하면서 무역활동으로 재력을 갖추었다. 청나라의 학문 동향과 청나라를 통해 알게 된 새로운 지식에 관심이 많았던 그들은 자연스럽게 문인文人으로서뿐만 아니라 경세가經世家, 즉 시대의 리더로서 필요한 소양을 갖추게 되었다.

이상적李尙迪(1804~1865)은 김정희金正喜(1786~1856)의 문인이었으며, 청

---

16 홍한주,『지수염필』권1.

向在丁亥夏 翼宗代理時 余再從兄海居公 以禁懶 嘗私侍 公伏地奏曰 臣旣非閣臣 圖書集成 一生未見 願乞一借 翼宗笑許之 仍命披隷 領送公第 公招余同閱 故余亦一再往 見其綱領矣 (……) 楓石云云 非過語也(진재교, 2007,「19세기 경화세족의 독서문화－홍석주 가문을 중심으로」, 150쪽에서 재인용).

나라 고증학의 대가 옹방강翁方綱 부자와도 친분을 유지하던 역관이었다. 그런데 이상적의 교유 범위 안에는 정약용이 유배 시절 가르쳤던 제자 이청도 있었다. 이청은 정약용이 지은 『대동수경』大東水經을 완성하는 데 깊이 간여했을 뿐만 아니라, 말년에는 『정관편』井觀編이라는 천문학 서적을 쓰기도 했다. 이 책에는 고급 수준의 천문학 지식들이 들어 있었다. 그는 아마도 이상적 등으로부터 이 정보들을 구했을 것이다. 이상적은 북경에서 새로운 서적을 들여올 수 있는 가장 유력한 위치에 있던 인물 중 한 명이었다. 잘 알려진 것처럼 김정희가 〈세한도〉歲寒圖를 그려준 사람이 바로 이상적이었다. 유배지에 있던 자신에게 각종 수입 서적을 보내준 것에 대한 답례였다. 이청은 서유구의 서자인 서팔보와도 친분이 있었다.[17]

우정에 대한 새로운 정서는 이 비주류 지식인들이 명문가의 후예들과 신분을 넘어 소통할 수 있는 매개체 역할을 한 것으로 평가된다. 한문학 분야의 유력한 연구에 따르면, 붕우유신으로 표현되는 전통적 교우관은 평등의식이 아니라 종적 윤리에 종속된 것이었다. 우정은 다만 뜻과 도를 벗하는 것이므로 옛 성현이 이상적인 벗이 되었다. 박지원은 현실적인 연대의식이 존재하기 어려운 이런 형태의 우정을 거부했다. 그는 '예속과 제도의 속박을 벗어나 진정을 토로하는 것'에서 우정의 의미를 찾았다. 그것은 종속윤리의 부정이며 평등윤리의 자각이다. 박지원은 홍대용, 박제가, 이덕무 등과의 우정을 토대로 예술에 대한 감각과 사상을 공유했다.[18]

새로운 글쓰기는 박지원과 이덕무를 중심으로 모인 동인同人 집단에서 특징적으로 확인되는 양상이다. 한문학 분야의 또 다른 연구에 따르면, 박지원이 제시한 법고창신의 문예론과 이덕무가 보여준 개성적 글쓰기에는 모두 명나라 말기의 문예이론가 원굉도袁宏道(1568~1610)의 그림자가 짙게 드리워져

---

17   이청이 이상적, 서팔보 등과 친분이 있었던 사실에 대해서는 문중양, 2006, 「19세기 호남 실학자 이청의 정관편 저술과 서양 천문학 이해」, 『한국문화』 37, 135~137쪽 참조.

18   임형택, 1976, 「박연암의 우정론과 윤리의식의 방향」, 『한국한문학연구』 1.

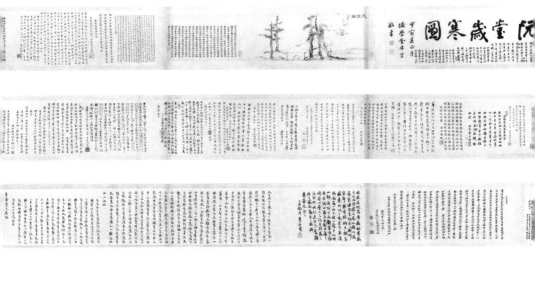

김정희, 〈세한도〉歲寒圖, 1844년, 종이에 수묵, 23.7×1388.95cm, 개인 소장.

청나라 수입 서적을 보내준 것에 대한 답례로 김정희가 이상적에게 그려준 것이다. 이상적은 이 그림을 동지사로 갈 때 가져가 청나라 문인들의 찬시를 받아 그림에 붙여놓았다.

있었다.[19] 이 동인 집단이 보여준 새로운 글쓰기를 자생적이고 내재적인 어떤 것만으로 설명하는 것은 이제 불가능해 보인다.

조선 후기 문예사조에서 새로운 무엇을 읽어내려 한다면, 신분을 넘어선 동인 집단이 새로운 글쓰기를 추구했다는 사실만큼이나 중요한 것이 하나 더 있다. 바로 '진'眞의 문제다. 진이란 무엇인가, 무엇이어야 하는가에 관한 고민의 실마리는 이미 17세기 초에 보이기 시작했다. 당시 서울에서는 유력한 학자관료들이 위항인 유희경이 주도하는 시모임에 참여하고 있었다. 이들은 흔히 침류대학사枕流臺學士라고 불린다. 침류대는 모임 장소를 가리키는데, '맑은 물을 베개 삼아 누워 즐길 만하다'는 뜻이다. 임숙영任叔英, 차천로車天輅, 이수광李睟光, 신흠申欽, 이달李達, 홍경신洪慶臣, 김현성金玄成, 유영길柳永吉, 조우인曹友仁, 이호민李好閔, 정백창鄭百昌, 이안눌李安訥, 성여학成汝學, 홍천민洪天民, 홍성민洪聖民, 이춘원李春元, 신익성申翊聖, 이식李植, 이민구李敏求, 권필權韠, 이정구李廷龜, 이준李埈, 이경직李景稷, 홍서봉洪瑞鳳, 최명길崔鳴吉, 장유張維, 조희일趙希逸, 김상헌金尙憲, 이명한李明漢, 윤신지尹新之, 정온鄭蘊, 조경趙絅, 윤방尹昉, 한준겸韓浚謙, 김상용金尙容, 정경세鄭經世, 윤훤尹暄, 유몽인柳夢寅, 허균許筠 등이 이 모임에 참석했다.[20]

그들이 학파와 당파, 심지어 신분의 차이를 넘어서 각각 한 사람의 동인同人으로 이 모임에 참여한 것은 무언가 공유되는 정서가 있었기 때문일 것이다. 그런 점에서 그들 대부분이 의고문파擬古文派의 문장론을 견지했다는 사실은 중요한 의미가 있다. 윤근수에 의해 소개되기 시작한 의고문파의 문장론은 17세기 초 조선 지식인들 사이에서 폭넓게 수용되었다.[21] 의고문이란 당나라나 송나라 때의 문장이 아니라 그보다 앞선 선진先秦시대 혹은 양한兩漢시대의 글을 따라 쓰는 문장을 말한다. 흥미로운 점은 침류대학사의 일원이

---

19 강명관, 2002, 「이덕무와 공안파」, 『민족문학사연구』 21: 강명관, 2002, 「이덕무 소품문 연구」, 『고전문학연구』 22: 안대회, 2003, 「이덕무 소품문의 미학」, 『고전문학연구』 24.

20 한영우, 1992, 「이수광의 학문과 사상」, 『한국문화』 13, 366쪽.

21 이경구, 2003, 「17-18세기 장동김문연구」, 서울대 박사 논문, 226쪽.

었던 신익성이 진眞 산수山水를 중시하는 사생론寫生論을 전개했다는 사실이다.[22] 의고문파의 문장론에 동의하던 그였지만, 한편으로는 진眞에 대한 의식을 드러낸 것이다.

진眞은 18세기 문예 활동에서도 중요한 테마였다. 노론계 지식인 김창흡金昌翕(1653~1722), 소론계 지식인 이하곤李夏坤(1677~1724), 중인 역관 홍세태洪世泰(1653~1725) 등 한 무리의 지식인들은 당파와 신분의 장벽이 엄연히 살아 있는 현실 속에서도 교류했다. 이 동인 집단에는 이병연李秉淵, 신정하申靖夏, 이광사李匡師, 조구명趙龜命, 홍중성洪重聖 등 노론·소론계 사대부뿐만 아니라 정래교鄭來僑, 정민교鄭敏僑와 같은 위항인들, 그리고 진경산수화眞景山水畵로 유명한 정선鄭敾 등도 참여했다. 그들은 의고문을 비판하고 진시眞詩를 추구했다. 그들은 또 시·서·화를 수집하고 감상하는 서화고동書畵古董 문화를 공유하면서 진경眞景의 예술적 가치를 추구했다.[23] 김수증과 김창협 등은 진경을 회화적으로 구현해야 한다는 주장을 폈다. 그것은 화가가 반드시 현장에서 실경實景을 사생해야 한다는 의미는 아니었다. 중요한 것은 진이라는 가치가 회화적인 표현과 감상의 기준으로 제시되었다는 점이다.[24]

진경眞景을 의식한다는 것은 더는 중국에서 들여온 그림책을, 그 그림책에 그려진 중국 자연의 형태를 모범으로 삼지 않겠다는 의미다. 잘 알려진 대로 정선은 진경을 회화적으로 표현했다.[25] '전신'傳神이란 말도 유행했다. 인물의 외모를 그리는 초상화가 아니라, 그의 마음과 정신을 드러내는 초상화여야 한다는 뜻이다. 18세기 진眞에 관한 문예 경향 중에 가장 두드러진 것은 진경산수화라고 해야 한다. 현재의 연구 지형도 마찬가지다. 진경산수화는

22   이태호, 2010, 『옛 화가들은 우리 땅을 어떻게 그렸나』, 생각의나무, 495~502쪽.
23   이상주, 1999, 「18세기 문인들의 友道論과 문예취향 – 金昌翕과 李夏坤 등을 중심으로」, 『한국한문학연구』 23, 200쪽.
24   이경구, 2003, 「17–18세기 장동김문연구」, 247쪽.
25   김창집과 김창흡 등 장동김문의 유력자들이 무명의 젊은 정선과 교유했던 것은 두 집안 사이에 5대에 걸친 친분관계가 있었기 때문이다(강관식, 2006, 「광주 정문과 장동김문의 세교와 겸재 정선의 청풍계」, 『미술사학보』 26).

조선 후기 회화사를 설명하는 대표적인 단어 중 하나다. 그런데 이 새로운 회화가 가지는 의미에 대해서는 사뭇 다른 분석들이 있다.

예술과 사상을 꽃과 뿌리에 비유하는 견해가 있다. 이 입장에 따르면, 꽃을 제대로 보기 위해서는 그 뿌리부터 이해해야 한다. 노론계를 중심으로 이루어진 '조선 성리학'의 성취가 중요한 것은 그런 이유이다. 진경산수화의 거장으로 일컬어지는 정선이 조선 성리학을 주도한 노론 지식인 집단의 일원이라는 사실을 논증하는 것은 무엇보다도 중요한 일이다. 진경산수화는 자기 산천을 그려야 한다는 자각이 있었기에 탄생했으며, 그런 자각이야말로 '조선 성리학'의 사상적 성취에서 나온 것이기 때문이다. 그런 점에서 볼 때 이 시간대를 '진경시대'眞景時代라고 부르지 못할 이유는 없다.[26]

미술사에 관한 모든 연구들이 이런 분석에 동의하는 것은 아니다. 회화사에서 확인되는 변화의 동인을 좀 더 긴 시간대에서 혹은 조선 사회 내부에서 찾으려 하면서도, 진경산수를 정선과 노론으로부터 해방시켜 그 범주를 확장하려 한 연구도 있다.[27] 이 문제의식에 따르면, 진경산수화는 18세기부터 19세기까지 이어지는 회화사의 긴 흐름을 포괄하는 용어다. 진경산수화는 현실 지향성으로 요약되는 새로운 시대정신이 회화 분야에 적용되면서 생겨난 화풍이기 때문이다. 진경산수화가 탄생한 배경에는 조선 후기의 시대정신이 있다. 노론 낙론계洛論系는 인물성동론人物性同論을 토대로 북학론北學論을 제기했고, 남인계 실학자들은 원시유학原始儒學과 서학西學 등에서 가능성을 찾으려 했다. 그들은 모두 성리학의 한계를 넘어서서 대안을 찾으려고 했다. 진경의 양상은 크게 네 단계로 구분된다. 낙론계 문인들의 의식 세계를 반영한 천기론적天機論的 진경(18세기 전반)은, 선비화가들의 현실 관조적 경향을 반영하는 사의적寫意的인 진경으로 변해간 뒤(18세기 중엽), 서양 과학과 투시도법의 수용에 따른 사실적 진경으로(18세기 후반), 다시 진경과 전통적인 규범規

---

26 최완수 외, 1998, 『우리 문화의 황금기 진경시대』 1·2, 돌베개.
27 진경시대론에 관한 비판으로는 박은순, 2007, 「진경산수화 연구에 대한 비판적 검토－진경문화, 진경시대론을 중심으로」, 『한국사상사학』 28 참조.

정선, 〈인왕제색도〉仁王霽色圖, 1751년, 종이에 수묵, 79.2×138.2cm, 삼성미술관 리움.

조선 후기 진경산수화를 대표하는 그림으로 비 온 뒤의 인왕산 풍경이다. 옥인동 근처에 살았던 정선은 늘 보던 인왕산을 사실성 높게 표현했다.

範을 모두 고려한 절충적인 진경(19세기 이후)으로 변해갔다.[28]

진경산수화를 사실주의적 문예사조의 대두, 발전, 쇠퇴 과정으로 읽는 연구도 있다. 이 입장에 서면, 정선과 김홍도의 진경산수화는 시방식視方式과 화각畵角 등 실경 모사 방식의 차이를, 나아가 두 사람이 처한 사상사적 단계의 차이를 잘 보여준다. 진경산수화는 '탈성리학 혹은 후성리학이 갈등하거나 서로 영향을 미치며 복합된 현실에서 창출된 회화 영역'으로 정의된다. 그런 점에서 보면 정선은 후성리학, 김홍도는 탈성리학적 단계에 가깝다. 김홍도 이후 진경산수화가 쇠퇴한 것은 세도정권의 압도적 영향이 탈성리학으로 향하던 포스트 성리학의 물꼬를 후성리학 쪽으로 되돌렸기 때문이다.[29]

이 문제의식에 따른다면, 진경산수화나 풍속화에서 가장 중요하게 읽어내야 하는 것은 사실주의적 문예사조의 대두다. 정선과 김홍도는 그런 변화를 회화적으로 구현한 인물이다. 두 사람이 후성리학과 탈성리학적 사조를 대표하는 것은 정선의 진경산수가 전신傳神적 표현 요소를 포함하고 있는 반면, 김홍도의 풍속화는 그렇지 않기 때문이다.[30] 전신적 요소는 사실주의적 예술사조의 발전을 방해하던 앞 시대의 유제遺制인 셈이다.

'진경시대론'을 따르는 연구 가운데는 그동안의 철학·문학·미술사 분야에서 제기되어온 논점들을 대부분 수렴한 성과도 있다. 이 연구에 따르면, 문학이나 철학 분야에서 낙론계의 천기론에 주목해왔던 것은 성리학적 문예론과 질적으로 다른 것을 발견할 수 있다고 생각했기 때문이다. 김창흡에게 천天은 진리의 외재성을 전제로 하는 '천리'天理의 영역과, 경험세계의 독자적 가치를 긍정하는 '생리'生理의 영역을 포괄하는 개념이었다. 그가 완고한 도덕주의와 가치 상대주의 사이에 자기 자리를 정하고 문예론을 전개하려 했다면 갈 길은 하나다. '당연當然으로서의 천'을 경험세계의 천기天機에서 찾는 길이 그것이다.

---

28 박은순, 1997, 『금강산도연구』, 일지사.
29 이태호, 2010, 『옛 화가들은 우리 땅을 어떻게 그렸나』, 96~97쪽.
30 이태호, 2010, 『옛 화가들은 우리 땅을 어떻게 그렸나』, 118~119쪽.

김창흡 등 장동壯洞 김씨의 천기론에 익숙했을 정선은 그것을 예술적으로 실천해나갔다. 경험세계에서 진眞에 대한 공감대를 이끌어내기 위해서는 명승지와 뒷동산을 아우르는 장소들을 사실적으로 묘사하는 일, 이른바 '조선풍朝鮮風'을 그대로 드러내는 일이 필요했다. '조선적인 것'은 경험을 통해 확인한 '진'을 표현하는 질료였던 것이다. 세계를 천리天理로만 설명하지 않는다는 발상은 상대주의적 문예사조를 불러왔다. 중인들은 위항문학운동을 주도했다. 소설과 소품문이 유행했으며, 마니아들이 등장했다. 풍속화는 세속화되었으며, '내 마음의 진경'을 추구하는 경향이 늘어갔다. 이 모든 현상은 가치 상대주의가 조선 사회에 만연하게 되었음을 보여준다. 정조에게 문체반정은 낙론계 문예이론이 초래한 그런 극단적 상대주의를 제어하기 위한 것이었다.[31]

이제 그 다양한 성과들을 근거로 이렇게 말할 수 있을지도 모른다. 조선후기 사회에는 박지원의 법고창신론과 전범 없는 글쓰기가 상징하는 새로운 문예사조가 생겨났다고. 이 사회에는 역사학·지리학·천문학·역산학, 기타 서양 과학 서적 등 새로운 지식들로 넘쳐났다고. 새로운 지식, 새로운 글쓰기에 공감하는 많은 사람들이 새로운 우정론을 매개로 하여 당파와 신분을 뛰어넘는 교유를 하고 있었다고. 회화와 글쓰기를 포함한 문예의 전 영역에서 상대주의가 만연했으며, 정조는 그것을 제어하려 했다고. 그러나 이렇게 단정적으로 말하기 위해서는 좀 더 신중해져야 한다. 아직 그런 내용 요소들과 관련한 더 많은 변수들, 그리고 그 변수 사이를 질서화하는 지식의 위계와 맥락을 확인하지 않았기 때문이다.

균열의 지점, 또 다른 질문들

새로운 글쓰기에 논점을 제한해보자. 한문학 분야의 연구들은 이 글쓰기

---

[31] 김지영, 2007, 「18세기 진경의 역사적 이해」, 『한국사상사학』 28.

가 반反주자학 혹은 비非주자학적인 사회문화의 동력이 될 가능성에 주목하는 경향이 강하다. 이런 관점에서 보면 한편에 박지원과 이덕무가 있고, 다른 한편에 문체반정을 시도한 정조가 있다. 그런 문제의식에 따르면, 문체반정은 '사상 탄압'일 뿐이다. 그 새로운 문체야말로 주자학에 대한 대안적인 어떤 것을 상징하기 때문이다. 이 논리에 따라 정조를 주자학 쪽에, 박지원을 비주자학 혹은 반주자학, 심지어 탈脫주자학 쪽에 배치하게 되면, 정조는 다만 주자성리학적 사회질서를 지키기 위해 새로운 문체를 탄압한 인물로 독해될 수밖에 없다.

역사학계도 같은 시대상을 그려온 것일까. 주제에 따라서는 많이 달라 보이는 지점도 있다. 정조의 이미지가 그런 경우다. 어떤 이들은 정조에게서 북학군주北學君主, 개혁군주의 이미지를 떠올린다. 심지어 유교적 계몽절대군주라고 명명하는 경우도 있다. 다른 이들은 정조에게서 노회한 현실 정치가를 보거나, 중화주의자의 면모를 읽어내기도 한다.

역사가들이 정조를 '새로운 사상을 탄압한 보수적 군주'라고만 말하지 않는다는 사실은 음미해볼 만한 대목이다. 역사가라고 해서 문체반정의 '보수적' 측면을 인정하지 않는 것은 아닐 것이다. 그런데 그들은 대체로 문체반정을 탕평기조를 유지하기 위한 정치적 카드로 해석하는 경향이 강하다. 어느 경우든 역사가가 그려온 정조의 이미지는 한문학계의 시선과는 사뭇 다르다. 여기서는 연구자들이 그려온 시대상 사이에 균열의 지점이 있을 수도 있다는 사실 정도만 상기하기로 하자.

흥미로운 사실은 그 역사학계 역시 18세기의 사회적·문화적 지형을 이항대립의 구도에서 보려는 경향이 강하다는 점이다. 성리학과 실학, 사대와 자주, 중화와 민족, 기자와 단군, 전통적인 지식과 서양에 기원을 둔 지식, 중국 중심의 세계관과 지구적 규모의 세계관, 경사체용經史體用과 경사분리. 이것들은 변화를 설명하기 위한 두 개의 끝 지점이었다. 한국 사학계에서 '변화'를 논증하는 일은 그만큼 중요한 일이었다.

한편에서는 이런 방식의 계측이 효율적이지 못하다는 지적도 나온다.

1990년대 이후 쏟아져 나오는 새로운 질문들은 대개 반反성리학과 근대 지향적 사유체계로서의 실학에 관한 과거의 문제의식 자체를 향한 것이다. 그런 질문들의 연장선상에서 보면 이렇게 물을 수도 있다. 18세기 조선의 문화적 지형은 후성리학과 탈성리학이라는, 기계적이고 이분법적인 잣대로 양분될 수 있는가. 그 둘을 구별하는 기준은 무엇인가. 조선 후기 서양 과학에 대한 논의는 후성리학적인가, 탈성리학적인가. 과연 정약용이나 박지원은 근대주의자인가 아닌가. 우리는 왜 유럽이 걸어간 길을 18~19세기 조선 사회가 얼마나 잘 혹은 잘못 따라가고 있었는지 판별하지 않으면 안 되는가. 같은 질문을 좀 더 구체적인 현상에 대해서도 던질 수 있다. 보수적인 세도정권이 후성리학으로 기울었기 때문에 사실주의적 문예사조가 쇠퇴하고 서양의 시학視學 지식이 계승되지 않았다면, 『청구도』에서 『대동여지도』로 이어지는 19세기 기호식 지도의 성과는 어떻게 설명해야 하는가.

이런 종류의 문제 제기가 나름의 정당성을 가지고 있다면, 유럽의 역사를 모델로 삼은, 전통적인 이항대립의 구도를 고집해야 할 이유는 없을 것이다. 그렇다면 해체적 문제의식은 또 어떨까. 일국사와 근대, 혹은 민족과 국가에 지친 문학 연구자가 포스트모던한 자리에 서서 박지원과 『열하일기』를 읽는다고 해서[32] 이상할 것은 없다. 그러나 조선 후기의 문화적 지형을 역사학적으로 파악하려고 할 때 그곳 역시 그리 적절한 지점은 아닐 것이다. 관건이 되는 문제는 바로 현실의 '구체성'을 드러내는 일이다. 물론 역사적 현실은 난마처럼 얽혀 있지만, 실마리를 찾을 수 있는 길이 없지는 않다. 정합적으로 보이는 시대상에서 균열의 지점들을 찾을 수 있다면, 그것이 그 시대에 어떤 의미였는지를 설명할 수 있다면 그 현실을 드러낼 수도 있지 않을까.

다시 진경산수화의 문제로 돌아가보자. 무엇이 진경산수화를 가져왔는가. '조선 성리학'과 '조선 중화주의'가 불러일으킨 '자기 것'에 대한 자각, 혹은 낙론계의 천기론이 가진 사상사적 의의를 강조할 수도 있다. 그런데 다른

---

32 고미숙, 2003, 『열하일기 웃음과 역설의 유쾌한 시공간』, 그린비.

질문의 여지는 없는 것일까. 방향을 바꾸어본다면 이런 질문도 가능하다. 진경산수화는 조선 후기 지식인 커뮤니티의 비균질성을 보여주는 소재가 될 수도 있지 않을까. 그들의 그림은 어떤 커뮤니티에 의해 어떻게 소비되었을까. 그림은 커뮤니티의 결속력을 강화하는 데 어떤 역할을 했을까. 정선과 김홍도는 뛰어난 진경산수화가이기도 하지만, 서로 다른 수요자 집단과 요구를 대변한다는 점에서도 대비되는 것이 아닐까.

『신묘년풍악도첩』辛卯年楓嶽圖帖은 정선의 금강산 그림 가운데 연대가 밝혀진 초기 작품에 해당한다. 1711년(숙종 37) 금강산을 유람하던 백석공白石公이라는 인물 옆에는 36세의 정선이 있었다. 백석공은 정선에게 금강산도를 그리게 하고 친구들과 함께 시를 짓고 노래했다. 백석공은 신태동辛泰東이다. 그는 노론계에 속하는 인물로, 청풍계에 살면서 김창흡 등 장동 김씨들과 친분을 유지했다.[33] 1738년(영조 14)작 『관동명승첩』關東名勝帖은 최창억崔昌億이라는 문인에게 그려준 것이며, 1742년(영조 18)작 『해악전신첩』海嶽傳神帖에는 이병연李秉淵(1671~1751)과 홍봉조洪鳳祚(1680~1760)가 쓴 시와 발문跋文이 들어 있다.[34] 발문은 책의 말미에 부치는 글이다.

물론 이런 단편적인 기록만으로 이 집단 안에서 정선의 위치가 어느 정도였는지를 단정할 수는 없다. 그러나 적어도 그의 예술 행위가 장동 김씨 가문과 같은 노론 낙론계 지식인 집단과 밀접한 관련 아래에서 이루어졌다는 사실만큼은 부정할 수 없다. 간과할 수 없는 의미가 이 지점에 있다. 이 화첩들이 시모임과 여행의 감흥을 그림의 형태로 남기기 위해 제작되었다는 사실이다. 현장성과 현장의 감흥을 기록하기 위해서라면 중국풍 산수화로는 불가능하기 때문이다.

그림의 소장자 혹은 이 그림을 본 벗들은 그림 위에 글을 남기기도 했다. 그들에게는 이제 자신들의 커뮤니티를 유지해나갈 수 있는 중요한 매체 하나

33 이경화, 2011, 「정선의 辛卯年楓嶽圖帖 –1711년 금강산 여행과 진경산수화의 형성」, 『미술사와 시각문화』 11, 194~198쪽.
34 이태호, 2010, 『옛 화가들은 우리 땅을 어떻게 그렸나』, 122~127쪽.

정선, 〈금강내산총도〉金剛內山摠圖, 『신묘년풍악도첩』辛卯年楓嶽圖帖, 1711년, 비단에 옅은 채색, 36.0×37.4cm, 국립중앙박물관.

백석공 신태동과 함께 금강산을 여행한 뒤 그린 것이다. 정선은 금강산 일대의 경치를 13폭의 그림 도첩으로 만들었는데, 〈금강내산총도〉는 그중의 하나다. 금강내산을 하늘에서 내려다보는 듯이 묘사하였으며 산봉우리마다 명칭을 적어놓고 길을 표시하였다.

가 새로 생긴 것이다. 현장의 느낌을 알 수 없는 계회도契會圖, 이미지를 연상하는 데 한계가 있는 시집이나 기행문과 달리, 화첩은 산수유람을 함께 다닌 벗들이 현장의 감흥을 시각적으로 되새길 수 있는 근거 자료가 되었을 것이다. 현장을 함께하지 못한 동료라도 문제될 것이 없었다. 진경산수화는 그 감흥을 그대로 공유하는 데 부족하지 않았다.[35]

김홍도는 진경을 화폭에 담는 의미를 정선과 다른 방식으로 보여준다. 그는 정조의 총애를 받았던 궁중화원이다. 김홍도의 그림 중에 국가의 요구를 받고 그린 것이 많은 것은 그런 이유이다. 그러나 민간에서도 그의 그림을 원하는 소비자들이 적지 않았다. 〈총석정도〉叢石亭圖는 1795년(정조 19) 김홍도가 김한태金漢泰에게 그려준 그림이다. 김한태는 소금 상인이자 역관으로, 재력과 문학적 소양을 겸비한 인물이었다. 김정희와 친분이 있었을 뿐만 아니라 청나라 옹방강 부자와도 접촉할 정도로 인맥이 넓었으며, 화원들의 후원자 역할을 하기도 했다.[36]

정선의 진경산수화가 노론 낙론계의 천기론을 반영하고 있으며 전신傳神적인 요소를 내포하고 있다면, 그의 그림을 향유했던 사람들 사이에서 같은 정서가 공유되었다고 보아도 좋을 것이다. 그러나 궁중화원인 김홍도에게, 역관 후원자를 위해 감상용 그림을 선물하려 했던 김홍도에게 진경산수화는 그런 것일 필요는 없었다. 그가 정선과 달리 서양 화법을 과감히 받아들일 수 있었던 것도 이런 수요층의 차이와 무관하지 않을 것이다.

진경산수화의 화풍을 외부적 자극과 관련하여 설명한 연구도 있다. 이 입장에서 보면 조선 사상계의 내부적 변화보다는 동아시아 전체 화풍의 흐름이나 청나라에서 들어온 새로운 시학視學 지식의 영향이 중요해진다. 새로운 글쓰기의 경우도 예외는 아니다. 한문학 분야의 연구 중에서도 진眞을 재인식하게 된 외부적 계기를 특별히 강조한 성과들이 있다.

---

35 비슷한 시기 일본에서는 우키요에가 유행했다. 그러나 이 그림은 서민문화의 대두와 짝한다는 점에서, 상업적인 판매를 전제로 제작되었다는 점에서 진경산수화와는 사회적 맥락이 완전히 다르다.
36 이태호, 2010, 『옛 화가들은 우리 땅을 어떻게 그렸나』, 122쪽, 146쪽, 413쪽, 434쪽.

김홍도, 〈총석정도〉叢石亭圖, 『을묘
년화첩』乙卯年畵帖, 1795년, 종이
에 엷은 채색, 23.2×27.3cm, 개인
소장.

1795년 김홍도가 김한태에게 그려
준 것이다. 관동팔경의 하나인 총석
정을 진경산수화풍으로 표현하였다.

　　이 연구들에 따르면, 공안파公安派의 문예론은 양명좌파 이탁오李卓吾
(1527~1602)의 사유를 문학에 투영한 것이다. 왕양명王陽明(1472~1529)이 진
리의 외재성外在性을 비판하고 내재적內在的 원리인 심心을 재발견했다면, 이
탁오는 진리의 내재성에 대한 왕양명의 주장을 경전의 절대성과 상고주의적
尙古主義的 역사관 모두를 부정하는 방향으로 확대 재생산했다. 그 토대는 상
대주의적 시간관이다. 원굉도袁宏道(1568~1610)는 이탁오가 보여준 상대주의
적 시간관을 문예비평에 적용했다. 이 지점에 이르러 고전은 초월적이며 당
위적인 권위를 가진 것이 아니라, 다만 그 시대의 산물로 자리매김된다. 이렇
게 되면 고문을 흉내 내는 것은 더 이상 중요하지 않다. '자득'自得과 '진'眞을
추구하고 작가 개인의 개성을 발휘하는 글쓰기가 중요해질 수밖에 없다. 논
리적으로만 본다면 의고주의적 문예이론은 원굉도에 이르러 설 자리를 잃게
된 것이다.[37]

　　공안파 문예이론을 인지하고 비판적으로 수용한 초창기 집단에는 장동
김씨 집안의 김창협金昌協과 김창흡, 그리고 김창협의 제자인 이의현李宜顯이

37　강명관, 2007, 『공안파와 조선 후기 한문학』, 소명출판, 13~63쪽.

있다. 원굉도의 문학적 위치를 명나라 말기의 문학적 지형 위에 놓고 보려 했던 남극관南克寬(1689~1714)이나, 도道와 문文을 분리하려 했던 조귀명趙龜命(1693~1737)의 문예론은 확실히 김창협이나 김창흡과는 결이 다르다. 도道와 문文이 분리되어 있다고 말하는 것은 도와 상관없는 문학적 성취를 옹호하는 논리가 될 수 있다. 그뿐만이 아니다. 도道에서 해방된 문文은 문학을 넘어 불교, 노장사상, 천주학 등 다른 영역으로 확장될 수도 있다. 이렇게 가다 보면 마침내 도학道學의 우월적 지위를 의심하는 조귀명, 자득自得의 학문 방법론에 따라 진리를 상대화하는 조귀명을 만나게 될 수도 있다. 그것은 양명학의 사유방식과 무관하지 않다. 비록 그가 원굉도를 비판했더라도, 비록 그가 스스로 양명학에서 얻은 것이 많다고 말하지 않았더라도 말이다.[38]

　진경산수 혹은 진경眞景을 테마로 한 문예 활동의 기원을 언제로 볼 것인가. 연구는 많지만 일치되는 견해는 많지 않다. 의고파인 신익성에서 시작되었다고 말하기에는 공안파의 문예론을 비판적으로 흡수한 다른 많은 문인들의 논의를 합리적으로 설명하기 쉽지 않다. 그렇다고 하여 정선의 진경산수화를 공안파의 문예론과 연관지어 설명할 수도 없는 일이다. 진眞에 대한 자각이 '도道와 문文이 같다'거나 '학學과 예藝가 같다'는 정서 위에 있는지조차 단정적으로 말하기 어렵다. 그러나 지식의 내용이 아니라 맥락을 문제 삼으려는 지점에서 보면, 진眞에 대한 자각이 18세기 문화의 키워드가 된다는 점, 그와 관련한 다양한 문예 활동에는 커뮤니티의 질적 차이가 있을 수도 있다는 점을 기억하는 징도로 충분할 것이다.

　18세기 지식인 사회에서 새로운 교류, 나아가 진眞에 대한 자각을 확인할 수 있다면, 그들이 지식을 생산하는 양상에서도 어떤 새로운 면모를 읽어낼 수 있지 않을까. 원래 조선의 저술가들은 책을 쓰는 행위를 학문적인 성취가 쌓여서 밖으로 표현되는 자연스러운 과정으로 여겼다. 불특정 다수를 독자로 가정하지도 않았다. 그들은 다만 뒷날 누군가 안목 있는 인물이 나타나 그 저

38　강명관, 2007, 『공안파와 조선 후기 한문학』, 223쪽, 227쪽.

술의 진가를 알아봐주기를 기대했다.

"뒷날의 자운을 기다리겠다." 장현광張顯光(1554~1637)은 『역학도설』易學圖說을 지었으나, 사람들에게 보여주지 않고 이렇게 말할 뿐이었다. 문인 권봉權捧은 "장현광의 평생 정력이 이 책 안에 들어 있다"고 평가했다.[39] 제자를 제외한 다른 사람들에게 보여주지 않았다는 사실은 책이 불특정 다수에게 보급되기를 굳이 바라지 않았다는 의미일 것이다.

자운子雲은 후한 말의 사상가이자 문학가인 양웅揚雄(기원전 53~서기 18)이다. 양웅은 많은 저작을 남겼지만, 그중에서 특별히 후세인들의 입에 오르내린 것은 『태현경』太玄經이다. 양웅이 『주역』의 2원 64괘 체제를 모방하여 지은 책인데,[40] 문제는 이 책의 내용이 당시 사람들에게 너무 어렵게 여겨졌다는 것이다. 어느 날 한 손님이 양웅에게 말했다. "무릇 저서라는 것은 여러 사람이 좋아하는 것인데 맛있는 음식이 입에 맞고 아름다운 소리가 귀에 맞는 것과 같습니다." 대중에게 호소력이 없거나 가독성이 떨어지는 저작은 무의미하다는 얘기다. 양웅은 같은 비유를 들어 이렇게 답했다. "고원한 소리는 중인의 귀에 들리지 않으며 아름다운 모양은 세속의 눈에 보이지 않으며, 훌륭한 말은 범인의 귀에 들리지 않습니다."[41] 책의 내용이 어려운 것이 문제가 아니라, 그 내용을 알아볼 안목을 가진 사람이 없는 것이 문제라는 주장이다. 언제부터인가 '자운을 기다린다'는 수사修辭는 '자신의 저작을 알아볼 만한 안목을 지닌 후대의 훌륭한 학자를 기다린다'는 의미로 사용되기 시작했다.

18세기 조선의 저술가 중에도 이 수사를 즐겨 사용하는 사람이 적지 않

---

39 장현광, 『여헌선생속집』권10, 부록, 景遠錄(門人權捧).

先生著易學圖說 未嘗示人 謂諸子曰 以俟後世之子雲 先生每著書 文辭浩汗旁暢 至於此書 鉤深賾玄 不放下一字 一生精力 盡在此書.

40 남상호, 2005, 「양웅의 應時變經의 방법」, 『유교사상연구』23; 임진호, 2006, 「揚雄의 太玄賦 考析」, 『중국어문학지』20.

41 『후한서』권87, 揚雄傳.

客難揚子曰 凡著書者 爲衆人之所好也 美味期乎合口 工聲調於比耳 (……) 揚子曰 聲之眇者不可同於衆人之耳 形之美者不可棍於世俗之目 辭之衍者不可齊於庸人之聽.

았다. 그러나 좀 더 결이 다른 방식으로 쓰려는 사람, 자기가 쓴 글을 다른 사람에게 보여주는 데 적극적인 사람도 있었다. 성균관 유생 이옥이 문체반정의 대상이 되었던 것은 '쓰고 싶어서 쓰는' 글쓰기 자세 때문이었다. 그는 여름날의 무료함을 달래기 위해서 글을 쓸망정 결코 선비로서의 책무를 다하기 위해서 붓을 들지는 않았다.

박지원은 '천년 전의 옛사람'을 벗하거나 '천년 후의 자운 같은 친구를 기다리는' 행위 모두를 비판했다. 우정은 자기 시대의 인물에서 찾아야 한다는 주장이다.[42] 박지원이 '자운을 기다린다'는 수사를 거론한 것은 물론 우정 문제 때문이었다. 그러나 논의 수위를 '저작의 가치를 알아볼 친구'에 관한 문제로 확장해서 본다면 이런 논리가 성립할 수 있을지도 모른다. '천년 후에 자기 책을 알아봐줄 친구를 위해 저술을 하는 것은 어리석은 행위다. 책은 자기 시대의 친구를 위해 써야 하고, 그 친구들이 읽을 수 있도록 적극적으로 돌려보거나 베껴보아야 한다.'[43]

19세기에 접어들면 저술 동기를 적극적으로 가감 없이 드러내는 사람들이 생겨났다. 홍석주 가문 사람들은 도시적 장서가로서 경화세족의 문화를 대표했을 뿐만 아니라 다독多讀으로도 유명했다. 홍석주는 자신과 형제들이 읽은 책들을 기록으로 남겼다. 이것이 『홍씨독서록』洪氏讀書錄이다. 그런데 홍길주가 이 독서록 말미에 흥미로운 글을 남겼다. "후세에 학문에 뜻을 둔 자는 모두 이것으로 모범을 삼고 천하의 유자儒者들이 이 독서록을 다투어 베껴 가전家傳하지 않음이 없으리니 또한 홍씨의 독서록으로 그치지는 않을 것이다."[44]

홍길주는 개인적인 독서 체험을 후세의 안목 있는 누군가를 위해 남기는

---

42   박지원, 『연암집』 권3, 孔雀館文稿, 繪聲園集 跋文.

43   박지원은 오륜의 틀 안에서 우정을 강조하였으며, 서양의 우정론을 받아들였다. 그러나 자기 시대의 친구를 사귀어야 한다고 주장하고 신분을 넘어 우정을 찾은 것은 박지원에게서만 발견되는 독자적인 면모다(김명호, 2012, 「연암의 실학사상에 미친 서학의 영향」, 실사학사 편, 『연암박지원연구』, 사람의무늬, 95~102쪽).

44   진재교, 2007, 「19세기 경화세족의 독서문화 - 홍석주 가문을 중심으로」, 147~148쪽.

데 그치지 않고 불특정 다수를 독자로 가정하는 적극적인 저술 태도를 보여주었던 것이다. 이것이 총서叢書의 유행과 궤를 같이하는 것인지에 대해서는 좀 더 면밀한 검토가 필요하다. 그러나 적어도 홍길주가 '자운을 기다린다'는 식의 메타포를 구사하지 않게 된 것은 지식정보의 생산과 관련한 19세기적인 양상의 일단을 보여준다는 점에서 흥미로운 대목이다.

자기 글과 남의 글을 구별해야 한다는 주장이 나오기 시작한 것도 기억해 둘 만한 장면이다. '술이부작'述而不作. 조선의 저술가들에게 오랫동안 절대적인 권위를 인정받던 말이다. 이 단어를 인정하고 나면 저술가들이 자기 견해와 주장을 전면에 내세우기 어려워진다. 정답은 언제나 성현의 말씀 속에, 선배 학자의 해석 속에 있다. 저술가는 그것들을 효과적으로 편집함으로써 그들의 입을 빌려 말할 뿐이다. 굳이 자기 견해를 글로 써서 전면에 내세워야 할 이유가 없다. 그런데 18세기에는 그런 관행에 의문을 표시하는 사람들이 생겨나기 시작했다. 정약용, 이덕무, 이긍익이 그런 사람들이었다.

정약용은 두 아들에게 보낸 편지에서 『기년아람』紀年兒覽, 『일지록』日知錄, 『성호사설』星湖僿說 등에 대해 논평했다. 정약용에 따르면, 『기년아람』은 실용적이고 실리적인 기준을 채택한 것이 아니라 다만 해박함과 문견을 드러내는 데 치중하고 있어서 요체는 적고 불필요한 내용이 많았다. 저자가 자신의 박식함을 자랑하느라 꼭 필요하지 않은 내용까지 책에 담다 보니 한두 권 정도면 충분했을 분량이 늘어날 수밖에 없었다는 것이다.[45] 고염무顧炎武(1613~1682)의 『일지록』에 대해서는 사실상 혹평했다. "고염무는 세간에서 정론으로 평가하는 주제들을 다루었지만, 그는 책으로 자기 명성을 보존하려 했기 때문에 진정성이 느껴지지 않는다." 정약용은 남의 글과 자기 글을 구별하지 않았다는 점에서 『성호사설』역시 비판적으로 보았다.[46]

---

45 정약용, 『여유당전서』제1집, 권21, 書, 寄二兒.
紀年兒覽 吾亦始以爲佳書 今乃仔細看 所見不如所聞也 大抵本意 在於示該洽爭多聞 不于實用實理上 立得一副當繩尺 故其所著之煩而寡要 約而多蔓如是也.
46 정약용, 『여유당전서』제1집, 권21, 書, 寄二兒.

정약용은 이 편지의 행간에서 이렇게 말한 것이 아닐까. '아무리 술이부작이 역사를 짓는 원칙이라고 해도 책 전체를 관통하는 기준이 있어야 하고, 남의 글과 자신의 글을 구별해야 한다. 이익의『성호사설』역시 자기 글과 남의 글을 분명하게 구별하지 않았다는 점에서 결정적인 하자가 있다. 이런 상태라면『일지록』이나『성호사설』모두 후세의 정본正本으로 삼기는 어렵다.'

구별되지 않는 것은 글의 내용만이 아니다. 정약용은 저서의 이름을 약칭略稱함으로써 생기는 문제에도 주목했다. 정약용은『문헌비고』文獻備考에서 수정이 필요한 부분을 정리해 정조에게 올리려 했다. 그중에는 "단군이 팽오에게 명하여 국내 산천을 다스리게 했다"는 내용이 있었다.『문헌비고』에는 이 기사의 전거가 다만『동사』東史라고 되어 있었다. 정약용은 이 책이 홍만종洪萬宗(1643~1725)의『동국총목』東國總目일 것이라고 추정했다. 그는 정사正史가 아닐 경우 저자를 밝혀서 혼선을 피해야 한다고 주장했다.[47]

엄밀하게 말한다면 이익李瀷이 불특정 다수를 상대로 '후대의 정본'이 될 것을 바라면서『성호사설』을 쓴 것은 아니었다. 그러니『성호사설』에 관한 이익이 정약용의 비판을 받아야 할 이유는 없다. 그런데 후학의 입장에서 보면 문제가 달라진다. 만일 이 책을 세상에 알리려 한다면, 불특정 다수의 독자를 의식하는 방식으로 수정해야 한다. 남의 글과 자신의 글을 구별하고, 불필요한 남의 글을 과감하게 덜어내야 한다. 안정복은『성호사설』을 편집하면서 차마 그렇게 하지 못했고, 정약용은 자신의 저서에서 그것을 하려 했다.

공동 작업이라고 할 만한 수준의 협업이 많아진 것도 새로운 현상이었다.

日知錄 其學術議論 却未能十分愜意 蓋其本領 務要作高談正論 非眞箇正論 人謂之正論者 以全其名 未見有惻怛眞切之心 其所爲憂時慨世者 都有鬆雜不淸淨意思 著在言談之外 如吾直性男子 有時乎爲之注目耳 又其鈔取史傳中語 與己所立論者 相雜成書 大是冗雜 吾嘗謂星湖僿說 未足爲傳後之正本者 以其古人成文 與自家議論 相雜成書 不成義例也 今日知錄正亦如此.

47 정약용,『여유당전서』제1집, 권23, 文獻備考刊誤跋.

余昔從洪復元校理借觀文獻備攷 其烏欄之上間有箚記 多精核語 意故兵曹判書(名漢氏)所手錄者 因以己意修潤 彙次爲刊誤一卷 擬進乙覽 會仙馭賓天 不果上 嗚呼恨哉 (……) 卷六(輿地考) 二號 (……) 同號 東史檀君命彭吳治國內山川 案東史疑卽洪萬宗東國總目 (凡云東史及寶鑑本紀通覽之類 皆非正史 宜明著撰人姓名 不宜混稱) 彭吳之說 謬妄不宜大書.

문집이야 대부분 사후에 제자나 후손의 손을 빌릴 수밖에 없는 것이니 원래 그런 것이라고 할 수 있다. 그런데 문집이 아닌 저작들에서 이런 현상이 빈번히 일어나기 시작했던 것이다. 이익은 안정복의 『동사강목』에 대해 편지로 끊임없이 자문해주었으며, 안정복은 『성호사설유선』의 편집책임을 맡아 정리했다. 안정복은 또 이병휴의 저작에 대해 '참교'參校 운운하며 적극적으로 수정 과정에 개입하고 싶어했다.[48] 정약용이 남긴 저작들은 많은 경우 제자들과 역할을 분담하고 협업한 결과물이다.[49] '수정 과정에 개입한다'거나 '함께 만든다'는 정서가 공유되고 있었기에 가능한 일이다.

정약전丁若銓(1758~1816)이 『자산어보』玆山魚譜를 완성한 것은 1819년(순조 19)이지만, 그가 해양생물에 대해 관심을 가지기 시작한 것은 1805년(순조 5) 무렵이다.[50] 그런데 지금 남아 있는 『자산어보』에는 '원편궐금보지'原編闕今輔之 같은 표현이 보인다. 정약전이 유배지인 흑산도에서 생을 마감한 것이 1816년(순조 16)이라는 사실을 감안해보면, 설명이 필요한 대목이다. 『자산어보』에 『여씨춘추』呂氏春秋, 『정자통』正字通, 『영표록』嶺表錄, 『남월지』南越志, 『사기』史記, 『신이경』神異經, 『대명일통지』大明一統志 등의 중국 서적, 『동의보감』東醫寶鑑 같은 국내 서적 등 100여 종이 넘는 참고 서적이 구사되고 있다는 점도 지나치기 어려운 문제다.[51] 유배지에서 아무런 후원도 받지 못한 상태에서 이런 정도의 참고문헌을 구사하기는 어려울 것이기 때문이다.

이 모든 의문을 풀 수 있는 실마리는 『자산어보』 본문에 자주 등장하는 '청안'晴案이라는 표시에서 찾을 수 있다. '청안'晴案의 '청'은 정약용의 강진 시절 제자였던 이청李晴(1792~1861)을 가리킨다. 이청은 『대동수경』 등 정약

48 이익의 사후 그의 유작을 교정하기 위해 정약용 등 남인계 인사들이 모여 공동 작업을 했던 것은 맥락이 다른 문제다(정약용, 『다산시문집』 권21, 書, 西巖講學記). 당대에 공동 창작에 가까운 협력적 저작 과정이 있었느냐의 여부가 중요하다.
49 정약용의 공동 작업에 대해서는 정민, 2006, 『다산선생 지식경영법 ─ 전방위적 지식경영인 정약용의 치학 전략』, 김영사 참조.
50 서종태, 1992, 「巽菴 丁若銓의 實學思想」, 『동아연구』 24, 298~301쪽.
51 정두희, 1990, 「천주교 신앙과 유배의 삶, 다산의 형 정약전」, 『역사비평』 11.

용의 여러 저작을 완성하는 데 실질적으로 간여했다. 『자산어보』가 언제 어떤 과정을 거쳐 이청의 손에 들어갔는지는 미지수이지만, 현재의 『자산어보』가 적어도 이청이 정약용의 저작을 보충한 것과 같은 맥락에서 증보되었다는 사실만으로도 의미가 있다.[52]

경세적인 지식이 도형圖形의 형태를 띠기 시작했다는 사실도 주목할 필요가 있다. 원래의 글자 뜻에 따른다면, 도형에는 형태적인 묘사가 가능한 것은 모두 포함될 수 있다. 초상화가 사람을 그린 것이라면, 『삼강행실도』나 궁중기록화 등은 사람의 생각이나 행위를 이미지로 표현한 것이다. 『태극도설』처럼 성리학적 사유체계를 그림으로 풀어 설명하는 것도 있다. 성도星圖, 산수화山水畵, 관아도, 지도처럼 대상을 먼 시점에서 도형화한 것이 있는가 하면 화조도花鳥圖, 기기도器機圖처럼 작고 구체적인 사물을 세밀하게 묘사하여 그린 것도 있다.

조선왕조가 관찬官撰으로 간행한 목판본 혹은 활자본 가운데에는 그런 의미의 도형을 포함한 것이 적지 않다. 『화성성역의궤』華城城役儀軌를 비롯한 각종 의궤류가 그런 경우다. 그러나 이 책들은 처음부터 불특정 다수의 열람을 의식한 것은 아니었다. 민간에서라면 소략한 목판본 여지도輿地圖 책자나, 『삼재도회』三才圖會, 『만보전서』萬寶全書 등 중국에서 유입된 서적에서 도형을 더 쉽게 볼 수 있었다. 『삼재도회』와 『만보전서』는 중국에서 편찬된 일종의 백과사전이다. 『삼재도회』가 사물을 천지인天地人으로 구분하여 설명한 책이라면, 『만보선서』는 다양한 상식과 잡학적인 지식을 선해주는 서작이다. 조선 후기 지식인들은 지식을 생산하는 과정에서 이 책들에 적지 않게 의존했다. 그들에게 도형은 문자와는 다른 면에서 매우 유용했다.

더 정교한 도형들은 정상기의 〈동국지도〉처럼 필사본의 형태로 제작되고 또 복제되었다. 지도는 도형으로 정보를 전달하는 것이므로 어떤 면에서는

52　『대동수경』에서 잘 나타나듯이, 이청이 증보한 정약용의 저작들은 어디까지가 정약용의 글이고, 어디까지가 이청의 글인지 그 경계가 매우 애매하다. 이런 관점에서 보면, '청안'으로 구분되지 않은 『자산어보』 본문 안에서도 참고문헌과 관련해 혹시 그런 부분이 있는지 좀 더 치밀한 독해가 필요하다.

당연한 일이다. 전통적으로 도형의 대상이 되어본 적이 없는 사물을 묘사하기 위해 책을 기획하는 일은 흔치 않았다. 그런 점에서 보면 정약전은 도형을 포함하는 저작을 기획했다는 점에서도 특별한 의미를 지닌다. 정약용이 정약전에게 보낸 편지에 이런 대목이 있다.

> 책을 저술하는 일은 절대로 소홀히 해서는 안 되니 반드시 충분히 유의하심이 어떻겠습니까. 『해족도설』海族圖說은 무척 기이한 책으로 이 또한 하찮게 여겨서는 안 될 일입니다. 도형圖形은 어떻게 하시렵니까. 글로 쓰는 것이 그림을 그려 색칠하는 것보다 나을 것입니다. 학문의 종지宗旨에 대해 먼저 그 큰 강綱을 정한 뒤 책을 저술해야 쓰임이 있게 될 것입니다. 대체로 이 도리는 효제孝弟로 근본을 삼아 예악禮樂으로 꾸미고, 감형鑑衡, 재부財賦, 군려軍旅, 형옥刑獄을 겸하고 농포農圃, 의약醫藥, 역상歷象, 산수算數, 공작工作의 기술을 씨줄로 하여야 완전해질 것입니다. 무릇 저술할 때에는 항상 이 목目을 살펴야 하는데 여기에서 벗어나는 것이라면 저작할 필요도 없습니다. 『해족도설』은 이 목目에 비추어보면 서너 분야에서 필요로 하는 바가 될 것이니 그 쓰임이 매우 절실할 것입니다.[53]

필자는 저술 행위에 관한 정약용의 문제의식을 이렇게 읽는다. '어떤 종류의 책이든 책을 저술하는 행위는 심사숙고하지 않으면 안 된다. 의리학이나 경세학에 관한 저술만 그런 것은 아니다. 『해족도설』처럼 해양생태계를 다루는 특수한 책이라도 예외가 아니다. 무엇보다 학문의 종지에 대해 먼저 강綱을 세우고, 그 강에 따라 목目을 밝혀두는 것이 중요하다. 효제와 예악으

---

53 정약용, 『여유당전서』 제1집, 詩文集, 권20, 書, 上仲氏.
著書一事 萬不可忽 必十分留意如何 海族圖說 甚是奇書 此又不可少者 圖形何以爲耶 文字勝丹靑耳 學問宗旨 先定大綱 然後著書爲有用耳 大抵此道 本之以孝弟 文之以禮樂 兼之以鑑衡財賦軍旅刑獄 緯之以農圃醫藥曆象算數工作之技 庶乎其全德 凡著書 每考之此目 有外於是者 便不要著耳 海族圖說 考諸此目 爲三四家之所須 其用甚切耳.

로 상징되는 의리학 분야를 강綱으로 하고, 재정·군사·형정 등의 행정학 분야와 농업·천문·수학 등의 기술학 분야를 목目으로 삼는다. 모든 종류의 저작은 이와 같이 강과 목을 세운 뒤에 그 목에 비추어 기획되어야 한다.'

소재주의적이고 박물적博物的인 연구가 가치를 가지려면 먼저 그것이 전체 학문체계 안에서 어떤 의미가 있는지를 정리해야 한다는 주장이다. 의리학과 행정학, 기술학 사이의 위계를 어떻게 설정하느냐가 중요하지, 어떤 소재에 관해 어떤 주장을 내세우느냐가 핵심적인 이슈는 아니라는 의미다. 이런 관점에서 보면, 자연생태계에 관한 정약전의 연구가 중요한 것은 그가 관찰의 방법으로 자연계를 설명하려 했기 때문이 아니다. 의리학과 행정학, 기술학 사이의 위계를 정하고 그 전체 학문체계 안에서 기획할 수 있기 때문에 중요하다.

정약전이 해양생태계에 관한 저작을 구상했을 때, 가장 큰 문제는 역시 도형이었다. 도형이 아무리 정보 전달에 유용하다고 해도 자신이 직접 원고에 그려 넣는 것 이외에 다른 방법이 없었던 것이다. 흑산도에서 유배 생활을 하던 정약전으로서는 누군가의 도움을 기대할 수도 없는 상황이었다. 정약전이 해양생물을 그려보겠다고 생각한 것은 나름대로 자신감이 있었기 때문이다. 정약용은 정약전이 암실과 유리를 이용해서 이기양李基讓(1744~1802)의 초상을 그렸던 사실을 알고 있었다.[54] 정약전은 카메라 옵스쿠라의 원리를 이해하고 거울에 거꾸로 맺힌 이기양의 윤곽선을 사실대로 그려낼 수 있었던 것이다.[55] 정약용은 이 원리야말로 산수화나 초상화를 그릴 때 실물을 완벽하게 재현할 수 있는 좋은 방법이라고 생각했다.[56]

이기양은 1802년(순조 2)에 죽었으므로 정약전이 이기양을 그린 것은 그 이전일 것이다. 정약전은 또 1784년(정조 8)경부터 이벽李檗(1754~1785)과 어

54 서종태, 1992,「巽菴 丁若銓의 實學思想」, 291쪽.
55 이태호, 2008,『옛 화가들은 우리 얼굴을 어떻게 그렸나 - 조선 후기 초상화와 카메라 옵스쿠라』, 생각의나무, 62~65쪽.
56 정약용,『다산시문집』권10, 說, 漆室觀畫說.

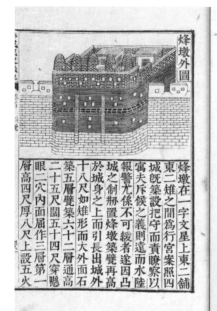

『화성성역의궤』華城城役儀軌의 설명과 도형, 1801년, 활자본, 10권 9책, 37.1×23.0cm(책 크기), 서울대학교 규장각한 국학연구원.

『화성성역의궤』에 실린 봉돈烽燉 관련 부분이다. 도형과 설명문이 함께 실려 있어 관련 지식을 효과적으로 전달한다.

울리면서 『기하원본』幾何原本의 원리를 터득하기도 했다. 『기하원본』을 이해 한다는 것은 사물을 묘사할 때 축소와 확대를 자유자재로 할 수 있다는 의미 이기도 하다. 정약전은 카메라 옵스쿠라의 원리를 이용해 실물의 윤곽선을 그려내고, 그 그려낸 도면을 필요에 따라 축소 또는 확대할 수 있는 수학 지 식을 갖추고 있었던 것이다. 이론적으로는 흑산도에서 관찰한 해양생태계를 그림으로 그려보겠다는 생각을 가지지 않을 이유가 없었다.

　정약전이 물고기를 그려보려고 했던 것은 도형이 저술의 내용을 설명하 는 데 효과적이기 때문이었을 것이다. 그러나 정밀한 그림을 그릴 수 있는 누 군가의 도움이 없으면 물고기의 특성을 그려내는 일은 난관에 부딪힐 가능성 이 있었다. 정약용은 절해고도絶海孤島의 유배지에 있던 형이 필사본 저작 안 에 도형을 직접 그려 넣을 수 있으리라 확신하지 못했다. 정약용이 도형이 아닌 문자를 권유한 것은 그 때문이었다.

정약용이 도형이 지식 전달 매체로서 가지는 장점을 몰랐던 것일까. 사실은 그 반대에 가깝다. 정약용은 도형의 유용성을 누구보다 잘 알고 있었다. 정약용이 『기기도설』奇器圖說을 활용해서 거중기를 만들었다는 것은 잘 알려진 사실이다. 거중기 만들기 프로젝트가 성과를 거둘 수 있었던 것은 서양 역학力學의 기본 원리와 그 응용법을 소개한 이 책자에 수십 장의 도형이 포함되어 있었기 때문일 것이다. 정약용은 또 자신의 저서 곳곳에서 지도를 포함한 각종 도형을 활용하기도 했다.

그 밖에도 관찬 혹은 사찬私撰 도서 가운데 도형을 활용한 사례가 많이 있다. 『무예도보통지』武藝圖譜通志에는 무예의 부분 동작이 상세하게 묘사되어 있으며, 『화성성역의궤』에도 여러 장의 상세한 도면이 들어 있다. 홍대용은 수식 계산에서 도형을 활용했다. 유수원柳壽垣(1694~1755)도 참고문헌의 도면과 설명문을 잘 활용하면 중국 농기구를 만들어낼 수 있다고 주장했다.[57]

지식의 양과 질이라는 면에서 보면 18세기 조선 사회가 새로운 전기를 맞고 있었던 것은 분명하다. 그뿐만이 아니다. 지식을 전달하는 새로운 방식과 매체에 대한 고민도 커지고 있었다. 그러나 지식의 맥락이라는 점에서 본다면, 확인해두어야 할 다른 문제가 더 남아 있다. 그들은 실제 자신의 저작을 기획하고, 또 저술을 위해 읽고 쓰는 과정에서 어떤 문제를 가장 고민했을까. 그들에게 읽고 쓴다는 것은 어떤 의미였을까.

자국사의 체계를 세우기, 역사학자 안정복의 '읽기와 쓰기'

이름 있는 장서가가 아니라면 책을 소장할 수 있는 가장 쉬운 방법은 베

57　유수원, 『우서』 권10, 論變通規制利害.

或曰 中國治田農器蠶織等事 雖曰精巧敏速 東人何以詳知其制 而倣習乎 答曰 規矩制作之詳 具在古人文字 依方按圖 制作何難 或曰 雖依文字式撰造成 豈有不爽本制 可堪行用之理乎 答曰 苟得巧思匠手 按方造成 豈有不可用之理乎.

껴 쓰는 것이다. 하지만 종이를 구하는 것도 쉬운 일은 아니었을 것이다. 안정복安鼎福(1712~1791)도 열심히 베껴 적었다. 경화세족 사이에서 책을 소장하거나 골동품, 글씨, 그림 따위를 감상하는 것이 하나의 문화가 되어가고 있었지만, 안정복에게 책을 베끼는 행위는 그런 도시적 문화와는 무관한 일이었다. 안정복이 지은 「저서롱」著書籠이라는 시는 조선시대 지식인에게 일반적으로 책을 읽고 쓰는 행위가 어떤 의미였는지를 잘 보여준다.

우리 한산 가업을 / 팔백 년을 이어왔지만

집안이 원래 청빈하여 / 책 하나도 쌓아둔 게 없다가

몇십 년 갖은 애를 써서 / 전심전력 구해 들인 끝에

경사와 그리고 자집까지 / 대강 갖출 건 갖추어두고

낱낱이 질긴 종이로 된 가의를 / 애를 써가며 손수 다 꿰맸지

화가 나다가도 글만 읽으면 좋고 / 병이 났다가도 읽기만 하면 나아

이것이 내 운명이라 믿고 / 앞에 가득 가로 세로 쌓아놓았지

그때 이 책 쓴 이들은 / 성인 아니면 현인들이어서

책을 펴볼 것까지도 없이 / 그냥 만지기만 해도 기쁘다네

몇 해를 그리 읽고 나니 / 책은 백 권 천 권도 넘고

가슴속엔 무엇이 있는 것 모양 / 구불구불 자꾸 나오려고 해서

에라 글 한번 써보자 하고 / 밤에 잠도 잊고 엮어본다네

집안 식구나 친구들이야 / 미치광이로 볼는지 몰라도

제 보물은 그저 제가 좋아하는 것 / 양자운楊子雲도 태현경 쓰지 않았던가.[58]

---

58 안정복, 『순암집』 권1, 詩 題著書籠(본문에서 인용한 번역문은 한국고전번역원의 것이다. 이하 이 책에서 활용한 시들의 번역문 역시 마찬가지다).
惟我漢山業 相承八百年 家世本清貧 曾不有簡編 辛勤數十載 求之心頗專 經史與子集 裒粹亦畧全 一一堅紙裝 辛苦手自穿 當怒讀卽喜 當病讀卽痊 恃此用爲命 縱橫堆滿前 當時作書者 非聖必是賢 豈待開卷看撫弄亦欣然 讀之積年歲 卷帙踰百千 胸中如有物 輪困欲自宣 遂起著書意 編輯夜忘眠 家人與朋友 視之若狂癲 燕石謾自珍 子雲曾草玄.

이 시에서 안정복이 말하고자 하는 것은 무엇이었을까. 필자는 이렇게 읽는다. '앎에 대한 욕구는 책을 통해서 충족될 수밖에 없는 것. 수십 년 동안 각고의 노력 끝에 경사자집經史子集의 기본서를 갖추었다. 독서를 전일專一하게 하는 것은 필수적인 과정이며, 저술은 순전히 그 전일한 독서의 결과다. 경사자집을 정독하다 보니 내 목소리로 내가 이해한 것들을 표현하고 싶은 욕구가 생길 수밖에 없다. 자기의 지적 만족을 위해 책을 펴냈다 한들 어떠랴. 중국 고대의 양웅 같은 사람도 『태현경』을 펴낸 전례가 있지 않던가.'

『태현경』 운운하는 부분은 주의 깊은 독해가 필요하다. 중의적重義的이기 때문이다. '자신의 지적 만족을 위해 책을 펴낸 역사적 전례가 있으니 지금 누가 그렇게 한다 해서 문제될 것은 없다'고 읽을 수도 있다. 이 경우라면 책을 쓰는 일은 순전히 지적 만족을 위한 행위다. 독자를 염두에 두지 않은 채 개인적인 차원에서 이루어지는 일이기 때문이다.

'자신의 지적 만족을 위해 책을 펴낸 역사적 전례가 있으니, 지금 나의 저작들이 그렇게 평가된다 해도 섭섭할 것은 없다'고 읽을 수도 있다. 그렇다면 '자기만족을 위한 책이라 평가받는다 해도 달게 받아들이겠다'는 의미가 된다. 그 시대의 독자이든 뒷날의 독자이든 독자가 읽지 않는다면 평가도 나오지 않을 것이니, 책을 쓰는 일은 철저히 독자를 가정한 행위가 된다. 책에 대한 평가는 책을 쓰는 의도와는 무관한 일이다. 뒷날의 평가를 염두에 두면서 책을 썼다 해도 가혹한 평가를 받지 말라는 법은 없기 때문이다. 안정복에게 책을 쓰는 것은 어떤 의미였을까.

안정복이 읽었던 수많은 책 중에는 역사책도 적지 않다. 본기本紀·열전列傳·지지志·연표年表의 체제를 갖춘 기전체紀傳體 역사책으로 김부식金富軾(1075~1151)의 『삼국사기』三國史記와 정인지鄭麟趾(1396~1478)의 『고려사』高麗史 등이 있었다. 그뿐만이 아니다. 『동국통감』東國通鑑 등이 연대순으로 사건을 기록한 편년체編年體 역사책이라면, 유계兪棨(1607~1664)의 『여사제강』麗史提綱과 임상덕林象德(1683~1719)의 『동사회강』東史會綱 등은 기사의 제목과 내용을 강과 목으로 구분한 강목체綱目體 역사책이다. 그 밖에 요점을 간추린 책으로는 권근權近(1352~1409)의 『동국사략』東國史略과 오운吳澐(1540~1617)의 『동사찬요』東史纂要가 있다. 그러나 안정복은 자신이 읽은 이 모든 역사책에 만족하지 못했다.

그는 『동사강목』 서문에서 이렇게 말했다. "내가 그 책들을 읽고는 개연히 바로잡을 뜻이 있어, 우리나라의 역사 및 중국의 역사에서 우리나라의 일에 대해 언급한 것을 널리 가져다가 산절刪節하여 책을 만들기를 일체 주자朱子가 제시한 원칙에 따라 하였다. 사가私家의 상자에 잘 간직해두고 고열考閱하는 자료로 삼고자 한 것뿐이니 감히 찬술纂述로 자처한 것은 아니다."[59]

안정복에 따르면, 역사책을 쓰는 것은 두 가지 중요한 의미가 있다. '통계統系를 밝히고 찬역纂逆을 엄히 하며 시비를 바로잡고, 충절忠節을 포양하는' 일이 하나라면, '전장典章을 자세히 해야 하는 것'이 다른 하나다. 있었던 일을 주제별로 나누거나 시간별로 늘어놓아서는 이 목적을 달성할 수 없다. 강綱과 목目으로 사실을 분류하고, 고대국가의 영역이나 사실관계가 애매한 일을 바로잡는 것이 무엇보다 중요하다. 안정복이 주자의 『자치통감강목』을 모델로 자국사自國史를 정리한 것은 그런 이유였다.

안정복은 역사상의 사실관계를 확정하기 위해서 무엇보다 지리地理가 중요하다고 생각했다. 고대사의 무대를 자기 시대의 지리정보 위에 구현할 필요를 느꼈던 것이다. 한백겸韓百謙(1552~1615)은 안정복보다 앞서 이 문제를 제기했다. 그러나 한백겸에게는 참고문헌이 충분하지 않았다. 안정복이 조선 후기 역사학에서 특별한 위치를 차지하는 것은 한백겸이 제기한 문제를 실제 자국사에 구현했기 때문이다.[60]

유학 경전과 역사를 체體와 용用의 관계로 보는 것은 조선시대의 상식이다. 안정복도 그런 상식을 가진 인물이다. 경전이야말로 학문의 요체다. 그

---

59 안정복, 『동사강목』, 序.

鼎福 讀之慨然 遂有刊正之意 博取東史 及中史之有及于東史者 節刪成書 而一遵紫陽成法 以爲 私室巾衍之藏 資其考閱而已 非敢以纂述自居也.

60 배우성, 2010, 「만주에 관한 지식과 조선 후기 사회」, 『역사학보』 208, 256~261쪽.

러나 그는 제왕의 학문을 규정한 군주성학론君主聖學論이나 유교 정치사상의 근간을 체계화한 왕도정치론王道政治論 같은 전통적인 주제들을 자기 학문의 핵심적인 의제라고 생각하지는 않았다. 이理와 기氣의 관계를 문제 삼는 사단칠정론四端七情論이나 인간과 사물의 본성을 묻는 인물성동이론人物性同異論 등과는 더더욱 거리를 두었다. 그가 주목한 것은 '실천'이었다. 그는 생활 속에서 구현할 수 있는 학문이라야 진정 가치 있는 학문이라고 여겼다. '하학'下學 중심의 학문관인 것이다. 그는 그것을 '실학'實學이라고 정의했다. 오늘날 우리가 말하는 '실학'의 의미와 같지 않다.

군주성학론이나 이기심성론理氣心性論을 추구하는 학자라면 역사는 왕도정치 혹은 패도정치가 남긴 정치적 교훈을 학습하는 도구여야 한다. 그러나 실천 중심의 학문관을 가진 안정복에게 역사는 다만 그 실천적 학문관을 시간 속에서 구현하는 과정이어야 했다. 중화中華를 높이고 정통正統을 밝히는 역사, 법제와 정책의 역사적 성패를 밝히는 역사야말로 그런 종류의 실천적 학문관과 맥을 같이한다.

안정복이『동사강목』을 쓰면서 유형원柳馨遠(1622~1673)을 강하게 의식한 것은 우연한 일이 아니었다. 유형원은 국가 경영에 관해 고민하고 제도적인 대안을 모색하는 것이 재야 지식인으로서 당연한 책무임을『반계수록』磻溪隨錄을 통해 보여주었다. 재야 지식인 가운데 이런 실천적인 문제의식을 보여준 사람은 유형원이 사실상 처음이라고 해도 과언은 아니다. 누구 못지않은 중화주의자였던 유형원은 한백겸의 영향을 받아 독자적인 지리지를 남기기도 했다.

안정복은 지리 고증과 현실의 관계에 대해 자신의 문제의식을 기록해두지는 않았다. 그러나 지리 고증을 통해 고대사의 사실관계를 확정하고 역사를 체계화하는 것은 결국 실천성을 담보한 학문의 토대로서 의미가 있었을 것이다. 그가 이 강목체 역사책을 통해 '중화 국가 조선'을 역사적으로 정당화하고 법제와 정책의 성패를 읽으려 했던 것에서 그런 실천적인 문제의식을 읽을 수 있다.

안정복이 『동사강목』을 처음 완성한 것은 48세 때인 1759년(영조 35)의 일이었다. 1772년(영조 48)에는 채제공蔡濟恭(1720~1799)의 천거로 세손을 교육하는 서연관에 임명되었다. 남인계 관료인 채제공이 안정복을 천거한 것은 안정복이 근기남인의 영수인 이익李瀷의 제자였기 때문일 것이다. 1774년(영조 50) 세손(뒷날의 정조)이 안정복에게 『동사강목』을 보고 싶다고 말했다. 정황상 안정복은 세손에게 자국사에 관한 문제를 언급했을 가능성이 높다. 이 과정에서 자연스럽게 『동사강목』의 존재가 알려졌을 것이다. 그러나 이 단계까지만 하더라도『동사강목』은 여전히 정서正書를 거치지 못한 상태였다.[61] 안정복으로서는 언젠가 세손이 이 책을 찾을지 모른다는 생각을 했음직하다. 그렇다면 그런 상황이 오기 전에 정자체로 깨끗하게 다시 써야 했을 것이다. 그러나 그때만 하더라도 안정복에게 그럴 만한 여유는 없었다.

그즈음 영조가 세상을 떠났다. 안정복은 그해(1776년) 9월, 목천현감에 임명되었다. 목천현의 관아는 현재 천안 독립기념관 인근의 목천초등학교 자리에 있었다. 안정복은 이곳에서 1759년(영조 35) 이후 20년 가까이 손을 대지 못하고 있던 『동사강목』의 정서正書 작업을 시작했다. 작업을 마무리하고 서문을 쓴 것은 1778년(정조 2)의 일이었다.[62] 1781년(정조 5) 마침내『동사강목』을 들이라는 정조의 하교가 있었다. 안정복은 승지인 정지검鄭志儉(1737~1784)을 통해 이 책을 올렸다. 그로부터 2년 뒤, 정조는 안정복에게 『동사강목』을 교정해 들일 것을 명했다. 오자가 너무 많았기 때문이다. 안정복은 한 달여에 걸쳐 교정을 마친 뒤 정조에게 완성본을 올렸다.[63]

안정복이 스승 이익에게 보낸 편지에서 새로운 역사책의 필요성을 강조한 것은 1754년(영조 30)의 일이었다. 당시 조선에는 상고시대부터 고려 말까지를 강목체 형식으로 묶은 역사서가 없었다. 안정복은 누군가 그 빈자리를

---

61 안정복, 『순암집』, 年譜, 甲午年.
62 안정복, 『동사강목』, 序.
書成二十有餘年 而久未繕寫 而丙申冬 承乏湖邑 簿牒之暇 始書一本 因述其由 用授家塾子弟.
63 안정복, 『순암집』, 年譜, 辛丑年.

메워야 한다고 생각했다. 그는 그 새로운 역사책이 '동방의 문헌'으로 후대에 전해지기를 바랐다.[64] 그러나 이때까지만 해도 자신이 그 일을 해보겠노라고 나서지는 않았다. 다만 누군가 해야 하지 않겠느냐고 말할 뿐이었다.

그러는 사이 자국사에 대해 스승에게 자문을 구하는 일이 많아졌다. 『동사강목』 편찬에 돌입한 1756년(영조 32)에도 안정복은 책을 쓰고 있노라고 말하지는 않았다. 그러나 절박함은 점점 더 커져갔다. 지금 그런 새로운 역사책을 펴내지 않으면 오류가 오류를 재생산할 것이고, 그렇게 되면 수천 년을 계승해온 조선의 역사는 후대의 웃음거리가 되지 않겠는가. 그는 그렇게 생각했다.[65]

역사서를 쓰는 일에 대한 안정복의 문제의식은 1781년(정조 5) 정지검에게 보낸 편지에서 잘 드러난다. 『동사강목』을 올리라는 왕명에 따라 안정복이 정지검에게 책을 전했다. 책을 받아본 정지검이 안정복에게 편지를 보내 『동사강목』을 높이 평가했다. 안정복은 정지검에게 보낸 답장에서 이렇게 말했다.

전에 『동사강목』을 편찬한 뒤에 우리 당黨의 장로長老에게 검토를 부탁드렸더니 장로께서 '이는 동방에서 처음 있는 책이다'라고 말씀해주셨습니다. 그 말을 들은 뒤로 더욱 자신감을 갖게 되었습니다만, 그중에서도 고이考異나 지리고地理考는 취할 만한 말이 없지 않을 것입니다. 지금 또 그대께서 이처럼 칭찬하시니, 후세의 양웅을 기다릴 필요도 없이 그런 분과 한 세상에 같이 살고 있으므로 다행스럽고 감격스럽습니다. 동인東人은 원래 역사를 쓰는 재주가 없기 때문에 문장을 기술한 것 가운데 사람

---

64   안정복, 『순암집』 권10, 書, 東史問答, 上星湖先生書(甲戌).
若有人更編東史 自上古至麗末 合成一編 依綱目之例 名之曰東史綱目 使一方之文獻有傳 似好矣.
65   안정복, 『순암집』 권3, 書, 答邵南尹丈書(丙子).
東史雖有數種 而編年全無義例 正史亦甚疎忽 古今來無一人言及者 若止此而已 則後人亦必曰其義當然 吾東方數千百年事蹟 只爲後世取笑之資耳.

을 감동시킬 수 있는 것이 없을 뿐만 아니라 훼손되어 고증할 수 없는 경우도 많으니, 비록 반고班固나 범엽范曄이 쓴다고 하더라도 중국의 역사서에 크게 못 미칠 것입니다. 그러나 동인이 비록 천지를 다룰 수 있는 재주를 지니고 있더라도 동인이라는 사실은 끝내 변함이 없으리니, 동인으로서 동인의 일을 익히지 않아서야 되겠습니까.[66]

편지에 등장하는 '우리 당의 장로'는 이익을 가리킨다. 안정복은 이익에게 책을 기획하는 단계에서부터 자문을 구했을 뿐만 아니라 책이 완성된 후 서문을 부탁하기도 했다. 서문을 요청한 것은 1762년(영조 38)의 일이었다. 이익은 82세의 노구인데도 제자의 부탁을 받아들여 「홍범설」洪範說을 지었다. 이익이 군이 이 논설을 지은 것은 기자箕子의 홍범洪範을 자국사의 근본으로 삼는 것이 옳다고 생각했기 때문이다. 홍범은 기자가 주周나라 무왕武王에게 제시했다는 정치의 덕목을 가리킨다. 이익은 안정복이 기자의 교화로부터 출발한 자국사, 문명국가를 면면히 계승해온 자국사를 써주기를 바랐던 것이다. 이익은 이 글을 완성하지 못한 채 죽고 말았다. 안정복은 그 미완성의 글이라도 『동사강목』의 머리에 부치고 싶어했다. 안정복은 그런 희망을 이익의 조카인 이용휴李用休에게 전했다. 이용휴는 이익의 「홍범설」에 그간의 경위를 덧붙여 안정복에게 건네주었다. 1774년(영조 50) 5월의 일이었다.[67]

제3자의 서문, 그것도 스승이 써준 서문을 받으려 했다는 것은 결코 가볍지 않은 의미가 있다. 이익의 학문적 권위를 얻어 책을 완성시키려는 '적극적인' 의지를 보인 것이다. '사가私家의 상자에 잘 간직해두고 고열考閱하는 자료로 삼으려' 한다는 그의 말은 다만 겸사謙辭일 뿐이다. 1781년(정조 5) 『동

66　안정복, 『순암집』권9, 書, 答鄭子尙書(辛丑).
東史昔日撰成後 求正于吾黨之長老 其言曰 此爲東方未始有之書 自後自信益篤 而其中考異地理考 不無可取之言 今執事又贊揚之如是 不待後世之子雲而幷生于一世 則何幸何感 東人原來短於史才 故記述文章 無可以動人者 又斷爛無徵者多 雖使班范下手 其不及於中國之史遠矣 然而東人雖有經緯天地之才 畢竟是東人而止 則東人而不習東事可乎.
67　이용휴, 題東史篇面(안정복, 『동사강목』).

사강목』을 들이라는 왕명이 내렸지만, 이익의 서문과 자신의 서문을 달고 전체 책을 정서해둔 안정복에게는 그런 갑작스러운 왕명조차 그리 당황스러운 일은 아니었다.

편지의 문맥에서 드러나는 것은 자신감과 사명감이다. 이익의 인정을 받은 것이 결정적이었다. 『동사강목』을 높게 평가하는 정지검에게 보내는 답장이라면 겸사로 시작하는 것이 좋을 텐데도 그런 의례적인 말조차 보이지 않는다. 저술을 하려는 것이 아니라고 말하는 신중한 안정복 대신 저작의 가치를 알아주는 사람이 있다는 사실을 기뻐하는 안정복이 있을 뿐이다. "조선 사람(東人)으로서 조선의 일을 익히지 않으면 안 된다"는 말에서는 그가 일관되게 유지해온 조선 지식인으로서의 사명감이 엿보인다.

왕이 독자가 된다는 것은 이익과 정지검이 독자가 되는 것과는 다른 의미가 있다. 안정복은 정지검에게 이렇게 말했다. "지금 이 책이 임금께서 열람하는 대상이 된다 하더라도 지혜로운 임금의 안목에 온갖 허점이 드러나리니 한번 검토하고 다시 돌려주실 정도의 책밖에 되지 않겠지만, 혹시라도 버리지 않으시고 베껴 쓰게 하거나 간행하는 일이 있게 된다면 책 내용 중 두세 곳은 보충하거나 삭제하지 않을 수 없을 것입니다. 만일 이런 일이 있게 되면 다시 알려드리겠습니다."[68] 왕이 독자가 되는 이 대목에 이르러 비로소 겸사가 등장한다. 그런데 정작 안정복의 속내는 그다음부터다. 그는 임금이 이 책을 베껴두거나 간행하게 할 가능성을 염두에 두었던 것이다.

안정복에게 '어람御覽을 거친다'는 것은 '임금이 친히 살펴본다'는 글자 자체의 뜻보다 훨씬 더 많은 것을 의미했다. 『동사강목』을 임금의 참고서목에 올리거나 혹은 유포시킬 수 있는 최선의 길이기 때문이다. 정조는 안정복이 교정해 올린 책을 규장각 도서로 삼았다.[69] 적어도 규장각을 출입하는 각

---

68   안정복, 『순암집』 권9, 書, 答鄭子尙書(辛丑).
今此書雖經御覽 明鑑之下 瘡疣百出 不過一番披閱而還下矣 如或不棄 有傳謄或刊板之擧 則其中不能無三二處增删者 若有此事 則當更仰報于執事耳.
69   황덕길, 『하려집』 권16, 行狀, 順菴安先生行狀.

신들이 이 책을 열람할 수 있도록 한 것이다. 정약용이나 이덕무가 이 책을 볼 수 있었던 것은[70] 두 사람이 모두 규장각 서고를 드나들 수 있었기 때문일 것이다. 『동사강목』을 보았던 그 시대의 독자들 중에는 소론계 지식인 이긍익李肯翊(1736~1806)도 있었다. 그는 『연려실기술』燃藜室記述을 쓰면서 『동사강목』을 활용했다.

실천적 지식의 추구, 북학파 홍대용의 '읽기와 쓰기'

"疎소할지언정 密밀하게 하지 말고 拙졸할지언정 巧교하게 하지 말라." 홍대용은 주자가 경전을 해석할 때 제시한 이 원칙을 무겁게 받아들였다. 주자 자신이 남겨놓은 글이라 해서 예외가 될 수는 없었다. 홍대용은 주자의 글에 조차 '密밀하고 巧교한' 부분이 있다는 사실을 발견했다. 이 느낌은 뒷사람들이 주자의 저작을 정밀하게 읽지 못하거나 또는 돈독하게 믿지 못했기 때문에 생기는 것인가. 주자가 다방면에 걸쳐 해설을 시도하다가 그것들 사이에 미처 비교 분석을 하지 못했기 때문은 아닌가. 그는 후자의 가능성이 좀 더 높다고 보았다.[71] 이 관점을 확장해본다면, 주자의 해설을 맹신하는 태도는 주자 자신이 제시한 원칙에 위배되는 것이라고 말할 수 있을지도 모른다. 그러나 18세기 조선에서 공개적으로 주자의 글에 의문부호를 다는 일은 여전히 부담스러운 일이었다. 홍대용이 한족 지식인 엄성에게 보낸 편지에서 조심스럽게 속내를 털어놓은 것은 이 때문이었을 것이다. 홍대용에게 엄성은 국경을 넘어 마음을 나누는 진정한 친구였다.

辛丑 除敦寧主簿 命改獻陵令 先是 先生撰東史綱目 上命謄進一本 令先生校証於直齋 藏內閣.
70　정약용, 『여유당전서』제6집, 疆域考, 北路沿革續; 이덕무, 『청장관전서』권55, 盎葉記(二), 箕子朝鮮世系.
71　홍대용, 『담헌서』, 내집, 권1, 四書問辨, 寄書杭士嚴鐵橋誠 又問庸義.
朱先生嘗論解經之法曰 寧疎勿密 寧拙無巧 窃謂此兩言者 儘註家之大訓 講師之指南也 後之讀書者宜服膺而勿失 惟見先生手筆集註 或若有偏於密傷於巧者 則豈後人之讀之未精而信之不篤耶 抑先生之註釋多門 眞有未及照檢者耶.

홍대용에 따르면, 오로지 주자를 숭상하는 조선의 학문 풍토는 문로門路가 순정醇正하다고 할 수는 있겠지만 단점이 적지 않다. 중국처럼 넓게 보지 못하여 때로는 넘치고 잡스러움을 면치 못하는 것이다. 왜 이런 현상이 생길까. 기질이 편벽하니 식견이 좁고, 식견이 좁으니 완고하게 지키기만 하기 때문이다. 완고하게 지키다 보면 부작용이 생기게 된다. 반드시 지킬 필요가 없는 것까지도 애써 비호하고 억지로 풀이하는 것이다. 단점이 있으면 장점이 있고 장점이 있으면 단점이 있다고 말할 수 있는데도, 명분을 중시하는 '속유'俗儒들은 마음과 입이 따로 놀아서 주자의 문하에 비위를 맞추지 않는 사람이 드물다. 주석註釋이라는 것이 무엇인가. 경전을 이해하려는 것이 아닌가. 경전은 또 무엇인가. 이理를 밝히는 것이 아니던가. 만일 경문經文에 통하지 않고 이치가 밝지 않은 부분이 생긴다면 응당 의심이 들거나 막힌 곳을 분석하여 옳은 것을 구해야 하지 않는가. 신기한 것을 좋아하여 옛사람들을 이기려는 것이 아니다. 세속을 좇고 구차하게 같이 함으로써 그들에게 아첨하고 싶지는 않기 때문이다.[72]

홍대용의 논점은 텍스트에 관한 비판으로 이어진다. 그에 따르면, 텍스트를 생산하는 가장 유력한 방법은 '유취'類聚와 '분속'分屬이다. 둘 모두 원자료를 대상으로 하지만, '유취'가 내용을 분류하고 모으는 행위라면, '분속'은 그 내용의 의미를 분석하여 쓰는 일이다. 전자가 일반적인 저술 행위에 적합하다면, 후자는 경전 해석에 유용하다.[73] 다만 '유취'와 '분속'이 모두 텍스트를 생산하는 옛 제도가 아닌데도 무분별한 저술과 경전 해석 행위가 그런 '유취'와 '분속'을 지속적으로 확산시키고 있는 것을 간과해서는 안 된다. 책을 쓰다 보면 '유취'를 좋아하게 되어 손쉽게 저작을 양산하는 풍조가 생기고,

---

72　홍대용,『담헌서』, 내집, 권1, 四書問辨, 寄書杭士嚴鐵橋誠 又問庸義.
我東尊尙朱子 路門醇正 不若中國之寬轉達觀 或不免於汎濫駁雜也 盖氣之偏 故識之局 識之局 故守之固 守之固 故幷與其不必守者而曲護而强解也 是其有所短 必有所長 有所長 亦必有所短 俗儒殉名 心口相違 其不歸於朱門容悅之臣者鮮矣 凡註者 所以通經也 經者 所以明理也 經有所不通 理有所不明 安得不敷辨 疑滯 擇善以求中乎 此非敢好新逞奇將多于前人 乃不欲從俗依樣苟同而爲佞也.
73　원자료를 대상으로 한 저술 행위라면, 그것은 오늘날의 의미에서는 저작보다 편저에 가깝다.

경전 해석을 하다 보면 '분속'에 힘쓰게 되어 기송記誦의 학문이나 훈고訓詁의 학문이 일어나게 되기 때문이다.[74]

홍대용이 이 상황을 반드시 나쁘다고만 말한 것은 아니었다. 책이 부족한 것도 아니고 책에 담긴 말이 좋지 않은 것이 아니며, 그 책이 후학들에게 미치는 긍정적인 영향도 없지 않기 때문이다. 그러나 위에서 무엇인가를 좋아하면 아래에서 그보다 더 심하게 하는 것은 정해진 이치다. 저서가 많아질수록 실익實益이 없고 이리를 정밀하게 논할수록 마음은 점차 황폐해졌으니, '유취'와 '분속'의 방법이 그 폐단을 초래하지 않았다고 하기 어렵다. 그러니 『소학』小學은 육경六經만 못하고 『근사록』近思錄은 사서四書만 못하다. 또 장章과 구句를 '분속'시키고 세부적인 내용을 늘어놓음으로써 문구文句와 같은 말단에 집착하는 것보다는, 보고 듣는 대로 체인體認하고 알면 바로 행하여 신심身心의 근본에 힘쓰는 것이 옳다.[75] 이런 논리에 따르면 경전 텍스트는 육경과 사서 정도라면 부족하지 않을 것이다. 물론 주자의 주석서를 읽는 것은 여전히 가장 좋은 독서법이다. '밀密하고 교巧한' 부분을 발견했을 때 벗과 묻고 답하면 그만이다.

홍대용이 다독多讀을 중시하지 않았다는 사실은 주목할 만하다. 홍대용이 1775년(영조 51) 세손(뒷날의 정조)이 공부하는 자리에 참여했을 때의 일이다. 주자가 위원리魏元履에게 보낸 편지를 읽고 글의 뜻을 새기는 장면이 있었다. 토론의 주제가 되었던 주자의 말은 이런 내용이었다. "논어를 읽고 그 의미를 알게 되면 나머지 경서들은 저절로 알게 된다." 홍대용은 주자의 말에서 두 가지 의미를 특별히 강조했다. 텍스트를 전일專一하게 읽어야 한다는

---

74 홍대용, 『담헌서』, 내집, 권1, 四書問辨, 寄書杭士嚴鐵橋誠 又問庸義.
夫類聚與分屬 皆非古也 著書 喜類聚而好逞欲速之弊作 解經 務分屬而記誦訓詁之學興.
75 홍대용, 『담헌서』, 내집, 권1, 四書問辨, 寄書杭士嚴鐵橋誠 又問庸義.
是以其書非不備也 其言非不善也 其嘉惠後學 非不明且切也 但上有好焉 下必甚焉 理之常也 七十子喪而大義乖 舍本而趨末 輕內而重外 著書愈多而實得无聞 則類聚分屬之法 不能不啓其弊也 故曰小學不如六經 近思不如四書 分章屬句 擺布支節 從事於文法之末 不如隨處體認 有聞必行 用力於身心之本也.

것, 그리고 초심자가 책을 읽으며 이론을 세우려는 마음을 앞세워서는 안 된다는 것이었다. 텍스트를 전일하게 읽는다는 것은 그 의미를 마음속에서 의심 없이 이해할 수 있게 된다는 뜻이다. 경전이든 어떤 다른 저작이든 예외가 없다. 그런 과정 없이 자기 나름의 이론을 세우거나 저술을 하려는 마음이 앞선다면 올바른 독서가 아니다. 다독이 중요한 것이 아니라 정독이 중요하며, 저술은 텍스트를 온전히 정독한 후에나 혹 가능한 일이라는 것이다.[76]

홍대용이 이기심성론이나 인물성동이론에 관한 저작들을 중시하지 않았다는 사실도 흥미로운 대목이다. 이 의제들은 조선 지식인들이 17세기 이래로 꾸준히 논의해왔던 것들이다. 그러나 홍대용의 입장에서 보면 그것들은 텍스트에 집착한 논쟁, 앎을 실천하지 않는 연구일 뿐이었다. 1775년(영조 51) 세손이 참여한 서연書筵 자리에서 이기理氣의 선후先後 관계에 관한 문답이 있었다. 세손은 '이기의 선후를 논할 수 없다'는 주자의 말을 받아들였지만, 여전히 납득할 수 없는 문제가 있었다. 이기설을 왜 논의의 대상으로 삼아야 하는가. 아무리 생각하고 토론한다 해도 이기설은 몸과 마음에, 그리고 일상생활에 절실한 문제는 아니지 않은가. 홍대용도 그 점에서 세손과 생각이 같았다. 그는 성리性理의 본질에 대한 답은 이기理氣에 관한 철학적이고 추상적인 논의에 있는 것이 아니라 당연히 해야 할 일들을 알아나가고 또 일상에서 실천하는 과정에 있다고 여겼다.[77]

이기심성理氣心性에 관한 저작이 독서와 탐구의 주된 대상이 아니라면, '이단잡서'異端雜書의 경우는 더 말할 것도 없다. 세손이 웃으며 말했다. 선진

76 홍대용, 『담헌서』, 내집, 권2, 桂坊日記, 乙未年, 1월 21일.
臣對曰 此云 論語中看得有味 餘經迎刀而解 如論語一書 人孰不讀 而能使諸經 迎刀而解者 未之聞也 讀書不能如是 實無益也 豈惟論語哉 凡讀書 必求如是然後 可謂眞讀書也 (……) 又對曰 此云 讀書 先有立說之心 則此一念已外馳矣 盖著書 本非初學之事 纔着此心 未免於外馳 亦當爲讀書之戒.
77 홍대용, 『담헌서』, 내집, 권2, 桂坊日記, 乙未年, 2월 18일.
臣曰 此非臣之創見 卽朱子說也 令曰 雖然 理氣說 雖講之欄慢 於身心日用 終未見切實 臣曰 睿敎甚當 日用當行之事 切問而近思 隨事體行 則性理亦非別物 卽散在於日用 及其知行並進 則一原大本性與天道 可以豁然貫通 初學之坐談性命 非徒無益 而又害之 令曰 此言極是.

先秦시대에 잡서가 많았을 가능성을 생각한다면 진시황이 책을 불사른 행위를 전혀 이해하지 못할 일은 아니라고. 그런데 홍대용의 말이 더 걸작이다. "만일 진시황이 책을 불사르지 않았다면 저 제자백가의 말들이 세상에 유익함을 주지는 못하면서 사람들의 이목만 어지럽혔을 테니, 불태워 없앤들 무슨 방해될 것이 있겠습니까."[78] 진시황이 책을 불사른 행위는 유가를 탄압했다는 점에서 비난받아 마땅하지만, 그 대상에 이단서적과 잡서가 포함되어 있었다면 그것을 불태운 의미까지 부정할 필요가 있겠느냐는 주장이다.

홍대용은 스스로를 경계하기 위해 지은 글에서 또 이렇게 말했다. "독서할 때 먼저 그 대의大義를 본 다음에 그 곡절을 미루어보며, 반드시 사위事爲를 염두에 둘 것이요 장구章句에 얽매이지 말아야 한다. 한 구절이라도 보면 알아야 하고 한 구절이라도 알면 행해야 한다. 한 번이라도 알고 한 번이라도 행하다 보면 생각과 행동이 함께 나아가게 될 것이다. 경서經書와 사서史書 이외에 이단서異端書와 잡서雜書는 반드시 그 단점을 버리고 장점만 취해야 할 것이며, 음탕하고 불경스러운 설은 공부를 방해하고 뜻을 해치니 절대로 보아서는 안 된다."[79]

홍대용에 따르면, 책은 경전과 역사책, 이단서적과 잡서, 그리고 음란하고 불경한 설을 담은 책으로 구분된다. 경전과 역사책은 학문의 본질이 무엇인지, 그 학문이 역사적으로 어떻게 활용되었는지를 잘 보여준다. 경전과 역사책의 맞은편에 이단서적과 잡서가 있다. 일반적인 의미에서 이단서적과 잡서는 장점만을 취해서 읽는다면 굳이 독서 대상으로 삼지 말아야 할 이유는 없다. 그러나 그 가운데 음란하고 불경한 설을 담고 있는 책은 가까이해서는

78   홍대용, 『담헌서』, 내집, 권2, 桂坊日記, 乙未年, 8월 26일.
因論異端雜書 令曰 列國先秦時 雜書想已多矣 無怪乎秦皇焚書之弊 因笑曰 此事言之難矣 若誤傳以秦皇焚書爲當然云爾 則豈成說乎 臣曰 使秦皇不焚書 則其諸子百家之語 無補於世 徒亂耳目者 焚滅何妨.

79   홍대용, 『담헌서』, 내집, 권3, 說, 自警說.
讀書 (……) 先觀其大義 而後推其曲 必措諸事爲 而毋繳繞於章句 才見一句 便要知之 才知一句 便要行之 一知一行 足目兩進 經史之外 異端雜書 亦必捨其所短 而取其所長 如淫媟不經之說 害工喪志 切勿寓目.

안 된다. 이단잡서에 대한 홍대용의 논리는 양면적이다. 사람들의 이목을 어지럽히거나 음탕하고 불경한 이단잡서는 백해무익하므로 불태워도 무방하지만, 공부를 방해하지 않으면서 나름의 장점이 있다면 독서 대상으로 삼아도 좋다는 것이다.

홍대용이 예학禮學 공부를 권유받은 적이 있었다. 예학은 현실에서 구현되어야 할 올바른 예가 어떤 것인지를 연구하는 분야다. 조선에서 예학은 학문이면서 동시에 정치이기도 했다. 17세기 조선을 뒤흔들었던 예송禮訟과 환국換局의 역사가 재연될 조짐이 보이는 것은 아니었다 해도 조선 지식인에게 예학은 여전히 중요한 연구 주제 중 하나였다. 이익도 예학에 깊은 관심을 가져 많은 기록을 남겼다. 그러나 홍대용의 생각은 달랐다.

그는 이렇게 말했다. "예란 시대별로 그 마땅함을 달리하는 것이다. 그러니 통시적으로 유효한 예의 규정이란 처음부터 존재할 수 없는 것이다. 그런데도 규정을 만들어놓고 그대로 지킬 것을 강요하는 것은 융통성이 없는 처사가 아닌가. 기해복제己亥服制와 같은 국가적 대사에서 그 예적 절차를 확정하는 일이 중요하지 않았던 것은 아니다. 그러나 그 복제 문제를 정치적인 쟁점으로 끌고 간 것은 잘못이다."[80] 홍대용은 예에 관한 어떤 주장이 타당한가를 묻는 대신 예의 시대적 차이를 강조함으로써 예학과 예학 관련 서적을 학문의 주변부에 위치 지으려 했던 것이다.

자기 시대의 의례儀禮가 이렇다면 고례古禮를 연구하는 일은 더 말할 나위가 없다. 당장 수많은 주석가들의 주장을 모두 검토해서 분류하고 평가하는 일 자체가 쉽지 않았을 것이다. 홍대용도 이런 현실적인 어려움을 거론했다.[81] 그러나 그것은 일종의 핑계에 불과하다. 그는 마음속 깊은 곳에서 고례

80　홍대용,『담헌서』, 내집, 권3, 書, 與人書 二首.
周公之制 因周之宜也 朱子之禮 因宋之俗也 因宜因俗 損益無定法 是以行之無甚是 不行無甚非者 十居二三 今就其二三之輕且小者 幷作不易之大典 齗齗焉無或少違 則以此爲禮 吾恐其纏繞拘泥 或不免見笑於林放矣 (……) 至若己亥服制 宋朝濮議 此等大節 宜有一定之中 但以此禮之從違而係之以家國之興亡 則是處士之大言也.
81　홍대용,『담헌서』, 내집, 권3, 書, 與人書 二首.

연구의 의의를 의심했다. 그의 논점은 이런 것이었다.

'각 시대마다 마땅함의 기준이 다르기 때문에 예제禮制도 시대마다 다를 수밖에 없다. 그러니 지금 고례를 연구하고 분석한다고 하더라도 심신心身의 치란治亂과 가국家國의 흥쇠興衰에 무슨 관련이 있다는 말인가. 차라리 율력律曆, 산수算數, 전곡錢穀, 갑병甲兵처럼 세상에 쓰임새가 있는 공부를 하는 것이 옳지 않은가. 사람들이 글의 은미한 뜻을 고증하는 것은 헛된 명성을 구하고 유학자 집단에서 오래 기억되기를 바라기 때문일 테지만, 나는 그렇게 하고 싶은 마음은 없다.'[82] 홍대용은 예학이 가지는 의의보다는 천문학, 수학, 경제, 군사 등에 관한 공부가 가지는 현실적인 의미를 높이 평가했던 것이다. 그런 홍대용에게 예학을 권한 사람은 김종후였다.[83]

저술 행위에 대해 홍대용은 어떤 아이디어를 가지고 있었을까. 그는 이렇게 생각했다. '유학자라면 어려서 배우고 자라서 행하는 것이야말로 정상적인 삶의 방식이다. 그러나 모든 사람이 그렇게 행할 수 있는 환경에 있는 것은 아니다. 뜻을 펼 만한 시대를 만나지 못하는 사람들도 많다. 그들 중에는 여전히 세상 걱정을 내려놓지 못하는 사람들이 있다. 그런 사람들이 저서를 남겨 뒷사람을 깨우쳐주는 것이다. 그들의 저술 행위는 그런 점에서 부득이한 것이다. 남보다 많이 알고 박식함을 자랑하고 싶어서 쓸모없는 말을 내뱉는 것과는 다르다. 공자의 학단에서 육경六經이 나오자 사람의 도가 정해졌으며 송나라 유학자들에 의해 주석서가 나오자 사람의 도가 밝아졌으니, 저

承勸以禮書 勸以古訓 謹聞命矣 當師其義不泥其跡 闕其疑不求甚解 至若疏家之甲乙異同 以此智力 實不可措手於其間也.

82 홍대용, 『담헌서』, 내집, 권3, 書, 與人書 二首.

竊意易貴時義 聖稱從周 古今異宜 三王不同禮 居今之世 欲反古之道 不亦難乎 窮年累世 縷析毫分 而實無關於身心之治亂 家國之興衰 而適足以來聚訟之譏 則殆不若律曆算數錢穀甲兵之可以適用而需世 猶不失爲稊稗之熟也 況其掇拾於煨燼之餘 而傅會以漢儒之雜 欲其句爲之解而得聖人之心 多見其枉用心力也 (……) 蓋考證微文 雍容依揉 聊以博虛譽於當世 寄不朽於儒門 某實恥之 不甘與同歸.

83 홍대용이 김종후에게 이 편지를 보낸 것은 1754년(영조 30)이었다. 김종후는 홍대용이 예학을 가벼이 여기는 태도를 비판했다〔김종후, 『본암집』 권4, 書, 與洪德保(己丑)〕. 뒷날 김종후는 북경에서 진정한 친구를 만났다며 기뻐하는 홍대용을 질책하는 편지를 보내기도 했다.

서의 미덕은 이보다 큰 것은 없다고 해도 좋을 것이다.'[84]

홍대용의 입장에서 보면, 성현의 가르침은 이미 육경고학六經古學과 『사서집주』四書集註에서 충족되었다. 남은 일은 그 도를 현실에서 실천하는 것이다. 그러나 역사는 그렇게 흐르지 않았다. 도는 현실에서 실현되지 못한 채 책에만 남아 있게 되었다. 그 결과 선비들은 책에 집착할 수밖에 없었다. 육경과 사서에 대한 새로운 주석서들이 끊임없이 양산되었지만, 그것들은 거의 공해에 가깝다. 그 많은 책들이 나오면서, 공자와 주자가 성현이 될 수 있었던 이유가 책에 있지 않고 도에 있다는 사실을 누구도 알아차리지 못하게 되었기 때문이다.

홍대용은 자신의 저술 행위도 그 범주에서 자유롭지 않다고 고백했다. "내가 반평생에 걸쳐 100여 권의 책을 써온 일은 어떤가. 사리私利의 도구를 만들어 남들의 생각을 혼란스럽게 만들었을 뿐 세상의 교화教化에 아무런 도움을 주지 못하지 않았는가. 이것은 실로 요즘 유학자들의 고질병이 아닌가."[85] 왜 자신이 예학을 할 수 없는지를 설명하기 위해 구사한 비유이지만, 학문이 세상의 교화를 지향해야 한다는 생각이 드러나는 대목이기도 하다.

책을 읽고 쓰는 행위가 가져오는 현실적인 부작용은 무엇인가. 편지의 다음 논점이다. 홍대용은 이런 요지로 말했다. '인간의 심력은 유한하고 이의理義의 정수는 무한하니, 사물에 응하여 생각할 때에는 밖으로 현실에 적용할 방안을 강구해야 하고, 내면적으로 성찰할 때에는 안으로 참되게 본원을 길러야 하지 않겠는가. 그러나 요즘 유학자들은 몇 줄의 글을 찾거나 고증하는

84　홍대용, 『담헌서』, 내집, 권3, 書, 與人書 二首.
幼而學壯而行 非儒者之本心乎 及其不行不明而有萬世之憂患 則著書牖後 乃其所不得已 而亦何嘗務勝 今博而爲無益之空言乎 六經定於孔門而人之道立矣 箋註成於洛閩而人之道明矣 蓋著書之功 於是爲大而 無以加矣.

85　홍대용, 『담헌서』, 내집, 권3, 書, 與人書 二首.
自孔朱以來 不幸不遇 道載於書 搢紳先生 捨本趨末 摹畫皮毛 層生註脚 紛然疊床 殊不知孔朱之所以爲孔 朱在道而不在書也 (……) 半生耗神 做得百十卷疣贅之書 成就私利之契券 而徒亂人意 卒無補於世教也 嗚呼 此實近世儒學心腹膏肓不治之疾也.

일에만 신경을 쓸 뿐이다. 현실에 적용할 방안이 없다는 것을 걱정하지 않고 더 많은 책을 보지 못할까 걱정한다. 본원이 날로 황폐해지는 것을 걱정하기 보다 저서를 많이 내지 못할까 걱정한다. 옛날 학자는 책이 너무 없어서 문제 였고 오늘날 학자는 책이 너무 많아서 문제다. 옛날에는 책이 없었어도 영웅과 현자가 나왔는데, 지금은 책이 많아도 인재가 갈수록 줄어드니, 어찌된 일인가. 옛날과 오늘날의 기수氣數가 달라서 그런 것이 아니다. 책이 많아서 그런 것이다.'[86]

홍대용은 편지의 끝자락을 이렇게 맺었다. "자라서 행한다는 것은 어려서 배운 것을 행하는 것이며, 어려서 배운다는 것은 뒷날 자라서 행할 내용을 배우는 것이다. 그런 점에서 정심正心과 성의誠意가 배우고 행하는 체體에 해당한다면, 개물開物과 성무成務는 배우고 행하는 용用에 해당한다. 그렇다면 읍양揖讓과 승강升降 등 의례와 절차에 관한 문제는 개물성무開物成務의 급무라고 할 수 있지만, 율력, 산수, 전곡, 갑병 등은 개물성무의 대단大端이 아닌가."[87] 개물성무開物成務의 학문, 즉 율력, 산수, 전곡, 갑병에 관한 학문을 하겠다는 선언이며, 그런 책을 보고 읽고 쓰겠다는 다짐이다. 이런 입장에서는 예학과 예서도, 예서에 대한 고증학적 연구 방법론도 학문의 중심이 될 수 없다. 명말청초의 패관잡기나 소품문, 자유로운 글쓰기의 경우는 더 말할 나위가 없다. 그것이 학문과 지식에 관한 홍대용의 관점이다.[88]

---

86 홍대용, 『담헌서』, 내집, 권3, 書, 與人書 二首.
夫人生之心力有限 理義之眞精無涯 應物發慮 外有事業之實務 靜觀息養 內有本源之眞功 乃今好學者
終歲勤苦 不出於尋行數墨參伍考證之間 寧事業之有闕 惟恐看書之不博 寧本原之日荒 惟恐著書之不多
(……) 是以古之學者 患在於無書 今之學者 患在於多書 在古無書而英賢輩出 在今多書而人材日下 豈惟
運氣之相懸哉 實多書爲之崇也.
87 홍대용, 『담헌서』, 내집, 권3, 書, 與人書 二首.
且壯而行者 行其所以學也 幼而學者 學所以行也 正心誠意 固學與行之體也 開物成務 非學與行之用乎
揖讓升降 固開物成務之急務 律曆算數錢穀甲兵 豈非開物成務之大端乎.
88 최근의 연구에 따르면, 홍대용은 묵자에 관한 주체적인 이해에 기반하여 겸애와 평등의 사회사상을 주
장했다(박희병, 2013, 『범애와 평등 - 홍대용의 사회사상』, 돌베개). 낙론에 기초한 북학사상가로 보는 일반
적인 견해에 비하면, 좀 더 '적극적'인 평가다. 홍대용은 또 화華와 이夷를 가르는 기준 자체를 부정했다는
점에서 전통적인 화이론을 수정하거나 재해석하려는 지식인 중에서도 독보적이었다고 한다. 그러나 홍대용

홍대용은 엄성에게 보낸 편지에서 "책을 써서 썩지 않기를 도모하는 것은 하책下策"이라고 말했다. '책이 적어서 걱정이 아니라 많아서 걱정'이라고 생각하는 그에게는 당연한 말일지도 모른다. 그러나 엄성의 생각은 달랐다. 엄성에 따르면 옛 성현은 자기 시대와 다음 시대를 위해 두 갈래의 해법을 내놓았다. 자기 시대를 구하기 위해서 가르침을 폈으며, 다음 시대를 구하기 위해서 저술을 했다는 것이다.

홍대용은 저술에 대한 엄성의 적극적인 태도가 그의 학문하는 자세에서 비롯된 것이라고 여겼다. 홍대용의 눈에 비친 엄성은 세속적인 행태를 일삼지 않고 대인大人의 역량을 추구한 사람, 자기 한 몸을 위하지 않고 천하를 근심한 사람, 일생을 위한 계책을 세우지 않고 후세를 생각한 사람이었다.[89] 초야에 묻혀서도 세상을 근심하는 것이야말로 선비의 본령일 것이다. 홍대용은 엄성이 그런 인물이라는 사실을 높게 평가했다. 그런 점을 보면 홍대용이 모든 저술 행위를 무의미하게 보았다고 말할 수는 없다. 그는 다만 실천이 뒷받침되지 않는 저서, 저서를 위한 저서, 세속적인 목적을 추구하는 저서, 일신의 영화와 명예를 구하려는 저서를 비판했던 것이다.

고증에 대한 홍대용의 태도에도 유의할 부분이 있다. 그가 비판한 것은 고증을 위한 고증, 즉 실천적 문제의식을 담보하지 않은 학문이었다. 실천의 학문을 위한 고증이라면 사정이 다르다. 엄성이 중국과 조선의 시문학 교류에 관한 저작을 기획한 일이 있었다. 의형제를 자임하던 홍대용은 이렇게 말했다. "안이하게 해놓은 것은 반드시 오래 전해지지 못하는 것이니, 오직

의 화이론에 대한 '적극적인' 평가가 지나치게 과장된 것이라는 지적도 있다(김호, 2013, 「조선 후기 華夷論 再考」, 『한국사연구』 162). 사회사상의 측면에서 홍대용을 북학파와 구별하려는 시도에는 흥미로운 점이 있다. 그러나 이 책의 논점과 연관해서 생각해본다면, 무엇보다 중요한 것은 그런 사회사상이 작동하는 사회적 맥락이 어떤 것인지, 그런 내용 요소들이 홍대용 자신이 생각하는 지식의 위계, 학문의 위계 안에서 어디쯤에 해당하는지를 확인하는 일이다.

89 홍대용, 『담헌서』, 외집, 권1, 杭傳尺牘, 與秋書.

巽在燕都 余贈言以最下者著書圖不朽 答以古之聖賢 憂一時之不悟 立教以救一時 憂萬世之不明 著書以垂萬世 則著書豈爲下也 又論不爲流俗之態而有大人之器 不爲一身之謀而有天下之志 不爲終身之計而有後世之慮 此雖擧上蔡語而正自道也.

10여 년의 작업 기간을 예정하고 먼저 조례條例를 세우고 듣는 대로 채집하여야 후세에 전해도 착오가 없을 것이며 믿을 만하다고 여겨지게 될 것입니다."[90] 분류와 체계화에 관한 일관된 기준을 마련하는 것이 시급하다는 의미다. 자료 수집은 그다음의 일이다. 그런데 여기에도 문제가 있다. 조선 지식인들이 정작 조선의 역사와 문화에 관해 자세히 기록해두지 않았기 때문이다.

자료가 부족하니 고증이 충분할 리 없다. 홍대용이 다시 말했다. "동방의 풍속이 유학을 숭상하여, 저술은 다양하지만 선비들이 늙어 죽도록 오직 중국 문헌에만 매달릴 뿐 동방의 역사와 전고典故에 대해서는 관심을 가지지 않았습니다. 먼 것만 바라보고 가까운 것을 소홀히 하니 자못 괴이한 일입니다. 이 때문에 신라시대와 고려시대에 대해서는 고증할 만한 전적이 없습니다. 조선 400년 동안에 좋은 법과 아름다운 정치, 이름난 신하와 큰 선비가 대대로 나왔는데도 서적이 매우 적어 고증하기 어렵습니다."[91] 엄성의 기획은 중국과 조선의 문화 교류사를 재구성하려는 시도라는 점에서 문학책을 넘어서는 실천적 의의가 있었다. 여기에서 고증을 바라보는 홍대용의 관점이 좀 더 분명해진다. 그는 실천의 학문을 위한 사실 고증을 추구했던 것이다.

홍대용의 지식 분류법을 따른다면, 서양 과학 지식은 어떤 범주에 해당할까. 홍대용은 18세기 조선 지식인 가운데 서양 과학을 깊이 이해한 인물 중 한 사람이었다. 그러나 서양 수학과 천문학, 역산학이 아무리 의미 있는 지식이라 해도 결코 경전이나 역사서와 견줄 수는 없다. 홍대용의 기준에서 본다면, 그것은 결코 '유용한 잡서' 이상은 아니다. 그렇다면 18세기 조선 지식인들을 매료시킨 이른바 패관잡기는 어떨까. 그것들은 '무용한 잡서'이거나 혹은 '음란하고 불경한 잡서'일 뿐이다. 독서의 대상으로 삼을 만한 책이 아니다.

90 홍대용, 『담헌서』, 외집, 권1, 杭傳尺牘, 與秋書, 附鐵橋臨終前一日寄詩.
爲之易者 傳必不遠 惟期以十數年功夫 先立條例 隨聞採輯 庶其考核弗差 傳信於世.
91 홍대용, 『담헌서』, 외집, 권1, 杭傳尺牘, 與秋書, 附鐵橋臨終前一日寄詩.
東俗崇信儒學 著述多門 但士子沒齒從事 惟屹屹於中華文獻 而東史典故 多闕不講 騖遠忽近 殊爲詑异 以是羅麗之際典籍無徵 惟本國四百年間 良法美政 名臣鉅儒 代不乏人 而書籍甚寡 有難考證.

남인계 지식인 안정복과 노론계 지식인 홍대용이 생각한 '읽고 쓰고 공유하기'의 의미는 결코 같다고 말할 수 없다. 안정복은 『동사강목』을 쓰면서 '조선 사람으로서 조선의 역사를 저술한다'는 사실에 자부심과 사명감을 가졌다. 그는 '자운을 기다린다'는 겸사謙辭에 얽매일 필요가 없었으며, 자기 시대의 독자를 위해 책을 썼다. '책을 쓴다는 것'에 관한 홍대용의 입장은 좀 더 신중한 편이다. 그는 자기를 드러내기 위한 글쓰기, 실천이 결여된 글쓰기를 무의미하게 보았다. 자기 글이 '공유될 수 있다'는 점에 대해서도 거의 의식하지 않았던 것 같다.

그렇다고 해서 두 사람 사이에 겹치는 지점이 전혀 없는 것은 아니다. 안정복은 자국사의 체계를 세운다는 자신감과 사명감을 가지고 『동사강목』을 써내려갔다. 그는 또 정조가 자신의 책을 목판으로 간행할지도 모른다고 생각했다. 그러나 그는 보급 또는 유통에 관한 한 왕정王政만을 의식할 뿐이었다. 결코 민간에서 자유로이 필사되거나 유통되기를 바란 적이 없다. '책이 너무 많아서 문제'라고 보는 홍대용은 더 말할 것도 없다. 두 사람은 '책을 읽고 쓰는 것에 원칙이 있어야 한다'고 보는 점에서 생각이 비슷했다. 안정복에게 '무엇을 읽고 공부한다'는 것은 실천 중심의 학문관을 구현하는 과정이다. 책을 쓴다는 것은 그런 공부를 통해 쌓인 것이 자연스럽게 흘러넘쳐서 만들어진 결과일 뿐이다. 홍대용에게 공부란 고증을 전제로 한 실천의 학문을 갈고닦는 과정이다. 서양 과학에 심취했던 그이지만, 공부의 본질은 여전히 경전과 역사서인 것이다.

박지원은 고문에 연연하지 않는 글쓰기, 그리고 법고창신의 문예론을 주장했다. 만일 안정복이 박지원의 『열하일기』를 보았다면 어떤 반응을 보였을까. 그리 호의적이지 않았을 것이다. 홍대용은 노론 명문가의 후예이자 '북학'을 주장했다는 점에서 박지원과 공통점이 있다. 그런데 홍대용이 『열하일기』를 보았다면 또 어떨까. 과연 '유용한 잡서'로 여겼을까. 꼭 그렇다고 말할 수는 없을 것이다.

그런 가정에 큰 문제가 없다면, 이제 이런 질문이 필요하다. 정작 고문에 연연하지 않는 글쓰기를 시도한 적이 있던 사람들은 어떤 지식을 '추구할 만하다'고 생각했을까. '읽고 쓰고 공유하기'에 관한 그들의 문제의식은 안정복이나 홍대용의 생각과 얼마나 달랐을까. 그들은 자신들이 접할 수 있었던 다양한 지식을 어떤 위계적인 틀로 이해했을까. 당파와 신분, 정치적 위상의 차이를 넘어 그들 모두는 '똑같이' 생각했을까. 그들 내부에서 균열의 지점을 발견할 가능성은 없을까.

2장.
새로운 글쓰기는 지식의 위계에서
어디에 놓이는가

자유인 '반당' 박지원에게 글쓰기란 무엇이었을까

안정복과 홍대용에게 '읽기와 쓰기'는 지극히 실천적인 행위였다. 그것은 선비가 국가와 사회에 대해 가지는 책임감의 발로라고 할 수 있다. 그런데 문학 분야로 가면 사정이 더 복잡해진다. 글쓰기의 내용 이상으로, 글 쓰는 방식이 더 중요한 문제가 되기 때문이다. 18세기 조선에는 고문古文의 권위를 빌려 쓰는 글쓰기가 아니라 고문에 연연하지 않는 글쓰기, 나아가 개성이 살아 있는 글쓰기를 시도하는 사람들이 생겨났다. 소품문의 마니아로 평가되는 이덕무, 『열하일기』의 저자 박지원 등이 그런 사람들이다. 유명한 『열하일기』에 이런 이야기가 나온다.

사신을 따라서 중국에 들어가는 사람에겐 모름지기 부르는 호칭이 있다. 역관은 종사從事라 부르고 군관은 비장裨將이라고 부르며, 나처럼 한가롭게 유람하는 사람은 반당伴當이라고 부른다. 소어蘇魚라는 물고기를 우리나라 말로는 밴댕이(盤當)라고 하는데, 반盤과 반伴의 음이 서로 같아서이다.
압록강을 건너면 소위 반당은 은빛 모자의 정수리에 푸른 깃을 달고 짧은 소매에 가벼운 복장으로 차림새를 갖춘다. 그러면 길가의 구경꾼들은 이를 가리키며 문득 '새우'라고 부르는데, 무엇 때문에 새우라고 부르는지는 모르겠으나 아마도 무장한 남자를 부르는 별칭인 것으로 보인다. 지나가는 마을의 꼬맹이들은 떼를 지어 몰려다니며 일제히 "가오리 온다, 가오리 온다" 하고 외치며, 더러는 말 꼬리를 따라 다니며 다투어 외치는 바람에 귀가 따가울 정도다. '가오리 온다'는 말은 '고려인이 온다'는 뜻이다.

나는 웃으며 동행하는 사람들에게, "이제 세 가지 물고기로 변하고 마는구먼" 하니, 여러 사람들이 "세 가지 물고기란 무엇을 말하는 겁니까?" 하고 묻는다. 내가 "조선의 길에서는 밴댕이라고 부르니 이는 소어라는 물고기요, 압록강을 건넌 이래로는 새우라고 부르니 새우도 역시 어족이고, 오랑캐 아이들이 떼를 지어서 가오리라고 외치니 이는 홍어가 아니던가?" 하니 사람들이 모두 한바탕 웃는다.[92]

밴댕이를 한자를 빌려 쓰면 소어蘇魚다. 그런데 박지원은 굳이 밴댕이라는 말을 한자의 소리를 빌려 '반당'盤鐺이라고 적었다. '반당'伴儅은 사신의 수행원을 가리킨다. '반당'伴儅과 '반당'盤鐺의 우리말 발음이 같은 점을 근거로 하여, 아무 보직 없이 사신단에 합류한 한량으로서의 자신(伴儅)과 급할 것 없이 물속을 유유히 노니는 밴댕이(盤鐺)를 동일시한 것이다. 밴댕이에서 시작한 '개그'는 새우를 거쳐 가오리로 이어진다. '가오리 온다'는 말은 '고려 사람이 온다'는 뜻인데, 명·청 때의 중국인들이 고려라고 말한 대상은 조선이므로,[93] '조선 사람이 온다'는 의미다. 고려를 뜻하는 백화白話 '까오리'gaoli는 박지원에 의해 생선 가오리, 즉 홍어로 바뀐다. 물고기를 이용한 '개그'가 완성되는 순간이다.

구경꾼들이 제복을 입은 박지원 일행을 보고 '새우'라고 불렀다는 대목에

---

92 박지원 지음, 김혈조 옮김, 2009, 『열하일기』 3, 돌베개, 68~69쪽.
93 『삼재도회』에 실려 있는 세계지도에도 고려라는 명칭으로 조선을 표시한 사례가 보인다.

주목해보자. '새우라고 부른다'의 원문은 '칭하'稱蝦이니, 번역은 완전하다. 그런데 문득 이런 호기심이 생긴다. 박지원이 압록강을 건너자마자 들은 소리(sound)는 어떤 것이었을까. 아마 '샤'xia일 것이다. 박지원이 구경꾼들이 '샤, 샤'라고 소리치는 것을 듣고는 기민하게 '샤'라는 백화 음가를 가진 '하'蝦를 연상했음직하다. 그런데 박지원은 무엇 때문에 그들이 '샤, 샤'라고 소리치는지 이해할 수 없었다. 무장한 남자를 부르는 별칭이 아닐까 짐작할 뿐이었다.

구경꾼들이 그렇게 외친 데는 사정이 있다. 그들은 한족이 아니라 만주족이었을 것이다. 만주족은 만주어라는 자신들의 언어와 문자를 가지고 있었는데,[94] '샤'xia는 만주어로 제복을 입은 무관을 뜻한다. 그들의 입장에서는 제복을 갖추어 입었을 박지원 일행을 가리키며 '샤'라고 외치는 것이 당연한 일인 것이다. 물론 '새우'라는 의미는 아니다. 그런데 아이들이 외쳤다는 '까올리'gaoli는 만주어가 아니라 백화다. 만일 그 아이들이 만주어로 말했다면 고려를 뜻하는 '솔롱고'solongo, 혹은 조선을 뜻하는 '차오히얀'choohiyan이라고 말했어야 옳다. 그러나 아이들은 '까올리'라고 외쳤다. 백화의 언어적 영향력이 이미 강변의 만주족 아이들에게까지 미치고 있었던 것은 아닐까.

거창하게 말하자면 이 짧은 일화에는 18세기 후반 동북아시아의 언어 지형과 소통 구조를 보여주는 기호들이 숨어 있다. 박지원은 그런 의미까지 심각하게 고민하지는 않았다. 그러나 실망할 필요는 없다. 박지원이 언어들 사이의 우연적인 요소를 포착하고, 그것을 해학의 소재로 삼아 새로운 방식의 글쓰기를 시도했다는 사실만으로도 이 일화의 가치는 충분하기 때문이다.

한문학 분야의 연구에 따르면, 백탑시파의 리더인 박지원은 원굉도의 문학적 세례를 받은 사람이다. 문제는 원굉도가 양명좌파의 사상적 기초 위에서 문학이론을 전개한 인물이라는 사실이다. 이 지점에서 문체 문제는 정치적으로 해석될 소지가 있다. 주자학과 양명학이 대립하는 지점을 중요하게

---

94 이 언어는 200년 이상 중국에 영향을 미치다가 20세기 초반 마술처럼 사어死語가 되고 말았다.

본다면, 박지원의 글쓰기를 주자학에 반대하는 문예 활동으로 여길 수 있을지도 모른다.

　문체만 떼어놓고 보면 얼마든지 그런 결론에 도달할 수 있다. 그런데 그렇게 주장하기 위해서는 박지원 등이 문체에 대해 의미를 부여하는 맥락이 어떤 것인지를 확인해볼 필요가 있지 않을까. 박지원이 원굉도의 저작을 읽고 자신의 문예 활동에서 공안파의 문예이론을 실천하고 있었다는 사실만으로 다른 모든 것을 설명할 수는 없다. 박지원은 공안파 문예이론의 계승자임을 스스로 표방하거나, 심지어 자부하고 있었는가. 도대체 박지원에게 문체라는 요소는 어떤 위계에서 어느 위치에 놓인 것인가.

　「우상전」은 박지원이 지은 이언진李彦瑱(1740~1766)의 전기인데, 20대의 박지원이 가진 문장관을 이해하는 실마리를 제공한다는 점에서 중요한 자료다. 이언진은 남인 이용휴에게 배웠으며, 20대에 요절했다. 박지원은 자신보다 세 살 아래인 이 청년 역관을 '문장으로 나라를 빛낸 사람'이라고 추켜세웠다. 통신사 일원으로 일본에 갔다가 문명文名을 드날렸기 때문이다. 불행히도 조선에서는 아무도 그를 인정해주지 않았다. 문학적 재능이 있다고 해서 신분의 한계를 쉽게 뛰어넘을 수는 없기 때문이다. 이언진은 다만 여항閭巷의 문인이었을 뿐이다. 박지원은 이언진의 글에서 '슬픔'을 읽었다. 이언진이 병이 위독해지자 그동안 지은 작품을 불사르며 "누가 다시 알아주리오" 하고 한탄한 것도 넘어설 수 없는 신분의 장벽 때문이었다. 박지원은 그런 이언진을 안타까워하며 이렇게 말했다.

　나는 이언진과는 생전에 안면이 없었다. 그러나 그가 자주 사람을 시켜 나에게 시를 보여주며 "이분만은 나를 알아주실 거야"라고 했다. 내 농담 삼아 그에게 "이것은 오농吳儂의 가는 침이니 너무 잗달아서 귀하게 여길 게 없다" 했더니, 그가 화를 내며 "창부倡夫가 약을 올리는군" 하고는, 한참 있다가 마침내 한탄하며 말하기를, "내가 어찌 세상에 오래 갈 수 있겠는가" 하고 두어 줄 눈물을 쏟았다. 나 또한 그 소식을 듣고서 슬퍼했다.

(……) 아. 나는 일찍이 속으로 그 재주를 남달리 아꼈다. 그럼에도 유독 그의 기를 억누른 것은, 우상이 아직 젊으니 도道로 나아가기에 힘쓴다면 글을 저술하여 세상에 남길 만하다고 여겼기 때문이다. 그런데 지금와 생각하니 이언진은 분명 나를 좋아할 만한 사람이 못 된다고 여겼으리라.[95]

이언진은 1766년(영조 42)에 죽었으니, 두 사람 사이의 간접 대화는 그 이전에 이루어졌을 것이다. '오농의 가는 침'이란 '오 지방의 쓸데없는 말'이라는 뜻으로, 원굉도의 문장을 가리킨다. '창부'란 비천한 사람을 가리키는 말이다. 두 사람은 서로 상대의 문장이 공안파의 글쓰기를 흉내 낸 것이 아니냐는 투로 말한 것이다.[96]

흥미로운 대목은 박지원이 이언진의 시를 평가하는 맥락이다. 이언진은 아마도 자기가 박지원에게 느낀 동질감을 확인하고 싶었을 것이다. '오 지방의 쓸데없는 말'이라는 표현은 박지원이 이언진의 작품성을 인정하고 동질감을 표현하기 위해 던진 농담이었을까. 그럴 가능성을 완전히 배제할 수는 없다. 그러나 이 말은 자유로운 글쓰기를 넘어 지향해야 할 가치가 무엇인지를 고민하게 하려는 전략이라고 보는 편이 전체의 문맥에 부합한다. 박지원이 이언진에게 권장하려 한 글쓰기는 '도道에 나아가 저술을 함으로써 세상에 공헌하는' 그런 것이었다. 결코 고문古文에서 벗어나는 방향은 아니었던 것이다. '지금 보내온 시가 무의미하다고 할 수는 없다. 그러나 세상에 공헌하는 글쓰기로 나아가야 하지 않겠는가?' 박지원은 행간에서 이런 말을 하고 있는 것이다.

---

95 박지원, 『연암집』 권8, 放璚閣外傳, 虞裳傳.
余與虞裳 生不相識 然虞裳數使示其詩曰 獨此子庶能知吾 余戲謂其人曰 此吳儂細唾 瑣瑣不足珍也 虞裳怒曰 儈夫氣人 久之歎曰 吾其久於世哉 因泣數行下 余亦聞而悲之 (……) 嗟呼 余嘗內獨愛其才 然獨挫之 以爲虞裳年少倘就道 可著書垂世也 乃今思之 虞裳必以余爲不足喜也.
96 강명관, 2007, 『공안파와 조선 후기 한문학』, 296쪽.

강희언, 〈사인시음〉士人詩吟, 『사인삼경도첩』士人三景圖帖, 18세기, 종이에 엷은 채색, 26.0×21.0cm, 개인 소장.

나무 그늘 아래에 돗자리를 깔고 시를 짓는 선비들을 그린 것이다. 선비들이 위엄 있고 권위적인 모습에서 벗어나 자유분방해 보인다.

박지원은 『방경각외전』放璚閣外傳 서문에서 이렇게 말했다.

아름다운 저 우상은 옛 문장에 힘을 썼네.
사라진 예禮를 시골에서 구한다더니 생애는 짧아도 그 이름 영원하리.[97]

박지원은 「양반전」 등을 통해 양반 집단의 위선과 허위를 비판하면서, 고문古文을 힘써 주장했다는 이유로 이언진의 덕을 칭송했다. '사라진 예를 시골에서 구한다'는 표현은 명문가의 자제들이 고문을 돌아보지 않는 세태를 비웃기라도 하듯 역관 이언진이 고문을 구사하는 상황을 가리킨다.

이언진과 박지원에게 공안파의 흔적이 있다는 사실을 부정하기는 어려울 것이다. 그러나 자유로운 글쓰기를 시도했다는 사실을 근거로 그들이 고문의 모든 것을 부정했다고 보는 것은 옳지 않다. 자유로운 글쓰기가 열풍이었고

97　박지원, 『연암집』 권8, 放璚閣外傳, 自序.
爛彼虞裳 力古文章 禮失求野 享短流長 於是逃虞裳.

유행이었다 해도, 그들이 자신들의 그런 글쓰기가 고문을 온전히 대체할 수 있다고 여겼는지는 분명하지 않다. 오히려 반대일 가능성이 높지 않을까. 고문을 포기할 수 없었다면 그 이유는 무엇일까. 그들에게 글을 쓰는 것은 '도에 나아가 저술을 함으로써 세상에 공헌'하는 행위를 의미했기 때문일 것이다.

『공작관문고』孔雀館文稿는 박지원이 공작관이라는 호를 쓰던 시기의 글들을 모아놓은 책이다. 대략 그의 나이 30대 전반기에 해당하는 시기다.『공작관문고』서문에는 글을 쓰는 행위에 대한 그의 문제의식이 좀 더 선명하게 드러난다. '뜻을 그려내는 일.' 그는 글을 쓰는 것을 한마디로 이렇게 정의했다. 그에 따르면, 글쓰기 과제를 앞에 두고 갑자기 끌어다 쓸 만한 성현의 말씀을 떠올리거나 억지로 경전의 뜻을 찾아내려는 사람은 결코 뜻을 그려낼 수 없다. 화원을 불러다 초상화를 그리게 하면서 용모를 가다듬고 그 앞에 나선다면 어떨까. 아무리 뛰어난 화원이라도 절대 그의 참모습을 그려낼 수 없을 것이다. 글을 쓰는 것도 같은 이치다. 그러니 말이란 거창해야 할 이유가 없다. 거창하게 말하려 하기보다 그 말이 도道에 맞는지를 따질 일이다. 도를 표현할 수 있는 말이라면 부서진 기와나 벽돌이라 해도 버려서는 안 된다.[98]

박지원이 이언진에 대한 기대를 감추지 않았던 것은 그가 자유로운 글쓰기에 능하기 때문이 아니었다. 그렇다면 이언진에게 엿보이는 의고주의적擬古主義的인 면모 때문이었는가. 꼭 그렇다고도 할 수 없다. 의고주의자 가운데 '갑자기 끌어다 쓸 만한 성현의 말씀을 떠올리거나 억지로 경전의 뜻을 찾아내려는 사람'은 얼마든지 있을 수 있다. 그런 자세로 글을 쓴다면 '성현의 말씀'이나 '경전의 뜻'은 결코 도를 위한 것이 되기 어렵다. 박지원이 이언진을 높이 평가한 것은 '도에 나아가 저술을 함으로써 세상에 공헌할 만한' 재능이 있었기 때문이다. 이런 입장에서는 뜻을 그려낼 수 있는 말, 도를 표현

---

98 박지원,『연암집』권3, 孔雀館文稿, 自序.
文以寫意則止而已矣 彼臨題操毫 忽思古語 強覓經旨 假意謹嚴 逐字矜莊者 譬如招工寫眞 更容貌而前也 目視不轉 衣紋如拭 失其常度 雖良畫史 難得其眞 爲文者亦何異於是哉 語不必大 道分毫釐 所可道也 瓦礫何棄.

할 수 있는 말이라야 진정한 말이며, 도를 의식한 저술, 세상에 공헌할 수 있는 저술이라야 진정한 저술이 된다. 이것이 박지원이 지향하는 문장이며, 지식이자 학문이었다.

『공작관문고』에는 박지원이 비평批評과 소품小品 보기를 즐기는 어떤 사람에게 보낸 편지가 들어 있다. 아마 누군가 박지원에게 학문과 문장의 방향에 대해 도움을 구했던 모양이다. 박지원은 편지 첫머리에서 문장이 학문의 본령이 아니라고 분명하게 지적한다. "자네처럼 재능이 있는 젊은이가 어찌 심력을 문장과 같은 말단에만 낭비하고 실득實得이 없는 곳에 시간을 허비해서야 되겠는가." 비평과 소품 등 문장론에 집착하는 것은 말단이며, 학문의 본령은 독서궁리讀書窮理, 즉 책을 읽고 이치를 탐구하는 데 있다고 본 것이다. 이어서 그는 이렇게 말했다.

> 이런 것들(비평과 소품: 필자)은 비록 젊은 시절 한때의 기호嗜好라서 차츰 노숙해지면 저절로 없어지게 마련이므로 심각하게 말할 것까지 없다고는 하지만, 대체로 이런 문체는 전혀 전범이 없는 데다가 고상하지도 못하다네. 문식文飾만 성행하고 실질實質은 피폐해진 명나라 말기에 잔재주는 있으나 덕이 부족한 오吳·촉楚 지역 문사들이 기괴한 설을 짓기에 힘써, 한 문단의 풍치風致나 한 글자의 참신한 말이 없는 것은 아니지만, 내용이 빈곤하고 자질구레해서 원기라고는 찾아볼 곳이 없으니, 예부터 내려오는 오·초 지역 촌뜨기들의 괴벽스런 자취와 음란한 말투를 어찌 본받을 만한 것이 있겠는가.[99]

글 쓰는 일이 '뜻을 그려내는 행위'라면, 학문의 본령과 지엽이 자연스럽

---

99   박지원, 『연암집』 권3, 孔雀館文稿, 與人.
平日於文學 好看批評小品 探索者 惟是妙慧之解 深味者 無非尖酸之語 此等雖年少一時之嗜好 漸到老實 則自然刊落 不必深言 而大抵此等文體 全無典刑 不甚爾雅 明末文勝質弊之時 吳楚間小才薄德之士 務爲 吊詭 非無一段風致隻字新語 而瘦貧破碎元氣消削 則古來吳儈楚儂之畸蹤窮跡 麤唾淫咳 何足步武哉.

게 갈린다. 이치를 탐구하여 '뜻'을 분명히 하는 일이 가장 먼저다. 그려내야 할 뜻은 조선 지식인들이 오랫동안 매달려온 이기심성론이 아니라, 세상에 공헌하고 '후세에 드리울 만한' 그런 뜻이어야 한다. 뜻이 선 뒤에라야 문장을 고민할 일이지만, 그 단계가 된다 하더라도 '오·초 지역 촌뜨기들의 괴벽스런 자취와 음란한 말투'는 본받을 만한 것이 없다. 박지원의 메시지는 그런 것이었다.

이 인용문에 보이는 '오·초 지역 촌뜨기'는 말할 것도 없이 공안파를 가리킨다. 이언진의 시를 논평할 때보다 공안파 문장에 대한 비판의 강도가 좀 더 세진 느낌이다. 그러나 박지원 자신이 이 '오·초 지역 촌뜨기'의 영향을 받았다는 게 문제였다. 얼마 뒤 박지원은 『열하일기』에서 고문에 연연하지 않는 글쓰기의 전형을 보여주었다. 박지원 자신의 논리로 설명한다면, 그가 질문한 것은 '고문이냐 아니냐'가 아니라 '뜻을 세우고 쓰느냐, 문장론에 매달리느냐'의 문제였다. 그런 관점에서 보면 『열하일기』는 '뜻을 세우고 세운 뜻을 드러내기 위해 부서진 기와와 벽돌 같은 문장을 구사한' 책이다. 그러나 사람들은 그 뜻보다 '부서진 기와와 벽돌'에만 주목할 뿐이었다. 박지원도 그 점을 잘 알고 있었다.

『열하일기』가 세간에 퍼져나가는 상황에서 박지원의 문장관은 어떻게 달라졌을까. 유만주兪晩柱는 이 시점의 박지원에 관한 일화를 기록으로 남겼다. 유만주도 집안에서 소장해오던 책을 통해 공안파의 문예이론을 알고 있었고, 그 의의를 인정했다.[100] 그렇다면 유만주는 반反의고주의자이며, 자유로운 글쓰기를 지향했는가. 그의 아버지 유한준兪漢雋이 의고주의자였을 뿐만 아니라 정치적으로 박지원과 대립했다는 점을 고려한다면 좀 더 면밀한 관찰이 필요한 대목이다. 그 유만주가 이렇게 적었다.

그(박지원: 필자)는 스스로의 문장을 이렇게 자부했다. "내 문장 중에는 좌

---

100   강명관, 2007, 『공안파와 조선 후기 한문학』, 263쪽.

구명과 공양고를 따른 것이 있고 사마천과 반고를 따른 것이 있는가 하면, 원굉도와 김성탄을 따른 것도 있다. 사람들은 사마천이나 한유를 본뜬 글을 보면 눈꺼풀이 무거워져 잠을 청하려 하지만 원굉도와 김성탄을 본뜬 글에 대해서는 눈이 밝아지고 마음이 시원해져 전파해 마지않으므로, 이 때문에 나의 글이 원굉도와 김성탄의 소품으로 불리게 되었으나, 이것은 사실 세상 사람들이 그렇게 만든 것이다." 그는 자신이 공양전과 곡량전을 본떠 쓴 음청 수권首卷의 서문을 보여주며 '이것은 고문이다' 하였다. 내가 평가하건대 그가 공양전과 곡량전을 본뜬 것은 아름답지 않지만 김성탄과 원굉도를 본뜬 것은 아름다우니, 이것은 그의 재주가 김성탄의 문장에는 빼어나지만 순고하고 정대한 문자에는 부족함이 있기 때문이다.[101]

'원굉도와 김성탄金聖嘆의 소품'으로 불린 것은 『열하일기』일 것이다. 소품문에 열광하던 사람이 한둘이 아니었으니, 그 사람들에게 『열하일기』는 매력적인 책이었음에 분명하다. 유만주가 온전히 박지원이 말한 맥락을 그대로 전하고 있다고 가정한다면, 우리가 이 글에서 읽을 수 있는 것은 무엇인가. 물론 박지원이 스스로 자기 문체의 근거를 원굉도와 김성탄에게 두었다고 말할 수도 있을 것이다.[102] 그러나 정작 필자의 관심을 끄는 것은 그 맥락이다. 인용문은 박지원의 말과 행동, 그리고 그에 대한 유만주의 평가 등 크게 두 개의 단락으로 구성되어 있다. 그런데 박지원은 무엇을 자부했으며, 어떻게 행동했는가.

박지원이 자부한 것은 자신이 고문을 구사할 수 있다는 사실이었다. 물론

101   유만주, 『흠영』, 1786년 11월 26일.
其自許文章也 則云 吾之文有撫左公者焉 有撫馬班者焉 有撫韓柳者焉 有撫袁金者焉 人見其學馬學韓 則便爾睫重思睡 而特于其學袁金者 眼明心快 傳道不置 于是吾之文以袁金小品稱焉 此固世人之爲也 仍示其所序陰晴卷首效公穀者 曰是古文也 議 效公穀則不佳 效袁金則佳 是其才長於貫華之文章 而短於純古正大文字也.
102   강명관, 2007, 『공안파와 조선 후기 한문학』, 398쪽.

그는 자신이 원광도와 김성탄을 본보기로 삼아 글쓰기를 했다는 점을 부정하지 않았다. 그러나 그는 자유로운 글쓰기를 하는 사람으로만 세상에 알려진 것을 부당하게 여겼다. 박지원에 따르면, 그것은 자신의 의도와 무관한 일이었다. 자유로운 글쓰기에 열광하여 그의 작품을 전파하던 사람들이 만들어낸 이미지일 뿐이다. 그런 세간의 평가가 부당하다고만 말하는 것은 충분하지 않았다. 그는 자신의 고문을 내보였다. 그것은 그가 가진 자부심의 원천이었다. 그는 결코 자신이 자유로운 글쓰기를 한다는 사실을 내세우거나 자랑하지는 않았다.

유만주가 박지원의 문장에 대해 "김성탄의 문장은 빼어나지만 순고하고 정대한 문자로서는 부족함이 있다"고 평가한 것도 같은 맥락이다. 유만주에게 김성탄의 문장과 고문은 결코 같은 가치를 가지지 않는다. 김성탄의 문장이 아무리 대중적인 인기를 끈다 해도 유만주에게 그것은 결코 '순정하고 정대한' 문자가 될 수 없다. 그것은 고문에게만 허락된 배타적인 영역이다. 고문을 지을 수 있다고 자부했던 박지원도, 박지원이 고문에 능하지 못하다고 비판했던 유만주도 고문이 가진 배타적인 권위를 부정하지 않았던 것이다.

유만주가 이 기록을 남긴 1786년(정조 10)은 문체반정이 있기 전이었다. 공안파의 문예이론에 공감하는 사람들이 늘어가던 시기, 『열하일기』가 지식인 사회에서 선풍적인 인기를 끌던 그런 때였다. 정조가 대대적인 사상 탄압을 하리라 예상할 만한 상황이 결코 아니었다. 그럼에도 박지원이 고문의 배타적 권위를 부정하지 않으려 했다는 사실을 어떻게 받아들여야 할까. 물론 그 고문은 '갑자기 끌어다 쓰기 위해 떠올리는 성현의 말씀'이 아니라, 뜻을 세우고 그 뜻을 표현하는 데 필요한 문장을 가리킨다.

박지원은 원광도를 읽고 자유로운 글쓰기를 시도했지만, 그 문체를 '순고하고 정대한' 문자보다 더 가치 있다고 보지는 않았다. 이런 상황이라면 고문과 자유로운 글쓰기는 양립할 수 있지만 결코 등가적等價的일 수는 없다. 철저히 위계적이다. 자유로운 글쓰기의 가능성을 아무리 확장한다 해도 결코 고문의 권위를 손상시킬 수는 없는 일이다. 『열하일기』와 공안파의 문예이론을 보는 그 시대 사람들의 시선은 그런 것이 아니었을까.

『과정록』過庭錄은 박종채朴宗采(1780~1835)가 아버지 박지원에 대해 쓴 글이다. 객관적이지 못한 부분이 전혀 없다고 하기는 어렵겠지만, 박지원의 생애와 그 시대의 평가를 잘 보여주는 자료로 손색이 없다.[103] 일찍이 박지원과 『열하일기』를 분석한 많은 연구자들이 이 자료를 주목했다. 그런데 필자가 관심 있게 본 것은 한문소설 및 『열하일기』의 저작 의도와 그 유포 과정이다.

박종채에 따르면 박지원은 "약관 때부터 지기志氣가 높고 매서웠으며 자잘한 예법에 구애되지 않아 가끔씩 해학과 유희를 하곤 했다." 지기가 높고 매서웠다면 쉽사리 불의와 타협하지 않았을 것이고, 해학과 유희를 즐겼다면 풍자에 어울리는 글쓰기를 했을 것이다. 이런 개연성은 그가 20대에 지었다는 한문소설들로 표현되었다. 박종채는 이렇게 말했다. "세상의 벗 사귐은 오로지 권세와 이익을 좇았다. 그리하여 여기에 붙었다 저기에 붙었다 하는 세태가 꼴불견이었는데, 아버지는 젊을 때부터 이런 세태를 미워하셨다. 그래서 아홉 편의 전을 지어 세태를 풍자하셨는데, 그 속에는 왕왕 우스갯소리가 들어 있다."[104]

박종채의 기록을 존중한다면, 약관의 박지원은 이 한문소설들에서 일관되게 '권세와 이익을 좇는 세태'를 꼬집으려 했다. 「예덕선생전」穢德先生傳에 대한 박지원의 설명을 보자.

선비가 배고파 구차해지면
온갖 행실이 어그러지는데
엄행수는 똥을 져 날라 스스로 먹을 것 마련하니
하는 일은 더럽지만 입은 깨끗하지.

---

103 박종채 지음, 박희병 옮김, 1998, 『나의 아버지 박지원』, 돌베개.
104 박종채 지음, 박희병 옮김, 1998, 『나의 아버지 박지원』, 21쪽.

「예덕선생전」에서 박지원은 엄행수만도 못한 양반 사회의 풍토를 비웃었다. 박지원이 소설들에서 등장시킨 다른 서민 주인공들 역시 양반을 풍자하려는 소설적 장치였다. 박지원의 처남 이재성李在誠이 『역학대도전』易學大盜傳에 관해 평가한 것 역시 마찬가지다. 그에 따르면, 박지원이 이 글을 지은 이유는 선비인 체하면서 권세와 이익을 구하는 자를 풍자하기 위해서였다.[105]

박지원의 한문소설에 대한 세간의 평가는 냉정했다. 박종채에 따르면 장난삼아 지은 것처럼 보이는 글의 체제가 문제였다. 그러니 식견이 없는 사람들은 우스갯소리로 지은 글로만 알고, 식견이 있는 사람이라고 하더라도 얼굴을 찡그렸다는 것이다. 이재성은 박종채에게 이렇게 말했다. "「예덕선생전」, 「광문자전」廣文者傳, 「양반전」兩班傳 등 세 작품은 네 아버지가 젊을 적에 심심파적으로 지으신 것이니 그걸 갖고 왈가왈부할 건 없지."[106] 이재성의 입장은 분명했다. '장난삼아 지었다'고까지는 하기 어렵지만, 엄밀하게 말하자면 '치기가 묻어나는 젊은 날의 글'이므로, 이 한문소설만으로 박지원의 진정한 면모를 판단할 수 없다는 것이다.

박지원이 「마장전」馬駔傳에서 '양반들의 세속화된 사교를 풍자'했으며, 「예덕선생전」에서 '서민과의 동지적 결속'을 추구했다는 평가가 있다.[107] 그러나 적어도 이재성과 박종채의 감각은 그런 평가와는 거리가 있다. 그렇다면 그들이 박지원의 진정한 모습이라고 생각했던 것은 무엇일까. 박종채가 박지원과 홍대용의 만남을 묘사한 대목에서 그 실마리를 찾을 수 있다.

아버지는 늘 우리나라 사대부들이 이용후생利用厚生, 경세제국經世濟國, 명물도수名物度數 등의 학문을 소홀히 한다는 점, 그리하여 잘못된 지식을 그대로 답습하고 있으며 그 학문이 몹시 거칠고 조잡한 점을 병통으로 여기셨다. 홍대용의 평소 지론도 이와 같았다. 그래서 매번 만나면 며칠

105 박종채 지음, 박희병 옮김, 1998, 『나의 아버지 박지원』, 23쪽.
106 박종채 지음, 박희병 옮김, 1998, 『나의 아버지 박지원』, 23쪽.
107 임형택, 1976, 「박연암의 우정론과 윤리의식의 방향」, 115쪽.

을 함께 지내며, 위로는 고금의 치란과 흥망에 대한 일로부터 옛사람들이 벼슬에 나아가거나 물러날 때 보여준 절의, 제도의 연혁, 농업과 공업의 이익 및 폐단, 재산을 증식하는 법, 환곡을 방출하고 수납하는 법, 지리, 국방, 천문, 음악, 나아가 초목, 조수, 문자학, 산학에 이르기까지 꿰뚫어 포괄하지 아니함이 없었으니 모두가 외워 전할 만한 내용이었다.[108]

이용후생, 경세제국, 명물도수를 강조한 학자 박지원. 박종채가 기억하고 싶었던 아버지 박지원의 모습은 그런 것이었다. 이즈음 박지원은 정철조, 이서구, 이덕무, 유득공, 박제가 등과도 어울렸다. 법고창신의 문예이론을 제창한 것도 이때였다. 그런데 박종채는 『과정록』에서 아버지가 표방한 혁신적인 문예이론에 대해 별다른 기록을 남기지 않았다.

박종채가 아버지를 기억하는 방식은 『열하일기』와 문체반정에 관한 내용에서 좀 더 선명하게 나타난다. 그는 『열하일기』에 대해 이렇게 생각했다.

아버지는 중국 지식인들과의 필담에서 춘추대의春秋大義를 밝히지 않은 적이 없으니, 오랑캐의 연호를 사용한 책이라면서 헐뜯는 비판은 사리에 맞지 않다. 제도와 법률에 관한 기록 중에는 취할 내용이 많으며, 사신과 외교에 관한 기록은 나라 일을 맡은 자에게 참고가 될 만한 것들이다. 다만 중국의 번화함을 자세히 기록한 것은 중국에 없는 것이 없다는 사실을 보여주려 했기 때문이며, 우스갯소리와 구어체를 구사한 것은 그들의 생활과 삶을 현장감 있게 묘사하려 했기 때문이다. 우언寓言은 궤변으로 세상을 농락한 것이며, 우스갯소리는 실상이 아니라 거만하게 세상을 조롱한 것이다. 『열하일기』의 독자들은 이 책의 그런 본질을 알지 못한 채 『열하일기』를 다만 기이한 이야기나 우스갯소리를 적은 책 정도로 여긴다.

---

108   박종채 지음, 박희병 옮김, 1998, 『나의 아버지 박지원』, 34~35쪽.

『열하일기』를 좋아하는 자도 헐뜯는 자도 그런 점에서는 다를 바 없다.[109]

마침내 『열하일기』가 정조의 손에 들어갔다. '타락한' 문체를 '순정한' 고문古文으로 되돌려놓기 위한 정조의 구상은 1792년(정조 16) 패관稗官 서적을 포함한 일체의 중국 서적 반입을 금지한 조치로 나타나기 시작했다. 곧이어 소설을 보거나 소품문을 구사한다는 이유로 남공철南公轍(1760~1840), 이상황李相璜(1763~1841), 김조순金祖淳(1765~1832), 심상규沈象奎(1766~1838) 등 명문가 출신 차세대 엘리트들을 질책하고 반성문을 제출하게 했다. 정조는 또 성균관 유생 이옥李鈺 등에게 율시律詩 100편을 짓도록 했으며, 검서관 이덕무나 박제가에게는 반성문을 쓰게 했다. '문체가 순정하다'는 이유로 서얼 출신 성대중成大中에게 북청부사라는 벼슬을 내리고 어명으로 송별연까지 베풀어준 것은 일종의 '당근'이었다.[110] 남공철이 반성문을 써 올리자 정조는 남공철을 복직시키면서 그 경과를 조보朝報에 싣도록 했다.[111] 조보란 국가가 결정한 사항 혹은 처리한 안건을 매일 발표하는 일종의 관보官報다. 정조는 '남공철 문책건'의 전말을 여기에 실음으로써 많은 사람들에게 타산지석他山之石으로 삼게 했다. 안의현감으로 재직 중이던 박지원이 남공철로부터 정조의 명을 담은 사신私信을 받은 것도 이즈음이었다.

어제 경연에서 저(남공철: 필자)에게 하교하시기를, "요즈음 문풍文風이 이와 같이 된 것은 그 근본을 따져보면 모두 박지원의 죄다. 『열하일기』는 내 이미 익히 보았으니 어찌 감히 속이고 숨길 수 있겠느냐? 이자는 바로 법망에서 빠져나간 거물이다. 『열하일기』가 세상에 유행한 뒤에 문체가 이와 같이 되었으니 스스로 마땅히 결자해지하게 해야 한다" 하시고, 저에게 이런 뜻으로 그대에게 편지를 쓰도록 명령하시면서, "차제에 속히

---

109   박종채 지음, 박희병 옮김, 1998, 『나의 아버지 박지원』, 27~51쪽.
110   김명호, 1990, 『열하일기 연구』, 창작과비평사, 268~272쪽.
111   『정조실록』, 정조 16년 10월 25일.

한 편의 순정한 글을 지어 곧 올려 보내어 『열하일기』의 죗값을 치른다면, 비록 음직 제학의 자리라도 어찌 아까워하겠는가. 만일 그렇게 하지 않는다면 마땅히 중죄를 내릴 것이다" 하시며, 이로써 곧 편지를 보내라는 일로 하교하셨습니다.[112]

정조는 노론계 지식인의 문체에 대해서는 공개적으로 질책하고 반성문을 요구하면서도, 그 근본으로 지목한 박지원에게는 남공철을 통해 간접적으로 연락하거나, 음직 제학이라는 '당근'까지 거론했다. 정조가 진정으로 박지원을 견책하고 경고하려 했다면, 남공철에게 그랬던 것처럼 좀 더 직접적이고 강력한 조치를 취하는 것이 훨씬 효과적이었을 것이다. 그러나 정조는 결코 그렇게 하지 않았다. 정조의 의도는 무엇이었을까.

정조가 문체반정의 칼끝을 주로 노론계의 차세대 리더들을 향해 겨눈 것은 문체반정이 매우 정치적인 행위였음을 말해준다. 정조는 그들을 견제함으로써 서학西學으로 궁지에 몰린 남인과의 정치적 균형을 유지하는 데 성공했다.[113] 한 당파를 충忠으로, 다른 당파를 역逆으로 몰지 않고, 어느 당파든 그 안에 잘잘못이 있을 수 있다는 식으로 끌고 갔던 것이다. 정조가 진정으로 그렇게 생각했는지는 알 수 없다. 군이 알아야 할 이유도 없다. 그런 방식으로 정치세력을 통제하지 않고는 정조가 자신이 원하는 탕평정국을 만들어갈 수 없다는 사실이 중요할 뿐이다. 정치적 측면에서 보면 문체반정 역시 그런 맥락에서 나온 것이었다.[114]

정조가 문체반정이라는 칼을 모든 사람에게 동일한 방식으로 겨누었는지는 확인이 필요한 문제다. 그런 측면에서 보면 정조가 박지원과 남공철을 견

---

112 박지원, 『연암집』, 권2, 答南直閣公轍書(附原書).
113 유봉학, 2001, 『정조대왕의 꿈 – 개혁과 갈등의 시대』, 신구문화사.
114 정조는 문체반정의 신호탄으로 중국으로부터의 서적 수입을 전면 금지했지만, 1799년에는 사신으로 가는 서형수에게 『주자대전』과 『주자어류』 선본을 구해오라고 명하기도 하였다(진재교, 2007, 「19세기 경화세족의 독서문화 – 홍석주 가문을 중심으로」, 142쪽). 정조가 의도했던 것은 서적 수입 금지나 문체반정 자체가 아니라 특정한 서적(명청 소품)과 특정인(노론계 벌열 가문의 차세대 리더들)의 문제였던 것이다.

책하는 방식이 같지 않은 점은 흥미로운 대목이다. 정조는 박지원이 노론계의 문풍文風에 큰 영향을 미치고 있다는 사실을 잘 알고 있었다. 그러나 박지원은 정치적으로는 거의 존재감이 없는 일개 음직 현감이었다. 규장각 각신을 거치며 차세대 리더로 인정받던 남공철 등과는 정치적 위상이 달랐던 것이다. 정조가 그런 박지원에게 노론계의 차세대 리더들을 견책했던 것과 같은 방식으로 대응할 이유는 없었다. 정조는 남공철의 편지를 빌려 자신의 뜻을 간접적으로 전하게 했다. 정조가 남공철과 박지원에 대한 견책 방식을 달리한 것을 보면, 다른 균열의 지점이 있을 가능성은 얼마든지 있다.

박종채에 따르면, 당시 세간에는 정조가 박지원을 견책하려는 것이 아니라 중용重用하려는 것이라는 말이 돌았다. 『열하일기』가 문체를 그르친 원인이라고 지적한 것은 임금이 『열하일기』의 애호가라는 사실을 은연중에 드러낸 것이라는 해석도 있었다. 이재성은 박지원에게 편지를 보내 "약간의 우스갯소리만 찾아 없앤다면, 『열하일기』야말로 순수하고 바른 글"일 것이라고 말했다. 안의安義에 있던 문사들도 기뻐했으며, 박지원 자신도 임금의 분부를 '전무후무한 은총'으로 생각했다.[115]

정조가 『열하일기』를 읽었고 그 문체에 문제가 있다고 생각했음에도 그를 등용하려 했다면, 그 이유는 무엇일까. 아마도 『열하일기』를 관통하는 실천적 학문관, 즉 경세학적 문제의식 때문일 것이다. 성리학적인 경세학은 천리天理와 도덕道德을 지향하는 실천적 발상이라는 점에서 '이익'利益을 목표로 삼는 공리주의적功利主義的 아이디어와 구별된다. 박지원 역시 '수신제가치국평천하'의 가치를 믿어 의심치 않는 선비이자 경세가였으며, 정조는 박지원의 그런 면모를 높이 보았던 것이다.

정조가 박지원의 경세학적 능력을 높이 샀다는 점은 『과농소초』課農小抄에 대한 평가에서도 잘 드러난다. 1799년(정조 23) 정조가 전국 각 도의 지방관들에게 권농勸農에 대한 의견을 물었다. 정조는 특히 문관 및 음관 수령들

---

115   박종채 지음, 박희병 옮김, 1998, 『나의 아버지 박지원』, 108~109쪽.

에게는 책자 형태로 정책을 제안해 올리도록 했다.[116] 면천군수로 재직 중이던 박지원은 「한민명전의」限民名田義가 첨부된 책을 지어 올렸다. 이것이 『과농소초』다. 박지원은 이 책에서 농업 생산력 증대와 농업 노동력 절감을 위한 구상뿐만 아니라 토지 소유의 불균등을 해결하기 위한 정책을 제안했다.

박종채에 따르면, 이 안들은 모두 박지원이 평소 한번 시행해봄직하다고 여기던 것들이었다. 정조는 『과농소초』를 '경륜을 펼친 좋은 책'이라고 칭찬하는가 하면, 박지원을 등용하여 『농서대전』 편찬을 맡기고 싶다는 생각까지 하게 되었다. 박종채는 『과정록』에서 또 이렇게 적었다.

> 아아. 세상을 경륜하고 구제하는 학문을 지닌 아버지께서 글을 숭상하는 임금을 만났으니, 만일 1800년에 임금님께서 돌아가시지 않아 아버지로 하여금 서국에서 책을 저술하는 임무를 맡기셨다면 백성의 삶에 도움이 되는 방안을 강구하여 태평성대의 문헌으로 남긴 것이 어찌 이처럼 적막한 데 그쳤겠는가.[117]

박종채는 우스갯소리로 세상을 조롱하는 비평가보다는 세상을 위해 포부를 펼치는 경세가로 아버지 박지원을 기억하고 싶어했다. 박종채에 따르면, 박지원은 관아에서 공무를 보는 틈틈이 주자의 편지글과 『육선공주의』陸宣公奏議를 읽었다.[118] 주자의 글과 육지陸贄의 『육선공주의』를 학문의 기본으로 생각했던 사람은 다름 아닌 정조다. 정조에게 주자와 육지의 저작은 문장의 기준이며, 동시에 경세학의 모범이었다. 정조가 박지원을 높이 평가했다면, 바로 이런 공통점 때문일 것이다.

박지원의 문체를 다룬 연구들은 그를 모던한 인간형으로 그리거나, 포스

---

116 『정조실록』, 정조 23년 1월 1일.
117 박종채 지음, 박희병 옮김, 1998, 『나의 아버지 박지원』, 142~143쪽.
118 박종채 지음, 박희병 옮김, 1998, 『나의 아버지 박지원』, 143쪽.

트모던한 글쓰기를 지향한 인물로 묘사하기도 한다.[119] 박지원을 적어도 전근대적인, 혹은 전통적인 인간형으로 설명하지 않는다는 점에서 최소한의 공통점이 있다. 그런데 정작 박지원 자신은 『열하일기』를 어떻게 생각했을까. 그는 불특정 다수에게 널리 유포되기를 바라면서 이 연행록燕行錄을 작성했던 것인가. 이 점을 이해하려면 박지원의 창작 이력을 거슬러 올라가야 한다.

박지원이 처음 세간의 주목을 받은 것은 양반 사회의 위선과 가식을 폭로한 한문소설 때문이었다. 박지원은 「광문자전」을 지은 뒤 '제공諸公 장자長者'에게 보여주었다. 그러나 애초 그들만을 독자로 삼은 것은 아니었다. 젊은 시절의 박지원이 당시의 의고주의적 문풍에서 완전히 벗어난 것은 아니었다고 해도,[120] 세태에 대한 날선 비판과 풍자, 해학적인 언어 구사와 낯선 글쓰기는 많은 사람들의 이목을 집중시키기에 충분했다. 무명의 박지원은 불특정 다수를 독자로 상정하고 도발적인 문제를 제기한 것이었다. 「예덕선생전」, 「광문자전」, 「양반전」은 이미 세상에 널리 알려져 있었다.

냉담한 평판을 확인한 박지원은 더는 저작을 통해 세상과 소통하려는 시도를 하지 않았다. 그러던 차에 쓰게 된 『열하일기』가 다시 한 번 세인의 입방아에 오르자 박지원은 박종채에게 이렇게 말했다.

나는 중년 이후 세상일에 대해 마음이 재처럼 되어 점차 골계滑稽를 일삼으며 이름을 숨기고자 하는 뜻이 있었으니, 말세의 풍속이 걷잡을 수 없어 더불어 말할 만한 자가 없었다. 그래서 매양 사람을 대하면 우언과 우스갯소리로 둘러대고 임기응변을 했지만, 마음은 항상 우울하여 즐겁지 못했다. 그러나 중국에 다녀온 이후 그 견문한 사실 가운데 자못 기록할 만한 것이 있어서 연암골에 왕래할 때 늘 붓과 벼루를 가지고 다니며 행

119   박지원과 『열하일기』에 관한 가장 뚜렷한 성과는 김명호에 의해 제출된 바 있다(김명호, 1990, 『열하일기 연구』). 고미숙은 포스트모던한 관점에서 『열하일기』 분석을 시도했다(고미숙, 2013, 『열하일기, 웃음과 역설의 시공간』, 북드라망).
120   김명호, 1990, 『열하일기 연구』, 57쪽.

장 속에 든 초고를 꺼내 생각나는 대로 적어나갔다. 늙어 한가해지면 심심풀이 삼아 읽을까 해서였다. 그리하여 쓴 글을 수습해 몇 권의 책으로 만들었는데, 애초 후세에 전하려고 시작한 일은 아니었다. 그런데 누가 알았겠느냐. 책을 절반도 집필하기 전에 벌써 남들이 그걸 돌려가며 베껴 책이 세상에 널리 유포될 줄을. 이미 회수할 수도 없게 된 거지. 처음에는 심히 놀라고 후회하여 가슴을 치며 한탄했지만, 나중에는 어쩔 도리가 없어 그냥 내버려둘 수밖에 없었다.[121]

세상사에 관심을 끊고 이름을 숨기고 싶어하던 박지원에게서 '제공 장자'를 비롯한 불특정 다수를 독자로 삼아 한문소설을 짓던 젊은 시절의 호기를 찾아보기는 어렵다. "소순이 간사한 자를 비판한 글을 지어 명성을 얻은 적이 있지만, 내가 다시 그럴 필요는 없다"며 『역학대도전』을 불태워버린 일화에서도 비슷한 문제의식을 엿볼 수 있다.[122]

중국에 다녀온 뒤 '기록할 만한 것이 있어서' 『열하일기』를 짓게 되었다는 것도 눈여겨볼 대목이다. 세상과 거리를 유지하려는 삶의 자세가 달라진 것도 아니다. 기록을 후세에 남기기 위해서였다면 뒷날에라도 명성을 얻으려는 욕망이 작용한 것이라고 할 수 있겠지만, 그것도 아니라고 했다. 그는 다만 '늙은 날의 심심풀이를 위해서'라고 말했다. 물론 겸손의 말일 것이다.

박지원은 북경을 다녀오다가 보고 들은 것 가운데 세상에 도움이 될 만한 이야기가 있다고 판단했을 것이고, 그것을 기록으로 남기려 했을 것이다. 이 대목에서 그는 북학을 주장하는 선비이고 경세가다. 그러나 자유로운 글쓰기는 박지원을 보통의 노론계 선비, 혹은 경세가와 구별 짓게 하는 중요한 특징이다. 『열하일기』에 보이는 해학은 자유로운 글쓰기를 시도하는 그 나름의 방식이기도 했다. 문제는 이 해학이 박지원 자신에게 어떤 의미를 가지는가

---

121 박종채 지음, 박희병 옮김, 1998, 『나의 아버지 박지원』, 55쪽.
122 박종채 지음, 박희병 옮김, 1998, 『나의 아버지 박지원』, 23쪽.

이다.

　사람들을 만나서 우스갯소리를 하면 할수록 그 자신은 더 외로워졌다는 고백. 인용문을 존중한다면, 우언과 해학은 그가 현실에 큰 기대를 걸지 않게 되면서 생긴 습관 같은 것이다. 그가 남들에게 구사한 유머는 결코 그 자신을 행복하게 만들지 못했던 것이다. 현실로부터 고립되면 될수록 해학의 정도는 더해졌지만, 그럴수록 커지는 상실감은 부메랑이 되어 그를 더욱 고립시켰다. 그러던 중 연행燕行에 참가했고, 『열하일기』는 그 산물이었다.

　후세에 전할 의도가 없었다고 말한 대목도 음미해볼 만하다. 이것은 다만 겸사일 뿐인가. 그는 경세가로서의 포부를 담은 저작이 자연스럽게 유포되는 상황에 대해서 '가슴을 치고 한탄'했다. 왜일까. 무엇보다 그는 『열하일기』의 문체가 사회적 논란을 빚으리라는 것을 예감하고 있었을 것이다. 젊은 날의 한문소설에 대한 세간의 평가는 박지원에게 트라우마로 남아 있었다. 더구나 문체만을 놓고 본다면 『열하일기』는 한문소설보다 논란이 될 소지가 훨씬 더 많았다. 『열하일기』에 담긴 문체가 파격적인 것은 사실이지만, 그 자신은 문체로 인해 더 상처받고 싶지 않았을 것이다.

　『열하일기』의 문체가 조선 후기 문예사조의 변화를 이끌어내고, 나아가 조선 사회를 성리학의 '굴레'로부터 해방시킬 만한 소지가 있었다고 말할 수 있을지도 모른다. 그러나 『열하일기』가 퍼져나가는 상황을 보고 '가슴을 치고 한탄했다'는 그의 말에 최소한의 진정성이 담겨 있다는 전제에서 본다면, 그런 평가가 반드시 박지원의 문제의식과 일치하리라는 보장은 없다. 박지원에게 자유로운 글쓰기는 결코 버릴 수 없는 기호嗜好다. 그러나 그것은 불우한 시절 몸에 밴 습관에 가깝다. 그에게 이 새로운 글쓰기는 경세학의 종속변수일 뿐이다.

　『열하일기』에서 거리낌 없는 해학과 자유로운 문체를 구사한 박지원이 책을 대하는 자세는 사뭇 진중하다. 그에 따르면, 책을 앞에 두고 하품을 하거나 기지개를 켜거나 조는 것은 금물이다. 기침이 날 때에는 머리를 돌려 책을 피해야 하고 책장을 넘길 때에는 침을 묻혀서는 안 된다. 책을 베고 자거나 책으로 그릇을 덮어서도 안 된다. 먼지를 털어내고 좀벌레를 없애는 등 관리에 만전을 기해야 하는 것은 물론이다. 남에게 빌려온 책이라면 더욱더 성의를 다 해야 한다. 오자誤字를 발견하면 쪽지를 붙여 교정해주고, 종이가 해진 데는 붙여주며 실이 끊어진 데는 꿰매서 돌려주어야 한다.[123] 책을 대하는 박지원의 태도에서는 도학자道學者의 풍모마저 엿보인다.

'낮은 곳의 경세가' 이덕무는 어떤 글쓰기와 지식을 우선했을까

서얼 출신으로 규장각 검서관이 된 이덕무는 지식의 위계라는 관점에서 검토해볼 필요가 있는 또 한 명의 인물이다. 한문학 분야의 연구에 따르면, 이덕무의 문학에는 공안파 이론가 원굉도의 그림자가 짙게 드리워져 있다. 원굉도의 글쓰기는 영조대 말 서얼 집단을 중심으로 확산 일로에 있었고, 20대의 이덕무는 그 문학적 세례를 받았다.[124] 이덕무는 결국 정조로부터 문장에 관한 반성문을 요구받고 고민하다가 죽었다.[125] 이덕무가 원굉도의 저작을 읽고 그 영향을 받았다는 사실, 그리고 원굉도가 양명좌파의 문예이론가라는 사실을 이어붙이면, 이덕무가 주자학과 다른 지점에서 세계를 보았으리라는 추정이 가능하다. 그러나 그렇게 단정적으로 말하기 전에 몇 가지 확인해야 하는 문제가 있다.

공안파의 세례를 받은 것이 확실해 보이는 이덕무가 정작 전범典範을 따르는 의고파擬古派의 문장론과 개성을 중시하는 공안파公安派의 문장론에서 '그 장점만을 따르고 싶다'고 말한 이유는 무엇일까. 우연의 일치인지는 모르지만 공안파의 세례를 받았다는 박지원도 '법고창신'이라는 절충적인 문예론

123 천정환, 2006, 「1920~30년대의 책 읽기와 문화의 변화」(윤해동 등, 『근대를 다시 읽는다』 2, 역사비평사, 21~22쪽).
124 강명관, 2002, 「이덕무와 공안파」, 『민족문학사연구』 21; 강명관, 2002, 「이덕무 소품문 연구」, 『고전문학연구』 22; 안대회, 2003, 「이덕무 소품문의 미학」, 『고전문학연구』 24.
125 강명관, 2002, 「이덕무 소품문 연구」, 258쪽.

을 주장했다. 그들은 왜 이렇듯 '어정쩡한' 자세를 취해야만 했던 것일까. 공안파에 기울었다는 비난을 피하기 위한 포석이라고 생각해야 할까. 그렇지 않다면 전범에 의한 글쓰기, 법고창신 중의 '법고'法古, 혹은 성리학적 세계관이 가진 의의를 여전히 인정했던 것일까. 만일 후자라면 이덕무 안에서 주자학적 문제의식과 공안파적인 문제의식은 어떤 위계질서를 이루고 있었을까.

흔히 주자학적 문제의식의 반대편에 있다고 여겨지는 천주학, 불교, 이단, 고증학에 대해 이덕무는 어떻게 생각했을까. 그가 공안파의 문예이론을 받아들였다고 해서 그것을 근거로 그가 천주학이나 불교 같은 비非주자학적 사유에 호의적이었으리라고 말할 수는 없다. 고증학적 연구 방법론을 구사했다고 해서 그가 모기령毛奇齡(1623~1716)을 옹호했다고 판단하는 것 역시 성급한 일이다. 이덕무가 공안파의 문예이론에 얼마나 더 많은 영향을 받았는가를 확인하는 것이 이 글의 과제는 아니다. 그가 주자학과 다른 학문들을 어떻게 대했는지, 그가 생각한 지식의 위계는 어떤 것이었는지를 알아보는 일이 더 중요하다.

이덕무는 과연 어떤 사람이었는가. 이덕무의 아들 이광규李光葵는 이렇게 말했다. "세상 사람들은 아버님의 문예만을 칭찬하지만, 선배 중에 가장 교분이 두터운 이가 늘 감탄하기를 '독행篤行이 첫째요, 절조節操가 다음이요, 학식學識이 그다음이요, 문예가 맨 끝이다' 하였으니 이것이 정론이다." 이광규는 이덕무가 세간에서 명성을 얻게 된 것이 문장 때문이었음을 부인하지 않았다. 이덕무가 지향한 문예론이 의고파와 공안파의 절충이었다고 하면, 그의 문장에 대한 세간의 평가가 전범 없는 글쓰기만을 대상으로 한 것이었다고 단정하기는 어려울 것이다. 설령 그렇다 하더라도 이광규에게 이덕무의 문예론과 문장은 이덕무를 이덕무답게 한 요소 중 가장 하위에 있는 것이다.

이광규의 입장에서 보면 문장보다 중요한 것이 학식이다. 학식은 독서와 저술 과정을 통해 축적된 것이리라. 이광규는 독서에서 발췌로 이어지는 이덕무의 연구 방식을 이렇게 기록했다. "한 권의 책을 얻으면 반드시 보고 또 초鈔하여 잠시도 책을 놓지 않았으니 읽은 책만 수만 권이 넘고 초鈔한 책도 거의 수백 권이 된다. 길을 다닐 때라도 반드시 소매 안에 서권書卷을 넣어 다녔으며, 심지어는 종이, 벼루, 붓, 먹을 지닌 채 점막에 들어가기도 하였으며, 배를 탈 때에도 책을 놓지 않았다."[126] 초鈔한다는 것은 주요 내용을 발췌한다는 뜻으로, 정약용도 즐겨 구사한 방법이다.

이덕무는 어떤 책을 읽고 어떤 책을 멀리했는가. 이덕무가 공안파의 저작을 읽었음에도 이광규는 이덕무의 그런 독서 취향에 대해 한마디도 언급하지 않았다. 이광규는 오히려 중국의 패관소설稗官小說을 읽지 못하게 하던 아버지 이덕무를 기억했다. 어느 날 이광규가 『서유기』西遊記, 『삼국지연의』三國志演義와 같은 책을 보다가 이덕무에게 들키고 말았다. 이덕무가 말했다. "이런 잡서雜書는 정사正史를 어지럽히고 사람의 마음을 무너뜨리는 것이다. 내가 너희들에게 엄한 아비가 되는 동시에 좋은 스승이 되기도 하니, 어찌 나의 자식이 나쁜 길로 들어가게 하겠느냐." 이 일이 있은 뒤로 이광규는 그런 책을 가까이하지 않았다. 그런 아버지라면 이단에 대해서도 엄격했을 것이다. 이광규는 이덕무가 중이나 무당을 집 안에 들이지 않았을 뿐만 아니라 풍수지리 등에도 현혹된 적이 없다고 말했다.

이단을 배척하는 자세를 지닌 학자가 '대명의리론'對明義理論과 중화中華의 당위성을, 나아가 주자학의 학문적 위계를 의심했을 리 없다.[127] 임진왜란과 병자호란을 거친 뒤 조선에서는 명나라에 의리를 지키고 청나라에 복수해야 한다는 주장이 한 시대를 풍미했다. 임진왜란 때 명나라가 조선을 도와주

---

126 이덕무, 『아정유고』 권8, 附錄 先考府君遺事.
得一書 必且看且鈔 未嘗一刻釋卷 看書殆踰數萬卷 鈔書亦幾數百卷 雖行路時 必以書卷貯袖中 至廁紙硯筆墨 而隨之店裏 舟中亦未嘗掩卷.

127 이광규는 연보에서 20대의 이덕무가 가진 학문관을 짐작하게 하는 에피소드를 실었다. 이덕무가 친구처럼 지내는 조카 이광석의 근황을 전해들은 것은 1766년(영조 42)이었다. 이덕무는 이광석이 학문을 그만두고 무예를 하려고 한다는 소식을 듣고 적극적으로 만류했다. 이광석은 이덕무의 권유에 따라 성리학 공부에 뜻을 두었고, 결국 김종후에게 배우게 되었다 한다. 이덕무는 20대에 소품문을 정력적으로 썼던 것으로 평가되고 있지만, 이광규가 보여준 20대의 이덕무는 조카에게 성리학을 권하는 젊은 학자일 뿐이다(이덕무, 『청장관전서』 권70, 附錄[上], 先考積城縣監府君年譜[上], 丙戌 公二十六歲 正月二十三日 謝心溪爲學書 初公族姪光錫號心溪 嘗從公遊 一日欲投筆 公貽書止之 心溪大悟 有志性理之書 遂從學直齋金先生鍾厚 德業益篤 心溪嘗以書謝其止武爲學 歸功於公 公不以自居 亦移書謝之).

었다면, 청나라는 병자호란으로 조선에 상처를 주었다는 것이다. 역사가들은 전자를 '대명의리론', 후자를 '대청복수론'對淸復讐論이라고 즐겨 부른다. 물론 당시 사용되었던 용어는 아니다.

이광규는 『송사보유전』宋史補遺傳과 『뇌뢰낙락서』磊磊落落書를 지어 송나라와 명나라의 유민遺民에 관해 기록하던 아버지, 명나라의 백성을 자처하던 아버지를 기억했다. 그뿐만이 아니다. 이광규는 윤가기尹可基, 유득공, 박제가, 서상수徐常修(1735~1793)와 모여 밤을 잊은 채 '존덕성尊德性, 도문학道問學'에 관해 토론하던 아버지의 모습을 기억했다. 하늘로부터 부여받은 선한 덕성을 어떻게 보존하고 어떻게 기를 것인가에 관한 토론이었다. 당연히 유학적인 주제다. 저술은 그 학술 활동의 결과물이라고 할 수 있다.

이광규는 이렇게 말했다. "책을 저술함에는 증거를 상고하여 정밀하게 변증하였다. 일찍이 곤충초목, 명물도수名物度數, 경제방략經濟方略, 금석비판金石碑板에서부터 우리나라 제도와 외국 풍토에 이르기까지 세밀히 연구하지 않은 것이 없다." 이덕무의 학문이 이기심성론보다는 의리학, 경세학, 역사학, 백과전서적 분야에 걸쳐 있음을 보여주는 대목이다. 이광규가 문장보다 중요하다고 말하던 학식은 대략 이런 것이었으리라.

'절조'節操는 선비다운 행실이며, '독행'篤行은 아는 것을 실천하는 자세다. 문장이나 학문의 내용보다 학자로서의 기본 자세와 실천적 태도가 더 중요하다는 의미일 것이다. 이광규가 그리는 이덕무는 그런 점에서 천생 선비의 모습이다. 모친상을 당하자 주변 사람들이 귀를 막을 정도로 목 놓아 슬피 울던 효자였다. 여색을 가까이하지 않고 가난을 걱정하지 않았으며, 과거시험에 연연하지 않았다. '절조'와 '독행'은 이광규가 그려놓은 아버지의 이미지 전체를 관통하는 화두라 해도 과언은 아니다.

이덕무의 문체를 바라보는 이광규의 시선은 『아정유고』雅亭遺稿의 연보에 선명하게 기록되어 있다. 문체는 정조의 문예정책에서 매우 중요한 부분이었다. 정조가 문체반정을 통해 자유로운 글쓰기, 개성이 살아 있는 글쓰기를 억압했던 것은 명백한 사실이다. 사실관계만을 놓고 보았을 때는 적어도 그렇다. 그러나 당대의 맥락에서 보면 이 사실관계가 가진 의미는 결코 단순하지 않다.

1792년(정조 16) 11월 부교리 이동직李東稷(1749~?)이 채제공과 이가환을 비판하는 상소를 올렸다. 채제공이 탕평을 떠받치는 하나의 기둥이었다면, 이가환은 문장력으로 명성을 얻은 인물이었다. 더구나 이들 두 사람은 천주교의 혐의로부터도 자유로웠다. 이동직은 노론계가 문체 문제로 견제를 받고, 남인이 천주교 문제로 곤욕을 치르는 상황에서 남아 있는 남인계의 유력한 인물들을 공격한 것이다. 이동직의 상소에서 주목할 점은 그가 이가환의 문체를 문제 삼았다는 것이다. 이동직은 『수산집』修山集을 쓴 소론계 지식인 이종휘李鍾徽(1731~1797)의 아들이다.

이동직이 말했다. "조정에서 이가환을 여러 차례 발탁한 것은 다만 그가 가진 문화文華 때문이었습니다만, 그같이 괴귀怪鬼한 무리에게 설사 그런 작은 재주가 있다 하더라도 이것으로 그 죄를 덮을 수는 없을 것입니다. 하물며 이 무리들의 문화文華라는 것도 문제입니다. 그 학문이 이단사설異端邪說에서 나왔으며 그 문장이 패관소품을 숭상하고 있습니다. 심지어 경전經傳의 숙속菽粟한 문장을 매양 변모弁髦처럼 보고 있으니, 또한 문화文華라고 말할 수 없습니다. 지금 이단을 물리치고 정학正學을 지켜야 하는 때에 이런 무리들을 다스리지 않을 수 없습니다."[128]

이동직이 소론계 언관이었다는 사실을 염두에 두면 그가 구사한 논리가 범상치 않아 보인다. 노론에 비해 열세인 남인 정치세력을 공격하면서 노론계의 약점인 문체 문제를 공격했기 때문이다. 그러나 정조가 만일 노론계 엘리트의 문체만을 문제 삼음으로써 탕평 구도를 안정화하고자 했다면, 결과적으로 이동직의 상소는 정조가 문체 문제를 통해 의도했던 정치적 효과를 반

---

128 『일성록』, 정조 16년 11월 6일.
副校理 李東稷上疏賜批 仍以原疏付丙: 朝家之前後甄拔 徒以其文華一事 而如許怪鬼之類 雖有薄藝小數之可稱 不可以此而掩其罪 況此輩所謂文華 其學則多出異端邪說 其文則專尙稗官小品 至於經傳菽粟 每視以弁髦 亦不可以文華言也 今當闢異衛正之日 如此之類 不可置而不論.

감시킬지도 모르는 일이었다. 정조가 비답을 내리면서 문체에 대한 자신의 의도를 길게 설명한 것은 상황의 심각성을 직감했기 때문일 것이다. 정조의 비답은 위계적으로 매우 잘 짜인 느낌을 준다.

정조는 비답의 첫머리에서 자신의 통치 철학을 내보였다. "조선은 중국에 비하면 큰 나라는 아니지만, 백성들은 팔도에 나뉘어 살고 있으니, 서로 다른 곳에 사는 사람들을 어떻게 다스리는 것이 옳은가. 날아다니는 것이든 물속에 잠겨 있는 것이든 그 성품을 거스르게 하지 말아야 한다. 모난 것이든 둥근 것이든 그 기량에 따라 알맞게 쓰면 된다. 이것은 형세에 따라 이롭게 이끄는 것이요, 회극會極과 귀극歸極의 오묘함을 절로 생기게 하는 방법인 것이다." 모든 사람에게 같은 원칙을 적용하는 것이 능사가 아니라는 뜻이다. 문체 문제에 대한 정조의 생각을 엿볼 수 있는 대목이다.

이어지는 이야기는 다른 성품과 기량을 가진 사람들이 남긴 저작에 관한 것이다. 정조에 따르면 가장 소망스러운 유형은 말할 것도 없이 주자의 저술이다. 그 아래 왕양명의 저작이 있다. 왕양명은 좋은 자질을 가졌지만, 양지良知에 집중하느라 묻고 배우는 일을 게을리하여 주자학의 영역을 벗어나고 말았다. 저속하고 음란한 저작물인 패관소품은 왕양명의 글보다 더 무가치한 저작이다. 그런데도 세상의 모든 사람들이 주자의 글만 읽지는 않는다는 데 문제가 있다. 적지 않은 사람들이 왕양명의 글보다도 못한 패관소품을 보고 즐기고 있는 것이다. 그러면 군주는 어떻게 해야 하는가.

정조는 말했다. "집집마다 찾아가서 오류를 바로잡고 사람마다 그 어긋남을 고쳐주려고 하면 위에 있는 사람이 너무 힘이 들지 않겠는가."[129] 패관소품을 보는 것은 옳지 못한 행위다. 그러나 그것이 옳지 못하다는 것을 모든 사람에게 깨우쳐주려 하다 보면 날아다니는 것들에게 그 성품을 거슬러 물속에서 살도록 강요하는 일이 벌어지지 않는다고 어떻게 장담하겠는가. 정조의

129 『일성록』, 정조 16년 11월 6일.
家家而正其謬 人人而齊其舛 爲其上者不已勞乎.

논점은 여기에 있다. 그렇다면 누구를 깨우쳐야 하는가.

정조는 노론 명문가의 후예들을 지목했다. 정조는 규장각을 통해 젊은 문신들을 등용했다. 그중에는 여러 대에 걸쳐 임금의 윤음을 작성했던 남공철, 집안 대대로 시와 예를 전수해온 김조순, 세자 시절 서연관의 자제들인 이상황과 심상규 등이 포함되어 있었다. 정조의 의중은 이런 것이었다. '이들이 누대로 헌면軒冕의 작품에 무젖어왔으며, 사명詞命의 문체를 외워왔으니, 더욱 노력해서 진실로 자신의 재능을 다해야 할 것이다. 만일 중화인 송나라를 오랑캐인 월나라로 변하게 하거나, 지름길을 찾아 궁색하게 걷고 날아가는 새를 보느라 엉뚱하게 대답한다면 문교文教를 펴는 데 해가 될 뿐만 아니라 그 가문을 욕되게 하는 것이니, 어찌 작은 잘못이라 하겠는가.'[130] 이 이야기는 『홍재전서』弘齋全書에도 실려 있지만, 『홍재전서』에는 네 사람의 실명이 등장하지는 않는다.

처음 김조순이 패관소설을 읽다가 발각되었을 때만 하더라도 정조는 문체 문제를 그렇게 심각하게 생각하지 않았다. 정조에게 문장이란 다만 기예技藝의 하나일 뿐이기 때문이다. 그러는 사이 더 많은 노론계 엘리트들이 패관소설에 '물들어'갔다. 마침내 이동직의 상소가 있던 그해, 남공철이 실수를 저지르고 말았다. 초계문신抄啓文臣의 자격으로 정조에게 올린 대책문對策文에서 자기도 모르는 사이에 패관잡기에 등장하는 말을 써버린 것이다. 정조가 보기에 남공철은 정학正學을 향한 훈련에 싫증을 내다가 '지름길을 찾아 궁색하게 걸었던' 것이니, 그의 대책문은 '날아가는 새를 보느라 엉뚱하게 대답하는' 꼴이었다. 이런 상황이라면 별것 아니라고 생각했던 문체가 '중화인 송나라를 오랑캐인 월나라로 변하게 하는' 계기가 되지 않으리라고 장담할 수 없는 노릇이었다.

130 　『일성록』, 정조 16년 11월 6일.
予於近日 欲聞治世之䪨音 首擧一二年少文臣而撕警之者 南公轍之世掌絲綸 金祖淳之家傳詩禮 李相璜 沈象奎之胄筵舊僚之子 濡染者 軒冕之作 誦習者 詞命之體也 俯就跂及 固各隨其才分 萬有一 捨宋而適越 用夏而變夷 捷逕窘步 貪鳥錯人 則其爲賊于敷文 忝厥先武 豈特无妄之小過.

정조는 패관소품이 나쁘다는 것을 잘 알고 있었지만 그 패관소설을 노론계 엘리트가 읽는다는 사실을 더 문제 삼은 것이다. 정조는 그들에게 반성할 시간을 주는 대신 다그쳤다. 왜일까. 그들은 정학正學을 옹호해야 할 품성과 기량을 갖추었으며, 정학을 옹호해야 할 위치에 오를 가능성이 가장 높은 사람들이기 때문이다. 정조는 남공철을 심하게 꾸짖으면서도 결코 배척하지 않았다. 정조는 남공철에게 가문의 명예를 상기시키면서 반성문을 받고 규장각 각신으로 복귀시켰다.[131] 1792년(정조 16) 10월의 일이었다. 이동직은 그로부터 한 달이 안 되는 시점에 상소를 올렸다.

정조는 남공철 등 노론 엘리트 집안의 자제들이 얼마 뒤 문한文翰 기구의 좌장으로 성장하리라는 사실을 믿어 의심치 않았다. 그런데 정조가 이가환을 대하는 태도는 확실히 달랐다. 정조의 논점은 대략 이런 것이었다. 이가환은 노론계 벌열 출신이 아니라 몰락한 남인계의 후손이다. 탕평하기 위해 그를 발탁하기 전까지 그에게는 사실상 벼슬길로 나갈 기회조차 거의 없었다. 그러니 비분강개할 수밖에 없을 것이다. 처지가 다른 것이다. 그가 설령 패관소품을 보았다 해도 그런 상황에서 본 것일 테니, 만일 그것이 사실이라면 이가환의 탓만은 아닐 것이다. 조정이 그렇게 만든 것이다. 그러니 굳이 남공철과 같은 방식으로 문제를 삼을 이유는 없다. 그것이야말로 '집집마다 찾아가서 오류를 바로잡고 사람마다 그 어긋남을 고쳐주려는' 행위가 아니겠는가.[132]

논점은 다시 서얼의 문체로 옮겨간다. 재주가 있어도 인정받을 길이 없는 사람들. 세상에 대해 품은 뜻이 있어도 그 뜻을 펼 기회가 없는 사람들. 징조가 묘사한 서얼은 그런 존재다. 그들 중에는 물론 패관소설을 보고 소품문을 짓는 사람이 있지만, 그것은 그들의 죄가 아니다. 패관소품을 본 이가환을 비

131　『홍재전서』권163. 日得錄 3. 文學 3.
一日 賤臣對抄啓策問 妄用稗官雜記語 下敎切責以爲 文章難屬技藝中一事 而語其至則 上可以占治敎之
汙隆 下可以觀性情之邪正 (……) 仍命內閣發緘推問 又命製進自訟文一篇 言後不敢然後 乃許供職.
132　『일성록』, 정조 16년 11월 6일.
豈家煥之樂爲 伊朝廷之使然 (……) 今也 與公轍輩瞥地悖常者 流比而同斥 家煥獨不茹菀.

난할 수 없는 것과 같은 이유다. 서얼이라고 해서 모두가 패관소품에 빠진 것은 아니었다. 성대중처럼 순정한 문장을 쓰는 사람도 있고, 박제가나 이덕무처럼 장점과 단점을 모두 가진 사람도 있다. 그렇다면 그들은 어떻게 대해야 하는가. 성대중 같은 사람에게는 윤음을 내려 장려하고, 박제가, 이덕무 같은 사람은 장점을 인정하여 등용해야 한다. 이미 깨우쳤다면 깨우친 것을 장려하고, 장점을 가졌다면 깨우칠 수 있도록 유도하는 것이 중요하다. 이동직은 채제공과 이가환을 비판하기 위한 구실로 패관소품 문제를 거론했지만, 정작 정조는 본성을 거스르지 않고 기량에 적합한 방식이 필요하다고 말할 뿐이었다. 정조의 눈으로 보면 사람은 준수한 자도 있고 용렬한 자도 있지만 먼저 깨닫고 뒤에 깨닫는 차이가 있더라도 깨닫는 것은 똑같다. 비록 아직 깨닫지 못한 사람이 있더라도 그는 다만 태양 앞의 횃불이요, 군자 앞의 소인이며, 고니 앞의 땅벌레이리니, 주인은 주인 노릇을 하고 객은 객 노릇을 하면 그것으로 족하다.[133]

이덕무는 부여군수로 나가 있던 박제가에게 서둘러 편지를 보냈다. 이덕무는 "중원을 흠모하고 소설을 좋아하는 것이 근래의 고질적인 폐단"이라고 말하는가 하면, 정조의 문체반정이 "순수하고 고아한 풍습을 만회하고 문운을 크게 진작시킬 수 있는 기회"라고 말하기도 했다. 반성문에는 스스로 잘못을 인정하고 바른 길로 나아가겠다는 요지를 담아야 할 것이라는 당부도 빼놓지 않았다.[134] 그러나 그 말들이 소품문에 대한 이덕무의 본심이었다고 단정할 수는 없다. 정조의 질책을 받고 반성문을 써야 하는 상황에서 나온 것이기 때문이다. 더구나 이광규가 그린 '진정으로 반성하는 이덕무'의 이미지가 실제 이덕무의 모습이라고 단정하기에는 이르다. 이 내용은 정조가 이덕무 사후 간행하게 한 『아정유고』 연보에 실려 있으니, 이광규가 아버지의 문체

---

133 『일성록』, 정조 16년 11월 6일.
凡民秀蠢 有先覺後覺之別 覺則一也 縱或迷未脫灑者 介於間 此特太陽之於爝火 君子之於小人 黃鵠之於壞蟲 主爲主 客爲客 斯其足矣.
134 이덕무, 『아정유고』 권8, 附錄 先考積城縣監府君年譜下.

를 문제 삼은 정조의 시선을 의식하지 않았을 리 없다.[135]

확실히 이광규는 정조의 요구에 맞는 아버지의 모습을 그리려 한 것 같다. 이 점을 고려한다면 이덕무의 생각은 이덕무 자신의 저작을 통해서 확인할 수밖에 없다. 이덕무가 남긴 많은 저작 중에는 자신의 경험과 느낌을 특별한 체계 없이 적어 내려간 『이목구심서』耳目口心書 같은 책도 있다. 『아정유고』처럼 왕명을 받고 간행한 것도 아니니 이덕무의 목소리가 좀 더 잘 드러나 있을 가능성이 높다. 더구나 소품문 창작에 집중하던 20대의 저작이므로[136] 젊은 날의 이덕무를 이해하는 데 도움이 된다. 이 책에서 눈에 띄는 것은 역시 문장에 관한 이야기들이다.

이덕무가 가장 높게 평가하는 인물은 허균許筠(1569~1618)이다. 이덕무에 따르면, 허균의 편지들은 '아름답고도 기이해서' 즐겨 읽을 만하다. 아름답고 기이한 것은 그의 문장이나 시가 고문古文을 따르지 않았기 때문이다. 이덕무는 이렇게 말했다. "우리나라는 신라와 고려 이후로 견문이 국한되어 비록 뛰어난 인재가 있더라도 다만 하나의 투식套式을 답습할 따름이니, 문장가라고 여길 만한 사람을 전혀 찾아볼 수가 없다. 다만 허균은 새로운 논의를 만들어낸 것이 서위徐渭나 원굉도와 같았으니, 기이한 일이다."[137] 원굉도를 중심으로 하는 공안파의 영향을 짐작할 수 있는 대목이다. 그렇다면 20대의 이덕무에게 전통적인 글쓰기는 다만 극복해야 할 대상이었는가.

1766년(영조 42), 30대 중반의 성대중이 아홉 살 아래인 이덕무를 찾아와서는 불쑥 역관 이언진에 관한 이야기를 꺼냈다. 이인진이 병세가 깊어지자 자기가 쓴 글들을 불살랐다는 것이다. 이덕무가 말했다. "누군가 그의 문장을

---

135 연보에 따르면 정조는 윤행임에게 『아정유고』 간행본의 편집을 주관하게 했다. 정조는 윤행임을 통해 『아정유고』의 본문을 그의 방식대로 재구성했다고 해도 과언이 아닐 것이다.

136 이덕무가 『이목구심서』를 지은 것은 1764~1766년(24~26세)이라 한다(강명관, 2002, 「이덕무와 공안파」, 161쪽).

137 이덕무, 『청장관전서』 권51, 耳目口心書(四).
我國 自羅麗以來 局於聞見 雖有逸才 只蹈襲一套 其自謂文章 絶不可見 惟許端甫 創出新論 若徐袁輩 奇哉.

문제 삼았기 때문에 그가 그런 행동을 한 게 아닐까요?" 아마도 이덕무는 그 누군가가 성대중이라는 사실을 알고 있었을지도 모른다. 성대중이 말했다. "나도 그 일에 일말의 책임이 없다고 할 수 없네. 내가 그의 시를 보고 너무 영이靈異하다고 비판했었거든."[138]

이덕무가 말했다. "자기보다 나은 사람을 공경하되 시기하지 않고, 자기와 맞수가 되는 사람을 아끼되 싸우지 않으며, 자기보다 못한 사람을 가엽게 여기되 업신여기지 않는다면, 천하는 태평하게 되겠지요." 이언진의 시문을 '신령하고 이상하다'고 비판했던 성대중이 듣기에는 뼈 있는 말이다. 성대중이 답했다. "하늘은 많은 영기英氣를 모은 후에야 비로소 인재를 내는 것이니 어찌 하늘이 아무 뜻이 없이 그리하겠는가. 사람들이 하늘의 뜻을 모르고 시기하고 해를 끼치려 한다면, 이것은 하늘의 뜻을 거스르는 일이 아닌가."[139]

이언진의 시를 '신령하고 이상하다'고 말한 것은 그의 재주를 시기하고 해치려 한 것이 아니라는 해명일 것이다. 이언진을 시기 질투하는 것과 그의 숨은 역량을 발휘할 수 있도록 돕는 것은 별개의 문제라는, 그의 시를 '신령하고 이상하다'고 논평한 것은 그를 돕기 위해서라는 의미일 것이다. 성대중은 이덕무가 지은 시로 화제를 돌렸다. 같은 원칙으로 이덕무의 시를 논평하려 한 것이리라. 성대중은 말했다. "경서는 부모이니, 사람이 어찌 부모가 없을 수 있겠나. 경전이 주인이고 나머지는 지엽적인 것이라네. 명나라 사람들의 문집을 보면 음미할 만한 것이 없으니, 그 뜻이 얕기 때문이라네."[140]

전거典據를 세우되 지나치게 구애되지 않는 글쓰기를 지향하던 이덕무와

138   이덕무, 『청장관전서』 권51, 耳目口心書(四).
丙戌三月十一日 成太常大中來訪曰 李虞裳病漸危 焚其詩文稿 (……) 余曰 或人歸咎於文章以爲祟 故有此擧耶 (……) 成曰 此擧未必不由於余耳 余嘗諷其詩文太靈異 造化怒不赦也.
139   이덕무, 『청장관전서』 권51, 耳目口心書(四).
余曰 使人人 勝於己者 敬而不猜 敵於己者 愛而不爭 下於己者 憐而不侮 天下庶幾太平矣 成曰 天之生才也 停蓄許多英氣 始孕出之 果無心乎 夫人不知天意 必欲猜害 是逆天甚矣.
140   이덕무, 『청장관전서』 권51, 耳目口心書(四).
成曰 經書父母也 人豈有無父母者乎 此爲主人 其宅枝葉也 大明人諸文集觀之 則無味 以其意淺故也.

경전을 '부모'라고 말하는 성대중 사이에는 분명한 입장 차이가 있었다. 그러나 이덕무가 자유로운 글쓰기를 전면적으로 주장하지는 않았다는 점에 주목할 필요가 있다. 성대중은 경전에 주석을 다는 일보다는 경전에 담긴 충효의 가치를 실천하고 널리 알리는 일이 중요하다고 생각했다. 경전을 이기심성과 주석이 아니라 실천의 문제로 생각하는 것은 이덕무도 마찬가지였다.[141] 전거의 의의를 인정했다는 점에서, 경전을 실천 속에서 이해하려 한다는 점에서 두 사람의 생각은 크게 다르지 않았다. 문장과 문체에 대한 이견이 있음에도, 문장을 둘러싼 그 바깥의 맥락에서 일치하는 면모가 있었던 것이다. 소품문에 집중하던 시기에도 이덕무가 실천적인 학문관을 가지고 있었다는 사실은 의미하는 바가 크다. 그가 견지하던 학문적인 원칙과 위계는 정조가 반성문을 요구하기 훨씬 전에 이미 확립되어 있었다고 해도 지나친 말은 아니다.

『이목구심서』는 문장과 문체에 관한 이덕무의 생각을 전해주기는 하지만 각각의 기사는 개별적이고 산발적인 느낌을 준다. 이광규가 이덕무를 이덕무답게 만든 것 가운데 '독행'篤行과 '절조'節操, '학식'學識을 중시했다는 점을 고려한다면 학문과 실천에 관한 이덕무의 철학을 확인할 필요가 있지만, 『이목구심서』는 그 점을 충분히 알려주지는 않는다. 지식과 삶, 앎과 실천에 관한 문제를 검토하기 위해서라면 다른 저작을 살펴보아야 한다. '선비가 생활 속에서 지켜야 할 작은 의례'라는 의미를 가진 『사소절』士小節은 그런 면에서 흥미로운 소재다. 이덕무가 이 책을 편찬한 것은 34세 때인 1775년(영조 51)이다. 『이목구심서』에서 20대의 이덕무를 읽을 수 있다면, 『사소절』에서는 30대의 이덕무를 발견할 수 있다.

서문에는 이덕무가 이 책을 편찬하려 했던 취지가 담겨 있다. 이 글에 따르면 한·당 때의 유학자들은 명물도수의 학문에 정통했고, 송·원 때의 유학자들은 이기심성에 특별히 밝았지만, 정작 일상의 작은 예절이 가지는 중요

141　이덕무, 『청장관전서』 권51, 耳目口心書(四).

(成日) 近與徐侍郎相語以爲與其誤注經書 使其末害 以至伏屍百萬 流血成川 不若集近世之孝子烈女行實 以成一部書 輔益世敎之爲愈也 君亦錄此等事以助我 余曰 此亦余志也 可努力圖之耳.

성에 주목한 학자는 많지 않았다. 『소학』小學은 주자가 이것을 근심하여 펴낸 책이다. 이덕무는 『소학』을 읽고 따라 행하려 했지만, 시공의 간극이 주는 차이를 무시할 수 없었다. 작은 예절을 실천하기 위한 새로운 지침서가 필요한 상황이었던 것이다.[142]

『소학』을 모델로 삼았다는 것은 『소학』의 주석서를 내고자 했다는 의미는 아니다. 『소학』을 관통하는 실천적 문제의식을 18세기 조선의 현실에 투영하겠다는 뜻으로 보아야 한다. 『사소절』은 자신을 깨우치기 위한 '사전' 士典, 여성 교육을 위한 '부의'婦儀, 아동 교육을 위한 '동규'童規로 구성되어 있지만, '독행'과 '절조', '학식'과 '문장'에 관한 이덕무의 철학이 곳곳에서 엿보인다. 더구나 규장각 검서관으로 발탁되기 전에 쓴 책이라는 점에서, 또한 스스로 실천하기 위해 쓴 책이라는 점에서 이 책의 내용이야말로 이덕무의 평소 소신에 가장 가깝다고 보아도 무방할 것이다.

이덕무는 '사전' 士典에서 독서 커리큘럼과 독서법을 제시했다. 학문을 하려는 사람은 『대학』, 『논어』, 『맹자』, 『중용』을 순서대로 읽은 뒤, 『격몽요결』擊蒙要訣, 『소학』, 『근사록』近思錄, 『성학집요』聖學輯要를 읽어야 하고, 이런 기초적인 독서가 끝나면 육경六經과 성리서性理書로 독서의 폭을 넓혀가야 한다.[143] 독서할 때는 어떤 자세가 필요한가. 경문經文을 외우는 일, 중설衆說을 모두 참고하여 차이점을 밝히고 장단점을 비교하는 일, 의심나는 곳을 성찰하는 일, 오류의 가능성을 남겨두는 태도가 중요하다. 경전을 읽을 때에는 다독보다는 전일하게 읽는 정독이 필요하다. 하나의 경전을 온전하게 이해하면 그 책으로부터 다른 경서를 이해할 수 있는 실마리를 얻을 수 있기 때문이다.[144]

독서 목록에 이이李珥(1536~1584)가 지은 『격몽요결』과 『성학집요』가 들

---

142   이덕무, 『청장관전서』 권27, 士小節序.
143   이덕무, 『사소절』 권3, 士典, 敎習.
學語孟庸 爲學階梯 井井不紊 繼此者 擊蒙要訣 小學書 近思錄 聖學輯要 規模精密 由淺入深 予嘗名之 日
後四書 循環貫串 自見功效 每勸同人 以爲學規.

어 있는 것이 눈에 띈다. 일찍이 이황李滉(1501~1570)도 독서 목록을 제시했지만 그 목록에 조선에서 생산된 저작물은 들어 있지 않았다. 이덕무가 이이의 『격몽요결』과 『성학집요』를 포함시킨 것은 조선의 현실을 반영하는 저작들을 정전正典의 위치에 두었다는 점에서 특별히 의의가 있다.[145]

독서법 가운데에는 '중설衆說을 모두 참고하여 차이점을 밝히고 장단점을 비교해야 한다'고 주장한 대목이 눈에 띈다. 얼핏 보면 주자의 주석을 여러 주장의 하나로 상대화하거나 그 상대화의 기초 위에서 고증학적인 자세를 유지해야 한다는 것으로 읽히기도 하기 때문이다. 그런데 이 대목은 청나라 초기 주자학자 이광지李光地(1642~1718)의 독서법을 인용한 것이다. 이광지는 강희제의 명을 받아 『주자대전』朱子大全과 『주자어류』朱子語類를 편집하여 『주자전서』朱子全書를 편찬했다. 주자학자인 이덕무가 '중설을 참고하여 장단점을 비교해야 한다'고 말했다면 그것은 적어도 주자의 주석을 의심해야 한다는 의미로 보기는 어렵다. 김장생金長生이 예서禮書를 편찬할 때 '중설을 참고했다'고 해서 그가 주자의 주석을 부정하거나 의심했다는 의미가 아닌 것과 같은 이치다.

주자학에 대한 이덕무의 생각은 반정균에게 보낸 편지에서도 잘 드러난다. 이덕무는 이 편지에서 '순수하면서 흠결이 없는 사람'으로 이광지와 육롱기陸隴其를 들었다. 육롱기 역시 청나라를 대표하는 주자학자 중 한 사람으로 손꼽힌다. 이덕무는 반정균에게 이이의 『성학집요』를 중국에서 간행해줄 것을 요청하기도 했다. 이덕무에 따르면, 이이는 사람됨이 인자顏子나 증자曾子와 같고 의리는 정자程子나 주자와 같으니, 동방의 성인이라 부를 만하다.[146] 이광지와 육롱기, 그리고 이이는 이덕무에게 학문적 롤모델이었다고 해도 과

이덕무, 『사소절』권3, 士典, 教習.
四書六經及濂洛關閩之書 人須終身藝之 如農夫之藝五穀也 每藝一經 必盡自家分量 務令徹底方休 一日
熟誦經文也 二曰盡參衆說 而別其同異 較其長短也 三曰 精思以釋所疑 而猶未敢自信也 四曰 明辨以去所
非 而猶未敢自是也 能於一經上 得其門而入 則諸書皆同室而異戶者 可以類推而通 古之成業以名世者 其
必由此 右李榕村讀書之法 學者可以爲式.

허왕욱, 2000, 「雅亭 李德懋의 正典 읽기」, 『독서연구』5, 200~208쪽.

이명기, 〈초당독서도〉草堂讀書圖, 18세기 말~19세기 초, 종이에 옅은 채색, 103.8×48.5cm, 삼성미술관 리움.

자연과 어우러진 초당에서 책을 읽는 선비의 모습이다. "여러 해 동안 책을 읽었더니, 어린 소나무가 모두 늙은 용의 비늘처럼 되었구나"(讀書多年 穉松皆作老龍鱗)라는 문구와 함께 독서하는 선비를 운치 있게 묘사하였다.

언은 아니다.

　이덕무의 학문에서 주자학이 가장 상위의 지식이라면, 패관소품이나 소설은 어떨까. 그는 『사소절』에서 이렇게 말했다. "연의演義와 소설小說은 좋지 않은 일을 하거나 음란한 일로 사람을 꾀이는 것들이니 들여다보아서는 안 될 것이요, 자제들에게도 보게 해서는 안 될 것이다. 간혹 사람들에게 장황하게 떠들어대거나 보기를 권하는 사람이 있으니, 아 사람의 무식함이 어찌 이 지경에 이른단 말인가. 『삼국지연의』는 진수陳壽(233~297)의 정사正史와 혼동되기 쉬우니, 모름지기 엄격히 구분해야 할 것이다."[147]

　20대에 공안파의 저작을 탐닉했던 사람의 말이라고 상상하기 어려울 정도다. 역으로 말한다면, 이덕무의 소품문이 20대를 고비로 급격히 줄어드는 이유를 짐작할 수 있게 하는 대목이다. 문체반정 당시 정조가 이덕무에게 반성문을 요구한 것을 보면 그가 30대 이후 소품문과 결별했다고 말하기 어려울지도 모른다. '간서치'看書癡라는 별명이 붙을 정도였음을 보면 그의 독서욕은 여전히 식지 않았을 것이다. 그러나 아무리 전범 없는 글쓰기와 다독을 중시했다 하더라도 그것만으로 그가 주자학을 정점으로 하는 지식의 위계를 버렸다고 말할 수는 없다.

　『사소절』은 이덕무가 주자학을 실천의 문제로 받아들이고 있었음을 보여준다. 물론 그 실천은 일상의 작은 예절만으로 그치는 것은 아닐 것이다. 그가 실천적 학문의 내용으로 채워 넣으려 했던 지식은 크게 두 가지다. 고증적 방법과 백과전서적 지식이 그 하나라면, 경세적 문제의식과 제도 개혁론이 다른 하나다. 그런데 이덕무에게 이 지식들은 의리학義理學과 어떤 관련

146　이덕무, 『청장관전서』 권19, 雅亭遺稿(十一)○書(五), 潘秋 庭筠.
當今學者 大醇無疵如李榕材陸稼書兩先生者 爲幾人耶 陸王之說 其果小息耶 (……) 我東栗谷先生李文成公珥 資品顏曾 義理程朱 竊想先生已於湛軒熟聞之 此是東方聖人 而其學不表章於中國 誠爲缺典 令人慨歎 嘗湛軒年前 仰愧先生栗谷所著聖學輯要 先生何不開彫廣布 以光儒學耶.
147　이덕무, 『사소절』 권3, 士典, 教習.
演義小說 作奸誨淫 不可接目 切禁子弟 勿使看之 或有對人 娓娓誦說 勸人讀之者 惜乎 人之無識 胡至於此 三國演義 混於陳壽正史 須當嚴辨.

이 있을까.

이덕무는 고증적 연구 방법론을 구사했지만, 정작 고증학자 모기령을 후하게 평가하지 않았다. 모기령은 임금을 위해 목숨을 던진 모든 사람을 충신으로 높이는 것이 옳은지를 물었다. 살아서 나라를 구해야 할 위치에 있는 사람이나, 임금의 그림자조차 구경한 적 없는 초야의 백성이 목숨을 던지는 것만으로 자기 역할을 다했다고 말하기 어렵다는 것이다. 이덕무는 모기령의 충신론을 맹렬하게 비판했다. 이덕무의 관점에서 보면, 모기령은 구차하게 사는 것보다는 인과 의를 취해야 한다는 공자와 맹자의 가르침을 부정했으며, 동시에 역사상의 충신들을 모욕했다. 모기령은 왜 이렇듯 무리한 선택을 할 수밖에 없었는가. 명나라에 대해 의리를 지키지 못하고 청나라의 녹을 먹고 있었기 때문이다. 이덕무의 눈에 비친 모기령의 논설은 다만 변절자의 궤변일 뿐이었다.[148]

이덕무는 글의 말미에 이렇게 덧붙였다. "그때 고염무나 위희魏禧 같은 사람들이 모기령을 보았다면 분명 침을 뱉었을 것이다." 고염무는 청나라의 백성이 되기를 거부한 절의파이며, 위희(1624~1680)는 명나라가 망하자 은거隱居를 택한 인물이다. 고염무는 『일지록』日知錄, 『천하군국이병서』天下郡國利病書 등을 저술한 경세학자로도 유명하다. 누구보다 고증학적인 연구 방법론을 구사한 고염무였지만, 늘 도덕과 의리를 바탕으로 한 경세를 지향했다. 고증을 위한 고증에 머무르려 하지 않았던 것이다. 이덕무가 보기에 고염무야말로 의리학, 그리고 의리학을 전제로 한 경세학을 겸비한 진정한 학자였다. 이덕무가 『일지록』을 구해 보기 위해 3년이나 공을 들인 것은 그 때문이었다. 이덕무가 취한 고증학적 연구 방법론이 결코 의리학으로서의 주자학과 충돌

148　이덕무, 『청장관전서』 권56, 盎葉記(三), 毛奇齡駁忠臣.
德懋以爲若如奇齡之言 則孔子所謂殺身成仁 孟子所謂捨生取義及親上死長 主辱臣死之說 皆敎人徒死 不足爲聖賢垂世之訓也 (……) 奇齡以明之儒生 苟且偸生 淸兵南下 不剃髮者皆殺之 奇齡惶怖 匿於土室 中 髡頭爲僧而免死 後登康熙制科 行跡不潔白 故貶駁忠節之臣 以彌縫其平生 若其著書 詬罵程朱 猶屬細 故 當時顧寧人魏氷叔之倫 視此人 當唾之矣.

하지 않는다는 사실, 오히려 의리학을 강화하는 의미를 가지고 있었다는 사실을 보여주는 장면이다.

노론 청류계 관료 이서구의 문체관: "문체가 시대를 더럽히는가?"

이덕무는 이이의 『성학집요』, 유형원柳馨遠(1622~1673)의 『반계수록』磻溪隨錄, 허준의 『동의보감』을 조선이 자랑할 만한 세 가지 책이라고 생각했다. 이 책들은 각각 도학道學, 경세학經世學, 의학醫學을 대표한다. 그는 이 세 가지 학문을 모두 '선비의 일'이라고 여겼다. 그에게 도학은 사람됨의 근본에 관한 학문이다. 가장 우월한 가치를 지닌 분야인 것이다. 이덕무는 선비들이 경세학과 의학을 도외시하고 오로지 사한詞翰에만 힘쓰는 현실을 비판하고, 이서구에게 『반계수록』과 『동의보감』을 보냈다. 사장詞章보다는 '실심애물'實心愛物의 공부를 권하기 위해서였다.[149] 이덕무는 자신이 그리던 경세적인 선비상을 유배 중인 이 노론계 젊은이에게서 기대했던 것이다.

학문과 지식의 위계에 관한 이서구의 문제의식은 정조의 질문에 답한 글에서 잘 드러난다. 정조가 문체를 중시한 것은 그것이 정치와 표리관계에 있다고 생각했기 때문이다. 정조의 관점에 따르면, 문체는 세대마다 다를 수 있다. 심지어 한 세대 안에서조차 여러 번 변할 수 있다. 그때마다 유행하는 문체가 있기 때문이다. 그러나 문체의 흥망성쇠는 정치의 흥망성쇠와 짝하지 않은 적이 없었다. 가장 좋은 문장은 어떤 것인가. 말할 것도 없이 도道를 담을 수 있는 문장이다. 학식이 안에서 쌓여 밖으로 그 아름다움이 넘쳐흐르는 문장이 그다음이다. 이런 문장이라면 순탄하게 만들려 하지 않아도 순탄해지고 기이하게 만들려 하지 않아도 기이해진다. 정조는 말했다. 이런 문장이라

149 이덕무, 『청장관전서』, 雅亭遺稿 권6, 文, 與李洛瑞書九書.
不佞嘗以爲 朝鮮有三部好書 曰聖學輯要 曰磻溪隨錄 曰東醫寶鑑 一則道學 一則經濟 一則活人之方 皆儒者事也 道學固爲人根本之事 尙矣也 今世 專尙詞翰 於經濟蔑如也 醫者之術 其誰明之.

야 비로소 성세盛世의 문장이라고 할 수 있다고.[150]

　18세기 문체에 대한 정조의 인식은 지극히 부정적이었다. 1789년(정조 13) 정조가 규장각 초계문신들에게 이런 요지로 물었다. '조선은 문명이 번성한 나라다. 선비들은 성현의 책 아니면 읽기 부끄러워하고 법이 아닌 것은 말하기 꺼려했다. 그뿐만이 아니다. 물러나 있을 때는 후대에 전할 것을 공부하고, 벼슬길에 나갔을 때는 세상에서 필요로 하는 문장을 구사했다. 그런데 문풍文風이 점점 변하여 소위 선비라는 자들이 시서詩書, 육예六藝의 문장에 근본하지 않고 패가소품稗家小品에 골몰하다가 옛날 문체 중 하나인 변려문駢儷文조차 흉내 내지 못하는 지경이다. 이런 것들은 향당鄕黨에서도 쓸 수 없고, 조정의 사명詞命을 수행할 수도 없는 문장이다. 세상에서 필요로 하는 문장이 아닌 것이다. 문체를 바꾸도록 여러 번 당부했지만 효과가 없다. 어떻게 하면 순정한 문장, 경술經術에 기초한 문장을 쓰게 할 수 있을까.'[151] 온화하지만 절실함이 묻어나는 질문이다. 그렇다 해도 문장과 정치가 표리관계에 있다는 선언만으로는 해법이 분명해지지 않는다. 문체가 시대를 망치는가? 시대가 문체를 오염시키는가?

　20대 후반의 전도양양한 남인계 엘리트 정약용은 전자의 관점에서 문제를 보았다. 그는 패관잡설의 폐단이 인재人災 중에서 가장 큰 것이라고 단언했다. 이것들은 예외 없이 음탕하고 추하거나, 사특하고 요사스럽거나 황당하고 괴이한 이야기이므로, 그 이야기에 빠져들면 유생들은 경전과 역사 공부를 게을리하게 되고 재상들은 국가 경영을 소홀히 하고, 부녀자들은 길쌈

150　『홍재전서』권49, 策問 2, 文體 三日製.
大抵文體 隨世不同 而一世之書 亦或屢變 惟時之所尙 而其盛衰興替 未嘗不與政通矣 貫道之文 尙矣 雖其下者 必也 學識積於中 而英華發於外 不求順而自順 不求奇而自奇 (……) 然後方可爲盛世之文.
151　『홍재전서』권50, 策問 3, 文體, 抄啓文臣親試.
我朝文明 鴻匠接武 恥讀非聖之書 羞道非法之言 窮則攻傳後之業 達則治需世之文 (……) 近來文風漸變 其所謂操觚之士 不本乎詩書六藝之文 埋頭用心 反在於稗家小品之書 (……) 用之鄕黨 而反不如學究陳言 用之朝廷 而無以行大小詞命 (……) 予爲是悶 每對筵臣 未嘗不以變文體之說 反復申戒 (……) 如欲一洗啁啾之陋 咸歸醇正之域 蘊之爲經術 著之爲文章 庸成一代之體 俾新八方之觀 則其道何由.

을 멀리하게 될 것이라고 말했다. 이런 입장에서 보면 신하들에게 문체를 고치도록 당부하고 기다리는 것은 제왕의 덕과 포용력을 보여주기는 하지만, 훌륭한 대책이라고 말하기 어렵다.

정약용은 이렇게 말했다. "지금이라도 국내에 돌아다니는 패관소품들을 모두 모아 불사르고 북경에서 그런 책을 사들여 오는 자들을 엄한 벌로 다스리신다면 사설邪說은 잦아들고 문체는 진작될 것입니다."[152] 끓는 물을 식히려면 100명이 부채질하기보다는 장작을 꺼내서 불씨를 꺼버려야 한다. 정약용의 해법은 이런 것이었다. 정조의 총애를 받고 있던 정약용으로서는 '사설邪說을 발본색원해야 한다'는 주장이 얼마나 엄청난 부메랑이 되어 돌아올지 전혀 예상하지 못했을 것이다. 뒷날 정약용과 남인은 진산사건珍山事件 이후 천주교 문제로 곤욕을 치렀다.

30대 중반의 노론 청류계 지식인 이서구李書九는 정약용과 생각이 같지 않았다.[153] 이서구의 답안에는 기승전결이 있다. 도입부는 문장과 문체가 사실과 의리의 문제라는 것으로 시작된다. 이서구에 따르면, 옛사람이 문장을 지을 때 그 요체는 다만 서술敍述하는 것을 통해 사실事實을 기록하고 의논하여 의리義理를 밝히는 것이었을 뿐이다. 이서구는 이렇게 말했다. "최근의 문장에 대해 근심해야 할 것이 둘이며 근심할 필요가 없는 것이 둘이니, 문기文氣가 쇠약한 것을 근심할 것이 아니라 사실事實이 족히 기록할 만하지 못함을 근심해야 하며, 문풍文風이 부진한 것을 근심할 것이 아니라 의리를 밝히지 못함을 근심해야 합니다."[154] 이런 관점에서 보면, 문체는 세태世態를 반영

---

152 정약용, 『여유당전서』 제1집, 권8, 對策 文體策(己酉十一月親試).
稗官雜書 是人災之大者也 (……) 子弟業此而芭籬經史之工 宰相業此而弁髦廟堂之事 婦女業此而織紝組紃之功遂廢矣 天地間災害 孰甚於此 臣謂 始自今 國中所行 悉聚而焚之 燕市貿來者 斷以重律 則庶乎邪說少熄 而文體一振矣.

153 답안에서 제시된 중요한 내용들에 대해서는 이미 상세한 분석이 있다(남재철, 2002, 「李書九 詩에 나타난 經世濟民 의식」, 『한문학보』 6). 여기에서는 이서구의 정치적 입장, 혹은 문장관이라는 관점이 아니라, 답안을 관통하는 키워드와 논리적 맥락에 따라 나름의 독해를 시도해보려 한다.

154 이서구, 『척재집』 권7, 對策, 文體.
臣聞古人爲文 必須有益於天下後世 而其要則不過曰叙述也議論也 叙述以記事 議論以明理 辭達則已矣

하는 것일 뿐 결코 세태를 오염시키는 원인은 아니다.[155] 근심해야 할 것은 문체가 아니라 세태다. 세태를 바로잡으면 자연스럽게 문체가 바로잡힐 것이기 때문이다. 그렇다면 세태는 어떻게 바로잡을 수 있는가. 답안의 두 번째 논점은 바로 이 문제를 다루고 있다.

이서구는 임금이 어떤 방식으로 올바른 문체를 진작할 것이냐에 대해 말했다. 문체를 언어의 문제로 본다면 새로운 문예론에서 해법을 찾게 될 것이고, 형법의 문제로 본다면 금지하고 탄압하는 데에서 답을 찾을 수도 있겠지만, 모두 올바른 대처법이 아니다. 다만 대증적인 처방일 뿐이다. 근원적 해법은 군주 자신에게 있다. 군주가 먼저 자신의 내면을 성찰함으로써 가시적 성과가 백성들에게 드러나게 하고 도학道學이 그 시대에 빛나게 하는 것. 이서구가 찾은 해법은 그런 것이었다.[156]

군주가 성찰을 통해 해야 할 일은 무엇인가. 먼저 인재를 적재적소에 등용해야 한다. 이서구는 이 지점에서 책문策文 중 한 문장을 재인용했다. "세속을 인도하는 방안은 본래 언어에 있지 않으며, 취향을 바로잡는 것은 취사取捨하는 일과 다르지 않은 것이냐?" 정조는 책문에서 문체 문제의 원인과 해법을 다양한 방식으로 물었다. 이 문장은 그중 하나일 뿐이다. 그런데 이서구는 이 문장에만 특별한 의미를 부여했다.

취사取捨란 임금이 인재를 등용하는 행위를 가리킨다. 이서구에 따르면, 문체는 시대에 따라 혹은 개인의 역량에 따라 다를 수 있지만, 인재를 등용하는 군주의 안목이 문제다. 왕안석王安石(1021~1086)은 '경술'經術과 '사업'事業

何嘗有一定不易之軆也哉 夫近日之文 盖其可憂者二 其不必憂者亦二 文氣之衰弱不必憂 而事實之無足記爲可憂也 文風之委靡不必憂 而義理之不能明爲可憂.

155　이서구, 『척재집』 권7, 對策, 文軆.
文軆之高下 專由於世道之汙隆 世道之汙隆 不係於文軆之高下 而殿下今日之所當憂者 亦宜在此而不在彼也.

156　이서구, 『척재집』 권7, 對策, 文軆.
必也先修其在我者 功業著於生民 道學明於當世 則雖欲使雅頌不興 典謨無作 猶夫天地之發育萬彙 鼓之以雷霆 潤之以風雨 根茂條達 莫可止遏 文章之有關於治化 若是其大矣.

에 뜻을 두었지만, 한계가 있는 사람이었다. 왕안석은 유교 경전과 한자漢字의 원리 등에 대해 새로운 해석을 제시하고 그 시대의 선비들에게 큰 영향을 미쳤지만, 결국 실패하고 말았다. 그것은 물론 왕안석의 잘못이다. 그러나 송나라 신종神宗이 왕도정치를 지향했다면 왕안석의 사악한 주장이 횡행하지는 않았을 것이다.[157] 결국 올바른 인재를 등용하는 일이 문체의 성패를 결정한다면, 인재 등용권을 가진 군주의 성찰이야말로 해법의 출발점이자 본질이 될 수밖에 없다. 이서구가 말하고 싶은 것은 바로 그 점이었다. 성찰한 군주는 마침내 '의리가 밝혀진 사회, 사실이 아름다워진 사회'를 만들 수 있으며, 그런 군주의 정치를 도우려는 인재들이 나오면서 문체는 자연스럽게 순정해지리라는 것이었다.

의리와 사실의 중요성을 강조하는 것으로 시작한 이서구의 답안이 의리와 사실이 밝아진 사회를 전망하는 것으로 글을 맺는다 해서 이상할 것은 없다. 그러나 그는 말미에 구체적인 정책 제안을 덧붙였다. 과거제를 개혁하고 전문과專門科를 설치하여 진정한 인재를 발탁하는 것도 문풍을 바로잡는 데 도움이 되리라고 보았다.[158] 답안 전체의 논점을 보면 충분히 그렇게 말할 만한 맥락이라고 할 수 있다. 그런데 육경을 고루 익힌 전인적 지식인의 답안이 과거시험에서 높은 점수를 받는다는 보장은 없다. 그렇다면 순정한 문체가 이런 식으로 달성될 수 있다고 말하기도 어렵다. 이서구의 해법은 사실상 너무 원론적인 주장에 가깝다. 그런데도 이서구는 왜 그렇게 말하지 않으면 안 되었던 것일까.

정조에 따르면 세상에 필요한 문장과 그렇지 않은 문장이 있다. 세상에 필요한 문장은 정치와 세도世道에 도움이 되는 문장이다. 패관소품이 무가치한 것은 세상에 도움이 되지 않기 때문이다. 만일 이 구도 자체를 문제 삼는

---

157   이서구,『척재집』권7, 對策, 文體.
聖敎所謂牖俗之方 不在於言語 正趍之要 不外於取捨者 臣無間然矣 (……) 此固其人之罪也 亦由乎神宗之求治 未有聞於二帝三王中正之道 故安石之邪說 有以乘間而得中焉耳.
158   남재철, 2002,「李書九 詩에 나타난 經世濟民 의식」, 149쪽.

다면 상황은 조금 복잡해진다. 그러나 정조는 이 기준에 대해 질문하지도 않았고, 타협할 의사도 없었다. 기준은 당연히 전제된 것이다. 이 기준에 부합하는 문장을 어떻게 유도할 것인가를 질문했을 뿐이다. 이서구에게 '왜 순정한 문체를 지향해야 하는가'라고 질문할 수 있는 선택지는 없었다. 그러니 그로서는 순정한 문체를 복원하기 위한 해법을 제시하는 것이 최선이다.

문체는 노론계의 아킬레스건이었다. 문체로 견책을 받은 김조순, 이상황 등은 예외 없이 노론계였다. 문체는 이서구 자신이 20대에 주로 어울렸던 박지원, 이덕무, 박제가, 유득공 등의 '약점'이기도 했다. 문체를 순정하게 만들 수 있는 현실적 대안을 물은 정조에게 이서구가 원론적인 답변을 할 수밖에 없었던 것은 그 때문이다. 문체에 관한 한, 두 사람은 온전히 같은 곳을 바라보고 있었다고 말하기 어렵다.

18세기에 적지 않은 젊은 엘리트들이 소품문에 열광했으며, 정조가 그 새로운 문체를 탄압했음은 부인할 수 없는 사실이다. 그러나 그 사실이 이 사회에서 문체가 가지는 의미를 모두 설명해주지는 않는다. 이덕무, 박제가, 유득공이 정조 때 검서관으로 활동하면서 여전히 자유로운 글쓰기를 지향했다는 근거는 없다. 그들과 어울렸던 이서구는 순정한 문체를 위해 군주의 성찰이 중요하다고 말했다. 이런 상황을 감안해보면, 그들의 문집에 젊은 시절에 쓴 문장이 대폭 누락될 수밖에 없었던 이유를 어렴풋이나마 짐작해볼 수도 있다.

질문은 좀 더 일반적인 문제로 확장될 수도 있다. 지식인들은 전통적인 지식과 새로운 지식 사이의 위계에 대해 어떻게 생각하고 있었는가. 성리학의 어떤 점에 주목하고 어떤 점을 주목하지 않았는가. 경화세족의 도시문화, 전범 없는 글쓰기와 소품문, 서양 과학, 천주학, 고증학, 양명학 들 사이에는 어떤 차이가 있는가. 가장 핵심적인 문제는 그 시대 지식인들이 생각한 지식의 위계다. 북학을 주장하는 사람들에게 가장 중요한 문제는 의리학으로서의 성리학, 그리고 경세학이었다.[159] 그러나 엄밀하게 말한다면 의리학과 경세학은 북학론자들의 전유물은 아니었다. 온전히 18세기의 시대정신이었다고 말하는 편이 본질에 더 가깝다. 더구나 그것들은 19세기의 동도서기론東道西器論처럼 서로 분리될 수 있는 학문 분야도 아니었다. 경세학은 언제나 의리학을 전제로 할 때 비로소 성립하는 분야였다. 그런 의리학, 그런 경세학이 조선 지식인이 생각하던 지식의 위계에서 최상층에 자리 잡는다. 소품문, 서양 과학, 천주학, 고증학, 양명학 그 어느 것도 이 최상층의 위계를 침범하지는 않는다.

논리적으로만 본다면, 문체에 대한 정약용의 해법을 노론계에 적용하는 일은, 천주학에 대한 노론계의 해법을 정약용에게 적용하는 일과 묘하게 닮아 있다. 정약용의 입장에서 보면, 전범 없는 자유로운 글쓰기를 구사하고 패관소품에 열광하는 사람들이 시대를 오염시킨다. 노론계의 시선에서 보면, 시대를 오염시키는 것은 천주학을 신봉하는 사람들이다. 시대를 오염시키는 실체에 대한 판단은 전혀 다르다. 그러나 오염된 시대가 오염된 사상을 낳는 것이 아니라 오염된 사상이 오염된 시대를 낳는다고 보는 점에서는 다를 바 없다.

문제는 그다음부터다. 패관소품에 빠져들고 천주학에 열광하던 사람들은 그것들이 성리학적 사회질서를 무너뜨릴 만큼 폭발력이 있다고 믿었기 때문에 그렇게 한 것인가. 그렇게 말할 수 있기 위해서는 노론계에서 문체가 가진 지식의 위상, 남인에게 천주학이 가진 지식의 위상이 절대적이거나 적어도 성리학의 대척점에 있지 않으면 안 된다. 그러나 18세기 조선에서 그런 일이 벌어졌다는 증거는 어디에도 없다.

159　노대환, 2005, 『동도서기론 형성 과정 연구』, 일지사, 26~37쪽.

3장.
'개혁군주' 정조는 지식을 어떻게 생각했는가

정조가 생각한 지식의 위계와 '실용' 지식

조선 후기 지식인의 독서에, 그리고 그 지식인 커뮤니티가 지녔던 지식의 맥락에 가장 깊이 간여한 사람을 한 명만 꼽아야 한다면, 정조正祖라고 답하지 않을 수 없다. 당시 지식인 사회와 그 지식의 맥락을 이해하기 위해서는 정조가 지식의 위계에 대해 어떤 생각을 가지고 있었는지, 나아가 규장각의 출판 활동을 통해 지식인 사회에 어떤 방식으로 개입하고 영향을 주려 했는지를 확인해보아야 한다. 정조에 대해서는 뚜렷하게 대비되는 두 갈래의 연구 경향이 있다. 서적 수입을 금지하고 문체반정을 시도함으로써 주자학 이외의 가치를 억압한 군주로 보는 입장과, 북학파를 체제 안으로 끌어들여 실용주의적 개혁을 추구한 북학군주로 보는 경향이다.

먼저 전자의 논점을 따라가 보자. 역관과 서쾌에 의한 서적의 유통, 경화세족을 중심으로 한 장서가의 출현은 18~19세기의 중요한 사회적 현상이었다. 이 시기에는 북경의 유리창流璃廠을 비롯한 중국 서점가와 서적 시장이 활성화되었다. 역관과 사신단이 그곳의 책을 들여왔다. 국내에서는 서쾌가 유통에 간여하면서 서적 시장을 활성화시켰다. 최석정崔錫鼎(1646~1715), 이하곤李夏坤(1677~1724), 원인손元仁孫(1721~1774), 심상규, 서유구, 김조순, 윤치정尹致定(1800~?), 조병구趙秉龜(1801~1845), 이만손李晚孫(1811~1891)

130

등이 기록으로 확인되는 장서가이자 골동품 소장자들이다. 그런 호사스러운 취미를 감당하려면 가문의 재력이 필수적이다. 장서가들이 예외 없이 경화세족이었던 것은 그 때문이다. 그들은 골동품과 서화에 대한 고증법과 감식안을 자신들의 생활문화로 만들었으며, 나아가 예술적 경지로 승화했다.[160]

장서가들이 소장하던 책들은 대체로 고전 작품, 중국과 조선의 실용서와 경세서, 당시 중국 지식인의 저술 등이었다. 이 가운데 한문학계에서 특별히 주목한 것은 의고문파, 당송문파, 양명좌파와 공안파의 저작이었다. 이반룡李攀龍(1514~1570)과 왕세정王世貞(1526~1590)의 저작이 조선에 수입되기 시작한 것은 16세기 말 17세기 초였다. 이 두 사람은 "산문은 선진先秦시대와 양한兩漢시대의 것을, 시는 성당盛唐시대의 것을 따라야 한다"고 주장하는 의고문파擬古文派의 리더들이었다. 윤근수尹根壽(1537~1616)가 소개한 그들의 견해는 조선 문단에 큰 영향을 미쳤다. 이정구李廷龜(1564~1635), 신흠申欽(1566~1628), 장유張維(1587~1638), 이식李植(1584~1647) 등 문장가들의 반응은 다양했다.[161] 공안파의 글쓰기는 규범을 따르지 않는다는 점에서, 나아가 쓰고 싶어서 쓰는 글쓰기를 지향한다는 점에서 의고문을 포함한 기성의 관행과 완전히 달랐다. 박지원이 법고창신의 문예이론을 제창했을 때, 이덕무가 박지원을 만나기 전에 새로운 글쓰기를 시도했을 때, 그들은 이미 원굉도 등 공안파의 저작들을 참고하고 있었다.[162]

공안파의 영향을 고려하면서 18세기 조선의 사상적 지형을 그리게 되면, 주자학직 세계관과 인식론을 한 축으로, 그리고 그것을 다양한 방식으로 무력화하거나 해체하려 했던 서학, 고증학, 양명학을 다른 하나의 축으로 삼을 수도 있다. 두 축 사이의 대립과 긴장 속에서 정조는 주자학적 세계로 회귀하

---

160 강명관, 1996, 「조선 후기 서적의 수입유통과 장서가의 출현 – 18, 19세기 경화세족 문화의 한 단면」, 『민족문학사연구』 9.

161 강명관, 1996, 「16세기 말 17세기 초 의고문파의 수용과 진한고문파의 성립」, 『한국한문학연구』 18, 298~304쪽.

162 강명관, 2002, 「이덕무와 공안파」, 『민족문학사연구』 21, 160~166쪽.

려는 쪽에 서 있다. 고증학을 포함한 경학에 누구보다 정통했지만, 성리학적 세계관과 재정·군사 분야의 실용 지식을 중시했을 뿐, 다른 방식의 현실 인식과 세계관을 인정하려 하지 않았기 때문이다. 패관잡기를 읽거나 예술품을 수집하고 즐기는 풍조, 인간의 감정을 솔직하게 드러내거나 현실 세계를 미세하게 들여다봄으로써 그 리얼리티에 주목하는 글쓰기는 정조에게 무가치한 일이었으며, 나아가 주자학적 인식론과 세계관에 흠집을 내는 일이었다. 정조의 이런 현실 인식과 세계관은 결국 문체반정과 서적 수입 금지 조치라는 사태로 압축적으로 표현되었다.[163]

이번에는 후자의 관점을 보자. 18~19세기의 사상적 지형을 조선 성리학의 자기극복 과정으로 본다면, 정조 시대는 곧 북학北學의 시대다. 위로는 개혁을 추구했던 정조가 있었고, 아래로는 학파와 정파를 넘어서 새로운 사士의 역할을 고민하던 지식인 집단이 있었다.[164] 정조는 의리학義理學으로서의 주자학을 정학正學의 위치에 두면서도 새로운 학문 방법론인 고증학을 수용한다는 입장을 보였다. 체제 수호를 위해서 주자학을 계승하면서도 국가 경쟁력을 높이기 위해서 새로운 문물을 도입해야 했기 때문이다. 정조는 주자학과 고증학을 절충하려는 학문 경향을 인정하면서도, 패관소품처럼 '도를 담지 못하는' 문장이나 책을 비판했다. 그런 학문적 기초 위에서 초월적 군주관을 내세우며 각종 사회 개혁 정책을 추진했던 정조는, 심하게 말하면 유교적 계몽절대군주라고 할 수도 있다.[165] 이렇게 명명하는 순간, 성리학-북학으로 이어져온 내재적 발전, 나아가 위로부터의 근대의 가능성은 그만큼 커진다.

이 두 갈래의 연구 사이에 접점은 거의 없다. 서적 수입을 금지하고 자유로운 글쓰기를 부정했다는 점을 주목하면, 정조는 전통적인 조선 군주의 모

163 강명관, 2002, 「이덕무 소품문 연구」, 『고전문학연구』 22, 258~264쪽.

164 유봉학, 1995, 『연암일파 북학사상 연구』, 일지사; 유봉학, 1998, 『조선 후기 학계와 지식인』, 신구문화사.

165 이태진, 1993, 「정조: 유교적 계몽절대군주」, 『한국사시민강좌』 13, 77~78쪽.

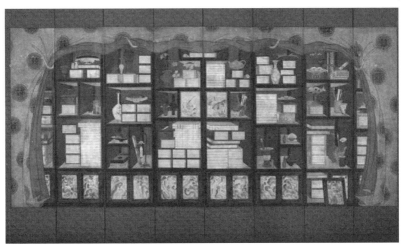

장한종, 〈책가문방도팔곡병〉册架文房圖八曲屏, 19세기 전반, 종이에 채색, 195.0×361.0cm, 경기도박물관.
책과 장식품이 나열된 서가를 그린 것으로 호사스러운 취미를 가진 조선 후기 장서가의 모습을 엿볼 수 있다. 서재에 배치된 도자기나 문방류 등은 청나라에서 수입한 사치품이다.

습에서 한 걸음도 벗어나지 않은 왕이 된다. 그러나 청의 문물을 도입할 것을 주장한 지식인들을 체제 안으로 수용한 사실에 주목하면 정조는 북학군주가 된다. 그 북학이 외부의 영향으로 촉발된 것인지 조선 성리학의 자기극복 과정에서 나온 것인지, 북학의 내용이 근대를 지향하는지 그렇지 않은지는 별개의 문제다.

이 연구 성과들을 최대한 서로 충돌하지 않는 지점까지 끌고 나오면 정조와 정조 시대를 이렇게 말할 수도 있을 것이다. 정조는 주지학에 중심을 두고 고증학을 결합하자는 절충론을 제시했지만, 의리학으로서의 주자학을 부정하는, 그런 고증학까지 인정한 것은 아니었다. 정조가 박제가, 이덕무 등 청 문물의 도입을 주장하는 북학파 지식인들을 끌어안으면서도 그들의 문장론을 비판한 것은 그 때문이었다. 정조가 서양 과학기술에 무심하지 않았으면서도 천주학을 비판하거나 서적 수입을 금지했던 것도 같은 이유였다. 정조와 정조 시대 지식인들은 고증학과 청 문물 등 다른 외부 사조의 영향에 대해서도 탄력적으로 대응했다.

그래도 핵심적인 문제가 남는다. 전자의 입장을 논리적으로 확장할 때, 주자학을 이항대립의 한 축에 놓는다면 천주학, 공안파의 문예론과 양명학, 나아가 고증학 등을 다른 한 축에 놓을 수밖에 없다. 그런데 18세기 조선의 사상적, 문화적 지형을 이렇게 그리기 위해서는 그 다른 한 축 내부의 '균질성'이 실증되어야 한다. 그 다른 한 축의 파괴력이 성리학적 사회질서를 무너뜨리고 있다는 절박한 인식이 있었는지도 확인되어야 한다. 박지원과 이덕무를 품고 가려 했던 정조의 정서에 대해서도 좀 더 정합적인 설명이 필요하다.

후자의 입장은 주자학과 비주자학 혹은 반주자학을 이항대립 구도의 양편에 놓지 않는다는 점에서 전자와 다르다. 그러나 여전히 난점이 있다. 『존주휘편』尊周彙編을 편찬함으로써 '조선중화'적 문제의식을 정리하고 북학으로 나아간 정조가 여전히 대보단大報壇이 가지는 중화문화의 상징성을 인정한 사실은 어떻게 이해해야 하는가. 그 북학군주가 주자학이 조선의 정학正學이라는 사실을 한 번도 부인하지 않았다는 사실 역시 설명하기 쉽지 않다.

정조 시대의 지식인들은 의리학, 그리고 의리학을 전제로 하는 경세학이라는 시대정신을 공유했다. 의리학이 전제되지 않은 경세학이 성립할 수 없다는 점에서 보면, 이 시대정신을 의리학과 경세학의 '결합' 혹은 '절충'이라고만 말하는 것은 부족한 면이 있다. 이 시대의 지식인들은 의리학과 경세학이 일체화된 상태의 주자학에, 나아가 그런 주자학을 정점으로 삼는 지식의 위계에 공감했다고 말하는 편이 사태의 본질에 가깝다.

그렇다면 이 학자 군주는 이런 학문관 혹은 지식의 위계를 어떻게 보고 있었던 것일까. 정조는 조선의 어떤 학문적 전통을 계승하고 어떤 새로운 학문적 토대를 만들어가려 했을까. 과연 정조는 조선에 들어온 서학, 양명학, 고증학 등을 주자학을 위협하는 사조로 여겼던 것일까. 정조는 그것들이 모두 같은 위상에 있다고 생각했는가. 정조에게 '실용'實用은 어떤 의미였는가.

정조가 주자학을 정학으로 확신했다는 사실은 더 말할 필요가 없다. 그는 주자의 저술에 관한 종합본을 편찬하려 했을 만큼 주자학에 깊은 소양을 가지고 있었다.[166] 정조는 세손 시절에 『양현전심록』兩賢傳心錄이라는 책을 편찬했다. 이 책은 주자와 송시열宋時烈(1607~1689)의 글 가운데 현실 인식, 학문관 등 공통된다고 판단한 대목들을 편집한 것이다. 정조는 이 책의 서문에서 이렇게 말했다. "기축봉사己丑封事를 읽어보면 바로 송 선생이 주 부자의 무신봉사戊申封事에서 심법을 얻었던 것을 알 수 있다."[167] 기축봉사는 송시열이 효종에게 올린 글이며, 무신봉사는 주자가 남송의 효종에게 올린 글이다. 정조는 이 두 글 사이를 흐르는 주자와 송시열의 공감대에 주목했던 것이다. 정조가 송시열을 주자의 학통 속에서 이해했다는 사실은 뒷날 송시열의 문집을 규장각에서 간행하게 하면서 『송자대전』宋子大全이라는 제목을 붙인 것에서도 확인할 수 있다.

조선에서 성리학은 사단칠정四端七情 논쟁, 인물성동이人物性同異 논쟁 등을 거치면서 철학적으로 완숙의 단계에 이르렀다. 그런데 정조는 그런 철학적 성취를 어떤 시선으로 바라보고 있었을까. 정조는 이 문제가 조선의 성리학 역사에서 중요한 논쟁거리였다는 사실을 잘 알고 있었다. 정조는 이미 세손 시절 사단四端과 칠정七情, 인심人心과 도심道心에 관한 여러 주장들을 체계적으로 검토하여 분류하고 편집해서 『사칠속편』四七續編을 편찬한 적이 있었다. 그런데 정조의 문제의식은 사단칠정 논쟁의 당사자들처럼 치열하지는 않았다. 당시 정조는 이렇게 생각했다. "사단칠정에 관한 이황李滉과 기대승奇大升, 성혼成渾과 이이李珥의 설은 진실로 차이가 있기는 하지만, 그 실상을 따져보면 모두 우리 유가의 학문이며 주자를 높이는 논설들이다. 그들이 다투는 것은 단지 매우 미세한 차이일 뿐이다."[168] 심지어 정조는 사단과 칠정의 개념이 명확한 것이라고 말할 수 있는지조차 의심했다. 1781년(정조 5) 『맹

166   김문식, 1996, 『조선 후기 경학사상 연구』, 56쪽.
167   『홍재전서』권4, 春邸錄 4, 序引, 兩賢傳心錄의 初序.
兩先生相授之心法 於是可以躍如也 如讀己丑封事 可以知宋先生之得心法於朱夫子之戊申封事也.
168   『홍재전서』권179, 羣書標記 1, 御定 1, 四七續編.
大抵諸儒之說 誠有異同者 然究其實則同是吾儒之學 同是尊朱之論 而其所爭者 特在乎精微錙銖之間 名義體段之主彼主此耳.

자』를 공부하는 자리에서 정조가 이렇게 말했다.

공자는 일찍이 사단칠정을 말한 적이 없었다. 『중용』에서 비로소 칠정을
말하였고 맹자가 비로소 사단을 말하였다. 단과 정이 이름이 이미 다른
데다 사와 칠이 숫자 또한 다르니, 다시 자사나 맹자 같은 성인이 나와 심
성의 오묘한 쓰임새를 끝까지 논한다면, 칠정 밖에 또 다른 정이 없고 사
단 밖에 또 다른 단이 없으리란 것을 어찌 알겠는가.[169]

정조는 18세기 초 노론학계를 중심으로 전개된 인물성동이 논쟁을 익히
잘 알고 있었다. 정조는 동론同論과 이론異論에 모두 나름의 근거가 있다고
생각했다. 동론은 이理를 위주로 말한 것이고, 이론은 이와 기를 위주로 말했
을 뿐이라는 것이다.[170] 그러나 정조는 이 문제를 더 깊이 천착하거나 시비를
판별하려 하지는 않았다. 군사君師를 지향했다고는 하지만, 이런 종류의 이
기심성론에 깊이 끼어들어서 얻는 실익이 크지 않다고 판단했기 때문이다.[171]
정조는 송시열로 상징되는 의리론義理論과 존주론尊周論을 충실하게 계승했
지만, 사단칠정 논쟁이나 인물성동이 논쟁 등 조선 학계가 이룬 심성론적 성
취에는 상대적으로 무심했던 것이다. 그것은 다만 '깊이 파고들 필요가 없
는'[172] 문제일 뿐이었다.

정조는 이기심성론 대신 역사상의 경세가들에 주목했다. 정조가 정도전
鄭道傳(1342~1398)을 높게 평가한 것은 그의 처신이 성리학적 명분론에 부합
했기 때문이 아니라 그가 조선 건국을 주도했기 때문이다. 정조에 따르면, 정
도전은 '문장과 경륜으로 본다면 일세의 영웅'이며, 그의 문집 『삼봉집』三峰集

---

169 『홍재전서』 권76, 經史講義 13, 孟子 1.
孔子未嘗言四七 而中庸始言七情 孟子始言四端 端與情 名旣有異 四與七 數亦不同 則復有如思孟之聖 極
論心性之妙用 安知七情之外更無他情 四端之外更無他端耶.
170 『홍재전서』 권164, 日得錄 4, 文學 4.
171 『홍재전서』 권165, 日得錄 5, 文學 5.
172 『홍재전서』 권162, 日得錄 2, 文學 2.

은 '개국원훈開國元勳의 경제문자經濟文字'다. 양성지에 대한 평가도 후한 편이었다. 문장은 뛰어나지 않아도 경륜이 있고 정책이 훌륭했다는 것이다.[173] 정조는 정도전과 양성지의 문집을 규장각에서 간행하게 했다.

17세기 조선의 경세가 가운데 정조가 높이 평가한 인물은 김육金堉과 유형원이었다. 정조는 김육이 대동법大同法을 시행한 경세가로서만이 아니라 훌륭한 문장가로서 재평가할 만한 인물이라고 생각했다.[174] 정조가 화성을 건설하면서 『반계수록』을 참고한 사실은 잘 알려져 있다. 정조는 유형원을 '유용한 학문으로 경제문자를 지은' 사람이라고 평가했다.[175] 정조는 이 밖에도 국난에서 나라를 구한 인물을 특별히 기억했다. 이순신李舜臣의 문집을 간행하게 한 것도 그 때문이다.

정조는 중국사에 등장하는 경세가들도 눈여겨보았다. 그중에 가장 주목했던 사람은 당나라 관료 육지였다. 정조는 육지의 상소문을 모은 『육선공주의』를 학문과 사공事功, 언어와 문장 모든 면에서 높게 평가했다. 즉위 초 육지의 전집을 간행하기도 했던 정조는 뒷날 『주서절요』朱書節要의 체제에 맞추어 『육주약선』陸奏約選을 편찬했으며, 육지의 글에 권점을 찍은 『육고수권』陸稿手圈을 펴내기도 했다.[176] 정치와 교화에 큰 도움이 된다고 생각했기 때문이다. 영조도 『육선공주의』에 관심을 가지고 공부한 적이 있었다. 그러나 실제 이 책을 정책 수단으로 활용한 사람은 정조였다. 정조가 화성을 건설하고 장용외영을 두어 수비하게 한 것은 수도권 강화 조치의 일환이었다. 그런데 정조는 이런 아이디어를 『육선공주의』에서 얻었다.[177]

정조는 주자학을 계승하면서도 이기심성론 위주로 발달해온 그런 철학, 경사체용을 원칙적으로만 강조하는 제왕학으로는 시대 과제를 해결할 수 없

---

173 『홍재전서』 권163, 日得錄 3, 文學 3.
174 『홍재전서』 권163, 日得錄 3, 文學 3.
175 『홍재전서』 권34, 教 5, 故處士柳馨遠加贈祭酒教.
蓋其人有用之學 著之爲經濟文字.
176 『홍재전서』 권181, 羣書標記 3, 御定 3, 陸奏約選;『홍재전서』 권181, 羣書標記 3, 御定 3, 陸稿手圈.
177 『정조실록』, 정조 21년 6월 25일.

다고 생각했다. 정조는 의리의 근거가 되는 주자학, 경세의 지침이 되는 주자학을 존중했던 것이다. 주자학적인 의미에서 보면 그 둘은 처음부터 뗄 수 없는 관계다. 그러나 조선의 학문적 지형이 이기심성론 중심으로 전개되면서 의리학과 경세학의 중요성, 혹은 둘 사이의 밀접한 관계에 대한 인식이 회석되는 측면이 있었다. 정조는 이런 세태를 바로잡고 의리학, 그리고 의리학을 전제로 하는 경세학을 학문의 중심으로 삼고 싶었던 것이다.[178] 그런 문제의식을 '의리경세학'義理經世學이라고 정의할 수도 있을 것이다.

정조는 성리학이 가진 경세적 측면을 사공事功이라는 말로 표현했다. 정조는 이렇게 말했다. "학문과 사공은 두 가지 일이 아니다. 사공으로 자임했던 옛사람이 어찌 일찍이 궁리窮理와 격물格物 공부를 버려두고 잡히지도 않는 막연한 일에 힘을 쓴 적이 있었던가. 크건 작건 모든 일에는 이치가 있게 마련이니, 격물궁리하여 이 이치를 터득하여 사공에 드러내어야만 한다. 그렇게 해야 막히거나 제약받는 병통이 없어서 어떤 일이라도 거침없이 처리할 수 있게 된다."[179] 정조가 말하는 '격물궁리에 기초한 사공事功'은 흥미롭다. 이익은 사공만을 추구한 진량陳亮과 학문만을 추구한 주자를 비교하면서, 학문과 사공의 병행이 필요하다고 주장했다.[180] 그런 구분법이라면 사공은 처음부터 의리와는 별개다. 그러나 정조와 같은 발상이라면 사공과 학문은 처음부터 하나다. 정상적인 사공에 언제나 학문과 의리가 전제되어 있다면, 그것이야말로 '의리경세학'이라는 학문관에 정확하게 부합한다.

정조는 즉위 초『사고전서』를 들여오려 했을 정도로 청나라의 학술에 주의를 기울였다. 그중에서도 정조가 정말 보고 싶었던 것은 예악禮樂, 병형兵刑, 전곡錢穀, 갑병甲兵에 관한 내용이었다. 위정자의 입장에서 '교화'敎化와

178 　의리와 경세를 중시하는 정조의 학문관은 국내의 산업정책뿐만 아니라 대외정책에도 반영되었다(노대환, 2005,『동도서기론 형성 과정 연구』, 66~68쪽).
179 　『홍재전서』권163, 日得錄 3, 文學 3.
180 　노대환, 2005,『동도서기론 형성 과정 연구』, 33쪽.

'시무'時務에 도움이 되는 주제들이다.[181] 그런 의리경세학적인 안목에서 본다면, 조선의 관료 양성 시스템도 문제였다. 과거에 합격한 조선 최고의 인재들이 맡게 되는 것은 실무직이 아니라 언관을 비롯한 청직淸職이었다. 그들은 늦은 나이에 느닷없이 민생과 재정 문제를 다루는 부서에 배치된다. 일이 잘 돌아갈 리 없다. 정조는 젊은 인재들을 지방관으로 내보내 민생 현안을 직접 경험하게 함으로써 실무 역량을 높이도록 했다.[182] 경세를 배제한 학문은 현실 문제를 해결할 수 없다는 인식 때문이었다. 정조에게 '실용적'인 학문이란 그런 의미였다.

정조는 자신이 가진 학문관의 근거를 『대학』에서 찾았다. 정조에게 『대학』과 『대학연의보』는 체體와 용用의 관계에 있는 책들이었다.[183] 정조는 초계문신에게 내린 책문에서 이렇게 말했다.

『대학연의보』는 『대학연의』 중에 빠진 치국治國 평천하平天下 부분을 보완하여 대학의 완전한 체용體用을 갖춘 것이니, 이는 군주가 정치를 잘할수 있게 하는 요령이다. (······) 대저 대학은 삼강령三綱領에서 팔조목八條目이 되고, 경일장經一章에서 전십장傳十章이 되었으니, 공자와 증자가 서로 전수할 때 이미 약간 부연하여 차츰 갖추어지기 시작했다. (그 뒤) 진덕수의 『대학연의』에 있어서는 단지 네 가지 요점만 거론하였으므로 구준이 『대학연의보』를 지어 그 빠진 것을 추보追補하였으니 고대 이래 경, 진, 자, 사 가운데 치국 평천하란 두 조항에 부칠 수 있는 말이 이 책에 모두 수록되었다. 후세의 정치하는 자가 용인用人, 이재理財, 안민安民, 어적

---

181   예를 들면 주자서처럼 의리지학을 보여주거나 혹은 『육선공주의』처럼 국가 운영의 전략과 비전을 담은 그런 지식들이다. 물론 그 둘은 정조 안에서 경사체용처럼 표리관계에 있는 지식들이었다. 정조가 청 문물을 도입하려 했다면, 그런 '실용'에 도움이 되었기 때문일 것이다. 정조가 천주학을 배척하고 전범 없는 글쓰기를 비판했다면 그 사상과 문예이론들이 정조가 생각하던 그런 '실용'에 어울리지 않기 때문이었을 것이다.

182   『홍재전서』 권170, 日得錄 10.

183   김문식, 1996, 『조선 후기 경학사상 연구』, 58~63쪽.

饟賊 문제를 처리할 때 어떤 문제라도 그 제시된 유형만 선택하면 고사故事와 시의時宜를 책만 펼치면 일목요연하게 볼 수 있다. 오직 잘 선택하여 잘 시행하기만 하면 되는 것이니, 그 공로가 어찌 대단하지 않느냐.[184]

정조가 『대학연의보』에 관심을 가진 것은 이 책이 치국과 평천하에 관한 『대학』의 원칙을 역사적 사례를 통해 검증하고 있기 때문이다. 『대학연의보』는 엄밀한 의미에서 역사책이다. 정조가 『대학연의보』와 같은 역사책을 경세서로 생각했던 것은 그 안에 경세의 구체적인 경험이 담겨 있기 때문이다. 정조에게 『대학』은 『대학연의보』의 의리학적 근거였으며, 『대학연의보』는 『대학』의 경세학적 표현이었던 것이다. 그런데 정조는 『대학장구』를 기초로 삼아 진덕수의 『대학연의』와 구준邱濬(1420~1495)의 『대학연의보』를 망라하여 『대학유의』大學類義를 편찬하기도 했다. 『대학』과 『대학연의』 등을 종합하려는 시도는 이전에도 있었다. 이이의 『성학집요』가 그것이다. 이이는 이 책을 통해 수신修身을 강조하는 제왕학을 구상했다. 그러나 정조는 『대학연의보』를 활용하여 군주의 역할과 위상을 강조하는 제왕학의 교재를 만들려고 했다는 점에서 이이와 생각이 달랐다.[185]

『대학연의보』는 제왕학의 교과서로서만 중요했던 것은 아니다. 『대학』은 사대부가 사회적 책임을 자임할 수 있는 근거를 명시한 책이었으므로, 『대학연의보』 역시 재야의 사대부가 경세의 계책을 고민하는 근거가 될 수 있었다. 이익李瀷은 명나라가 배출한 가장 걸출한 유학자 중 한 사람으로 『대학연

---

184 『홍재전서』 권49, 策文 2, 大學衍義補 抄啓文臣課講比較.
王若曰 大學衍義補 所以補衍治平之闕 備大學體用之全 寔人辟致治之要也 (……) 大抵大學一部 自三綱而爲八條 自經一章而爲傳十章 則孔曾相傳之際 已自有稍衍而漸備者矣 至於西山之書 只論四要 而丘氏之編 逌補其闕 則凡從古以來 經傳子史之言可附於治平二條者 於是盡之矣 使後之制治者 其於用人理財安民饟戎之政 隨其遇而揀其類 則故事時宜 無不開卷瞭然 惟在審擇而擧措之耳 其功豈不大哉.
185 정조는 신료 중심의 제왕학 체계를 담은 『성학집요』를 넘어서 군주 중심의 제왕학 교재를 만들려는 의도를 가지고 『대학유의』를 편찬하기도 했다(윤정, 2007, 「정조의 대학유의 편찬과 성학집요」, 『남명학연구』 23).

의보』의 저자인 구준을 꼽았다. 『대학연의보』가 '세상에 수용될 만한 문자' 이기 때문만은 아니었다. 이익은 이 책이 "오로지 사공事功에만 힘쓰지 않고 몸과 마음을 닦는 데 바탕을 두었다"는 점을 높이 평가했다.[186] 그것은 올바른 학문에 기초한 경세의 계책, 즉 의리경세학의 다른 표현이었던 것이다.

송나라 때의 주자학은 단순히 형이상학적, 윤리적 철학담론이 아니다. 『사서장구집주』四書章句集注와 과거제로 상징되는 국가적 통합 장치나 체제교학만도 아니다. 주자학은 지방 사대부들이 자율적으로 공적 영역을 조직하는 운동과 그 운동을 끌고 나가는 조직체의 사상적 기반이었다. 따라서 송나라 때의 주자학을 전제군주권의 강화 혹은 체제교학으로 이해하거나, 주자의 사회정치적 구상 중 정치와 제도에 관한 언급만을 모아 경세사상 혹은 정치사상이라고 말하는 것은 적어도 주자의 의도는 아니다.[187]

정조는 지방 사대부가 자율적으로 구축하는 공적 영역의 문제를 심각하게 고민하지 않았다. 그는 다만 개인의 일상에서 국가 경영에 이르는 일련의 과정과, 그 과정에서 견지해야 할 학문과 실천의 관계를 중시했을 뿐이다. 그 실천은 개인, 지역, 국가 등 다양한 영역에 걸쳐 있다. 주자는 지방 사회에서의 실천을 중시했다. 정조도 그것을 부정하지는 않았다. 그러나 정조의 방점은 어디까지나 국가가 견지해야 할 의리, 국가를 경영하는 데 필요한 지식에 찍혀 있었다. 정조는 주자가 구상했던 경세에 관한 아이디어를 자신의 방식으로 재해석했던 것이다. 의리학의 안쪽에 경세학을 결합시키려는 정조의 문제의식은 기본적으로 『대학』이 설정한 사士의 역할에서 나온 것이라 해도 과언은 아니다. 출사하여 대부가 되건 그렇지 않건 사士는 국가사회와 현실에 대해 고민해야 할 책무가 있다. 그런데 정조의 생각은 정조가 총애한 인물들

---

186 이익, 『성호사설』 권20, 經史門, 丘文莊.
如大學衍義補者 實需世文字 天地間不可少此一着也 且其說 非專務事功 切切推本於身心.
187 민병희, 2008, 「주희의 사회정치적 구상으로서의 학 – 공리지학 공허지학과의 대조를 중심으로」, 『동양사학연구』 104; 민병희, 2008, 「주희의 "대학"과 사대부의 사회정치적 권력 – 제도에서 심의 "학"으로」, 『중국사연구』 55.

에게 얼마나 공유되고 있었을까.

이덕무는 정조가 생각한 실용의 의미를 잘 이해했다. 그는 공적으로는 정조의 후원에 힘입어 규장각의 출판 활동에 깊이 간여한 하급 관료였지만, 사적으로는 박지원을 중심으로 한 커뮤니티의 일원이자 소품문을 즐겨 쓰던 문장가였다. 정조는 그런 이덕무에게 『무예도보통지』武藝圖譜通志를 편찬해 올리게 했다. 이덕무는 이 책의 서문에서 '실용'에 관한 자신의 생각을 밝혔다. '병서兵書를 편찬한 뜻이 무엇인가'로 시작하는 글의 논점은 '위국'衛國과 '보민'保民의 문제로 이어진다. 이덕무는 서얼이었지만, 철저히 위정자의 시선으로 글을 쓰고 있다. 필자가 읽어본 이덕무의 생각은 대략 이런 것이다.

'성인聖人도 병兵을 언급했다는 사실을 기억하자. 얼핏 보면 도덕적 완성을 추구하는 성인에게 병兵은 필요 없는 일 같다. 그러나 성인은 병兵이라는 말을 포악을 금하고 난을 제지하는 뜻으로 사용했다. 병兵은 성인이 추구하는 가치와 무관한 것이 아니며, 표리의 관계를 이루고 있는 것이다. 그러니 병서 편찬을 병가兵家의 일로만 여기는 것은 옳지 못하다. 성인이 병兵을 말한 뜻을 위정자가 신경 써야 할 다른 일들에 미루어보자. 무릇 농포農圃, 방직紡織, 궁실宮室, 주거舟車, 교량橋梁, 성보城堡, 축목畜牧, 도치陶治, 관복冠服, 반우盤盂처럼 민생이 일용日用하는 것들은 병서를 편찬하는 일에 비하면 노력은 반만 들이고도 그 효과는 배로 볼 수 있는 사안들이니, 백성들에게 그 미혹된 것을 밝혀주고 풍속을 좋은 쪽으로 이끌기 위해서는 주관周官의 유칙遺則을 계승하고 화하華夏의 구제舊制를 이어받아야 한다. 실용實用이란 무엇인가. 조정에서 그런 정책을 강구하고 학자들이 그런 서적을 펴냄으로써 백성들의 미혹함을 밝히고 풍속을 교화할 수 있다면, 그것이 바로 실용이다. 위정자가 백성을 그렇게 이끌면, 백성들은 실용의 업業을 지키고, 군사들은 실용의 기예를 연마하며, 상인들은 실용의 물화를 통하게 하고 장인들은 실용의 기기를 만들게 되리니, 위국衛國하고 보민保民하는 데 무엇 걱정할 일이 있겠는가.'[188]

국어사전에서 '실용'이라는 말을 찾아보면 '실제로 씀 또는 실질적인 쓸

142

모'라고 뜻풀이가 되어 있다. 이덕무가 말하는 '실용'이라는 개념과 정확히 일치하지는 않는다. 국어사전의 '실용'이 가치중립적인 단어인 데 비해 이덕무의 실용은 적어도 위정자에게는 전혀 가치중립적이지 않다. 물론 이덕무도 '실질적인 쓸모'가 있는 정책을 강구하고 그런 내용의 서적을 펴내야 한다고 주장했다. 하지만 그것은 백성을 교화하는 일과 표리관계에 있었다. '실질적인 쓸모'가 있는 정책을 보급하여 백성들이 그 정책에 따라 각자 '실질적인 쓸모'가 있는 일을 하게 된다면, 그것은 백성을 교화하고 나라를 운영해나가는 과정과 다르지 않다. 병서의 편찬을 군사 전문가의 일로만 볼 수 없는 것과 같은 원리다. 이덕무의 논리에 따르면 그것이 성인이 무武를 말했던 뜻이며, 이용후생利用厚生이며, 위정자가 가져야 할 실용 정신이다. 정조가 추구했던 가치와 정확하게 일치한다.

『대학』을 매개로 한 '의리경세학'의 학문관은 정조의 영향 아래 성장했던 홍석주에게서도 확인된다. 홍석주는 고증학이 가지는 방법론 차원의 장점까지 부인하지는 않았지만, 의리가 전제되지 않은 고증을 무의미하게 여겼다. 그런 그가 청나라 때의 고증학을 비판한 것은 당연하다. 그는 이기심성론에 빠져드는 주자학을 비판하고 '실사'實事를 중심으로 하는 주자학을 강조했다. 그에게 '실사'는 일상생활의 쇄소응대灑掃應對에서 국가 경영과 관련한 주제까지 모두 포괄하는 실천적인 개념이었다. 그는 『대학』의 개념을 빌려서 학문과 실천을 체體와 용用의 관계로 설명하는가 하면, 주자의 경세 구상을 높이 평가했다.[189]

정조의 생각을 그가 총애했던 정약용에게서도 확인할 수 있을까. 정약용

---

188 이덕무, 『청장관전서』 권24, 編書雜稿 4, 武藝圖譜通志 附進說.
夫兵 不得已也 狀聖人用之 以禁暴止亂之義 則未始有不與利用厚生 相爲表裡 故春蒐秋獮 所以簡其馬也 鄕飮之禮 所以習其射也 以至投壺蹴踘之戲 莫不有微意存扵其間 則是書之作 又豈特兵家之一事而已哉 推而廣之 凡農圃紡織宮室舟車橋梁城堡畜牧陶冶冠服盤盂民生日用之具 所以事半而功倍者 擧將牖其迷而導其俗 紹周官之遺則 襲華夏之舊制 朝廷講實用之政 黎庶守實用之業 文苑撰實用之書 卒伍肆實用之技 商賈通實用之貨 工匠作實用之器 則何慮乎衛國 何患乎保民也哉.
189 김문식, 1996, 『조선 후기 경학사상 연구』, 153~157쪽.

은 노론 낙론계와 무관했으며, 새로운 글쓰기와 북학을 주장한 박지원 일파와 친분이 있지도 않았다. 정약용의 학문관은 성리학, 훈고학, 문장학文章學, 과거학科擧學, 술수학術數學에 관한 일련의 논평 속에 압축되어 있다. 그의 논의는 주자학의 개념에서 출발한다.

> 성리性理의 학문은 도를 알고 자신을 앎으로써 그 실천해야 할 바의 뜻을 스스로 힘쓰는 것이다. 옛날 학문하던 사람들은 성性이 하늘에 근본하고 이理가 하늘에서 나왔으며 인륜人倫이 도리가 된다는 사실을 알았으니, 효제孝弟와 충신忠信으로 사천事天의 근본을 삼고, 예악禮樂과 형정刑政으로 치인治人의 도구를 삼았으며, 성의誠意와 정심正心으로 천인天人의 추뉴樞紐를 삼았다.[190]

정약용이 주자학의 주요 덕목으로 효제와 충신, 예악과 형정, 성의와 정심을 거론한 것은 그 시대 학자들의 편협성을 비판하기 위해서였다. 정약용의 눈에 비친 조선의 주자학자는 사단칠정론과 인물성동이론 같은 이기심성론에 집착하는 사람들이다. 그들은 사소한 일까지 철학적 논변의 대상으로 삼아 자신의 주장이 옳다고 여기면서 남을 배척한다. 그들이 옳다고 내세우는 주장들이 항상 옳은 것은 아닌데도 세대를 넘어 무익한 논쟁을 계속하고 있으니 엉성하기 짝이 없는 짓이다.[191]

효제와 충신은 무익한 이기심성 논쟁으로 달성되는 것이 아니라, 예악과

190   정약용, 『여유당전서』 제1집, 詩文集, 권11, 文集, 論, 五學論一.
性理之學 所以知道認己 以自勉其所以踐形之義也 (……) 然 古之爲學者 知性之本乎天 知理之出乎天 知人倫之爲達道 以孝弟忠信爲事天之本 以禮樂刑政爲治人之具 以誠意正心 爲天人之樞紐.
191   정약용, 『여유당전서』 제1집, 詩文集, 권11, 文集, 論, 五學論一.
今之爲性理之學者 曰理曰氣 曰性曰情 曰體曰用 曰本然氣質 理發氣發 已發未發 單指兼指 理同氣異 氣同理異 心善無惡 心善有惡 三幹五椏 千條萬葉 毫分縷析 交嗔互嘆 冥心默硏 盛氣赤頸 自以爲極天下之高妙 而東振西觸 捉尾脫頭 門立一幟 家築一壘 畢世而不能決其訟 傳世而不能解其怨 入者主之 出者奴之 同者戴之 殊者伐之 竊自以爲所據者極正 豈不疎哉.

형정, 그리고 위의威儀의 중요성을 깨닫는 데서 시작된다. 그러나 이기심성에 집착하는 사람은 예악의 중요성을 돌아보지 않고 다만 이렇게 말한다. "명물名物과 도수度數는 도학道學의 말절末節이다." "제기祭器에 관한 일은 맡을 사람이 따로 있다." "가무歌舞는 외사外事에 불과하다." "음악音樂이 종과 북만을 말하는 것이겠는가." 그들은 또 형정의 중요성을 망각한 채 이렇게 말한다. "형명학刑名學과 공리학功利學은 성문聖門에서 폐기한 것이다." 그들은 위의의 중요성을 모른 채 다만 300가지의 예의와 3,000가지의 위의를 '궤跪' 자 하나로 개괄하려 한다.[192]

그는 자기 시대 학자들의 출사出仕 패턴도 도마 위에 올렸다. 그는 '사'士는 '사'仕라고 단언했다.[193] 선비의 개념을 기본적으로 관료와 동일시한 것이다. 이렇게 되면 도저히 출사할 수 없을 정도의 난세가 아닌 한 사士에게 은거는 부당한 것이 된다. 그러나 현실은 정반대다. 여러 세대에 걸쳐 벼슬을 해온 벌열 가문 출신의 선비조차 은사隱士를 자처하며 임금이 예를 갖추어 불러도 잘 나서지 않는다. 그나마 경연관 같은 산림직山林職에 겨우 응할 뿐이다. 혹 전곡, 갑병, 송옥訟獄, 빈상擯相 등의 일을 맡기면, '유현儒賢을 이렇게 대우해서는 안 된다'며 아우성이다. 그러면서도 '나는 주자를 존숭한다'고 말한다. 주자가 언제 이렇게 처신했단 말인가.[194]

192　정약용, 『여유당전서』 제1집, 詩文集, 권11, 文集, 論, 五學論一.
禮者 所以節文乎孝弟忠信之行者也 則勿知焉 曰名物度數 於道末也 曰籩豆之事 則有司存 樂者 所以悅樂乎孝弟忠信之行者也 則勿知焉 曰詠歌舞蹈 於今外也 曰樂云樂云 鍾鼓云乎 刑政者 所以輔成乎孝弟忠信之行者也 則勿知焉 曰刑名功利之學 聖門之所棄也 威儀者 所以維持乎孝弟忠信之行者也 祭祀賓客 朝廷軍旅 燕居喪紀其容各殊 布在容經 不可相用 則勿知焉 槩之以一字之禮曰 三百三千 其終以一跪字 槩之乎.

193　김영식, 2014, 『정약용의 문제들』, 혜안, 230~237쪽. 김영식은 정약용의 학문 전체를 관통하는 하나의 특성을 '실용주의적 경향'으로 정의했다. 그가 사용한 '실용'이라는 말의 의미는 실용적, 실천적, 현실적, 합리적인 여러 면모들을 모두 포함한다.

194　정약용, 『여유당전서』 제1집, 詩文集, 권11, 文集, 論, 五學論一.
今爲性理之學者 自命曰隱 雖弈世卿相 義共休戚 則勿仕焉 雖三徵七辟 禮無虧欠 則勿仕焉 生長輦轂之下者 爲此學則入山 故名之曰山林 其爲官也 唯經筵講說及春坊輔導之職 是注是擬 若責之以錢穀甲兵訟獄擯相之事 則易起而病之 以爲待儒賢不然 推是義也 將周公不得爲太宰 孔子不得爲司寇 子路不得折獄 公西華不得與賓客言 聖人敎斯人 將安授之 國君致斯人 將安用之 乃其所自倚以文之 則曰我尊尙朱子 嗚呼 朱子何嘗然哉.

정약용이 본 주자는 학문과 현실 대응 방식에서 조선의 성리학자와는 너무나 달랐다. 주자는 육경을 연구하여 진위를 판별하고 사서를 표장하여 오묘한 뜻을 드러냈다. 조선의 성리학자들처럼 이기심성론에 대한 깊은 해석만을 학문의 본령으로 삼지 않았던 것이다. 벼슬을 대하는 태도도 다르다. 중앙에서 벼슬을 하게 되면 임금에게 충언하고 권력자의 과실을 지적하였으며, 천하의 대세와 군사의 기미를 논하며 오랑캐에게 복수해야 한다는 대의를 만방에 펼쳤다. 또 지방관이 되어서는 법규를 완화하고 민폐를 살핌으로써 부역을 균등하게 하고 흉년과 역병을 구제할 수 있었으니, 그가 세운 원칙과 세부 지침은 나라도 운영할 만한 것이었다. 벼슬하고 물러서는 데도 원칙이 있었다. 부름을 받으면 나아가고 파면당하면 은거하면서도 임금의 은혜를 잊지 않았다. 주자가 언제 조선의 주자학자처럼 공부했으며, 언제 조선의 주자학자처럼 대응했단 말인가.[195]

정약용이 본 주자는 현실 참여주의자였으며, 주자의 학문세계는 의리학과 경세학을 양 날개로 삼은 것이었다. 그런데 정약용이 관찰한 바에 따르면, 주자는 중앙관료로 있을 때 성취한 것과 지방관으로 있을 때 추진한 내용이 달랐다. 성역 없는 언론 활동과 복수설치復讐雪恥의 의리론이 중앙관료 생활을 특징짓는 것이라면, 위민爲民을 지향하는 각종 경세책은 지방관 생활의 결과물이다. 정약용은 주자가 지방관 시절 거둔 성과가 나라를 운영하는 데 조금도 부족함이 없는 계책이라고 생각했다. 의리학에 충실하면서도 명물도수와 전곡, 갑병 등 국가 운영에 필요한 경세학을 겸비한 강력한 현실 참여주의자. 정약용이 생각하는 이상적인 주자학, 정약용이 제시하고자 했던 모범적인 인재상은 그런 것이었다.

---

195 정약용, 『여유당전서』제1집, 詩文集, 권11, 文集, 論, 五學論一.
研磨六經 辨別眞僞 表章四書 開示蘊奧 入而爲館閣則危言激論 不顧死生 以攻人主之隱過 犯權臣之忌諱 談天下之大勢 滔滔乎軍旅之機 而復讐雪恥 要以伸大義於千秋 出而爲州郡 則仁規慈範 察隱察微 以之平賦徭 以之振凶扎 其宏綱細目 有足以措諸邦國 而其出處之正也 召之則來 捨之則藏 拳拳乎君父之愛而莫之敢忘 朱子何嘗然哉 沈淪乎今俗之學 而援朱子以自衛者 皆誣朱子也 朱子何嘗然哉 (……) 傲然自是 終不可以携手同歸於堯舜周孔之門者 今之性理之學也.

146

주자는 벼슬하지 않은 재야의 지식인이 사회정치적 발언을 할 수 있다는 사실을 보여주었다. 주자 자신의 핵심적인 논점은 중앙보다 지방, 현직 관료보다 재야 지식인의 역할을 강조하는 데 있었다고 해도 과언은 아니다. 그 지점에서 주자의 구상과 정약용의 생각은 차이가 난다. 정약용은 주자의 생각을 지방 사회를 중심으로 하는 보편 지향의 이슈로만 보지 않고 중앙 또는 국가 차원으로 읽어내고자 했다. 거기에는 아마도 조선과 중국의 규모 차이에 관한 인식이 반영되어 있었음직하다.[196]

정약용은 '행사'行事 개념을 도입해 경전을 새롭게 해석함으로써 자신의 경세론을 설명하기도 했다. '행사'란 치국과 안민을 위한 실천적인 노력을 뜻한다.[197] 그는 다른 글에서 이렇게 말하기도 했다. "참다운 선비의 학문은 본래 나라를 다스리고 백성을 편안하게 하려는 것이니, 오랑캐를 물리치고 재정을 넉넉하게 하며 문무에 골고루 능하여 감당하지 못함이 없는 것이다."[198]

정약용은 정조가 그랬던 것처럼 고증학과 패관소품 위주의 문장론에 반대했다. 정약용에게 고증학은 훈고학의 후예다. 정약용에 따르면, 훈고학은 '경전의 자의字義를 밝혀서 도리道理와 명교名敎의 참뜻에 이르고자 하는' 학문이다. 그러나 훈고학이 성취한 모든 해석이 반드시 옳다고 할 수도 없는 데다가, 그나마 옳은 경우라 해도 글자의 뜻을 밝히고 구절句絶을 바로잡는 데 지나지 않았으므로 도리와 명교의 참뜻에 도달할 수 있는 길은 없었다. 주자가 바로 이 점을 근심하여 훈고 이외에 따로 정의正義를 구하고, 집전集傳, 본의本義, 집주集注, 장구章句 등을 만들어 사도斯道를 중흥시켰으니 그 큰 공렬功烈은 한유漢儒에 견줄 바가 아니다.[199]

정약용의 시선으로 보면, 자기 시대의 학자가 해야 할 일은 분명하다. 한

---

196   정약용이 제시한 학문관과 인재상은 정조가 재정립하려 한 '의리경세학'의 학문관과 매우 유사하다. 정조 역시 의리와 경세를 학문의 두 축으로 여겼으며, 지방 차원의 국지적 경세책보다는 전국을 단위로 하는 국가 단위의 대안, 혹은 중앙을 중심으로 하는 방안을 중시했다.

197   송재소, 2012, 「다산 경세론의 인문학적 기반」, 실사학사 편, 『다산정약용연구』, 사람의무늬, 43~47쪽.

198   정약용, 『여유당전서』 제1집, 권12, 論, 俗儒論.
眞儒之學 本欲治國安民 攘夷狄裕財用 能文能武 無所不當.

유漢儒의 주석에서 훈고訓詁를 구하고 주자의 집전集傳에서 의리義理를 구하
되, 시비와 득실의 기준을 사서四書와 육경六經에 두고 체행體行하는 것이다.
그런데 현실의 훈고학자, 즉 고증학자는 그렇게 하지 않는다. 의리를 구하지
도 않으며 체행하려 하지도 않는다. 그들은 주자학과 고증학을 절충한다고
하면서도 실은 고증학만을 추구한다. 궁실宮室과 충어蟲魚의 글 뜻을 밝힐 뿐
성명性命의 이치와 효제의 가르침과 예악, 형정의 내용에 대해서는 진실로
깜깜하기만 하다. 주자학이 모두 다 옳다 할 수는 없지만 심신에서 체행하려
는 것은 옳다. 그런데 그들은 문장을 고증하여 그 차이만을 판별할 뿐, 시비
와 사정邪正을 구별하여 체행하는 방법을 찾으려 하지 않는다.[200]

　　고증학에 관한 정약용의 비판은 박학적博學的 학풍의 폐단을 지적하는 것
으로 이어진다. 고증학자는 박학博學, 심문審問, 신사愼思, 명변明辯, 독행篤行
등 학문의 여러 덕목 가운데 유일하게 박학만을 추구한다. 그런데 의리와 체
행을 전제로 하지 않는 박학은 심각한 부작용을 불러일으킨다. 그들은 마음
을 닦거나 성품을 다스리려 하지도 않고 세상을 보도輔導하거나 백성을 기르
려 하지도 않은 채, 오직 자신의 박학다식함을 자랑하며 세상의 고루함을 비
웃을 뿐이다. 만세에 해를 끼치게 될 부정한 의리와 학설을 용인하면서 '천하
의 의리는 무궁하다'고 둘러댄다. 의리와 체행이 전제되지 않는 박학은 도리
와 명교의 참뜻을 무너뜨릴 뿐인 것이다. 정약용의 날선 비판은 이렇게 끝을
맺는다. "고증과 박학만을 추구하는 이런 학자들과는 끝내 같이 손잡고 요순
堯舜과 주공周公, 공자孔子의 문하로 들어갈 수 없다."[201]

199　　정약용,『여유당전서』제1집, 詩文集, 권11, 論, 五學論二.
詁訓之學 所以發明經傳之字義 以達乎道敎之旨者也 (……) 然其詁訓之所傳受者 未必皆本旨 雖其得本
旨者 不過字義明而句絶正而已 于先王先聖道敎之源 未嘗窺其奧而溯之也 朱子爲是之憂之 於是就漢魏
詁訓之外 別求正義 以爲集傳本義集注章句之等 以中興斯道 其豐功盛烈 又非漢儒之比.

200　　정약용,『여유당전서』제1집, 詩文集, 권11, 論, 五學論二.
今之學者 考漢注以求其詁訓 執朱傳以求其義理 而其是非得失 又必決之於經傳 (……) 今之所謂詁訓之
學 名之曰折衷漢宋 而其實宗漢而已 詁宮室訓蟲魚 以之通其字絶其句而已 于性命之理 孝弟之敎 禮樂刑
政之文 固昧昧也 宋未必盡是 而其必欲體行於心與身則是矣 今也唯詁訓章句其異同沿革 是考是察 曾不
欲辨是非別邪正 以求其體行之術 斯又何法也.

정약용은 고증학의 학문적 의의를 완전히 부정했던 것일까. 그가 '끝내 같이 손잡고 요순, 주공, 공자의 문하로 들어갈 수 없다'고 지목한 것은 고증학자 가운데 주자학의 우월성을 인정하지 않는 사람들이었다. 그러나 고증학적 학문 방법론은 그런 사람들의 전유물은 아니었다. 주자학의 우월성을 인정하면서도 고증학적 연구 방법론을 구사하는 사람들이 있었기 때문이다. 정약용 자신이 그런 사람들을 대표하는 인물이다. 그는 역사지리 분야에서 고증적, 박학적 학문 태도를 보여주었을 뿐만 아니라, 청 문물 도입을 긍정하고 서양 과학의 우수성을 인정했다. 그러나 그는 결코 의리와 체행, 의리학과 경세학을 본질로 삼는 주자학이 모든 학문의 정점에 있다는 사실을 부정하지 않았다. 원론적으로 본다면 고증학은 성리학의 논리적 정합성을 해체하고 그 권위를 무너뜨릴 수 있는 폭발력을 지녔다고 할 수 있다.[202] 그러나 정약용은 고증적인 학문 방법론이 가지는 장점을 인정했을 뿐이다. 고증학적 방법론을 채택한 청나라 때의 주류 학풍이 의리와 체행을 전제하지 않는다는 점까지 인정한 적은 없었다.

경세학의 맥락에서 주자를 재발견하려는 모습은 재야의 지식인 유수원柳壽垣(1694~1755)에게서도 엿보인다. 그는 정조보다 한 세대 앞선 인물이었지만, 그가 조선의 학문 지형을 보는 관점은 미묘하게 정조의 관점과 닮아 있다. 그는 이렇게 말했다. "주자의 학문은 무소불통이지만, 경세의 지식은 더욱 정미하고 깊다. 고원高遠한 데 빠지지도 않고 비근卑近한 데 떨어지지도 않으셨으니, 진실로 다스림을 아는 인재이며 세상을 구제하는 계책을 내신 분이다. 그런데 조선의 유자들은 이러한 본령本領과 견식見識이 있는가. 주자가 임금에게 성의정심을 말한 것은 임금의 마음이 바르게 되어야 신하들이

201 정약용, 『여유당전서』 제1집, 詩文集, 권11, 論, 五學論二.
古之爲學者五 曰博學之 審問之 愼思之 明辨之 篤行之 今之爲學者一 曰博學之而已 自審問而下 非所意也 (……) 邇之 不慮乎治心而繕性 遠之 不求乎輔世而長民 唯自眩其博聞强記宏詞豪辨 以眇一世之陋而已 其有謬義邪說足以爲萬世之害者 則函受竝容 以爲天下之義理無窮 斯則先聖先王其格言至訓 悉爲是湮晦而不章 磨滅而不立矣 豈不悲哉 (……) 卒之 不可以携手同歸於堯舜周孔之門 斯所謂詁訓之學也.
202 벤자민 엘먼 지음, 양휘웅 옮김, 2004, 『성리학에서 고증학으로』, 예문서원.

평일에 배우고 쌓은 것을 발하여 정사政事와 시조施措의 도구로 삼는 일이 많아지고 또 정밀해지기 때문이었다."

주자에 비추어 조선의 유학자들은 어떤가. 유수원에 따르면, 조선의 유학자들에게는 그런 식견과 도구가 없다. 그들은 다만 성의정심誠意正心 네 글자를 주워 모아 임금에게 아뢰면서 스스로 주자를 배웠다고 여길 뿐이다. 그들에게 나라 일을 맡겨보면 어찌할 바를 모르니, 그런 정도라면 정치에 능숙한 세속적인 재상만도 못한 것이다. 약간의 아이디어가 있는 사람들은 삼대三代를 끌어대니, 그것이 조선의 현실에 적합하다고 말할 수 있는가. 소학계小學禊, 현량과賢良科, 향약鄕約 등을 급선무로 여기는 경우도 마찬가지다. 위로는 선왕의 가르침을 실천하지 못하고 아래로는 간악한 자들의 교활하고 거짓된 행태를 다스리지 못한다. 그러니 '유학자에게는 실용이 없다'는 비난을 듣게 되는 것이 아닌가. 이들이 과연 주자를 제대로 배운 자라고 할 수 있는가.[203] 유수원의 주장은 의리와 경세의 맥락에서 주자를 읽어내고, 주자와 육지의 결합을 통해 경세학과 의리학을 재정립하려 했던 정조의 생각과 다르지 않다.

'사학'邪學과 '속학'俗學의 범람과 수진본의 유행

정조의 학문관에 공감한 이덕무가 소품문의 지지자였으며, 정조가 소품문을 비판해 마지않았다는 사실은 정조 시대 지식인에 관한 우리의 인식에

203　유수원,『우서』 권10, 論變通規制利害.
答曰 朱子之學 所不通 經世之識 尤極精瑩 觀其平日所論 不泥高遠 不嗜卑近 周詳縝密 明白墾到 眞所謂識治之良才 濟世之鴻猷也 東儒果有此本領見識乎 朱子之告其君 每以正心誠意爲言者 只患君心未正而已 君心一正 則以平日所學所蘊 發之爲政事施措之具者 不患不富 不患不精 尊主庇民之效 眞不啻如反手之易故也 東儒無此識無此具 只以掇拾正心誠意四箇字 陳達爲務 自以爲學朱子 一使之當國事 則茫然無施措 反不及於俗下宰相之練達政務者 小有猷爲 則又必動引三代 不切時宜 惟以小學禊賢良科鄕約等事爲先務 上不足以得先王經邦制治之遺意 下不足以服老奸巨猾功僞之情態 徒使流俗之輩 每詆儒者之無實用 噫 此果可謂善學朱子者乎.

혼선을 더한다. 한문학계의 연구에 따르면, 소품문을 짓는 사람들은 문장을 도道를 담는 도구로만 보지 않았다. 그들의 전범 없는 글쓰기는 궁극적으로 개인과 일상의 재발견을 지향했던 것이다. 그렇다면 정조는 경세가로서의 이덕무를 인정했지만, 문장가로서의 이덕무를 받아들일 수는 없었던 것일까.

정조가 소품문에 대해서만 냉정한 시선을 보냈던 것은 아니다. 정조는 천주학에 대해서, 그리고 양명학이나 청대의 고증학에 대해서도 냉담했다. 왜일까. 그것들이 성리학의 사상적 기초를 무너뜨릴 수 있는 위험한 사상이라고 생각했기 때문일까. 만일 정조 시대의 사상적 지형이 주자학과 비주자학(고증학, 양명학, 서학)의 대립을 축으로 하고 있었다면 충분히 그렇게 볼 수도 있을 것이다. 논리적으로만 본다면 그럴 가능성은 농후하다. 고증학, 양명학, 서학은 의리학으로서의 성리학과는 출발점이 다르기 때문이다. 그러나 정조가 이 비주자학적 조류 각각에 대해 어떤 식으로 인식하고 대응했는지는 엄밀하게 확인해둘 필요가 있다.

정조는 성리학과 무관한 다양한 사상 조류를 사학邪學과 속학俗學(혹은 사설邪說)으로 구분했다. 천주학은 전자, 패관소품문과 고증학 등은 후자에 해당한다. 성리학적 인간관이나 세계관과 대립된다는 측면에서 보면 굳이 구별할 필요가 없는 것처럼 보이지만, 정조의 생각은 달랐다. 천주학을 비판하면서 양명학이나 고증학을 거론하지는 않으며, 양명학이나 고증학의 폐단을 언급하면서 천주학을 동시에 문제 삼지는 않았다. 적어도 정조의 생각에서 두 개의 범주가 명확히 구분되었다는 의미다.

정조는 서양 서적, 특히 천주학 관련 서적에 대해 이렇게 말했다.

천주학 문제는 그 자체보다는 정학正學의 성쇠盛衰에 달린 문제다. 서양 서적이 조선에 들어온 지는 이미 수백 년이 되었고 국가의 서고書庫에도 서양 서적이 적지 않게 소장되어 있다. 이이명李頤命(1658~1722)은 서양 선교사를 만나보고 천주학의 장단점을 균형 있게 논평하였고, 이서李漵는 준열하게 비판하였지만, 그때는 정학이 살아 있던 시대였으므로, 천주학에 대한 어떤 평론이라도 크게 문제될 일은 없었다. 정학이 살아 있는 시대에는 박아博雅한 선비라면 누구나 서학에 대해 논평했고 그 논지가 어떤 것이든 시대정신을 침해하지는 않았다. 하지만 지금은 사정이 다르다. 정학이 밝혀지지 않은 시대가 되었으니 천주학의 폐해가 사설보다 심하다. 정학을 밝히는 것만이 이 문제를 근원적으로 해결하는 길이 될 것이다. 아울러 세인들에 대해서는 악한 일을 징계하는 조치를 병행하지 않을 수 없다. 천주학 서적을 들여온 이승훈은 귀양 보내도록 하라.[204]

필자는 정조의 발언을 이렇게 읽는다. '이승훈은 천주학에 관심을 가졌기 때문에 주자학을 버린 것일까, 아니면 주자학에 대한 확신이 적어졌기 때문에 천주학을 믿은 것일까. 아마 후자일 것이다. 과거처럼 주자학이 정학으로서 차지하는 특별한 위치를 확신하는 선비라면 그들이 천주학에 관심을 가지는 것을 하등 문제 삼을 필요가 없다. 하지만 요즘처럼 주자학을 삶의 원칙으로 받아들이지 않는 선비들이 천주학을 수용하고 그 믿음을 확신한다면 그것은 문제다.'

정조는 천주학을 엄중하게 경고하는 수준에 그치지 않고 명시적으로 배척했다. 비非주자학적 조류 가운데 가장 강하게 대처했던 것이다. 정조가 천주학이 근본적으로 주자학과 대립한다고 생각했을 가능성을 배제할 수 없다. 그러나 정조는 그 점조차 중시하지는 않았다.[205] 정조는 주자학을 확신하지 않는 학문적 태도로 인해 결국 천주학에 대한 관심이 불교와 같은 이단 학문 수준에서 '더는 용납할 수 없는' 사학邪學 수준으로 변질되었다고 보았을 뿐

---

204 『홍재전서』 권34, 敎5, 斥邪學敎.
西洋之書 出來於東國者 已數百餘年 史庫玉堂之舊藏 亦皆有之 不啻幾十編帙之多 年前特命收取出置 卽此可知購來之非今斯今 而故相忠文公入燕 與西洋人蘇霖戴往復 求見其法書 而其言以爲對越復性 初似與吾儒無異 不可與黃老之淸淨 瞿曇之寂滅 同日而論 然彷彿牟尼之生 反取報應之論 以此易天下 則難矣云云 故相之言 可謂詳辨其裏面 而亦或純然攻斥者有之 故察訪李澍詩 則至以爲夷人傳異學 恐爲道德寇 大抵近日以前 博雅之士 未嘗不立言評騭 而其緩其峻 無足有無於其時 而今也正學不明也 故其爲弊害 甚於邪說 浮於猛獸 爲今日捄弊之道 莫過於益明正學 而且就世人 另行彰善癉惡之政 然後庶可責其功.

152

이다.

정조가 걱정했던 또 다른 문제는 양명학과 고증학, 그리고 전범 없는 글쓰기 등이었다. 정조는 이 새로운 학술과 문예이론을 하나로 묶어 잡학雜學, 속학俗學, 신서新書 등으로 표현했다. 정조가 이것들을 '잡되고 속되다'고 생각한 것은 이 새로운 학문 조류가 주자학에 도움이 안 되는 '쓸모없는' 일이라고 판단했기 때문이다.

한문학 분야의 성과에 따르면, 개인과 일상의 재발견에 관심을 가진 백탑시파 지식인들은 원굉도 등 양명좌파의 문예이론에 영향을 받았다. 정조도 속학俗學이 '육구연과 왕양명, 그리고 이탁오에게 기원한다'고 말했다.[206] 정조는 패관소품과 관련된 명말청초의 서적을 더 이상 들여오지 못하게 하고 박지원 등에게는 반성문을 요구했다. 그러나 정조는 그런 '잡학'이나 '속학'을 하는 사람들이 주자학에서 '의식적으로' 벗어나려 했다고 생각지는 않았다. 정조의 생각에 따르면, 소품문으로 대표되는 잡학이나 속학은 식견이 얕은 젊은 사람들이 '평범한 것, 옛것'을 싫어하고 '특이한 것, 새로운 것'을 좋아하면서 생긴 풍조였다. 정조의 눈높이에서 본다면, 천주학이 노자와 장자 같은 이단 학문이었다면, 소품문은 처음부터 문장 차원의 문제에 '불과'했다.[207]

사학邪學과 속학俗學에 관한 정조의 생각에 근거한다면, 정조의 속내를 이렇게 읽을 수도 있지 않을까. '박지원과 그 동료들이 창신創新을 명분으로 속학을 한 것은 잘못이지만, 법고法古의 의의를 인정하는 한 그들이 주자학

205　정조가 천주학을 포함한 서학, 양명학, 고증학 등 다양한 사상 조류를 적극적으로 수용하려 했다고 말하는 것은 어폐가 있다. 그러나 정조는 정학을 지킨다는 전제에서 이런 사상 조류조차 이단 학문 혹은 잡학의 일부로서 인정하거나 적어도 묵인할 준비는 되어 있었다.

206　『홍재전서』 권182, 羣書標記 4, 御定 4, 朱子書節約.

207　『홍재전서』 권184, 日得錄 4.

蓋邪學之可闢可誅 人皆易見 而所謂小品 初不過文墨筆硯間事 年少識淺薄有才藝者 厭常喜新 爭相摸倣 駮駮然如淫聲邪色之蠱人心術 其弊至於非聖反經蔑倫悖義而後已 況小品一種 卽名物考證之學 一轉而入於邪學 予故曰欲祛邪學 宜先祛小品.

의 테두리를 벗어나려 했다고 말할 수는 없다. 그들이 주장하는 청 문물 도입론에는 위정자로서의 책임감과 실용 학문에 대한 확신이 들어 있지 않은가. 속학의 사소한 잘못을 털어내기만 하면, 언제든 의리경세학을 본질로 삼는 실용 학문의 세계로 회귀할 수 있는 사람들이다.'

조선 후기의 사상적 지형에 관한 역사학계와 한문학계의 설명은 여러 면에서 일치하지 않는다. 경제지학과 명물도수지학, 혹은 서학·양명학·고증학 등을 어떻게 설명할 것인가가 관건이다. 정조는 성리학의 자기극복 차원에서 이 새로운 것들을 받아들였는가. 아니면 성리학으로부터의 일탈을 봉쇄하기 위해 그것들을 부정했는가. 혼란을 피하기 위해서는 먼저 그 시대의 학문에 관한 정조의 내면을 읽어보아야 할 것이다. 그런 점에서 보면, 정조는 적어도 성리학이 가진 정학으로서의 위치를 부정한 적이 없었다. 그는 다만 이기심성 위주로 발달해온 조선의 학문적 전통을 그대로 계승하는 데 만족하지 않고 경세학과 의리학을 강조했을 뿐이다. 그렇다면 그 의리경세학 내에서 경제지학과 명물도수지학, 청 문물 도입론, 혹은 서학·양명학·고증학의 자리는 어디쯤인가.

정조가 자신이 생각한 학문의 위계를 명시적으로 제시한 적은 없다. 각각의 학문이나 사조에 대해서 논평했을 뿐이다. 그러나 그런 모든 개별적인 논평은 정조가 생각한 학문의 위계 안으로 수렴될 수밖에 없다. 필자는 그 위계에 대한 정조의 생각을 이렇게 읽는다. '정당한 주자학이라면 국가가 닥친 현실 문제를 외면하지 않아야 하고, 올바른 선비라면 국가와 사회를 위한 제도적 대안을 모색하는 데 게을러서는 안 된다. 경세학은 주자학의 정학으로서의 위치를 회복하기 위해 필요하다. 그것은 때로는 유성룡이나 유형원의 사회 개혁안이 될 수도 있고, 박지원 일파가 주장한 청 문물 도입론이 될 수도 있다. 정학으로서 주자학의 위치만 확고하다면 경우에 따라서는 서학이든 양명학이든 고증학이든 굳이 문제 삼을 필요는 없다. 그것들은 서양 과학기술처럼 의리경세학의 전통 안에서 실용의 일부를 구성할 수도 있을 것이다. 지금은 정학이 바로 서지 않아서 문제다.'

정조가 처음부터 서학을 사학으로 여긴 것은 아니었다는 점도 주목해야한다. 정조의 논리대로라면 '정학만 바로 설 수 있다면 서학은 다만 도교, 불교와 같은 이단사상일 뿐이며, 사학으로 다스릴 필요는 없다.' 사학에 물든 사람은 비유하자면 '술에 취한 사람'이다.[208] '술에 취한 사람'이라면 그는 '술에서 깨어나면 보통사람으로 돌아갈 수 있는' 사람이기도 하다. 정조의 논리대로라면, 그런 사람에게 술에서 깰 기회를 주지 않는 것은 옳지 못하다.

패관소품과 전범 없는 글쓰기, 그리고 양명학과 고증학의 경우도 마찬가지다. '그것들은 원래 속학이며 잡학일 뿐이었다. 그런데 고증을 명분으로 성현의 말씀에 흠집을 낸다면, 그것은 이미 사학邪學으로 변질된 것이다. 처음부터 사학으로 출발한 것이 아니기 때문에 눈에 잘 띄지 않으므로 그 폐단은 도리어 천주학보다 심하다. 그러나 문제 해결의 열쇠는 여전히 정학 부흥에서 찾을 수밖에 없다. 잡학이 사학으로 변질된 것은 그들이 정학에 전념하지 않고 옆으로 난 작은 길을 택했기 때문이다.'

잘 알려진 대로, 정조는 서양 과학기술과 서양 화법畫法을 도입하는 데 주저하지 않았으며, 성리학과 고증학의 절충을 용인했다. 그러나 정조는 양명학의 문예이론에 반대했으며 문체반정을 시도하기도 했다. 그렇다면 정조가 보여준 어느 한 면을 가지고 '정조는 이런 사람이었다'고 단정해서는 안 된다. 정조가 여러 학문과 사상에 대해 무어라 말했는지를 아는 것도 중요하지만, 어떤 맥락에서 말하고 행동했는지를 이해하는 것이 더 중요하다.

정조의 학문관을 한마디로 요약한다면 경세학과 의리학의 부흥이다. 정조는 이렇게 말하려 하지 않았을까. '의리경세학이야말로 진정한 의미의 정학이다. 모든 종류의 새로운 것들은 그 정학의 부흥에 비하면 사소할 뿐이다. 사소한 것들은 그 일부로 녹아들거나 잡학으로 남아 있을 수도 있지만, 정학만 제대로 서면 전범 없는 글쓰기처럼 질이 좋지 않은 경우라도 두려워할 필

---

208   『홍재전서』 권162, 日得錄 2, 文學.
彼惑者 卽如中酒之人 醒則好做常人 若因其醉而徑用法律 不開後悔之路 則是謂罔民 予豈爲是哉.

요가 없다. 지금 정학이 바로 서 있지 않으니 패관소품 수입을 금지하는 조치가 불가피하다. 하지만 정학을 바로 세울 수 있다면 닭 잡는 데 소 잡는 칼을 쓸 필요는 없지 않은가.'

정조가 정학의 부흥을 외치기 훨씬 전부터 이 '사소한 것'들은 조선 지식인의 독서에 적지 않은 영향을 미쳤다. 정조가 보기에 사람들이 이 '사소한 책'들을 좋아하는 것은 거기에서 개인과 일상을 재발견하게 되었다거나 혹은 경전이 완벽하지 않다고 여겼기 때문이 아니다. '그들에게 정학의 세계는 건너기에 너무 넓은 바다와 같았다. 넓고 깊은 바다를 건너려는 용기가 없기 때문에 그들은 다만 지름길을 택하려 한다. 그들은 그 지름길에서 개인과 일상의 중요성, 그리고 경전의 불완전함을 보았다고 외친다.'[209] 정조의 입장에서 보면, 그 새로운 것들은 교화敎化와 시무時務를 핵심으로 하는 '실용'에 아무 도움이 되지 않을 뿐만 아니라, 심지어 거짓이다. 문제는 정학을 하지 않으면 그 사실을 자각하기 어렵다는 것이다.

필자가 보기에 정조의 문제의식은 이런 것이었다. '정학의 바다를 건넌 뒤에 소품을 읽는다면, 혹시 소품과 고증학의 피상적인 매력에 끌렸다 하더라도 결국은 정학으로 돌아오게 될 것이다. 처음부터 정학을 피하거나 부정하려는 의도를 가지지 않았다면, 소품문을 즐기는 사람들이 정학으로 돌아오는 것은 전혀 어려운 일이 아니다. 박지원은 정학으로 출발했고, 정학의 중요성을 잘 아는 사람이다. 따라서 그가 정학으로 돌아오는 것은 시간문제다. 가장 걱정스러운 것은 정학의 바다를 건너보지 않은 사람들, 건널 용기가 없는 사람들이다. 이 사람들이 그 사소한 것들에만 집착할 경우 폐단은 이루 말할 수 없을 것이다.'

정조가 문체반정을 시도하고 고증학을 비판한 것은 그것들이 성리학의 토대를 무너뜨릴 만큼 강력하다고 생각했기 때문일까. 적어도 정조의 인식에

---

209   『홍재전서』권50, 策問 3, 俗學(抄啓文臣親試及泮儒應製).
誠欲使反而求諸就實之學 寢廟於六經 堂奧於左史 門墻於八家 則津涉浩浩如烟海 披剝紛紛如縷絲 斗筲之力
量 不得不望洋回首 於是乎旁占一條 便宜之運爲可以粉飾塗澤 大言不慙.

서는 그렇다고 말하기 어렵다. 정조는 소품문과 고증학의 폐해를 비판하기는 했지만, 그것은 정학이 제대로 서지 않아서 속학이 사학이 되어갔기 때문이다. 정학만 제대로 서 있다면 속학은 다만 속학일 뿐이며 큰 문제가 되지 않는다. 정조는 다만 소품문과 고증학이 정학의 바다를 건널 용기를 내지 않는 사람들에게 명분을 주었다는 사실을 심각하게 보았을 뿐이다.

정조가 속학을 비판한 것은 순정하지 못한 문체 때문만은 아니었다. 정조는 속학의 유행과 관련한 다른 문제점을 지적했다. 첫째, 속학은 문체 자체도 문제지만 그런 문체를 낳은 시대가 더 문제라는 것이다. "문장이 세도를 반영한다는 점에서 보면, 차마 눈뜨고 볼 수 없는 명나라 말의 문장은 그만큼 타락한 세도世道 때문이기도 하다. 따라서 이 문체를 배우는 것은 세도가 땅에 떨어진 시대를 따라가는 것이니 옳지 못하다."[210] 둘째, 정조는 수입 서적 전반에 대해 좀 더 포괄적인 문제를 지적했다. 북경에서 들여오는 책 중 열에 아홉은 패관소설과 소품문, 고증학에 관한 것이었다. 그것은 교화와 시무에 도움이 되는 '실용'적인 책은 아니었다.[211]

정조의 수입 서적에 대한 불신은 패관소설과 소품문, 그리고 고증학 서적 때문만은 아니었다. 정조는 중국본 도서의 크기가 조선 지식인의 독서에 어떤 영향을 미치는지를 예의 주시했다. 정조는 이렇게 말했다. "어떤 책을 읽느냐 못지않게 어떤 자세로 읽느냐도 중요하다. 사대부의 자제라면 성현의 말씀을 읽어야 하고, 읽을 때에는 책을 책상 위에 반듯하게 올려놓고 바른 지세를 가져야 한다. 그런데 언제부터인가 사대부들이 비스듬히 누워서 책

210 『홍재전서』 권164, 日得錄 4.
教筵臣曰 文章與世道上下 代各不同 而至於明末之文 噍殺促急 傾巧破碎 不忍正視 此專由於時勢風氣之 使然 觀其文而想其時 不覺毛髮竦然 而近來搢紳子弟 多有喜學其體者 勿論其文體之如何 此果何等時而 反欲效之 是誠何心哉 其爲害於世道 反有甚於邪學 爲其父兄者 何不痛禁之乎 年來唐本書冊之禁其貿來 蓋欲矯此弊也.

211 『홍재전서』 권162, 日得錄 2, 文學 2.
近看燕中新購之書 如禮樂兵刑錢穀甲兵等 有實用者 一不槪見 只以鄙俚不經冗瑣可笑之事 苟求一時之 悅眼 自詑千載之殊同 故予果懲懲於此 前後所著書 率皆以實用爲主.

을 보기 시작했다. 게으름이 습성이 되어 성현의 말씀을 담은 책도 누워서 본다. 이런 상황에서 중국본들이 유행하기 시작했다. 그런데 이 중국본들은 예외 없이 조선본보다 크기가 작다. 조선본은 누워서 보기 불편하지만 중국본은 훨씬 편하다. 그러니 중국본이 넘쳐난다면 결국 이 습관을 더욱 부채질하게 될 것이다. 북경으로부터의 서적 수입을 금지한 것은 이런 게으른 독서 풍조를 바로잡기 위한 목적도 있다."[212] 사대부들이 누워서 책을 읽는 풍조는 어제오늘의 일은 아니었다. 하지만 정조는 중국본의 유포가 이런 풍조를 부채질하고 있다고 생각했다. 정약용도 책상 위의 책을 바르게 정돈하지 않은 채 그냥 누운 채로 읽은 적이 있을 정도였다.[213]

수입 서적의 크기를 문제 삼은 정조의 지적을 범상하게 보아 넘길 수 없는 것은, 수입 서적의 판형이 조선 지식인 사회에 미친 영향이 적지 않았기 때문이다. 특히 수진본袖珍本이 유행하기 시작하는 현상은 눈여겨볼 대목이다. 수진본은 소매 안에 넣고 다니면서 필요할 때 꺼내 볼 수 있도록 만들어진 작은 책을 뜻한다. 중국에서 수진본의 역사는 남제南齊 형양왕衡陽王이 오경五經을 베껴 작은 상자 속에 넣어두었던 것에서 비롯되었다. 수·당 때에는 이미 경전과 시문詩文 등이 수진본 형태로 제작되었다. 과거시험에 대비하기 위해서였다. 일본에서는 겐로쿠元祿 연간부터 성서聖書, 이언俚言, 속담俗談, 소설小說, 소화집笑話集, 아동용 독본讀本 등이 수진본으로 출판되기 시작했다. 한국사의 경우는 어떨까. 고려시대에 송나라에서 들어온 수진본을 복각覆刻한 일이 있었다. 전체적으로 보면 한국 수진본은 역사歷史, 지도地圖, 한시漢詩, 사전事典, 편람便覽 등이 주류를 이루었다.[214]

중국 수진본의 역사가 고대로 거슬러 올라간다는 사실, 경전과 시문에 관

212 『홍재전서』 권164, 日得錄 4, 文學 4.
且士大夫子弟 凡於書册 當尊閣丌上 正坐看讀 而懶惰成習 喜於偃臥 唐本則便於臥看 而鄕本則不便 故擧取唐本 雖聖經賢傳 亦多臥看 士夫風習 烏可如此 唐本之嚴禁 兼欲正其懶習也.

213 정약용, 『여유당전서』 제1집, 詩文集, 권6, 松坡酬酢.
懶案橫書只臥看 腰支無力帶圍寬.

214 이성애, 1976, 「奎章閣袖珍本考」, 『奎章閣』 1.

한 수진본이 많았다는 사실은 조선의 독서 풍토와 관련해서 보더라도 의미심장하다. 매우 이른 시기부터 유학의 경전들이 한반도에 전래되었다면 그중에 수진본이 없다 할 수 없다. 이황도 수진본 형태의 심경心經을 보고 직접 교정한 일이 있었다.[215] 그러나 경전을 수진본으로 만들어 활용하려는 적극적인 움직임은 조선에서 확인되지 않는다. 경전을 읽는 행위에 관한 한 조선 지식인들은 훨씬 원칙적인 태도를 유지했다. 서재에서 바른 자세로 읽는 것은 무엇을 읽느냐에 못지않게 중요한 문제였기 때문이다.

이런 지적인 지형 안으로 패관소품들이 쏟아져 들어오기 시작했다. 그런데 이 책들은 대체로 조선판 책에 비해 크기가 작았다. 그중에서도 탑본榻本은 크기가 더 작았다. 적지 않은 독자들이 이 작은 책들을 환영했다. 그 저작들이 개인과 일상의 중요성을 일깨웠기 때문이기도 하지만, 아무데서나 편하게 볼 수 있기 때문이기도 했다.[216] 정조가 이 책자들에 동의할 수 없었던 것도 그런 이유였다. 경전이나 국가 경영 전략과는 무관한 내용 때문이기도 하지만, 독서하는 자세를 흐트러뜨리게 하는 판형 때문이기도 했던 것이다. 정조의 입장에서 보면 '서재에서 바른 자세로 바른 책을' 읽지 않는다면 독서하는 데 긴장감을 유지할 수 없다.

민간에서는 정조처럼 문제를 심각하게 보지는 않았다. 중국에서 수입된 다양한 주제, 다양한 판형의 책들 중에는 주제별로 기사를 편집해 묶은 것들도 있었다. 이런 유형의 책을 유서類書라고 한다. 『백미고사』白眉故事라는 책도 그중 하나다. 이 책은 조선에서 다시 간행되거나 필사되었다. 『백미고사』 간행본 중에서 수진본이 남아 있다는 사실은 주목할 만한 대목이다. 이 수진본 『백미고사』는 현재 중국 국가도서관에 소장되어 있다.[217] 『백미고사』의 사례는 18세기 조선에서도 수진본이 유행했음을 잘 보여준다.

---

215 『승정원일기』, 정조 18년 8월 24일.
216 『홍재전서』 권163, 日得錄 3, 文學 3.
217 최환, 2003, 「중국 類書 白眉故事 연구」, 『중국학보』 47, 241쪽; 김현정, 2010, 「수진본지도와 18~19세기 지식의 확산」, 『한국고지도연구』 제2권 2호, 71쪽.

현재 확인되는 수진본의 수는 많지 않다. 규장각 도서의 경우만 하더라도 한국본 3만 3,088종 가운데 수진본은 겨우 15종에 불과하다. 내용상으로는 사부史部(12종), 형태상으로는 필사본(11종)이 가장 많다. 사부 12종 중에는 3종의 지도책이 포함되어 있다.[218]

지도책이 수진본으로 제작되었다는 점은 흥미로운 대목이다. 17세기 조선에는 「천하도」, 「중국지도」, 「일본지도」, 「유구지도」, 「조선총도」, 「팔도지도」 등 총 13매로 구성된 지도책자가 등장했다. 이 지도책은 흔히 '여지도'輿地圖라는 이름으로 불린다. 필사본은 물론 목판본으로도 제작되었으며, 19세기 말까지 전국의 식자층에게 널리 보급되었다. 책자의 크기는 일정하지 않지만, 대개 일반적인 조선 서적과 크게 다르지 않다.[219]

18세기가 되면 이 여지도 책자의 팔도지도를 베껴 그린 수진본 지도책이 등장한다. 책의 크기가 작아진 반면, 각 도별 정보는 오히려 여지도 책자보다 자세하다. 각 도에 8면씩, 총 64면으로 되어 있는데, 각 도는 2면에 지도를, 나머지 6면에 교통시설, 군사시설과 사회경제적인 정보를 담았다. 현재 국내 공공도서관에 있는 것 중에는 최소 6종 이상이 확인된다.[220]

수진본 지도책이 병풍 형식으로 제작되었다는 점도 눈여겨볼 만하다. 이런 제본 방식을 절첩식折帖式이라고 한다. 한 권짜리 절첩식 책자라면 특별할 것은 없다. 그러나 여러 권으로 된 절첩식 책자라면 사정이 다르다. 이런 형식은 '절첩식이면서 여러 권의 책으로 되어 있다'는 의미로 분첩分帖 절첩식이라고 한다. 대형 조선전도를 이런 방식으로 만든다고 하자. 남북 방향으로

---

218 홍정희, 1985, 「袖珍本에 관한 小考－奎章閣圖書 韓國本을 中心으로」, 『도서관정보학논집』 3, 59~61쪽.

219 이 여지도 책은 17세기 지도 정보의 민간 확산, 목판인쇄술의 발달을 배경으로 탄생했다. 그러나 정작 누가 이 여지도 책을 보았으며, 어떤 용도로 활용했는지는 여전히 설명되지 못하고 있다.

220 김현정, 2010, 「수진본지도와 18~19세기 지식의 확산」, 72~75쪽. 이 수진본 지도책자들은 대부분 경리청經理廳에 대한 정보를 공유하고 있다. 북한산성 관리를 위해 1712년(숙종 38)에 설치된 이 관청은 1747년(영조 23)에 총융청으로 합쳐졌다. 수진본 지도책의 제작 상한이 아무리 빨라도 1712년보다 앞서기는 어렵다는 의미다. 이 점을 근거로 해서 본다면, 조선에서 수진본 지도책이 유행한 것은 18세기 이후라고 말해도 좋을 것이다.

일정한 간격에 맞추어 지도를 자른다. 길게 자른 각 권을 일정한 폭의 크기에 맞추어 각각 병풍처럼 접는다. 세로로 자르는 간격, 가로로 접는 간격에 따라 책 크기를 결정할 수 있다. 이론적으로는 아무리 큰 지도라도 여러 권의 병풍형 지도로 만들어 들고 다닐 수 있다.『대동여지도』는 바로 이런 방식으로 만들어진 지도다. 세로 7미터에 달하는 대형 조선전도인『대동여지도』를 휴대 가능한 크기로 제본할 수 있었던 것은 수진본 지도책에 사용된 병풍식 제본 방식이 알려져 있었기 때문일 것이다. 조선에서 지식은 새로운 매체와 새로운 형식을 통해 확산되고 있었다.[221]

수진본이 특별히 문제가 되었던 것은 과거시험장에서였다. 과거시험은 양반 자제가 관리가 될 수 있는 가장 유력한 수단이었다. 과거시험이 자주 열리면서 시험장에 책을 가져오는 등 불법행위도 많아졌지만, 그렇다고 선비를 대상으로 소지품 검사나 몸수색을 심하게 할 수는 없는 노릇이었다. 상황이 이렇다 보니 수진본 책자를 소매 안에 넣어 오는 일이 벌어지기 시작했다.

1749년(영조 25) 7월, 과거시험 부정 문제를 논의하는 자리에서 조현명趙顯命(1690~1752)이 이렇게 말했다. "과거시험장에서 서책書冊을 엄히 금하는 것이 비록 좋은 일입니다만, 소매 속에 넣어온 책자까지 금지할 필요는 없을 듯합니다." 소매 속에 넣을 수 있는 크기라면 의심할 여지없이 수진본이다. 조현명은 수진본이면 정보량이 적을 수밖에 없으니 그것까지 금지할 필요는 없지 않겠느냐는 취지로 말한 것이다. 영조는 일단 원칙적인 반응을 보였다. "수진본을 허락한다는 것은 결국 사서四書를 허락하는 것일 테니, 사서를 허락하게 된다면 결국 다른 책도 소매에 넣어 들여오려 하지 않겠는가."[222] 1750년(영조 26)에 열린 감시監試에서는 한곳의 시험장에서만 무려 60여 명

---

221   「서북계도」는 정조 시대의 산물로 여겨지는데(배우성, 2007, 「18세기 청의 지리지 지도와 백두산의 수계」,『역사와경계』 65), 병풍 형식의 수진본이 탄생한 후 그 아이디어가 분첩 절첩식 지도로 확대되어가는 과정을 잘 보여준다.

222   『승정원일기』, 영조 25년 7월 28일.
(趙)顯命曰 場屋嚴禁書冊雖好 然袖中納冊 似不可禁矣 上曰 袖珍不易四書 實爲一負矣 且四書若許入 則他書必然多入 決不可許四書矣.

『수진팔도지도』袖珍八道地圖, 18세기 이후, 목판본, 10.2×184.6cm, 서울역사박물관.
팔도의 지도와 해당 지역의 주요 정보를 작은 크기에 효과적으로 담기 위해 절첩식 형식으로 만들었다.

의 유생이 운서韻書와 수진본을 몰래 지참했다가 감독관에게 적발되었다. 그들 중 일부는 합격자 명단에 포함되어 있기도 했다. 철저한 몸수색만이 작은 크기의 책자를 차단할 수 있는 유일한 방법이었을 것이다. 그러나 18세기 조선은 여전히 '선비를 죽일 수는 있어도 욕보일 수는 없는' 사회였다. 그런 사회에서 수진본을 원천 차단하기는 쉽지 않았다. 수요가 사라질 수 없는 구조였으니 공급이 끊길 리 없었을 것이다.[223]

17세기 조선에서는 과거 응시자의 수가 급격하게 늘었다. 서얼의 응시 제한이 완화되었고, 원점圓點 규정이 폐지된 것도 한 원인이었다. 원점은 성균관 유생들이 식당에 비치된 출석부에 서명을 하고 받는 점수를 말한다. 원점 규정이 폐지되었다는 것은 기준 원점을 넘겨야 과거 응시 자격을 부여하는 시스템이 사라졌다는 뜻이다. 응시생이 늘었다는 것은 합격률이 낮아진다는 의미이기도 할 것이다.

시험을 통과하지 못한 유생에게 군역을 부담시키는 제도가 시행되면서, 유생은 사족 신분을 유지하기 위해서 무슨 방법을 써서라도 과거시험에 합격해야 했다. 수험서와 모범답안이 등장하는가 하면, 시험장에서 각종 불법 행위가 벌어졌다. 책을 끼고 가거나 대리 시험을 치게 하는 것은 대표적인 유형

223   『승정원일기』, 영조 26년 2월 14일.
上曰 囊中所藏及所謂袖珍 何必禁之耶 (柳)儼曰 所謂册子 亦非大段 或韻册或袖珍 而旣自禁亂所 關由試所 則不可以其册之不大段 有所寬貸 臣意以爲不可無罰矣 上命承旨書之曰 (……) 大抵禁令 雖予弛 古人豈不云乎 士可殺不可辱 其搜檢之際 若或過中 則此辱士也 以此 申飭搜挾官及禁亂官.

이었다.[224] 과거시험장의 풍경이 이런 것이었다면, '욕보임을 당하지 않을 권리'를 인정받는 유생들이 소매 안에 수진본을 넣고 시험장에 들어갈 가능성은 그만큼 더 커진다.

수진본이 실용적인 지식을 효과적으로 전달하는 데 활용된다면 경세학과 의리학의 맥락에서 '실용'을 정의하던 정조라고 해서 그것을 부정적으로 볼 이유는 없다. 그러나 이 새로운 형식은 독서하는 자세를 흐트러뜨리고, 과거시험의 부정행위를 용이하게 했으며, 심지어 사학邪學을 확산시키는 역할을 했다.[225] 정조의 입장에서 보면, 그런 책들은 바른 자세로 정학正學을 공부해야 할 선비들을 안이하게 만들거나 오염시킬 뿐이었다.

중국본의 판형이 18세기 조선에서 독서의 긴장감을 늦추었다는 사실은 정조가 규장각에서 왜 다양한 활자를 만들었는지를 이해하는 실마리가 된다. 정조는 임진자(1772년), 정유자(1777년), 임인자(1782년), 생생자(1792년), 정리자(1795년) 등 5종 100만여 자의 활자를 제작하고, 이 활자들을 이용해 서적을 간행했다. 이 글자들 중 일부는 만들어진 해의 간지를 기준으로 이름 붙여졌다. 임진자와 정유자는 글자가 조금 커서 유교 경전이나 역사책을 인쇄하기에는 좋았다. 제자백가諸子百家의 책이나 개인 문집을 찍기에는 좀 더 작은 활자가 필요했다. 그렇게 해서 임인자가 탄생했다. 생생자는 자전의 글자체를 이용한 목활자이며, 정리자는 생생자를 바탕으로 한 활자다.[226]

정조는 왜 이렇듯 여러 가지 종류의 활자를 만들었을까. 정조는 조선에서 간행한 경전들이 중국본에 비해 약점이 있다는 사실을 잘 알았다. 판각板刻은 섬세하지 못하고 장정裝幀은 투박하고 무거웠다. 그에 비하면 중국본은 가볍고 얇은 데다가 크기도 작아서 책을 펴기 쉬울 뿐만 아니라 아무데서나 편한 자세로 볼 수 있었다. 정조는 경전이 외면받는 상황뿐만 아니라 중국본

---

224 박현순, 2009, 「17세기 과거응시자 증가 현상에 대한 고찰」, 『사학연구』 93, 116~139쪽.

225 종교적인 이유로 수진본을 만들어 활용하는 경우도 생겨났다. 특히 천주학이 보급되면서 천주교 교리를 담은 수진본 책자들이 보급되기도 했다(『승정원일기』, 정조 15년 11월 11일).

226 김문식, 2000, 『정조의 경학과 주자학』, 문헌과해석, 21쪽.

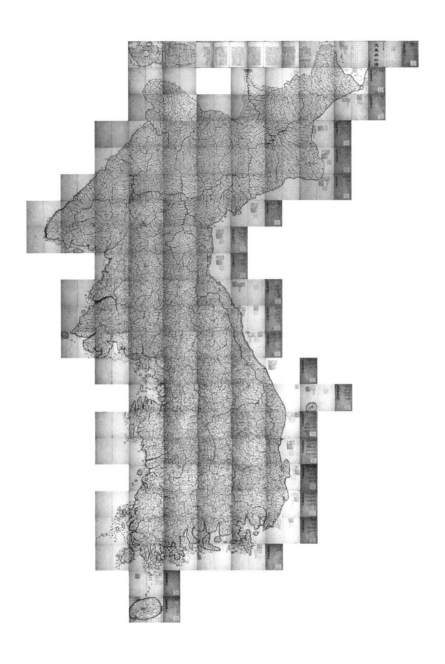

김정호, 『대동여지도』大東輿地圖, 1861년, 목판본, 22첩, 30.2×20.1cm(책 크기), 서울대학교 규장각한국학연구원.

조선전도를 22권의 절첩식 책자로 만든 것으로, 22층을 모두 연결하면 세로 6.7미터 가로 3.8미터에 이르는 거대한 지도가 된다.

경전을 해이한 자세로 보는 세태도 문제 삼았다. 태만하고 게으른 자세로 경전을 보는 것은 경전을, 나아가 성현을 모독하는 행위였다. 정조는 자신의 고민을 털어놓은 뒤 이렇게 말했다. "이 때문에 사신들에게 책을 사오지 못하도록 하고 주자소鑄字所를 두어 책을 인쇄한 것이다. 오늘날의 사대부들이 혹시라도 이러한 나의 고심을 안다면 또한 스스로 무엇을 힘써야 할지를 알 것이다."[227] 정조가 주자소를 두고 활자에 공을 들인 데는 성현의 말씀을 누워서 보는 상황을 막아야 한다는 절박함이 작용했다. 정조의 시선으로 본다면, 경세학과 의리학을 부흥시키는 일은 바른 자세로 긴장감을 가지고 독서하는 것에서 시작해야 하기 때문이다.

227　『홍재전서』 권165, 日得錄 5.
我東刊印經書 雖雕板則多欠工緻 裝襯則率皆麤重 (……) 蓋以唐本 則卷帙輕薄 而易於披舒 臥看欹閱 胡抽亂抽 無往不便 故樂放縱惡拘檢者 舍此取彼 是亦怠惰擾雜之所由然也 他書尙不可如此 況經傳乎 侮經傳 卽侮聖言也 (……) 此所以禁燕行之購書 置鑄所而印書也 爲今之士大夫者 或能識予此箇苦心 則其亦有以知所自勉矣.

2부

경세서는 시대와 독자에 따라 어떻게 읽혔을까

1장.

『택리지』 읽기의 다양한 방식들

광문회본 『택리지』의 문제점

18세기 조선 지식인 사회가 의리학, 그리고 의리학적 기초를 가진 경세학을 정점으로 하는 지식의 위계에 공감했다면, 그와 관련한 지식을 읽고 쓰고 공유하려는 노력도 적지 않았을 것이다. 흔히 '실학'이라고 불리는 지적 성취가 여기에 해당할 것이다. 저술가라면 책을 쓰는 단계에서 지식의 내용과 밀도를 중시할 수밖에 없다. 그런데 독자라면 어떨까. 저자가 안내하는 방식을 따라, 저자의 시선에서 텍스트를 읽어나갔을 수도 있다. 그러나 저자의 의도와 무관하게 읽었을 가능성도 배제할 수 없다. 아래에서는 저자의 손을 떠난 텍스트가 얼마나 다양한 독자들에 의해 얼마나 다르게 읽혔는지를 『택리지』擇里志를 통해 검토해본다.

『택리지』는 이중환李重煥(1690~1752)이 살 곳을 찾아다닌 과정을 기록한 책이다. 이 책에는 조선 후기 정치, 경제, 사회, 문화, 지리 등 사회 전반에 관한 이중환의 식견이 녹아 있다. 그 대부분은 18세기적인 의미에서 '경세적'인 지식이었다. '실학' 연구자들이 1960년대부터 이 책을 주목했던 데는 그럴 만한 이유가 있었던 것이다.

이 연구들에 따르면, 이중환은 『택리지』에서 지배계급의 특권을 인정하지 않았으며, 인간 사회의 평등을 추구했다. 사士, 농農, 공工, 상商의 사민四

民이 평등하다는 그의 생각은 사민평등관四民平等觀이라고 부를 만하다.[1] 이중환은 또 국가경제 진흥을 위한 아이디어로 토지 생산성의 제고와 유통경제의 발달, 대외무역의 전개 등을 생각하고 있었으며, 그것을 실현하기 위해 농업생산력 향상, 상업적 농업의 장려, 국내외 상업 활동 권장 등을 구상했다. 그는 또 생리生利 항목을 독립시킴으로써 자신의 국가경제 진흥 방안을 구체화하려 했다.[2] 이중환에게 생리 항목은 주거지를 정하는 가장 유력한 원칙이기도 했다. 그는 이익과 욕망을 긍정하는 경제지리적 관점에서 지방을 분석했다. 그 점에서 이중환은 전통적인 사대부에게서 찾을 수 없는 혁신성을 가지고 있었다.[3]

『택리지』의 내용을 분석한 연구들은 예외 없이 이중환의 사상이 가지는 '특별함'을 강조한다. 그런데 그것은 엄밀하게 말하면 근현대 역사가들이『택리지』를 읽어온 방식이다. 바로 그런 것들이 이중환이『택리지』라는 텍스트 전체를 관통하여 강조하려 했던 메시지라고 말하기는 어렵다. 과연 이중환은 무슨 생각을 하고 있었으며,『택리지』를 통해 무슨 말을 하고 싶었던 것일까.『택리지』는 수많은 필사자들에 의해 복제되어 널리 읽혔다. 그런데『택리지』의 독자들은 이중환의 생각을 충분히 존중했는가. 저자의 손을 떠난 책은 독자의 몫이다. 그렇다면 그 시대의 독자들이 자기 방식으로『택리지』를 재구성하거나 재해석했을 가능성도 염두에 두어야 하지 않을까. 그 '다르게 읽기'의 가능성을 확인하기 위해서는 다양한 필사본을 확인해볼 필요가 있지 않을까.

실학 연구자들이 쌓아온 성과에 따르면 이중환은 국가와 민생, 그리고 경제를 고민한 학자였다. 그런데 그런 그가 이렇게 말했다. "우리나라에 어찌 사대부가 있다고 할 수 있겠는가. 중국인들의 경우에는 오호五胡의 후예를

1   김윤곤, 1975,「淸潭 李重煥」,『實學論叢 - 李乙浩博士停年紀念』, 전남대학교 호남문화연구소, 411~413쪽.
2   오성, 2000,『조선 후기 상업사연구』, 한국연구원, 70~76쪽.
3   안대회, 2014,「택리지와 조선 후기 지방 이해의 혁신 - 부랑하는 존재의 移住와 定住」,『한국한문학연구』53, 77~85쪽.

제외하고는 모두가 제왕과 성현의 후예들로서 요순, 문무, 주공의 법제를 닦았으니, 이들이야말로 진정한 사대부다. 그러나 우리나라에서 말하는 사대부는 모두 본국인의 후예일 뿐이다."[4] '역사상 이 나라에 진정한 사대부는 없었다'고 외치는 이 사람은 과연 누구인가. 그가 바로 이중환이다. 이 사실을 받아들이기는 쉽지 않다. 그러나 활자화된 『택리지』나 번역된 『택리지』 그 어디에서도 찾을 수 없는 이 도발적인 문구는 18~19세기에 널리 읽혔던 수많은 필사본 『택리지』에서 예외 없이 확인할 수 있다.

최남선崔南善(1890~1957)은 조선광문회에서 활자본 『택리지』를 펴냈다. 이전까지 필사본으로만 돌아다니던 『택리지』는 비로소 활자화되어 보급되기 시작했다. 이 책을 편의상 광문회본이라 부르기로 하자. 오늘날 알려진 『택리지』는 활자본이든 번역본이든 대부분 광문회본을 기초로 하고 있다. 문제는 최남선이 조선 후기에 유행했던 『택리지』를 기반으로 하면서도 그 일부를 과감하게 수정하여 원래의 맥락을 흔들었다는 것이다. '조선에 진정한 사대부가 없다'는 주장은 광문회본 『택리지』 「총론」의 첫머리에 들어 있어야 마땅하지만, 최남선은 또 이 부분을 삭제했다. 그는 또 다른 곳에서 '황조'皇朝, '조공'朝貢이라고 쓰여 있던 단어들을 '명조'明朝, '통섭'通涉으로 바꾸었다.[5]

최남선은 국토의 형상과 사대事大의 역사에 관한 이중환의 논리를 수정했다. 이중환은 국토의 생김새가 노인을 닮아서 중국에 '충순'忠順해왔다고 말했다. 중국 주변의 오랑캐들과 달리 국토가 좁아 중국에 '사대'했으며, 도덕 국가로서 그런 자랑스러운 역사가 있어서 일찍이 기자가 이곳에 와 임금이 되었다는 것이다.[6]

최남선은 '충순' 대신에 '친니'親泥를, '각근사대'恪勤事大 대신 '불감의타'

---

4 이중환, 『택리지』(규장각 소장본, 도서번호: 古4790-55), 四民總論.
我國寧有士大夫 中原人 除五胡裔 皆以帝王聖賢之後 修堯舜文武周孔之法制 此爲眞正士大夫 乃我國之所謂士大夫 皆本國人苗裔.
5 이중환에게 '조공', '황조' 등의 표현은 근대적 의미의 지배예속 관계가 아니라 중화의식의 일부였을 뿐이다. 그러나 최남선은 그렇게 이해하거나 받아들일 수 없었다.

不敢意他를 사용했다. 이중환이 말했던 '정성스럽게 사대한 역사'는 최남선에 의해 '감히 중국 진출 등은 꿈도 꾸어보지 못한 무기력한 역사'로 바뀌었다. 이중환은 중화주의적 관점에서 사대의 역사를 당연하게 여겼지만, 최남선은 도저히 받아들이기 어려웠던 것이다. 이 지점에서 최남선은 『택리지』를 교열한 정도가 아니라 다시 읽고 있었다. 말하자면 자신이 다시 읽은 『택리지』를 대중 앞에 내놓았다.

최남선의 의도가 무엇이었든, 광문회본은 이후 『택리지』 연구의 기본 텍스트가 되었다.[7] 필사본에 대한 서지적인 소개가 없는 것은 아니었지만,[8] 광문회본과의 차이는 여전히 의식되지 못했다. 그러나 최남선에 의해 이중환의 면모가 가려졌다면, 광문회본에 의해 가려진 『택리지』도 많지 않았을까.

그 양상을 드러내기 위해서는 다양한 필사본을 비교 검토하지 않을 수 없다. 현재 규장각한국학연구원,[9] 국립중앙도서관,[10] 장서각,[11] 서울대 도서

---

6   이중환, 『택리지』(규장각 소장본, 도서번호: 古4790-55), 山水.
古人謂我國 爲老人形 而坐亥向巳 向西開面 有拱揖中國之狀 故自昔忠順於中國 而且無千里之水 百里之野 故不生巨人 西戎北狄 與東胡女眞 無不入帝中國 而獨我國無之 惟謹守封域 恪勤事大 然�在海外 別是一區 故箕子不欲臣周 至此爲君.

7   『택리지』가 실학적 인문지리서로 자리매김한 것은 이른 시기였지만, 『택리지』 연구가 또 한 단계 발전할 수 있었던 것은 1991년에 열린 진단학회의 한국고전연구심포지엄에서였다. 『택리지』에 대한 다학문적 접근이라는 점에서 의미 있는 시도였다(1990, 「第18回 韓國古典심포지엄 − 擇里志」의 綜合的 檢寺」, 『진단학보』 69호; 진단학회, 1991, 『한국고전심포지엄』 3, 일조각). 『택리지』에 대한 지금까지의 연구 성과는 결코 적지 않지만, 대체로 위 진단학회 심포지엄에서 수렴되고 있다.

8   小石晶子, 1985, 「李重煥と擇里志」, 『朝鮮學報』 115; 西川孝雄, 1986, 「擇里志の異名について−文獻目錄」, 『韓』 103.

9   『東國山水錄』(상백고9151D717), 『東國總貨錄』(奎15537), 『博綜誌』(奎3742), 『東國山水錄』(奎11638), 『朝野信筆』(奎15580), 『增補山林經濟』(古7676), 『震維勝覽』(古4790-38), 『震維勝覽』(奎7732), 『震維勝覽』(상백고915.1.J563), 『擇里志』(古9151y58t), 『擇里志』(奎4790-55), 『擇里志』(일사고915.1y58t), 『八域誌』(상백고9151y58c), 『飄然堪超世』(奎7492).

10   『邱隅誌』(古2709-3), 『東國山川關防軍政總錄』(한고조60-5), 『卜居說』(조60-28), 『士大夫可居處』(고2700-105), 『野史略記』(승계고2701-4), 『震維勝覽』(고귀2700-11), 『震維勝覽』(한고조60-70), 『青華漫錄』(古2701-5), 『擇里誌』(고2700-12), 『擇勝誌』(조60-29), 『八域記』(한조60-67), 『八域誌』(한고조60-17), 『八域誌』(한고조60-50).

11   『東國山川錄別集』(K2-4346), 『東國總貨錄』(K2-4189), 『東輿彙覽』(B15AB-9), 『博綜誌』(귀K2-4180), 『震維勝覽』(B15AB-16), 『青邱志』(B15AB-2A), 『擇里誌』(B15AB-2B), 『擇里誌』(K2-4190), 『擇里誌』(K2-4192), 『擇里志』(B15AB-2), 『八域可居處』(K2-4191).

관,[12] 고려대 도서관[13] 등 공공도서관에는 약 50종의 『택리지』 필사본이 소장되어 있다. 이것들을 광문회본과 비교해보면서 차이와 균열의 지점을 포착하는 것이 관건이다. 이런 질문이 가능할 것이다. 광문회본 『택리지』는 논리적으로 완결된 책인가. 어딘가 어색함이 있다면 무엇 때문인가. 최남선 이전의 『택리지』들은 얼마나 다양하게 구성되고 이해되었는가. 『택리지』의 다른 이름들 속에 담긴 숨은 뜻은 무엇인가. 『택리지』의 저자는 처음부터 알려져 있었는가. 『택리지』는 어떻게 변용되고 활용되었는가. 이중환이 『택리지』에서 전하려 했던 궁극적인 메시지는 무엇인가.

광문회본의 기본 형태는 조선 후기의 『택리지』 가운데 가장 일반적이고 대표적인 필사본의 구성을 계승한 것이다. 이제 비교 검토의 편의를 위해 광문회본을 기초로 가상의 표준형 『택리지』를 설정해보기로 한다. 광문회본에는 서문序文과 발문跋文이 없지만, 필사본 중에는 서문과 발문, 이익의 『성호사설』 등 관련 기사들을 보충한 사례도 없지 않다. 그러나 이 표준형에서는 서문과 발문의 유무는 고려하지 않기로 한다. 표준형은 광문회본을 따라 네 단원으로 나뉜다. 「사민총론」四民總論, 「팔도총론」八道總論(도입부와 팔도), 「복거총론」卜居總論(도입부와 지리地理, 생리生利, 인심人心, 산수山水), 「총론」總論이 그것이다. 「사민총론」은 서론에, 「팔도총론」과 「복거총론」은 본론에, 「총론」은 결론에 해당한다.

표준형 『택리지』는 세부적으로 광문회본과 다른 점도 있다. 성격이 다른 글이 같은 항목 안에서 이어지는 경우에는 단락을 끊거나 소제목을 달아 구분했다. 단락은 내용상 임의로 구분했으며, 소제목은 다른 필사본을 참고했다. 팔도를 각각 지리역사와 총평總評으로 나눈 것, 산수 항목 안에 명산名山, 명찰名刹, 도읍都邑, 은둔隱遁, 해산海山, 영동嶺東, 사군四郡, 강거江居, 계거

12 『八城誌』(고서간행회본), 『八城誌』(일석915.1.Y58pp).
13 『東國山水誌』(신암B10A127), 『震維誌』(신암B10A119), 『擇里志』(B10A3), 『擇里誌』(B10A3A), 『擇里志』(B10A3B), 『擇里誌』(육당B10A50A), 『擇里誌』(육당B10A50), 『擇里誌』(만송B10A3B1), 『八城要覽』(신암B10A132), 『八城誌』(B10A186), 『八城誌』(만송B10A185).

溪居 등의 소항목을 둔 것 등이 그것이다. 그 결과는 이 책 부록의 〈표 1〉과 같다. 〈표 1〉에는 표준형의 소항목에 해당하는 내용들이 광문회본의 원문 어느 곳에 해당하는지도 함께 표시해두었다.

「사민총론」은 사대부 신분이 다른 신분과 구별되는 유래에 관한 내용이다(〈표 1〉의 번호 1. 이하 팔호 안의 번호는 〈표 1〉에 있는 번호임). 「팔도총론」의 도입부는 크게 두 부분으로 구성된다. 곤륜산崑崙山에서 조선으로 이어지는 산줄기, 팔도, 그리고 단군 이후 고려시대까지의 간략한 역사(2)가 한 단락이라면, 고려시대에 사대부가 생겨나게 된 경위를 설명한 내용(3)이 나머지 한 단락에 해당한다. 도입부 뒤로 팔도에 대한 설명이 이어진다. 도 내 주요 생활권역, 사회경제적 조건, 관련 일화, 문화 등에 관한 내용이 들어 있다(4~15).

「복거총론」은 본론의 후반부에 해당하는데, 지리·생리·인심·산수 등의 항목에 취락 입지의 기준에 관한 설명이 있다. 지리가 좋은 곳은 산 자의 집자리로 좋은 곳, 즉 양택풍수陽宅風水의 조건을 갖춘 곳이다(17). 농업생산력과 유통경제는 생리의 필수적 조건이다(18, 19). 그러나 사대부로서 유통경제에 어떻게 대응해야 하는지는 별개의 문제다(20). 인심이 좋은 곳이란 일반적으로 지역 민심이 순박한 곳을 말한다(21). 그러나 사대부에게 인심이 좋은 곳이란 곧 당쟁에 오염되지 않은 곳이다(22).

산수 항목의 도입부는 백두대간에서 흘러내린 산줄기(23), 유구국 왕자의 일화(24), 물줄기의 흐름(25), 중화의식과 국토의 형상(26) 등으로 이루어져 있다. 유구국은 오키나와에 있던 작은 왕국의 이름이다. 이어서 명산, 명찰, 도읍, 은둔, 해산, 영동, 사군, 강거, 계거 항목 등이 산수의 본문을 구성한다. 금강산을 비롯한 12개의 대표적인 산들은 명산으로 불리는데, 특히 이 가운데 '복지'福地가 많다(명산, 27). 이 밖에 산 가운데에는 유명 사찰이 있는 곳(명찰, 28), 도읍이 될 만한 곳(도읍, 29), 도읍에는 못 미쳐도 수행자가 들어가 있을 만한 곳(은둔, 30), 사람이 살기는 어렵지만 산 그 자체로 이름이 난 곳(기타, 31), 섬 안에 있는 것(해산, 32)들도 있다. 또 이름난 산은 아니지만 강이나 계곡을 끼고 있거나 호수가 있어서 절경을 이룬 곳도 있다. 영춘, 단양 등 충청도 내에 강을 끼고 있는 명승지가 전자라면(사군, 36), 영동 지방의 호수들(영동, 33, 34, 35)은 후자에 해당한다. 명산에서 사군, 영동까지가 산수를 소개한 것이라면, 강거, 계거(산계, 야계) 등은 산수의 조건상 사대부가 살 만한 곳을 정리한 것이다(37, 38, 39). 그러나 산수 항목은 다분히 역설적이다. 사대부가 산수의 조건만을 보고 살 곳을 정하는 것은 옳지 못하다(40). 결론부에 해당하는 「총론」에는 '조선에는 진정한 사대부가 없었다'는 주장 뒤로 당파 싸움에 대한 비판, 사대부의 삶의 자세, 그리고 살 곳에 대한 고민이 이어진다(41).

『택리지』를 연구하기 위해서는 다양한 분야의 학문적 관심이 필수적이다. 물론 지금까지 나온 많은 『택리지』 연구들이 그런 학문적 필요를 충족시켜주지 않은 것은 아니다. 문제가 되는 것은 그동안의 연구들이 『택리지』를 읽어온 방식이다. 한 인물이 자기 시대의 여러 사회 문제들에 대해 다양한 견해를 피력하는 것은 자연스러운 현상이다. 그러나 '저술 전체를 관통하는 저자의 의도와 메시지'라는 관점에서 본다면, 저술 그 자체가 가진 맥락을 고려해야 한다. 가상의 표준형을 설정하고 그 특징과 구성의 문제점을 살펴보려하는 것은 바로 그 때문이다.

표준형 『택리지』는 광문회본의 「사민총론」, 「팔도총론」, 「복거총론」, 「총론」에 해당하는 내용이 같은 순서대로 편집되어 있는 경우를 포괄한다. 그러나 표준형 계열로 구분될 수 있는 모든 필사본들에 '사민총론', '팔도총론', '복거총론', '총론'과 같은 제목이 붙어 있는 것은 아니다. 표준형 『택리지』와 다른 제목이 붙어 있거나 아예 제목 없이 단락만 구분된 경우도 있다. 각 도의 이름이 쓰여 있지 않거나 도별 경계조차 표시되지 않은 경우도 있다. 또 「복거총론」의 소항목들에 제목이 없거나 내용이 구분되지 않은 경우도 쉽게 찾을 수 있다. 특히 평안도의 말미와 함경도의 시작 부분,[14] 충청도의 말미와 경기도의 시작 부분 기사[15]는 같은 표준형 계열 안에서도 적지 않은 차이가 있다.

표준형 『택리지』에는 「팔도총론」 중 평안도, 함경도, 황해도, 전라도의 본문 말미에 총평이 붙어 있지만(5, 7, 9, 13), 강원도, 경상도, 충청도, 경기도의 경우에는 그렇지 않다. 주목되는 것은 평안도와 함경도에 관한 총평이다. 전자는 청천강 이남 지역과 이북 지역이 사회경제적으로 어떻게 다른지를 적은 것인 데 비해(5), 후자는 평안도와 함경도 지역이 사대부가 살 만한 곳이 못 되는 이유를 설명한 것이다. 후자의 경우 함경도에 관한 것이 아니라 평안도와 함경도 모두에 해당하는 내용인 것이다.[16]

이중환이 백두산 중심의 산줄기 인식 체계를 따르면서도 팔도 가운데 평안도를 첫머리에 내세운 점도 특징적이다.[17] 「팔도총론」의 도입부, 「복거총론」에서 생리 항목의 두 부분, 그리고 인심·산수 항목에서 "此(乃, 혹은 皆)我國(혹은 八道)○○之大略也"라는 유사한 형태의 표현들이 보인다. 원문은 단락 구분 없이 계속되지만, 대체로 이 표현을 경계로 앞뒤 문장의 맥락이 달라진다.[18]

표준형『택리지』는 그 형식과 분량만 보면 매우 잘 짜인 느낌이다. 그러나 주의 깊게 들여다보면 어색한 부분이 적지 않다. 먼저 서론(「사민총론」)과 본론의 첫 단락(「팔도총론」) 사이에 아무런 연관관계를 추정할 수 없어 당혹스럽다. '사·농·공·상을 막론하고 사대부의 행실을 닦아야 한다'는 서론의 요

---

14 "平安之東 白頭大脈南下 截天爲嶺 嶺東卽(咸鏡道)"이라는 기사는 많은 표준형 계열 사본에서는 함경도의 시작 부분에 있지만, 『팔역지』(서울대 도서관 소장본, 도서번호: 일석915.1.Y58pp)와 같은 표준형 필사본에서는 평안도 말미에 있다.

15 "忠州之西 與京畿竹山驪州接界 竹山七長山 卓立於畿湖交界 西北小行 大斷於水踰峴 爲平地 復起 爲龍仁負兒山 爲石城山 爲光教山"이라는 기사는 대부분의 표준형 필사본에서는 경기도의 시작 부분에 있지만, 『복거설』(국립중앙도서관 소장본, 도서번호: 한고조60-28), 『팔역지』(국립중앙도서관 소장본, 도서번호: 한고조60-50)와 같은 표준형 사본에서는 경기도와 충청도의 구분 없이 이어지고 있다. 또 『복거설』(국립중앙도서관 소장본, 도서번호: 승계고2701-4)에서 인용된 사료보다 더 앞쪽의 사료에서부터 경기도가 시작되고 있다.

16 도별 구분이 분명하지 않은 필사본 중에는 표준형도 있지만 그렇지 않은 경우도 있다. 따라서 분명한 도별 서술을 추구하지 않았다는 사실 하나로 책 전체에 대한 이중환의 의도를 추정하기는 어렵다.

17 「팔도총론」의 도입부, 산수 항목의 도입부는 모두 백두산으로 시작한다. 그러나 「팔도총론」의 팔도 관련 설명에서 가장 먼저 거론된 것은 평안도다. 이중환의 중화주의적인 정서를 감안한다면, 그가 「팔도총론」을 기자의 전설이 얽혀 있는 지역에서 시작하려 했을 가능성을 배제할 수 없다. 실제 평안도 기사 가운데에는 기자와 관련한 서술이 적지 않다.

18 이 밖에도 사소한 문제점들이 눈에 띈다. 예를 들면 사군과 영동의 설명 순서는 표준형의 본문 안에서 일치하지 않는다.

지는 지리와 역사, 고려시대 사대부의 내력을 적은 「팔도총론」의 도입부와 아무런 연관이 없다. 평안도에서 경기도에 이르는 도별 설명들은 각 도의 지리, 경제, 풍속, 주거지로서의 적합성 등을 말하고 있지만, 논리적으로는 역시 서론의 요지와 무관하다.

본론의 두 번째 단락(「복거총론」)과 결론(「총론」) 사이에 논리적인 연관이 없는 것도 어색한 부분이다. 「복거총론」에 들어 있는 살 만한 곳에 대한 논의들은 결론부에서 전혀 수렴되지 않고 있다. 결론은 역대의 신분제와 사대부의 유래, 자기 시대의 정치적 갈등에 대한 설명으로 가득할 뿐이다. 본론의 두 단락 안에서 내용이 중복되는 것도 이해하기 쉽지 않다. 물론 경제 관계 기사처럼 전후의 논지가 비교적 일관된 경우도 있다. 이중환이 「팔도총론」에서 거론한 경제 분야 내용을 「복거총론」의 생리 항목에서 분야별로 재정리하면서 독자적인 경제발전론의 방향을 제시하려 했다고 볼 수도 있을까.[19] 물론 경제 관계 기사만을 추려 읽어보면 충분히 가능한 추정이다. 그러나 설혹 이중환의 의도가 그런 것이었다고 하더라도 유사한 내용이 반복적으로 나열되는 것은 결코 좋은 구성이 아니다.

「팔도총론」과 「복거총론」 사이에는 심지어 상반된 내용도 들어 있어 더욱 혼란스럽다. 「팔도총론」에 따르면 평안도는 사대부가 살 만한 곳이 아니다. 그러나 「복거총론」에 따르면, 평안도는 인심이 전국에서 가장 순박하고 아름다운 곳이며,[20] 평양 외성外城 지역이 강거江居로는 전국에서 으뜸이다.[21] 취락의 입지 조건에 대한 체계적인 설명이 본론의 후반부인 「복거총론」에 가서야 비로소 확인되는 점도 자연스럽지 못하다.

「팔도총론」에 따르면, 평안도, 함경도 지역이 사대부의 주거지로 적합하

---

19 오성, 1990, 「『택리지』의 「팔도총론」과 생리조에 대한 고찰」, 『진단학보』 69, 151~155쪽.
20 『택리지』(광문회본), 卜居總論 人心.
我國八道中 平安道 人心醇厚爲上.
21 『택리지』(광문회본), 卜居總論 山水.
江居則 以平壤外城 爲八道第一.

지 않은 이유는 간단하다. 그곳이 오래전부터 사대부가 없는 지역이 되었기 때문이다.[22] 지역 차별정책으로 인해 인재가 없어졌으며, 문벌을 중시하는 사회풍조 때문에 서울 사대부와의 교류마저 없어졌다. 황해도는 평안도와 가까워 무武를 숭상하는 반면 공부하는 선비는 적다. 경제적인 조건이나 자연지리적인 환경이 나쁘지는 않으나, 유사시 전쟁을 피할 수 없다는 점이 큰 단점이다.[23] 전라도의 경우에도 사대부가 살 만한 곳이라고 하기 어려운 약점이 있다. 그런데 이중환이 표준형 『택리지』의 「팔도총론」에서 언급한 이런 이야기들은 취락 입지에 대한 일반론이 빠진 상태에서 나온 것이라 그런지 분산적이고 무원칙적인 느낌을 준다. 「팔도총론」에서는 산줄기의 흐름을 따라 각 지역 생활권을 설명하고 있는데, 정작 조선의 산줄기 전체에 대한 소개는 「복거총론」의 산수 항목 도입부에서 처음 나온다. 이 역시 어색하다.

필사본 중에는 표준형 『택리지』에 가까우면서도 조금씩 변형된 사례들도 있다. 『동국산천록별집』東國山川錄別集(장서각 소장본, 도서번호: K2-4346)의 경우 표지에는 '동국산천별록'東國山川別錄으로 되어 있지만, 책 안쪽에 쓰인 제목은 '동국산천록별집'東國山川錄別集이다. 일반적으로 안쪽 제목은 내제內題라고 부른다. 『동국산천록별집』의 경우 이 내제 아래 표준형의 「사민총론」과 「팔도총론」에 해당하는 내용이 수록되어 있다. 이 필사본이 별집別集이라면 따로 원집原集이 있다는 얘기다. 원집은 아마도 표준형의 「복거총론」과 「총론」으로 구성되었을 것이다. 「사민총론」이 「팔도총론」의 도입부처럼 쓰여 있다는 점에서 표준형 『택리지』와 유사하지만, 표준형의 「팔도총론」과 「복거총론」을 병렬적으로 구성하지 않은 것은 다른 면모다.

---

22 『택리지』(광문회본), 八道總論 咸鏡道.
太祖以將帥 受王氏禪代 其佐命功臣 又多西北猛將 旣得國 遺命西北人勿大用 以故平安咸鏡兩道 三百年來 無顯官 (……) 且國俗重門閥 京城士大夫 不與西北人爲婚娶平交 西北人 亦不敢與士大夫抗禮 西北兩道 遂無士大夫 士大夫亦無往居者 (……) 是故 西北咸平二道不可居.

23 『택리지』(광문회본), 八道總論 黃海道.
大抵一道 處國都西北 地隣平咸 俗喜弓馬 而鮮文學之士 (……) 雖多富厚者 亦少士大夫家矣 然野中八邑 土旣膏沃 海上十邑 地多名勝 亦非不可居之地 (……) 天下有事 當爲要衝爭戰之場 此其所短也.

『택리지』(규장각 소장본, 도서번호: 古951.5-Y58t)는 전체적으로 표준형과 유사한 구성을 보이지만, 표준형의 「사민총론」과 「총론」에 해당하는 내용이 '사민설'四民說과 '사대부론'士大夫論이라는 이름으로 책머리에 연달아 실려 있다. 표준형 계열의 서론부와 결론부에 해당하는 내용들이 여기에서는 도입부로 되어 있는 것이다. 그런가 하면 『진유승람』震維勝覽(규장각 소장본, 도서번호: 古4709-38)에는 책의 말미에 표준형의 「사민총론」과 「총론」에 해당하는 내용이 연달아 붙어 있는데, 필사자는 거기에 이 두 부분이 연결되어 있음을 말해주는 별도의 설명을 달아두기도 했다.[24] 본문의 나머지 부분은 표준형에 가깝게 구성되어 있다.[25] 일제강점기 고서간행회古書刊行會에서 펴낸 활자본 『택리지』는 표준형처럼 도입부, 본문, 결론부로 구성되어 있는데, 이 판본에도 표준형의 「사민총론」과 「총론」에 해당하는 내용이 원래는 서로 연결된 내용이었음을 말해주는 흔적이 남아 있다. 이 책의 도입부와 결론부, 즉 표준형의 「사민총론」과 「총론」에 해당하는 양쪽에 모두 '사민총론'이라는 제목이 붙어 있다.[26]

　『택리지』에 관한 그동안의 많은 연구들은 왜 이런 '어색함'을, 더 나아가 이렇듯 다양하게 변형된 사례들을 지적하지 않았을까. 다양한 방식으로 『택리지』를 읽어왔던 것을 염두에 두지 않았기 때문일 것이다. 물론 광문회본 『택리지』, 그리고 광문회본에 토대를 둔 가상의 표준형 『택리지』는 조선 후기의 많은 『택리지』 필사본들을 근거로 하고 있다. 그러나 이중환이 처음 광문회본 혹은 표준형의 체제를 따라 썼다고 단정할 수 있는 근거는 없다. 더구나 그 시대의 독자들이 모두 그런 체제의 『택리지』만을 읽었던 것도 아니다.

24　『진유승람』(규장각 소장본, 도서번호: 古4709-38)
擇不得其居 則不能自立 故謹稽八路之地理人心生利山水之大略 論著如右 而係之曰.
25　이 두 필사본은 원저자를 암시하거나 명시하고 있기도 하다. 『택리지』(古951.5-Y58t)는 책머리에서 '靑華山人 著'라고 되어 있고, 『진유승람』(古4709-38)은 표준형의 「사민총론」에 해당하는 부분이 시작되는 곳에서 '李徽祖曰'이라 했다.
26　『택리지』(규장각 소장본, 도서번호: 古4790-55) 역시 표준형에 가깝게 구성되어 있으면서도 표준형의 「사민총론」과 「총론」에 해당하는 양쪽에 모두 '사민총론'이라는 제목이 붙어 있다.

이중환의 손을 떠난『택리지』는 좀 더 풍부하고 다양한 방식으로 구성되었으며 다르게 읽혔던 것이다. 다양한『택리지』읽기의 방식을 이해하지 않은 채 광문회본에서 느끼게 되는 어색함을 단순히 구성의 결함으로 치부할 수는 없지 않은가.

초기의 책 이름과 구성 방식: 『택리지』의 이름은 처음부터 '택리지'가 아니었다

『택리지』는 얼마나 다르게 구성되었으며, 얼마나 다양하게 읽혔는가.『택리지』가 수많은 다른 이름으로 불렸다는 사실을 염두에 둔다면, 책 이름에서부터 그 실마리를 찾아나갈 수 있다.『택리지』에 서문이나 발문을 쓴 사람으로는 이익, 정약용, 정언유鄭彦儒, 이중환, 목성관睦聖觀, 목회경睦會敬, 이봉환李鳳煥이 있다. 필사본 가운데에는 서문과 발문이 없는 경우도 있지만, 정언유, 이중환, 목성관, 목회경, 이봉환의 글이 개별적으로 혹은 여러 편이 수록된 경우도 있다.

'택리지'라는 제목은 이익이 1752년(영조 28)에 이중환의 책에 서문을 쓰면서 처음 사용한 것이라는 견해도 있다.[27] 이익의 문집에 그런 표현이 있는 것은 사실이다. 그런데 판본에 따라서는 이익의 글이 '택리지의 서문'이 아니라 '팔역지八域志의 서문'이라고 나오는 경우도 있다.[28] 이익의 문집만을 근거로 그렇게 단정하기는 어려운 것이다. 같은 해 목성관, 목회경이 발문을 쓸 때에도 이중환의 책은 '택리지'로 불렸다. 그런가 하면 이듬해(1753년, 영조 29) 정언유와 이봉환은 이 책을 '팔역가거처'八域可居處로 불렀다. 이중환 자신의 발문은 '擇里志' 혹은 '擇里誌'로 되어 있다.[29] 이중환은 또 표준형『택

---

27 小石晶子, 1985,「李重煥と擇里志」, 85~86쪽.

28 이익이 쓴 서문은 퇴로판『성호집』에서는 '팔역지'의 서문으로 되어 있다(이익성 옮김, 2006,『택리지』 개정판, 을유문화사, 19쪽). 한편 한국문집총간에 수록된『성호집』이나 이익의 서문이 들어 있는『팔역요람』(고려대 소장본, 도서번호: 신암B10-A132)에서는 모두 '擇里志序'로 되어 있다.

29 이중환의 발문 제목 중에는『동국산수지』(고려대 소장본, 도서목록: 신암B10A127)가 유일하게 '可居誌'라고 적고 있다. 그러나 이 필사본은 필사자의 가필 및 변형이 심하기 때문에 '可居誌'를 이중환이 붙인

리지』의 「사민총론」과 「총론」에서 자신이 "사대부가거처(기)士大夫可居處(記)를 지었다"고 말했다.

이 책 부록의 〈표 2〉에, 남아 있는 『택리지』 필사본들에서 책 제목과 저자가 어떻게 표시되었는지를 정리했다. '사대부가거처'라는 제목은 상대적으로 많지 않을 뿐만 아니라 그것들 사이에 통일성이나 연관성을 찾아볼 수도 없다. 이중환의 이름이 적힌 경우는 그렇지 않은 경우보다 현저하게 적다. 물론 본문에는 저자를 짐작할 수 있는 표현이 나오지만 그것만으로는 충분하지 않다. 이중환 자신과 그 주변 인물들이 쓴 서문과 발문에서도 저자가 이중환임을 드러내는 직접적인 표현이 많지 않을 뿐만 아니라, 그나마 서문이나 발문이 있는 경우도 적다. 저자가 이중환임을 드러낸 서문으로는 이익과 정약용의 글이 있다. 그러나 이익의 서문이 달린 필사본은 현재 단 한 종만이 알려져 있을 뿐이며, 정약용의 서문은 그의 문집에서만 확인된다.

『택리지』의 내용을 옮겨 적으면서도 그 출처를 표시하지 않은 경우도 있다. 안정복은 『만물유취』萬物類聚에 『택리지』 관련 내용을 상당히 많이 요약해두었다. 『만물유취』에 영조대를 '영묘'英廟라고 쓴 대목이 나오는 것을 보면 이 책을 편집한 것이 정조 때임을 알 수 있다.[30] 그러나 안정복은 자신의 책에서 인용문의 출처와 관련된 어떤 정보도 표시하지 않았다. 심지어 그의 문집 어디에도 이중환이나 『택리지』에 관한 언급이 없다.

『택리지』를 읽은 그 시대 사람의 생각을 짐작해볼 수 있는 실마리가 전혀 없는 것은 아니다. 이은모李殷模라는 문인이 『택리지』를 본 것은 1771년(영조 47)이었다. 그는 홍덕興德 출신의 학자 황윤석黃胤錫을 만난 자리에서 자신이 본 작은 책자 이야기를 꺼냈다. 홍덕은 지금의 전라북도 고창군 홍덕면이다. 이은모에 따르면, 이 책자에는 나라 안의 산천과 풍속, 취락 입지에 관한 내용이 실려 있었다. 그중에는 평양 외성 지역과 경상도 선산善山 지역을 홀

발문 제목이라고 보기는 어렵다.
30 안정복, 『만물유취』, 地理類 險阻幷城池(『순암집』, 성균관대 대동문화연구원 영인본, 938쪽).
入我朝 置留守官鎭守 及英廟 留守金始赫 築城於東面 北自燕尾亭 南至孫石項.

륭하다고 적은 대목도 있었다. 이은모는 이 책의 저자가 식견이 풍부하고 풍수에도 정통한 인물일 것이라고 생각했다.[31] 며칠 뒤 이은모가 황윤석을 다시 만난 자리에서 그 작은 책자 얘기를 또 꺼냈다. 이은모에 따르면 이 책자는 '팔도산수총론'八道山水摠論이라고 되어 있지만, '담승록'談勝錄, '사대부가거지기'士大夫可居地記라고도 불렸다. 책자 안에 저자에 대한 정보는 전혀 들어 있지 않았다. 책의 내용으로 볼 때 숙종대 이후의 사람으로 미루어 짐작할 뿐이었다.[32]

평양 외성은 표준형『택리지』의「복거총론」산수 항목 강거江居 란에, 선산 지역은「팔도총론」의 경상도 편에 들어 있는 내용이다. 이 필사본에는 표준형의「팔도총론」과「복거총론」이 모두 들어 있었던 것이다. '사대부가거지기'를 '사대부가거처'士大夫可居處와 같은 유형의 제목으로 본다면, 이 제목을 가진 책자들에서도 이중환이 드러나지 않은 경우가 있었다는 점은 흥미로운 대목이다.

황윤석이 또 다른『택리지』필사본을 읽은 것은 1786년(정조 10)에 이르러서였다. 이 필사본에는 저자, 제목, 서문 등에 관한 기록이 있었다. 황윤석에 따르면, 이 책의 저자는 전 좌랑이자 '청화산인'靑華山人이라는 호를 쓰는 이중환이다. '택리지'라는 제목이 붙어 있는 이 책에는 이중환의 친구 정언유가 쓴 서문이 들어 있었다. 황윤석은 생각했다. 이중환이 세상을 등지고 살 곳을 찾기 위해 이 책을 지은 것이 아닐까.[33]

황윤석이『이재난고』頤齋亂藁에 기록해두었던 두 개의 책자는 모두『택리지』의 필사본이다. 그러나 황윤석은 1771년(영조 47)에 이은모에게 전해들은 책과 1786년(정조 10)에 자신이 직접 읽은 책이 같다고는 생각하지 못했다.

31 황윤석,『이재난고』권17, 起辛卯一月 止同年三月, 三月十三日甲寅.
(李)子敬 又言 近得一小書 摠記國中山川風俗可居之地 而以平壤外城爲首 如善山一邑 亦在所稱 但未知何人所爲 然其人必有高識達觀 兼通風水者耳 方求可居之地 適得此書 頗可開眼.
32 황윤석,『이재난고』권17, 起辛卯一月 止同年三月, 三月十七日戊午.
(李)子敬言 又得見東人所撰八道山水摠論 亦名談勝錄 亦名士大夫可居地記 蓋肅廟以後人所撰也 遍論山水土地風俗 殊可一閱.

저자 '이중환', 제목 '택리지'로 되어 있는 책자를 보고 15년 전에 전해들은, 더구나 저자 이름도 없이 다양한 제목으로 불렸던 책을 연상하기는 어려웠을 것이다.

『택리지』의 최초 제목이 무엇이었는지는 여전히 단정하기 어렵다. 그러나 분명한 것은 저자 이름도 없고 서문이나 발문조차 없는 필사본이 이미 영조 때부터 다양한 제목으로 유포되었다는 사실이다. 이중환 자신이 그런 상황을 의도했던 것일까. 만일 그렇지 않다면 무엇이 이런 현상을 낳았을까. 지금으로서는 분명하게 말하기 어렵다. 그러나 만일 이중환이 자신을 드러내지 않으려 했다면, 그것은 아마도 정치에 대한 그의 비판적 정서 때문일 것이다. 이중환이 『택리지』에서 탕평정치를 포함한 18세기 정치 전반의 문제에 대해서 비판의식을 선명히 드러냈다면, 자신의 책이 불특정 다수에게 읽히기를 바랐다면 그가 실명實名을 감출 만한 충분한 이유가 될 것이다.

이중환은 『택리지』에서 사대부의 자존심마저 무너뜨리고 만 탕평정치에 대해, 그리고 조정이 사대부를 믿지 못하는 세태에 대해 불신을 감추지 않았다. 그가 탕평정치를 문제 삼은 것은 크게 두 가지 이유다. 그에 따르면, 탕평책은 사색당파를 등용함으로써 사람에 비해 자리가 모자라게 만들었을 뿐만 아니라, 전랑자대제銓郎自代制를 폐지함으로써 사대부들이 명예나 염치 대신 이익만을 추구하게 했다. 전랑자대제란 전랑 직책에 자리가 빌 경우 재임자가 후임자를 천거하는 제도를 말한다. 이중환은 탕평정치를 시행한 결과 높은 관직을 조급히 탐내는 풍조가 만연하게 되었다고 비판했다.[34]

---

33 황윤석, 『이재난고』 권38, 丙午六月十七日己丑.
前兵佐李重煥 自號靑莘山人 興世不遇 思卜居自放 乃作擇里志 遍論八路士大夫可居處 而其友東堂鄭彦 儒林宗序之 然其以關西爲淳厚者 大誤.
황윤석은 『택리지』의 내용 가운데 관서 지방의 인심이 순후하다는 것, 한무외와 관련한 고적이 오대산에 있다는 기사 등은 신뢰하기 어렵다고 말했다. 호남 소외론을 주장하던 황윤석이 호남에 대한 이중환의 부정적 평가를 문제 삼지 않은 것은 의외다.
34 『택리지』(광문회본), 卜居總論 人心.
朝廷行蕩平久矣 四色合仕 窠狹人稱 固多奔競 而又罷銓權郎益之 於是 躁貪大作 縉紳間風俗 一壞而 不可復收.

이중환은 영조가 사대부를 대하는 태도에도 문제가 있다고 보았다. 그에 따르면, 무신난戊申亂(1728년, 영조 4)이 일어난 뒤에 왕은 늘 의심 섞인 눈초리로 사대부를 바라보았다. 난을 주도한 것이 사대부들이었기 때문이다. 사대부는 이제 정치적 이해관계에 따라 변란을 일으킬 수 있는 사람들로 치부되었다. 상황이 이렇다 보니 사대부는 벼슬에 나아갈 수도, 그렇다고 조용한 시골에서 마음 편히 지낼 수도 없게 되었다.[35]

이중환은 남인 명문가의 후예로서 정치적으로는 청남계清南系에 속했던 인물이다. 청남清南은 숙종대 허목許穆을 영수로 하는 남인계의 한 분파다. 그런 점에서 보면 이중환이 다른 정치세력과의 갈등에 노출될 소지도 없지 않았다. 『택리지』필사본인 『진유승람』에는 이런 기록이 있다. "전 좌랑이자 성호 이익의 집안사람인 이중환이 지은 것인데, 홍계희洪啓禧가 고치거나 덜어낸 부분이 자못 많다고 한다."[36] 왜 이런 이야기가 나오게 된 것일까.

홍계희의 아버지 홍우전洪禹傳은 오래전에 이중환과 갈등을 빚은 적이 있었다. 숙종대 말 언관으로 있던 홍우전이 이지성李知聖이란 인물이 승정원 주서注書 직에 적합하지 않다는 상소를 올렸다. 선임 주서였던 이중환이 그 소식을 듣고 홍우전을 비판했다. 이중환은 벌열 가문 출신의 언관이 합리적인 이유 없이 특정인을 배척하는 것은 잘못이라고 주장했다. 홍우전은 이중환이야말로 당파를 비호하는 데 급급하여 여론에 신경조차 쓰지 않는 인물이라고 몰아세웠다. 대리청정 중이던 세자는 여론의 추이를 기다려보자면서 두 사람 사이의 갈등을 무마시켰다.[37]

홍계희는 대표적인 노론 벌열 가문 출신이었으며, 이중환은 남인 명문가

---

35 『택리지』(광문회본), 總論.
不幸戊申諸賊 其身則以士大夫 從鄉邑有事 故及芟除之後 朝廷每疑山林幽僻 有大盜竊發 不疑其爲盜 則又疑其心跡 加以詭僻之名 欲進而仕於朝 刀鉅鼎鑊之爭 紛然未已也 欲退而處于野 則非無青山萬疊 綠水千重 而卒未易往 士大夫於是乎將安歸乎.

36 『진유승람』(장서각 소장본, 도서번호: B15AB-16).
震維勝覽 前佐郎李重煥製(星湖家人) 啓禧改刪頗多云.

37 『승정원일기』, 숙종 46년 2월 14일.

태생이었다. 이중환은 살 만한 곳을 찾지 않으면 안 되었던 실존적인 고민을 책 속에 담았다. 그러나 『택리지』를 바라보는 노론계의 시선이 이중환의 그것과 같았다고 말할 수는 없다. 홍계희의 입장에서 보면 『택리지』는 청남계 정치세력이 노론 벌열 세력을 교묘하게 비판한 책일 뿐이다. 이중환의 입장이라면, 또 남인계 필사자들의 입장이라면 저자를 드러내지 않은 채 이 책을 다양한 제목으로 유포하는 것이 정치적 위험을 덜면서도 자신들의 견해를 확산시킬 수 있는 최선의 방법이 아니었을까.

이중환의 의도가 그런 것이었다면, 책의 구성과 편차 역시 그런 의도를 반영할 수밖에 없었을 것이다. 그러나 광문회본 또는 표준형 『택리지』의 구성을 따라가다 보면 책의 전체 논지가 그런 쪽으로 모아지는 느낌을 받지는 못한다. 달리 말하면, 이 표준적인 구성체계는 적어도 이중환의 의도를 반영한 것은 아닌 것이다. 그렇다면 『택리지』 필사본 중에 이중환의 의도를 반영한 것으로 판단될 만한 사례들을 찾아보아야 한다.

다시 책 제목의 문제로 돌아가서 실마리를 찾아보자. '복거설'卜居說이라는 제목이 붙은 한 필사본은 『택리지』의 초창기 책 제목과 관련해 중요한 점을 지적하고 있다. 거기에 이렇게 쓰여 있다. "이 책은 청화산인 이중환의 작품이며, 처음의 이름은 복거설이었는데 뒤에 택리지로 고쳤다."[38] 다른 필사본 중에는 '팔역가거처'八域可居處 혹은 '사대부가거처'士大夫可居處가 『택리지』의 '본명'本名이라고 적은 경우도 있다.[39]

물론 이들 기록만을 가지고 '복거설', '팔역가거처', '사대부가거처' 등으로 이름 붙여진 것들을 초창기 필사본으로 단정할 수는 없다. 오히려 그런 제목을 가진 필사본 중에는 표준형 『택리지』에 가까운 책도 많다. 반대로 '택

---

38 『복거설』(국립중앙도서관 소장본, 도서번호: 승계고2701-4), 卜居說.
李重煥字輝祖號靑華散人所著 初名卜居說 後改擇里志.
39 『택리지』(규장각 소장본, 도서번호: 일사고915.1Y58t). 이 필사본은 정언유의 서문, 표준형의 서론, 본론, 결론, 이중환·목성관·목회경·이봉환의 발문이 있고, 말미에 生財, 罹糶 등 『성호사설』의 내용 일부가 발췌되어 있다. 정언유의 서문 제목은 '擇里志, 本名八域可居處'인 반면, 표준형의 본문이 시작되는 부분에는 '擇里志本名士大夫可居處'로 되어 있다.

리지'라는 제목이 달려 있다고 해서 반드시 표준형과 일치한다고 단정할 수도 없다. 다른 제목의 필사본들도 마찬가지다. 더욱이 이 책에서 미처 검토하지 못한 다른 필사본들에서 『택리지』의 최초 명칭에 관한 기록을 발견할 가능성도 배제할 수 없다. 수많은 가변적인 조건들이 아직 미확인 상태에 있다. 그러나 단순히 별칭別稱 혹은 이명異名이 아니라 초명初名 혹은 본명本名이라 한 것은 그 의미가 결코 작지 않다. 특히 이 이름들은 초창기 필사본의 구성과 관련한 두 흐름을 대변하기 때문에 더욱 중요하다. '복거설', '사대부가거처', '팔역가거처' 같은 명칭은 『택리지』의 서문과 발문, 그리고 표준형의 「사민총론」과 「총론」에도 등장한다.

'복거설' 혹은 '사대부가거처'라는 제목은 이 책의 주제가 사대부의 주거입지에 관한 것이었음을 말해준다. 표준형의 구성 요소로 본다면 「복거총론」이 여기에 해당한다. 「팔도총론」은 상대적으로 책 제목이 뜻하는 것과는 거리가 있다. 말미에 사대부가 살 만한 곳인지에 관해 논평한 내용이 들어 있지만, 나머지는 대부분 사대부의 주거입지론과는 무관하기 때문이다. 표준형의 「복거총론」과 「팔도총론」에 해당하는 내용이 본문과 부록, 원집과 별집의 관계일 때에만 그나마 '복거설' 혹은 '사대부가거처'라는 제목과 부합될 수 있다. 또 하나의 '초명', 즉 '팔역가거처'는 팔도에 관한 내용과 가거지에 관한 내용, 즉 표준형의 「팔도총론」과 「복거총론」에 해당하는 내용이 나란히 본문의 전반부와 후반부를 구성하는 경우를 뜻한다. 좀 더 표준형에 가까운 구성이라고 할 수 있다.

두 계열의 책 제목이 시사하는 구성 방식 중에서 이중환이 처음 책을 쓴 의도를 충실하게 반영하는 것은 '복거설-사대부가거처기' 계열이다. 이중환은 표준형의 「팔도총론」과 「총론」에 해당하는 대목에서 자신이 '사대부가거처'를 지었다고 말했다. 필사본에 따라서 이 부분은 '사대부가거처기'士大夫可居處記, '사대부가거지지'士大夫可居地志, '사대부복거설'士大夫卜居說, '사대부가거지'士大夫可居誌 등으로 다양하게 쓰여 있다. 그러나 이들은 모두 사대부의 취락 입지에 관한 내용이라는 측면에서 공통적이다. 이런 추정이 성립할 수 있다면, 이중환의 맥락에 좀 더 가까이 다가가기 위해서는 한 가지가 필요하다. '복거설', '사대부가거처'라는 책 이름(표제 혹은 내제)을 가진 필사본 가운데 저자가 감추어져 있으면서도 표준형과 다르게 구성된 사례를 찾아내는 일이 그것이다.

규장각에 소장된 『박종지』博綜誌(도서번호: 奎3742)와 장서각에 소장된 『박종지』博綜誌(도서번호: 貴K2-4180)는 서로 다른 사람이 같은 원본을 보고 베껴 적은 것이다. 그 원본은 윤치희尹致羲(1797~1866)가 『복거설』이라는 책을 발견하고 베껴둔 것이었다. 윤치희는 『복거설』을 베끼면서 다음과 같은 간단한 설명을 붙여두었다.

내가 오래된 상자 속에서 『복거설』이라는 책자를 발견하고는 없어질까 걱정스러워 옮겨 적었다. 뒤에 『동우지』東寓志라는 책자를 보았다. 『동우지』를 누가 지었는지는 알 수 없지만, 그 책 속에서는 '복거총론'이라 했으며, (그 아래로) '지리'地理, '생리'生利, '인심'人心, '산수'山水, '해산'海山, '영동'嶺東, '사군'四郡, '강거'江居, '계거'溪居, '사민'四民, '팔도'八道 등 무릇 11개 항목이 있었다. (『동우지』의 내용은) 전체적으로 『복거설』과 부합되지만, '인심' 항목만큼은 지나친 듯하다.[40]

윤치희는 자신이 발견한 『복거설』을 그대로 베껴두고, 말미에 『동우지』를 보고 인심 항목에 관한 내용을 추가했다.[41] 그렇다면 상자 속 『복거설』의 원본에는 인심 항목이 수록되지 않았던 것인가. 『박종지』의 본문에 복거卜居의 네 가지 요소로 지리, 생리, 인심, 산수가 거론되는 것을 보면[42] 상자 속 『복

---

40 『박종지』(장서각 소장본, 도서번호: 貴K2-4180).
余於古篋 得卜居說 惜遺佚 謀移寫 後觀東寓志 未知誰所作 而皆其卷中 語曰卜居撽論 地理 生利 人心 山水 海山 嶺東 四郡 江居 溪居 四民 八道 凡十一條 盖博洽文字 然論人心一款 恐涉偏係 觀者會之 錦帆識.
41 규장각 『박종지』에서 인심 항목은 「팔도총론」의 경기도 부분과 줄만 바뀐 채 이어져 있지만, 장서각 『박종지』에서는 페이지가 바뀌어 있다. 뒤의 『박종지』는 윤치희가 상자 속 『복거설』을 베껴둔 뒤 그 말미에 『동우지』로부터 인심 항목을 추가로 넣었음을 짐작할 수 있게 해준다.

거설』의 원본에 인심 항목이 들어 있었음을 알 수 있다. 상자 속『복거설』을 필사한 사람이 자기가 본 원본에 있던 인심 항목을 의도적으로 삭제했던 것이다.[43]

윤치희가 베껴둔 상자 속『복거설』은 그가 나중에 본『동우지』와 두 가지 면에서 일치하지 않았다. 상자 속『복거설』은 항목이 구분되어 있지 않았으며, '인심'에 관한 내용도 빠져 있었다. 반면『동우지』는 복거총론卜居總論이라는 내제內題 아래 11개 항목으로 구분되어 있었으며, 인심 항목도 제 위치, 즉 생리와 산수 항목 사이에 들어 있었다. 그러나 상자 속『복거설』의 원본, 즉 최초 단계 혹은 그와 가까운『복거설』은 항목 구분이 없다는 사실을 제외하고는 윤치희가 나중에 본『동우지』와 큰 차이가 없다는 점이 더욱 중요하다. 이제 두 개의『박종지』필사본을 토대로 상자 속『복거설』의 원본, 혹은 윤치희가 본『동우지』의 형태를 복원하고, 이것을 표준형과 대비되는 가상의 '복거형'卜居形『택리지』로 부르기로 한다.

복거형『택리지』는 '복거설'卜居說이 표지 제목으로, '복거총론'이 속 제목으로 되어 있으며, 본문은「지리」,「생리」,「인심」,「산수」,「해산」,「영동」,「사군」,「강거」,「계거」,「사민」,「팔도」의 총 11개 항목으로 구성된다. 구성 요소 자체는 표준형『택리지』와 크게 다르지 않지만, 항목의 배치는 눈에 띄게 다르다. 복거형『택리지』는 저자의 이름 혹은 저자의 인적 사항을 암시하는 '이자왈'李子曰 같은 표현조차 없다. 복거형『택리지』는 도입부와 11개의 구성 요소로 이루어져 있으며, '복거총론'이라는 속 제목이 시사하듯 모든 구성 요소는 복거의 일부로 다루어진다. 내용상으로는 크게 ① 서론(도입부) ② 본론(「지리」에서「계거」까지), ③ 결론(「사민」) ④ 부록(「팔도」)에 해당한다.[44]

---

42 『박종지』(장서각 소장본, 도서번호: 貴K2-4180).
大抵 卜居之地 地理爲上 生利次之 次則人心 次則山水.
43 인심론에 대한 반응은『택리지』독자 혹은 필사자들이 보여주었던 반감이 반영된 것이라는 점에서 중요한 의미를 지닌다.
44 이것들은 표준형에서 ①「복거총론」의 도입부, ② 명산에서 계거에 이르는「복거총론」의 본론, ③「사민총론」과 총론, ④ 그리고「팔도총론」에 각각 해당한다.

188

복거형 『택리지』의 「사민」 항목은 표준형의 「사민총론」과 「총론」에 해당하는 내용이 순서가 뒤바뀐 채 바로 이어져 있다. 표준형 『택리지』의 「사민총론」과 「총론」은 둘 다 사대부에 관한 논의를 담고 있어 서론과 결론처럼 떨어져 있을 이유가 없다. 그런 의미에서 복거형 『택리지』의 「사민」 항목은 훨씬 자연스러운 느낌을 준다.

복거형으로 『택리지』를 읽으면 「사민」 항목은 「지리」에서 「계거」로 이어져온 논의의 결론부가 된다. 특히 복거형 결론부의 전반부(표준형의 「총론」)와 후반부(표준형의 「사민총론」)를 유기적인 연관 속에서 주의 깊게 읽어보면 이중환이 궁극적으로 무엇을 말하려 했는지를 짐작할 수 있다. 아래의 1인칭 시점 서술은 복거형 결론에 담긴 이중환의 메시지를 필자 나름의 독법으로 읽어본 것이다.[45]

사대부의 기강이 점차 해이해지면서 다툼이 생기고 원수가 깊어졌다. 때를 만나지 못한 사대부가 갈 곳은 산림뿐이지만, 무신란 이후 국왕은 산림에서 조용히 살려는 선비마저 의심의 눈초리로 쳐다본다.[46] 선비가 산림으로 돌아갈 수도 없다면 갈 곳이 없다. 선비가 살 만한 곳을 찾아야만 하는 상황도, 살 만한 곳을 찾으려는 선비를 가만히 내버려두지 않는 현실도 모두 당쟁 때문에 빚어진 것이다. 그런 의미에서 선비가 살 만한 곳을 찾는 행위는 당쟁이 극심한 세상에서 살아남기 위한 어쩔 수 없는 선택이다. 내가 복거卜居에 관한 책을 쓰게 된 직접적인 동기는 바로 이것이다. 이 책의 내용은 최선책이 아니라 차선책을 다룬 것이다. 그렇다면 선비가 살 만한 곳을 찾을 필요가 없게 만드는 최선의 상태, 궁극적인 상태는 어떤 것인가. 그것은 당쟁이 완전히 사라진 상태를 의미한다. 당쟁만

---

45 역대의 신분제와 사대부의 유래에 대한 긴 설명은 당대의 정치적 갈등에 대한 서술로 이어진다. 아래의 글은 그 뒤 상황부터 적은 것이다.
46 『택리지』(광문회본), 總論.
嗚呼 士大夫不得於朝 則山林而已 此誼通古今 而今則不然.

없어진다면 굳이 살 만한 곳을 찾거나, 살 만한 곳과 그렇지 않은 곳을 가려야 할 이유도 없을 것이며, 또 산림에 있는 선비들이 의심받을 일도 없을 것이다. 근본적으로 당쟁이 없다면 때를 만나지 못하는 선비도 없지 않겠는가.

유감스럽게도 당쟁은 잦아들기는커녕 오히려 극을 향해 달려가고 있다. 사대부 간의 양보와 대화, 조정과 타협으로 당쟁이 그치기를 기대할 수 없는 상황이다. 당쟁을 없앨 수 있는 근원적인 처방이 필요한 시점이다. 그런 의미에서 볼 때 일체의 사물이 미분화된 상태, 즉 태극太極으로 돌아가는 것만이 근본적이고도 유일한 해결책이다. 태극은 사대부와 농민, 장인, 상인이 분화되지 않은 상태를 말한다. 그런 상태가 되어야 비로소 당쟁이 그칠 것이며, 당쟁이 그치고서야 살 만한 곳과 그렇지 않은 곳을 구분할 일도 없지 않겠는가.[47]

태극의 상태는 구체적으로 어떤 것인가. 옛날에는 사대부가 따로 없고 모두 민民이었다. 순임금은 요임금 때 사대부였지만 농민, 장인, 상인의 일을 하고도 수치로 여기지 않았다. 그런데 후세에는 무엇 때문에 꺼리는가. 혹 사대부라는 이름으로 농민, 장인, 상인을 업신여기고 농민, 장인, 상인의 신분으로 사대부를 부러워한다면 이는 모두 그 근본을 모르는 자이다.[48] 중요한 것은 사대부 신분이 아니라 그들에게 부여되었다고 여겨지는 역할이다. 이제 사대부, 농민, 장인, 상인을 막론하고 모두 사대부에게 요구되던 원래의 덕목을 수행하는 것이 마땅하다. 하지만 경제적 기반이 없으면 예禮는 불가능하다. 그러기 위해서는 순임금이 사대부로서 농

---

47 『택리지』(광문회본), 總論.
惟此偏論 初生於士大夫 末流之弊 至使人無所相容 有語曰 火生於木 火發必剋 故曰 東亦不可居 西亦不可居 南亦不可居 北亦不可居 如此則將無地 無地則無東西南北 無東西南北 則便一混論太極圖也 如此則無士大夫 無農工賈 亦無可居處矣 此謂非地之地 於是乎作士大夫可居處.
48 『택리지』(광문회본), 四民總論.
古無士大夫 皆民也 民有四 (……) 故曰 舜堯時士大夫也 爲農工賈不恥 則抑後世 何憚焉 或欲以士大夫 侮農工賈 以農工賈 羨士大夫 則皆不知其本者也.

민, 장인, 상인의 일을 한 것처럼 하지 않을 수 없다.[49]

사대부, 농민, 장인, 상인 모두가 사대부의 덕목을 추구함으로써 태극의 상태, 즉 권장할 만한 사대부적 행실이 사대부, 농민, 장인, 상인 모두에게 공유되는 상태가 될 것이다. 그렇게 된다면 당쟁은 없어질 것이고, 당쟁이 없어지면 이렇듯 힘들게 살 만한 곳을 찾아야 할 이유도 없지 않겠는가. 내가 사대부복거설을 지은 이유는 바로 이것, 즉 사대부, 농민, 장인, 상인이 기능적으로 미분화된 태극적 상태야말로 붕당을 없애는 궁극적인 방법임을 강조하기 위해서였다. 그러나 이렇게 한다 해도 모든 것이 희망대로 될지는 미지수다. 천시天時와 지리地理와 인화人和가 뒷받침되지 않는다면 그런 날이 오기는 오려는지.[50]

일체의 사물이 분화되지 않은 태극의 상태에 도달함으로써 정치적 갈등과 붕당 문제를 해결할 수 있다는 것이 이중환이 『택리지』에서 말하고자 했던 가장 중요한 메시지다. 이중환은 그 태극의 상태가 도달 가능한지를 확신할 수 없는 상황에서도 희망을 말하고 싶어했다. 뒷날 정조는 초월적 군주관을 태극의 경지를 빌려 설명했다.[51] 정조의 태극론이 태극으로서의 군주 자신을 강조한 것인 데 반해, 이중환의 태극론은 태극의 상태를 만드는 주체가 설정되지 않았다는 점에서 다르다. 또 정조의 태극론이 탕평정치를 실현하기 위한 것이었다면 이중환의 태극론은 사대부 본연의 역할로 돌아가기 위한 것이었다. 태극을 강조한 두 사람은 사실상 서로 다른 곳을 바라보고 있었다.

---

49 『택리지』(광문회본), 四民總論.
聖人之法 豈惟士大夫可能 農工賈亦可能 其果有不同者乎 (……) 無論其爲士爲農爲工賈 當一修士大夫之行 而此非禮不能 禮非富不立 故於是乎不得不立家置業 以四禮 爲仰事俯育 持門戶之計 是以 作士大夫可居處.

50 『택리지』(광문회본), 四民總論.
蓋時有利不利 地有善惡 人有進退出處之異也.

51 이태진, 1992, 「정조의 『대학』 탐구와 새로운 군주론」, 『李晦齋의 사상과 그 세계』(성균관대 대동문화연구총서 11), 241~250쪽.

복거형 『택리지』의 마지막 항목은 「팔도」다. 표준형 『택리지』의 「팔도총론」 도입부에서 경기도까지에 해당하는 내용이다. 그러나 복거형 『택리지』의 경우 내제가 '복거총론'이라는 점, 이미 「사민」 항목으로 결론에 도달했다는 점을 감안한다면, 말미의 「팔도」 항목은 부록 혹은 별집의 성격을 띤다.

'택리지'라는 말뜻이 '복거설'과 직접 통한다는 점도 복거형 『택리지』가 『택리지』의 초기 형태였다는 사실을 말해준다. 택擇은 복卜, 리里는 거居, 지志는 설說에 해당한다. 『택리지』가 복거설에 비해 좀 더 유학적인 냄새가 날 뿐이다. 그런 점으로 미루어보면, 목성관, 목회경이 '택리지'라고 부른 책을 정언유, 이봉환이 '팔역가거처'라는 이름으로 부른 것은 결코 우연이 아니었다. 목성관 등이 본 것이 복거설 계통(복거형)이었다면 정언유 등이 본 것은 팔역가거처 계통(표준형)이었을 가능성이 높다.

이런 추론이 가능하다면 『택리지』의 다양한 이름에 대한 기본적인 분류도 가능해진다. 이중환이 처음 쓴 최초의 『택리지』는 복거형에 가까운 것이었으며, '복거설', '사대부가거처', '택리지' 등의 책 이름은 복거형의 구성에 그 기원을 두고 있다고 말할 수 있을 것이다. 1751년(영조 27) 여름 이중환은 자신이 쓴 발문에서 이 책을 '택리지'로 불렀다. 이듬해 목성관, 목회경이 '택리지'라고 부를 때까지만 하더라도 이 책은 복거형이었다. 그에 비하면 '팔역지', '팔역가거지' 등의 제목은 표준형의 구성과 좀 더 가깝다. 『택리지』 필사본 중에는 위 두 갈래의 책 이름과 전혀 성격이 다른 것도 있다. '동국산수지', '동국산수록', '진유승람', '동악소관' 등이 그런 것들이다. 이 필사본들은 복거형이나 표준형에 비해 좀 더 많이 변형되었을 가능성을 배제할 수 없다.

독자들은 『택리지』를 어떻게 재해석했을까

복거형 『택리지』가 이중환의 문제의식을 가장 선명하게 보여준다는 사실을 전제로 보면, 정치에 대한 이중환의 정서는 거의 '혐오'에 가까운 것이었다고 해도 과언이 아니다. 이중환은 그 혐오감과 분노를 '살 곳'에 관한 문제에 녹여냄으로써『택리지』를 완성할 수 있었다. 정치와 산수에 대한 그의 태도는 근본적으로 어디에서부터 온 것일까. 답을 찾기 위해서는 그가 살아온 삶, 그가 함께한 사람들을 확인해볼 필요가 있다.

　이중환이 강필신姜必愼(1687~1756), 이인복李仁復(1683~1730), 오광운吳光運(1689~1745), 강박姜樸(1690~1742) 등과 함께 시모임을 가진 것은 1721년(경종 1) 윤6월의 일이었다.[52] 이인복, 강필신, 오광운은 각각 이중환보다 일곱 살, 세 살, 한 살이 많았다. 이중환과 강박은 동갑내기(1690년생)로 이 모임의 막내격이었다. 이들은 백련봉白蓮峰 위 정토사淨土寺에서 시모임을 갖고 그때 주고받은 시가를 모아『백련록』白蓮錄이라는 시집으로 만들기도 했다.[53] 그들은 모두 남인계의 신진 엘리트였다.[54]

　강박의 문집에는 이 시모임의 결성 과정을 보여주는 시들이 수록되어 있다. 정토사에 오르기로 한 날이 되었지만 이중환 등이 약속을 지키지 못했다. 강박은 시를 지어 이중환을 놀려댔다. "시사에 참석하기 위해 임금에게 허락을 받아야 하는 것도 아닌데, 아침에 나서서 저녁이면 도착할 가까운 곳에서 만나기로 해놓고 아직도 안 오다니 그대는 진실로 세속의 선비가 아닌가."[55] 막역한 동갑내기 친구 사이에서 할 수 있는 애정 어린 조롱이다. 강박은 산중에서 이중환이 오기를 기다리며「정운」停雲이라는 제목의 시를 지어 보냈다.[56] 이중환은 강박이 보낸 시를 받아보고는,「영목」榮木이라는 시로 화답해주었다. 강박은 이중환의 시를 받고 다시 화답했다.[57]

　이중환 일행이 설에서 시모임을 결성한 것, 그 시모임의 이름이 백련인

52　강필신,『모헌집』권1, 和奉蓮諸君子.
53　강박,『국포집』권1, 白蓮錄.
辛丑閏月 約諸君 上淨土寺結社 集其謳唱而名之曰白蓮錄 蓋爲寺在白蓮峰下 而亦取古人蓮社之義也 諸君詩在別錄.
54　박광용, 1990,「李重煥의 정치적 위치와 택리지 저술」,『진단학보』69, 129쪽.
55　강박,『국포집』권1, 白蓮錄.
輝敗約不至 眞俗士也 遂拈北山移文中一句語爲韻 作五絶以調之 兼視族姪思卿.
56　강박,『국포집』권1, 白蓮錄, 停雲四章寄慕軒(必愼)竹陰吳(光運)諸君子.
57　강박,『국포집』권1, 白蓮錄, 榮木六章.

것, 「정운」과 「영목」이라는 시를 주고받은 것은 모두 동진東晉시대 시인 도연
명陶淵明(365~427)의 일화를 연상시킨다. 백련은 혜원惠遠이라는 선종 승려
가 조직한 불교결사인데, 도연명은 그 백련사의 구성원들과 친분이 있었다.
「정운」은 도연명이 친구들을 그리워하며 지은 시다.[58] 새로 담은 술이 있고
새로 핀 꽃이 있었지만 도연명은 함께 즐길 친구를 만나지 못했다. 세상이 어
지러웠기 때문이다. 「영목」은 도연명이 젊어서 도를 들었건만 늙도록 그 도
를 성취하지 못한 자신을 되돌아보며 지은 시다.[59]

　　동진시대는 정치적으로, 사상적으로 극도로 혼란한 시기였다. 동진의 지
배층은 분열과 반목을 거듭했다. 문벌이 아니고는 벼슬길로 들어서기도 어려
운 세상이었다. 얼마간의 벼슬살이를 미련 없이 내던진 도연명은 시골마을로
돌아왔다. 그는 이곳에서 농사를 지었으며, 「귀거래사」歸去來辭를 지어 전원
에서의 삶을 노래했다.[60] 도연명이 혼탁한 세상에서 미련 없이 전원으로 돌아
간 것처럼, 정치적 혼란기에 벼슬길에 나선 백련시사 동인들에게 산수山水는
특별한 의미가 있었다.

　　이인복은 시사 동인 가운데 가장 연장자였다. 이인복은 남인계의 분파인
문외파門外派의 중심인물이었지만,[61] 주변 사람들 사이에서는 산수 애호가로
더 정평이 나 있었다. 이인복은 30대 초반부터 벗들과 어울려 명승지 유람을
즐겼다. 강필신에 따르면 이인복은 평생토록 온 세상을 다녀보려는 뜻을 품
었다고 한다.[62] 백련시사의 또 다른 동인 강박과 오광운도 이인복을 그렇게
기억했다. 강박에 따르면 이인복은 나라 안의 명산은 모두 다녀보았다.[63] 오
광운에 따르면, 이인복은 관상쟁이로부터 산림 속에서 살아갈 사람 같다는
말을 들었으며, 말년에는 양근에 칩거하면서 직접 밭을 일구면서 실제 그렇

58　도연명, 『도연명집』 권1, 詩四言, 停雲幷序.
59　도연명, 『도연명집』 권1, 詩四言, 榮木幷序.
60　김명덕·허용구·김병수 편저, 1990, 『중국문학사상사』 상, 청년사, 219~231쪽.
61　박광용, 1990, 「李重煥의 정치적 위치와 택리지 저술」, 131쪽.
62　강필신, 『모헌집』 권1, 送金吾郞李來初仁復往晉州.
63　강박, 『국포집』 권9, 墓誌銘, 耆節齋李公墓誌銘.

게 살려고 했다.[64]

강박과 강필신, 오광운은 모두 이인복이 검소하게 생활했다고 기억했다.[65] 특히 강박은 이인복의 검소함을 보여주는 일화를 전해준다. 이인복이 안동부사로 재직할 때 겨울철에 열린 어느 모임에 참석했다. 두꺼운 가죽옷을 입고 모여든 지방관들 속에서 이인복은 행색이 너무나 초라했다. 의아하게 여기던 주변 사람이 그 이유를 묻자 이인복이 심드렁하게 대답했다. "내 3대 동안 입어본 적이 없던 가죽옷을 어떻게 입는단 말인가."[66]

이인복은 이중환이 『택리지』에서 거론한 몇 안 되는 사람 중의 한 명이다. 『택리지』에 따르면 이중환은 1723년(경종 3) 가을에 이인복과 함께 태백산을 유람하고 부석사에 올라 시를 남겼다. 이 절은 경상북도 영주시에 있다. 이중환은 그해 6월 목호룡 문제로 국문을 받다가 9월에 풀려났으며,[67] 안동부사로 재직 중이던 이인복도 마침 그해 9월에 부사 자리에서 물러났다.[68]

이인복은 1723년(경종 3) 말에 승지에 임명되었다. 그때 그는 경상도 순흥에 있었지만, 해가 바뀌도록 신병을 이유로 서울로 올라오지 않았다.[69] 이인복이 서울로 간 것은 1724년(경종 4) 윤4월에 이르러서였다.[70] 강박이 쓴 이인복의 묘비에도 이런 사실을 뒷받침하는 기록이 있다. 이인복은 1723년(경종 3) 안동부사 자리를 버린 뒤 창락역昌樂驛에 칩거하다가 1724년(경종 4) 승지로 부름을 받았다고 한다.[71] 창락은 지금도 경상북도 영주시 풍기읍에 마을

---

64 오광운, 『약산만고』 권18, 嘉善大夫兵曹參判兼同知義禁府事五衛都摠府副摠管李公神道碑銘; 강박, 『국포집』 권9, 墓誌銘, 佁節齋李公墓誌銘.

65 오광운, 『약산만고』 권18, 嘉善大夫兵曹參判兼同知義禁府事五衛都摠府副摠管李公神道碑銘; 강필신, 『모헌집』 권1, 送安東府伯李來初之任二首.

66 강박, 『국포집』 권9, 墓誌銘, 佁節齋李公墓誌銘.

67 박광용, 1990, 「李重煥의 정치적 위치와 택리지 저술」, 129쪽.

68 『승정원일기』, 경종 2년 2월 18일; 경종 3년 9월 17일.

69 『승정원일기』, 경종 3년 12월 13일; 경종 4년 1월 1일. 『승정원일기』, 경종 4년 4월 13일자 기사에서는 이인복이 풍기에 있는 것으로 적혀 있다.

70 『승정원일기』, 경종 4년 윤4월 5일.
沈珙曰 新除授右副承旨李仁復 自鄕昨已入來云.

71 강박, 『국포집』 권9, 墓誌銘, 佁節齋李公墓誌銘.

이름으로 남아 있다.

이인복은 그곳 창락 마을에 터를 잡으려 했으며, 이중환이 그곳으로 이인복을 찾아감으로써 두 사람의 만남이 이루어졌다. 이중환이 칩거 중인 이인복을 찾아간 사실이야말로 그가 일곱 살 연상의 백련시사 동인이 보여준 삶의 자세와 생활 태도, 자연관 등에 공감했음을 말해준다. 이인복이 보여준 자세는 백련시사 동인들이 공유하던 것이었다고 해도 과언이 아니다. 그들은 스스로를 옛 풍속을 따르는 깨끗한 선비라 자부했다.[72] 세상사에 얽매인 세속의 선비와 다르다는 자의식이 엿보이는 대목이다.

강필신은 행과 불행에 관한 역설적인 논리를 구사했다. 강필신은 여행에서 본 동백나무를 예로 들었다. "무성하던 나무들이 그 무성함 때문에 사대부들의 손에 꺾이고 백성들의 땔감으로 다시 잘려나가서 결국 몇 그루만 남게 된 현상은 어떻게 보아야 하는가. 사물이 성하고 쇠하는 것은 사물의 이치여서 성쇠 자체는 행과 불행이라 말할 수도 있다. 흔히 사람들도 많은 것을 천하게 여기고 적은 것을 귀하게 여기지 않는가. 동백나무는 많아서 천해졌고, 천해서 결국 잘려나간 것이다. 그러니 그루 수가 너무 많아서 천한 대접을 받은 것은 불행이 아닐 수 없다. 그러나 한 번 더 생각해보면 꼭 그런 것도 아니다. 천했기 때문에 잘려나갔지만, 잘려나갔기 때문에 얼마 남지 않게 된 동백나무는 귀하게 된 것이고, 귀한 대접을 받게 되었으니 그 동백나무에게는 행복이 아닌가."[73]

강필신은 현실에서의 성취도 절대적인 것으로 여기지 않았다. 그는 이중환이 그랬던 것처럼 당쟁에 대해서 극도의 혐오감을 드러냈다. 그의 논리는 과거제도의 문제점을 지적하는 것에서 출발한다. "나라에서 과거제도를 중시하기 때문에, 사대부들은 과거에 합격하면 집안을 빛내고 세상에 도움을 줄 것처럼 여긴다. 그러나 현실은 전혀 그렇지 못하니 뜻있는 선비들은 아예 과

72   강필신, 『모헌집』 권1, 和奉蓮諸君子(族叔子淳蕙圃 李來初宜節齋 李輝祖淸潭 吳永伯藥山).
73   강필신, 『모헌집』 권5, 書, 上季父.

196

거에 응시하지 않는다. 게다가 당쟁이 시작되면서 문제는 더욱 꼬이고 있다. 아무리 훌륭한 자질을 가졌더라도 자기 당파가 아니면 외면한다. 하급 서리에 등용되는 것은 그나마 나은 편이다. 벼슬길에 나서보지도 못하거나 심지어 정치적으로 탄압받고 유배되는 경우마저 있다. 이러니 참된 선비들이 어떻게 가문을 빛낼 수 있는가."[74]

현실에서의 성취를 절대적인 것으로 보지 않는 태도는 행과 불행을 가변적인 것으로 보는 자세와 맥이 닿는다. 강필신이 보여준 이런 삶의 자세는 주거지에 관한 인식에서도 그대로 이어진다. 강필신의 막내삼촌인 강해가 석전石田[75]에 집터를 잡고는 그곳을 '쓸모없는 땅'이라 했다. 강해는 쓸모없는 사람이 쓸모없는 땅에 사니 어울리지 않느냐며 '췌토기'贅土記를 지었다. '쓸모없는 땅에 관한 이야기'라는 뜻이다. 강필신은 이렇게 말했다. "쓸모없는 땅을 췌토라 하는데, 그곳에서 오곡을 키울 수 없으니 진실로 쓸모없는 땅이라 할 만하다. 그러나 쓸모없기 때문에 오염되거나 파헤쳐지거나 잡초가 파고들어가는 일도 없었다. 그 결과 오래도록 편안하여 하늘로부터 부여받은 땅의 품성을 온전히 유지할 수 있었던 것이 아닌가. 그러니 무엇을 쓸모 있다 하고 무엇을 쓸모없다 할 것인가."[76]

굳이 비옥한 땅을 고를 필요가 없다면 사대부가 살 곳을 정하는 데 무엇이 중요한가. 강필신은 산수를 좋아하던 한 친구의 집 자리에 가보았다. 집터는 무성한 소나무 숲 아래 넓고 깨끗한, 그렇지만 후미진 산자락에 있었다. 마을 사람들과 멀리 떨어진 그곳에서 친구는 소박한 초가를 짓고 황무지를 밭으로 일구며 살고 있었다.[77] 강필신의 눈에 산수를 즐기며 살 만한 집 자리란 그런 곳이었다.

백련시사의 동인들에게 산수는 '언제든지 돌아가야 할 곳'이었다. 그들

74 강필신, 『모헌집』 권5, 序, 季父寄軒先生六十壽序.
75 지금의 경상북도 칠곡군 왜관읍 석전리에 해당한다.
76 강필신, 『모헌집』 권5, 雜著, 題寄軒先生贅土記後.
77 강필신, 『모헌집』 권5, 記, 靜伏菴記.

은 산수유람을 여가의 일부로 여기는 보통의 사대부들을 세속의 선비로 여겼다. 백련시사 동인들이 가진 산수에 관한 철학, 주거지에 관한 견해들은 세속적인 현실과 거리를 두려는 그들의 인생관, 삶의 철학에서 나온 것이었다. 그런 경향성이야말로 이 시사 동인들로 하여금 현실 정치에서 투쟁함으로써 문제를 해결하는 것보다는 정치 현실과 거리를 두고 살아가는 방식을 선택하게 한 것이다.[78] 이중환도 그런 면에서 생각이 같았다. 그러나 이중환에게는 다른 백련시사의 동인들에게서 볼 수 없는 면모가 한 가지 더 있었다. 경제 문제에 대한 자각이 그것이다.

이중환이 농업, 상업, 유통에 대해 관심을 가진 사실은 『택리지』 곳곳에서 확인된다.[79] 이중환이 이런 문제를 중요하게 생각하게 된 것은 이익의 가르침 때문이었다. 당시 사대부들 사이에서는 "임천林泉이 아름다우면 생리生理가 약하고, 누관樓觀이 많으면 습속習俗이 비루하다"는 말이 돌아다녔다.[80] 이주의 조건으로 '토지의 비옥함과 사람들의 순박함'을 고려하는 경우도 있었다.[81] 풍속과 지역 민심 이외에도 산수, 생리 등이 주거의 조건으로 중요시되었던 것이다. 이중환은 여기에 정치적인 문제로서의 인심, 풍수지리로서의 지리를 추가하여 자신만의 주거지론을 완성했다.

이중환은 『택리지』 생리 항목에서 당시 지역 사회의 경제적 실태를 생생하게 기록했는데, 그중 적지 않은 부분이 내용, 구성 형태, 서술 방식 등에서 『성호사설』 인사문人事門의 생재편生財篇과 유사하다.[82] 그러나 이중환의 경제론은 자신이 제시한 태극의 논리와 직접 연결된다는 점에서 이익의 생각과는 달랐다. 이중환에게 이윤은 '인의와 도덕을 논의하는 데 불편하지 않을 정도'까지만 필요한 것이었다. 이중환은 결코 이윤 그 자체, 혹은 무한의 이

---

78   그들은 문외파로서 선명한 주장을 했지만, 정치적 실패 이후 현실 정치에 더 깊이 간여하는 대신 그것에서 비껴서는 쪽을 택했다.
79   오성, 1990, 「『택리지』의 「팔도총론」과 생리조에 대한 고찰」, 146~155쪽.
80   이익, 『성호전집』 권17, 書, 答李汝謙(己未).
81   이익, 『성호전집』 권51, 序, 送李士初性鴻之嶺南序.
82   오성, 1990, 「『택리지』의 「팔도총론」과 생리조에 대한 고찰」, 150~155쪽.

윤을 추구해야 한다고 말한 적이 없다. 도리어 사대부의 무절제한 이윤 추구에 대한 경계를 잊지 않았다. 이중환은 국제무역의 이익이 아무리 크더라도 사대부가 그런 일을 해서는 안 된다고 잘라 말했다. 이중환에게 '어염이 통하는 곳을 살펴서 선박을 두고 이익을 얻는 행위'는 관혼상제의 비용을 마련하기 위한 목적에 한정되었다.[83]

이익은 이중환이 '법도규구'法度規矩에 관한 공부에 전력한다면 문학보다 더 큰 성취를 이룰 수 있을 것이라고 생각했다. 그러던 참에 이중환이 자신이 지은 책들을 보내왔다. 그중에는 수신제가에 관한 것과 '산천토속풍요물산'山川土俗風謠物産에 관한 것이 들어 있었다. 이익은 '일용日用에 빠질 수 없는 것'이라는 이유로 그 책들을 높이 평가하면서도, 이미 이룬 것에 만족해서는 안 된다는 당부를 잊지 않았다. 이익은 천하의 의리가 무궁무진하고 사물의 변화가 끝이 없다는 이치를 새삼스럽게 강조하면서 이중환에게 더욱 넓게 볼 것을 주문했다.[84] 이중환은 경제 문제에 관한 이익의 견해를 적지 않게 받아들였지만, 그것을 자신이 구상한 태극의 틀 안에 배치했다. 이중환에게 경제는 주거입지론의 일부이며, 주거입지론은 다시 태극으로 가는 과정일 뿐이었다.

정치에 대해 혐오감을 드러내면서, '사대부로서 살 만한 곳'을 찾아 스스로 밭을 일구며 살아가려 했던 정서는 백련시사의 동인들 사이에서 공유되었으며, 이중환도『택리지』에서 그런 면모를 여실히 드러냈다. 언제든 산수로 돌아가지만 세상을 등지려 하지 않았다는 점에서 그들이 택한 삶의 방식은 도연명에 가까웠다. 도연명은 이상적인 세상에 대한 희망을 버리지 않았으며,「도화원기병시」桃花源記幷詩에서 그 갈망을 노래했다.[85] 도연명은 세상

83　그런 의미에서 이중환의 사회사상, 경제사상은 그가 말하려 했던 태극적 상태로부터 논의되어야 한다. 사대부가 농공상의 일을 하는 것, 사대부의 이윤 추구 행위를 긍정한 것은 그 일환으로서 제시된 것이었다. 이중환이 혹 특권 부정, 평등 지향, 국가경제 발전의 방안을 가지고 있었다 하더라도,『택리지』에서 그것을 말하려 했던 것은 아니다.

84　이익,『성호전집』권55, 題跋, 書輝祖卷末.

85　김명덕·허용구·김병수 편저, 1990,『중국문학사상사』, 219~231쪽.

그 자체가 아니라 혼탁한 가치, 혼탁한 사람을 피하려 한 것일 뿐이었다. 그런 점에서 그의 은거 방식은 유교적이었다.[86] 도연명은 한 번도 현실 도피를 의도하지 않았다.[87]

행과 불행, 성공과 실패를 다른 것으로 보지 않는 자세는 노장적인 느낌마저 주지만, 그것조차 세상에 대한 관심에서 나온 것이라는 점이 중요하다. 이중환은 시사 동인들이 보여준 삶의 자세와 자연관, 산수론, 주거입지론에서 많은 영향을 받았다. 그는 한 번도 현실에서 희망의 끈을 놓으려 하지 않았다. 경제적인 문제를 고려해가며 살 곳을 찾는 행위도 희망이 있기에 가능한 일이다. 이중환은 『택리지』에서 말한 그 태극적 상태가 가능한지 확신할 수 없는 상황에서도 희망을 말하고 싶어했다.

이중환이 『택리지』에 붙여놓은 발문跋文은 그의 문제의식을 좀 더 선명하게 보여준다. 발문은 크게 두 단락으로 구성된다. 첫째 단락은 공자와 장자莊子가 자기 생각을 나타내는 방식에 관한 것이다. 이중환에 따르면, 옛날 공자는 도를 행할 수 없게 되자 『춘추』春秋를 지어 그것으로 왕도를 행하고 선악을 포폄褒貶했다. 이것은 '실'實을 가지고 자기 생각을 나타낸 것이다. 장자는 어떤가. 세상에 나오려 하지 않았던 장자도 글을 지었다. 그런데 장자의 글은 아득하고 큰 말들로 가득하다. 장자는 이 글에서 만물을 가지런히 하고 삶과 죽음을 하나로 보며, 범인과 성인을 구별하지 않았다. 장자의 선택은 '허'虛를 가지고 자기 생각을 나타낸 것이다. 공자와 장자는 글쓰기 혹은 저술을 통해 자기 생각을 드러냈다는 점에서 차이가 없다.[88] '실'實한 말이든, '허'虛한

---

86 이성호 옮김, 2001, 『도연명전집』, 문자향, 354쪽.

87 도연명이 유불도를 드나들면서도 유교적 은거의 원칙을 유지했다면, 이중환은 유교적인 관념의 울타리 안에서 풍수지리적 표현을 구사했다. 도연명이야말로 이중환이 『택리지』에서 왜 아무런 거리낌 없이 풍수지리적인 내용을 구사할 수 있었는가를 이해하게 해주는 실마리가 된다.

88 『택리지』(고려대 도서관 소장본, 도서번호: B10A3), 擇里志拔 ; 『동국산수지』(고려대 도서관 소장본, 도서번호: 신암B10A127), 青華山人自撰可居誌跋文.
昔孔子 以道不行 托魯史 假以行王道 褒貶善惡 此將實而寓意也 莊子不欲出於世 著諸篇 爲宏闊勝大之言 齊萬物 一彭殤 混凡聖 此將虛而寓意也 虛實雖殊 寓意則同.

정선, 〈여산폭포도〉廬山瀑布圖, 17~18세기, 비단에 엷은
채색, 100.3×64.2cm, 국립중앙박물관.
중국 강서성 북쪽에 있는 여산은 도연명이 은거했던 산으로
도 유명하다.

말이든 그것은 그리 중요한 문제가 아니다.

　이중환은 여름날 황산강가 팔괘정에 올라 더위를 식히다 우연히 이 책을
쓰게 되었는데, 조선의 산천, 인물과 풍속, 교화의 연혁, 치란의 득실과 선악 등
에 대해 차례를 정해 기록했다 한다. 글의 말미에서 이중환은 이렇게 말했다.
"옛사람이 '예악禮樂이 어찌 종고鐘鼓와 옥백玉帛만을 말한 것이랴'라고 하지
않았는가. 이 책은 살 만한 곳을 찾으려 했으나 살 만한 곳이 없음을 한탄한
것이지만, 활긴活看하는 사람은 문자 밖에서 참뜻을 구하는 것이 옳을 섯이
다. 아, 이 책이 '실實'이라면 관석關石을 고르게 하는 것이요, '허'虛라면 겨자
씨나 수미산須彌山과 같으리니, 뒷날 반드시 분별하는 사람이 있을 것이다."89

89　『택리지』(고려대 도서관 소장본, 도서번호: B10A3), 擇里志拔;『동국산수지』(고려대 도서관 소장본,
도서번호: 신암B10A127), 靑華山人自撰可居誌跋文.
昔余在黃山江山(上), 夏日無事 登八卦亭消暑 偶有所論著 是將我國山川人物風俗政敎沿革治否得失善惡
編次而記之耳 古人曰 禮樂豈鐘鼓玉帛云乎 是欲擇可居處 而恨無可居處耳 活看者 求之於文字之外 可也
噫 實則關石和句 盧則芥子須彌 後必有卞之者.

정선, 〈산수도〉山水圖, 1713년, 비단에 엷은 채색, 179.7×97.3cm, 국립중앙박물관.

숲으로 둘러싸인 가운데 시내가 흐르고 누각에는 선비가 있다. 깊은 산속에 은거하는 선비의 모습은 유학자들이 꿈꾸던 이상향이었지만 그렇다고 해서 그들이 세상을 등진 것은 아니었다.

필자는 이중환의 말을 이렇게 읽는다. "『논어』論語에 있는 공자의 말에 따르면, 예가 옥이나 비단만 가리키는 것은 아니며, 악이 종이나 북 같은 악기만을 말하는 것은 아니다. 옥과 비단, 종과 북은 예와 악의 도구이지만, 옥이나 비단, 종과 북에만 매달리는 것은 옳지 않다. 정자程子는 '천하에 예와 악이 없는 사물은 없다'고도 말했다.[90] 무엇을 통해서든, 예악을 추구한다는 사실이 중요하다. 공자가 추구한 '실'한 방법이든, 장자가 생각한 '허'한 방법이든 그것이 문제는 아니다. 쓰는 일이라면, 예악에 관한 자기의 생각을 기록하고 실천하면 그만이다. 나에게는 선비가 살 만한 곳을 찾는 일, 그 내용을 기록하는 일이 바로 그런 과정이다. 이 책은 살 만한 곳을 찾으려 한 기록이며, 동시에 살 만한 곳이 없음을 한탄한 기록이다. 살기 위해 찾으려 하는 행동이 '실'實이라면, 살 만한 곳을 찾지 못해 한탄함은 '허'虛다. 그렇다면 이 책이 강조하려 한 것은 실인가 허인가. 무어라 쓰여 있는지에 집착할 필요도 없다. 실인지 허인지를 판별하는 것도 중요하지 않다. 시야가 트인 사람이라면, 문자 밖에서 이 책에서 말하려는 참뜻을 구하는 것이 옳을 것이다."

'문자 밖에서 참뜻을 구해야 한다'는 말의 의미는 무엇일까. 필자는 이중환이 발문의 끝에서 한 말을 다시 이렇게 읽는다. '이 책을 사대부의 주거입지론에 관한 것으로 읽는 것은 문자에 집착한 독해다. 내가 이 책에서 진정으로 말하고 싶은 것은 무엇인가. 살 곳을 찾아 헤맬 필요도 없고, 살 곳이 없다고 한탄할 필요도 없는 그런 세상이 어떻게 가능한지를 생각해보자는 것이다. 그린 면에서 중요한 것은 사, 농, 공, 상이 기능적으로 미분화된 태극의 상태에 도달하는 일이다. 그런 단계에 이를 수만 있다면 붕당이 없어질 것이고 붕당이 없어진다면 살 곳에 관한 실實한 이야기와 허虛한 이야기조차 필요 없을 것이기 때문이다.'

『택리지』에 서문이나 발문을 쓴 사람들은 이 책을 어떻게 받아들였을까.

---

90 『논어』, 陽貨.
子曰 禮云禮云 玉帛云乎哉 樂云樂云 鐘鼓云乎哉 (敬而將之以玉帛則爲禮 和而發之以鐘鼓則爲樂 遣其本而專事其末 則豈禮樂之謂哉 ○ 程子曰 天下無一物無禮樂).

그들은 모두 이중환과 직간접으로 관련되는 사람들이다. 이익과 이봉환은 집안사람이다. 이익은 항렬상 할아버지뻘이었고 이봉환과는 사촌이었다. 목성관은 이중환의 처조카다. 같은 사천 목씨인 목회경은 이중환의 처남인 목천임과 처조카인 목성관을 위해 글을 써준 사람이다.[91] 동래 정씨인 정언유, 나주 정씨인 정약용은 모두 남인계 지식인이다. 그들이라면 '문자 밖에서 참뜻을 구해야 한다'는 말을 이중환의 의도대로 읽어낼 수 있었을까. 아니 그렇게 읽어내고 싶었던 것일까.

이익은 이중환보다 아홉 살 위다. 1718년(숙종 44) 금천찰방으로 나가게 된 이중환이 이익에게 편지와 작은 선물을 보내며 그 사실을 알리자, 이익은 시를 지어 화답했다. 두 사람은 조용한 산사山寺를 함께 여행한 적이 있었을 뿐만 아니라, 다음번 여정을 기약할 정도로 친분이 있었다.[92] 이중환은 1723년(경종 3) 이후 오래도록 유배 생활에서 벗어나지 못했다. 이중환이 비로소 자유의 몸이 된 것은 1735년(영조 11) 4월, 그의 나이 46세에 이르러서였다.[93] 1741년경(영조 17), 금강산 절경을 구경한 이중환이 시를 써서 이익에게 보내왔다. 회갑을 눈앞에 둔 이익은 이중환의 시를 받고 화답했다.[94]

일생 동안 명산과 명승지 여러 곳을 여행했던 이익이었지만, 산수를 '선비가 언제든지 돌아가야 할 곳'으로 여기던 백련시사 동인들과는 생각이 같지 않았다. 이익의 친구 중에 산수 애호가로 명성 높던 사람이 있었다. 전국의 명승지를 다 돌아다닐 수 없었던 그는 방향을 바꾸었다. 시인들의 여행기를 모아 책으로 만들어놓고 산수가 그리워질 때 그 책으로 간접 체험을 했던 것이다. 마침 그가 둔암遯庵이라는 암자를 지었다. 세속과 거리를 둔다는 의미의 '둔遯'은 산을 뜻한다. 이익은 세속과 거리를 두는 것은 몸으로 할 일이

91 이문종, 2004, 「이중환의 생애와 택리지의 성립」, 『문화역사지리』 16권 1호, 137~144쪽.
92 이익, 『성호전집』 권1, 詩, 族孫輝祖(重煥)有惠物以詩答寄.
93 『승정원일기』, 영조 11년 4월 20일.
94 이익, 『성호전집』 권4, 詩, 復次輝祖楓溪韻.

아니라 마음으로 할 일이라는 점에서 친구의 선택을 존중했다.[95]

이익의 지인 중에는 돌을 모아 가산假山을 만들어놓고 산수를 즐기는 사람도 있었다. 그는 태백산이나 지리산의 장관이 생각날 때, 금강산이나 속리산의 수려함이 떠오를 때에도 가산을 보며 그 느낌에 빠져들 뿐, 직접 그곳을 찾아 산속을 헤매지는 않았다. 이익은 그것도 산수를 즐기는 좋은 방법이라 여겼다.[96] 이익에게 산수를 즐긴다는 것은 그곳에 집터를 정한다는 의미가 아니었다. 그저 작은 돌멩이 하나를 가져와 그것으로 그 산의 모습을 생각하며 즐기면 족한 일이었다. 어느 곳의 산수가 아무리 좋다 해도, 그 산을 터로 삼아 살 수도 없고 그렇다고 산을 옮겨올 수도 없기 때문이다.[97] 이익에게 산수는 다만 '선비가 잊지 말아야 할 마음의 안식처'일 뿐이었다.

그런 이익의 눈높이에서 볼 때, 사대부는 어떤 조건이 갖추어진 곳에서 살아야 하는가. 이익에 따르면, 학문이 사士로서의 역할이라면 벼슬은 대부大夫로서의 책임이다. 벼슬살이는 학문이 넘쳐흘러 생긴 자연스러운 결과일 뿐이므로 어디까지나 근본은 학문이다. 학문을 위해서라면 유교적인 기풍이 충만한 그런 곳이야말로 살 만하다고 말할 수 있다. 영남 지방은 그런 면에서 가장 유리한 조건을 갖춘 곳이다. 승려들도 성현의 행적을 말할 정도로 유교문화가 널리 퍼져 있을 뿐만 아니라 선비들의 풍습도 질박하여 대도시 서울과는 풍속이 완전히 딴판이기 때문이다.[98] 이익도 민심과 풍속을 따질 만큼 주거의 조건에 관심이 있었다. 그러나 이 문제에 관한 이익의 결론은 명확하다. 굳이 조건을 꼼꼼히 따져 살 만한 곳을 찾으려 할 것이 아니라, 자신이 있는 그 자리에서 학문적 완성을 추구하다 보면 그곳이 곧 살 만한 곳이 된다는 것이다.[99]

95   이익, 『성호전집』 권52, 序, 遯庵序.
96   이익, 『성호전집』 권53, 記, 石假山記.
97   이익, 『성호전집』 권56, 題跋, 書三石說後.
98   이익, 『성호전집』 권51, 序, 送李士初性鴻之嶺南序.
99   이익, 『성호전집』 권17, 書, 答李汝謙(己未).

김윤겸, 〈봉래도권〉蓬萊圖卷, 1786년, 종이에 옅은 채색, 27.4×38.8cm, 국립중앙박물관.
금강산의 명승지를 담고 있는 이 그림은 김정희가 소장했던 것으로 전해진다. 조선시대 문인들은 전국의 명승지를 그림에 담아놓고 간접적으로 즐기기도 했다.

　　이익이 여행을 하다가 산수가 아름답고 토질이 좋은 '낙토'樂土를 보게 되었다. 굳이 태어난 좁은 곳에서 계속 살 필요는 없다는 생각이 절로 들었다. 그러나 지도를 보면서 생각이 달라지게 되었다. 이익은 중국지도의 동북쪽 한 귀퉁이에 그려진 조선의 윤곽 안에서 그가 돌아다닌 곳들을 찾아낼 수 없었다. 더구나 서구식 세계지도 속 중국의 크기는 중국지도 속 조선의 크기만큼이나 작았다. 그는 깨달았다. 좁은 곳만을 경험한 사람이 멀고 가까운 것을 논하는 것은 무의미하다는 것을. 결국 지구적 규모 안에서는 어디를 가더라도 간 것이 아니요, 어디에 머물더라도 머문 것이 아니어서, 마치 오염된 연못 안에 있는 부평초가 종일 움직여도 그 안에 있는 것과 마찬가지라는 것을. 따라서 살 곳을 찾아 옮겼다고 해서 자랑할 일도 아니요, 살 곳을 찾아 떠나지 못했다 해서 비난받을 일도 아니라는 것을.[100]
　　마침 이익의 친구 송유하宋儒夏가 집을 옮기려 했다. 송유하가 살던 곳도,

또 옮겨가려 한 곳도 한적하고 풍광이 빼어난 시골마을은 아니었다. 살던 곳에서 3일 거리에 있는, 산수 풍경도 특별할 것이 없는 곳이었다. 송유하는 주거지 문제에 대해, "매일 것도 없고, 고를 것도 없다"고 말했다. 이익은 그의 그런 태도를 극찬했다.[101]

이익은 『택리지』 서문에서 이렇게 말했다. "살 곳을 가린다는 설은 공자와 맹자로부터 시작되었다. 살 곳을 가리지 않으면 크게는 교화를 행할 수 없고 작게는 자기 몸을 편안히 할 수 없기 때문이다. 무릇 의식衣食이 충분치 않은 곳, 사기士氣가 다한 곳, 무력武力이 승한 곳, 사치奢侈가 많은 곳, 시기와 의심이 많은 곳에서는 살 수 없다. 이 몇 가지 조건만 잘 인식한다면 살 곳과 살지 못할 곳을 잘 판단할 수 있다."[102]

'공자와 맹자도 살 곳을 가렸다'는 말은 살 곳의 조건을 따져보는 행위 자체는 아무런 문제가 없다는 의미일 것이다. 그런데 이익은 살 곳의 기준 대신, 역으로 피해야 할 곳의 조건을 거론했다. 경제와 관련한 기준이 한 가지, 풍속에 관한 기준이 네 가지다. 이익이 내건 조건 중에 이중환이 중시한 산수나 지리가 들어 있지 않은 점이 흥미롭다. 산수의 아름다움을 좇아 살 곳을 정해야 할 이유가 없다는 이익의 주장은 산수를 포함한 여러 가지 조건을 감안해 살 곳을 찾으려 한 이중환의 구상과 여러 가지 면에서 충돌한다.

이익이 살지 말아야 할 곳에 관한 최소한의 조건만을 내걸었다는 것은 무엇을 뜻하는가. 문제가 되는 곳을 제외하고 나면 어느 곳인들 살지 못할 곳은 없다는 말이다. 그런 점에서 '시야가 드인 사람이라면, 문자 밖에서 참뜻을 구하는 것이 옳다'는 이중환의 생각과 일치하는 지점이 전혀 없다고 할 수는 없다. 그러나 무엇이 그런 세상을 가능하게 하는가에 대해서는 생각이 달랐

100 이익, 『성호전집』 권51, 序, 送宋德章儒夏序.
101 이익, 『성호전집』 권51, 序, 送宋德章儒夏序.
102 이익, 『성호전집』 권49, 序, 擇里誌序.
擇里之說 自孔孟發之 里不擇則大者化不行 小者身不安 (……) 夫衣食乏則不可處 士氣歇則不可處 武力競則不可處 侈風勝則不可處 猜嫌多則不可處 擇斯數者 取舍可見.

다. 이중환은 정치가 달라져 태극적 상태가 구현되어야 한다고 본 반면, 이익은 자신이 선 자리에서 학문적 완성을 추구하는 것이 가장 중요한 문제라고 생각했다. 두 사람이 가진 살 곳에 관한 철학은 방향이 달랐다.

이익은 『택리지』 서문의 말미에서 이렇게 말했다. "지금 우리 집안 조카 이중환이 책을 한 권 썼다. 수천 마디 말로 사대부가 살 만한 곳을 찾고자 하였는데, 그 과정에서 산맥과 수세水勢와 풍토와 민속, 재화의 생산과 수륙水陸 교통 등에 대해 조리 있게 설명했다."[103] 이익은 『택리지』가 기본적으로 '사대부가 살 만한 곳'을 찾으려 한 책이라고 보면서도, 그 과정에서 엿보이는 자연지리와 사회경제에 관한 정보에 특별한 의미를 부여한 것이다. 이익과 이중환이 가진 경제에 대한 같은 관심이 엿보인다. 이중환에게 경제 문제는 살 곳을 판단하기 위한 조건의 하나다. 그러나 이익은 '사대부가 살 만한 곳'을 판단하기 위해 이중환이 제시한 전체적인 논리 구조를 소개하는 대신, 특정한 요소만을 부각시켜놓았다. 이익은 이중환의 의도와 무관하게 자기 방식으로 텍스트를 읽고 있었던 셈이다.

이봉환도 살 곳을 찾는 행위는 문제가 아니라고 생각했다. 이익이 그랬던 것처럼 이봉환도 공자가 '구이九夷의 땅에 살고 싶어했다'는 이야기를 끌어왔다. 구이의 땅이란 곧 조선이다. 이봉환의 논리는 이런 것이었다. '중원 대륙이 청나라에 의해 더럽혀진 지금이라면, 조선만이 중화문화를 보존하고 있는 이때라면, 더 말할 것도 없다. 공자께서 지금 다시 태어나더라도 반드시 동쪽 바다로 뗏목을 띄우게 되지 않겠는가. 살 만한 곳을 찾는다면 여기 조선만 한 곳이 또 있는가.'[104]

그런 이봉환의 입장에서 보면, '조선에는 살 만한 곳이 없다'는 이중환의

103　이익, 『성호전집』 권49, 序, 擇里誌序.
今吾家輝祖纂成一書 縷縷數千言 欲得士大夫可居處 其間山脈水勢風氣氓俗 財賦之産 水陸之委輸 井井有別.

104　『택리지』(규장각 소장본, 도서번호: 奎4790-55), 李鳳煥, 八域可居處拔.
孔子始爲擇里說 而欲居九夷 況今一天下 惟此爲淨土 雖孔子復起 必桴於東海矣 然則可居處 就此地若也 青華子 乃以爲八域無可居處 何其與孔子所擇者異也.

주장은 공자의 말과 충돌한다. "이중환은 혹시 이 땅이 공자의 시대보다 더 누추해졌다고 생각해서 그렇게 말한 것인가. 만일 그렇다 하더라도 문제가 없는 것은 아니다. 공자는 조선에 살고자 한 의사를 비쳤을 뿐이지만, 여기에서 태어나 여기서 살아가야 하는 이중환이라면 경우가 다르지 않은가. 살 곳에 관한 군자의 철학을 가지고 산다면, 살 수 없는 곳을 변화시켜 살 만한 곳으로 만드는 것이 중요하지 않은가. 그렇게만 된다면 동서남북 모두 살 만한 곳이 될 것이니, 어찌 살 곳이 없다고 하겠는가."[105] 이봉환은 어디든 살 곳으로 만들기 위한 주체적인 노력이 중요하다고 생각했던 것이다. 이봉환은 이중환이 말하려 한 행간의 의미를 읽었을지도 모른다. 그러나 이봉환은 그런 실천적인 노력을 함께 해나가자고 말하지는 않았다.

목성관이 쓴 발문의 제목은 '택리지발'擇里誌拔이다. 그는 이중환이 살 만한 곳을 기록했지만, 그 진정한 뜻이 거기에 있는 것은 아닐 것이라고 말했다. 그러나 그런 그도 '살 만한 곳을 찾아다닐 필요가 없는 세상을 꿈꾼' 이중환을 읽어내지는 못했다. 아니, 그런 이중환을 읽어내지는 '않았다.' 그는 이중환이 이 책에서 보여준 역사, 지리, 경제에 대한 풍부한 식견, 그리고 풍수지리와 불교를 넘나드는 박식함을 칭송했을 뿐이다. 흥미로운 점은 목성관이 중화주의자 이중환을 발견하고 높이 평가했다는 사실이다. 『택리지』산수 항목에는 임진왜란 때 조선을 도운 명나라 장수들을 대보단에 함께 제사 지내야 한다는 주장이 실려 있다. 목성관은 이 기사를 끌어와 발문의 말미를 장식했다.[106] 그에게 『택리지』는 주거입지론이나 역사, 지리, 경제에 대한 경세적

105　『택리지』(규장각 소장본, 도서번호: 奎4790-55), 李鳳煥, 八域可居處拔.
然則在孔子時已人疑其陋 而今則其陋尤有甚焉 青華此論 無亦爲此而發歟 雖然 孔子欲居而終不居 青華子生於此土 雖欲不居 自不得不居 第以聖人所謂君子之居居之 則向之不可居處 擧將一邊爲可居處 東亦可居 西亦可居 南北亦可居 尙可曰無之運爾乎.

106　『택리지』(규장각 소장본, 도서번호: 奎4790-55), 睦聖觀, 擇里誌拔.
擇里誌者 卽青華山人所著也 今讀其書 則雖寓言於八域可居處 而其意豈無是也 其論歷代之沿革 人材之盛衰 風俗之汚隆 輒致意焉 (……) 噫 我朝大報壇一事 誠萬古大義 獨恨失皇朝諸公凡有恩於我者 未有配食之擧 今於石邢楊李四公 眷眷不已 苟世有用其言者 是猶下泉卒章追思郇伯之勞 同其美也 愚於此 尤有感焉.

지식만큼이나 중화주의적 아이디어가 돋보이는 책이었던 것이다.

목회경이 쓴 발문의 제목도 목성관의 것과 같다. 책 이름에 포함된 한자 漢字가 '志'가 아니라 '誌'인 것을 보면, 두 사람이 같은 제목을 가진 하나의 필사본을 돌려보았을 가능성도 배제할 수 없다. 그러나 목성관과 목회경의 독법은 같지 않았다. 목회경의 발문 앞머리에는 이중환이 『택리지』를 쓰게 된 배경에 관한 서술이 있다. 대략의 이야기는 이렇다. '농민, 장인, 상인과 섞여 살았던 옛날의 사대부와는 달리 후세의 사대부는 벼슬을 하거나 물러나 있거나 살 곳을 택해야 했다. 정치적으로 불우했던 이중환이라면 더욱 그렇다. 이중환은 살 곳을 고민했으며, 살 곳이 없다고 한탄했다. 인심人心이 험해지고 세도世道가 무너졌기 때문이다. 그 뜻이 가련하다.'[107]

살 곳을 찾아야 하는 자의 고뇌, 그리고 살 곳을 찾지 못한 자의 회한을 보면서 목회경은 이렇게 말했다. "어디에 사느냐 하는 문제는 그 몸을 편안하게 하기 위한 것이므로 내 밖의 문제지만, 마음에 즐거움을 느끼는 것은 거기에 있지 않으니, 곧 내 안의 문제다. 진실로 안팎의 경계를 잘 살피고 그 몸을 빈 배처럼 비워두어 무엇을 만나든 편하게 생각한다면, 세상의 험난함도 모두 아름다운 풍경이 될 것이며, 촌부村夫나 어부漁夫와도 스스럼없이 어울릴 수 있게 되리니, 또한 살 곳을 가릴 필요가 있겠는가."[108]

목회경은 이중환의 경세적 지식과 중화주의적 사고 그 어느 쪽에도 특별히 주목하지 않았다. 그는 『택리지』를 다만 '살 곳을 찾아 헤맨 기록'으로만 읽었다. 살 곳을 찾을 필요가 없는 세상을 꿈꾼 이중환을 읽어내지는 못한 것이다. '마음만 잘 다스리면 어디든 살지 못할 곳이 없다'는 목회경의 논점은 이익과 크게 다르지 않다. 그런 그가 '살 곳을 찾을 필요가 없는 세상이

107   『택리지』(규장각 소장본, 도서번호: 奎4790-55), 睦會敬, 擇里誌拔.
至無所家 而卒乃顧爲老農老圃不可得 則擇里誌之所以作 而至謂不宜於西 不宜於北 亦無宜於東與南 而
蹇蹇有靡聘之歎 則人心之傾險 世道之迫阨 於此可見 而其志蓋可憐矣.
108   『택리지』(규장각 소장본, 도서번호: 奎4790-55), 睦會敬, 擇里誌拔.
然而居者 所以安其身 卽外也 心之所樂者 不在於是 而卽內也 苟能審於內外之卞 而虛舟其身 隨遇而安 則
世間之矛淅鈒炊 盡是佳境 而將與野老漁叟 爭席而爭隈矣 又何居之必擇也.

오려면 정치의 변화가 필요하다'고 외치는 이중환을 발견하기는 어려운 일이다.

이중환의 주변 사람들은 '어딘들 살지 못할 곳은 없다'는 식으로 말했다. 그들이 그렇게 말한 것은 이중환이 강조하고자 한 '문자 밖의 참뜻'을 읽어내려 했기 때문일 수도 있다. 그러나 이중환은 책에서도, 행간에서도 그렇게 말하지는 않았다. 그는 '살 곳을 찾을 필요가 없는 세상이 되었으면 좋겠다. 그러려면 정치가 변해야 한다'고 말했을 뿐이다. 그를 가장 잘 알고 있었을 주변 사람들조차 『택리지』를 자신들의 시선으로 읽었던 것이다. 역사, 지리, 경제에 대한 풍부한 지식을 발견한 사람이 있었는가 하면, 중화주의적 문제의식을 읽어낸 사람도 있었다. 그러나 그 모든 것을 관통하는 이중환의 문제의식을 이중환의 생각대로 읽어준 사람은 없었다. 복거형이 아니라 표준형 계열의 필사본이 유행했던 것도 이중환 자신의 생각과 무관한 일이었다.

표준형보다 더 달라지는 필사본들이 등장하는 것은 시간문제였다. 『동국총화록』東國總貨錄(규장각 소장본, 도서번호: 奎15737)은 앞부분에 전체 목차가 있는 점을 제외하고는 『총화』總貨(장서각 소장본, 도서번호: K2-4189)와 직접적인 필사 관계에 있다고 해도 좋을 만큼 각 면수와 단수까지 같다. 이 책은 서문과 발문은 물론 저자 표시도 없다. 본문은 표준형의 「사민총론」, 「팔도총론」, 「복거총론」 중의 지리와 생리로만 구성되어 있다. 인심, 산수 항목, 그리고 「총론」 편이 없는 셈이다.[109] 필사자는 표준형을 기초로 삼으면서도 '총화'라는 책 제목과 관계가 적은 부분들을 제외함으로써 표준형과는 다른 책자를 만들려 했던 것이다. '인심'은 정치적으로 논란이 컸던 항목이고, '산수'는 가거지에 관해 구체적으로 열거한 내용이 포함되어 있으며, 「총론」은 신분제 문제에 관해 혼선이 있었던 부분이다.

지리지로 변모한 필사본 가운데에는 상대적으로 복거형에 가까운 것들

---

109 「복거총론」의 도입부에서 복거에 필요한 네 가지 요소로 지리, 생리, 인심, 산수가 거론되었지만, 정작 본문에서는 인심 항목이 누락되어 있다.

도 있다. 고려대에 소장된 『동국산수지』東國山水誌가 그런 경우다.[110] 책은 지리, 생리, 인심, 산수 등 복거의 네 가지 조건을 거론하는 대목으로 시작하는데, 산수 항목과 그 이하의 구성이 특징적이다. 산줄기의 흐름에 대한 설명은 표준형의「팔도총론」도입부에 해당하는 내용인데, 이 필사본에서는 산수 항목의 첫머리를 장식하고 있다. 이어서 고려와 조선의 나라 이름에 담긴 뜻을 설명하는 대목이 나오는데, 복거형이나 표준형에는 없는 내용이다.[111] 국토의 형상을 빌려 사대의 역사와 당위성을 설명하고 정책적인 대안을 제시한 것은 표준형과 같다.[112] 반면 백두산에서 이어지는 산줄기의 흐름, 특히 속리산에서 이어지는 맥에 대한 설명은 표준형과 다르다.[113]

『동국산수지』의 구성이 복거형이나 표준형과 가장 크게 달라지는 것은 그 뒤부터 이어지는「팔도산수」八道山水,「총론강거」總論江居,「총론계거」總論溪居,「총론야거」總論野居,「남사고십승보신지」南師古十勝保身地,「동국승구설」東國勝區說 등이다.「팔도산수」는 표준형의「팔도총론」, 복거형의「팔도」에 해당하는 내용이며,[114]「총론강거」,「총론계거」,「총론야거」는 각각 표준형의

---

110   이 책을 자세히 검토해보면 적지 않은 곳에서 표준형이나 복거형과는 다른 내용을 발견할 수 있다. 물과 풍수지리의 술법에 대한 양자의 서술 차이가 좋은 예가 된다. 표준형과 복거형에 따르면 이중환은 관련 내용이 "감여가의 술서에 있으므로 갖추어 논하지 않겠다"고 말했다〔『택리지』(광문회본), 卜居總論 地理 "水必來去合理 然後方成鍾毓之吉 此有堪輿家書 姑不具論 然陽基異於陰宅"〕. 그러나 『동국산수지』에서 이중환은 그 물과 관련한 풍수지리의 술법을 상세히 소개했다〔『동국산수지』(고려대 소장본, 도서번호: 신암B10A127), 山水 "然 水必來去合理 然後方成鍾毓之吉 一依堪輿家定論 左旋 陽基 須以正五行雙出 五行消水 右旋 陽基 只以眞五行消水 第宅坐向 又須如來水合 淨陰淨陽 方爲純美 一云 陽基異於陰基"〕. 표준형에서 "논하지 않겠다"고 한 부분을 논의하고 있는 것이다. 지금으로서는 이런 차이들이 필사자에 의해 생긴 것인지, 이중환 자신에 의해 생긴 것인지 단정하기 어렵다. 필사본들에 대한 세부적인 검토와 정밀한 분석이 요구되는 부분이지만, 이 글에서는 이 필사본의 내용상 특징을 책의 구성과 관련한 부분에서만 제한적으로 거론하기로 한다.

111   『동국산수지』(고려대 소장본, 도서번호: 신암B10A127).
我國在日本中國之間 地方雖小 亦足以王矣 高麗云者 取山高水麗之義 朝鮮云者 取朝日鮮明之義也.

112   광문회본 산수 항목의 '此皆我國山水之大略也'로 된 다음 부분이다〔大抵古人謂我國爲老人形(……) 不及李如松 實欠典也. 광문회본 259.1-259.13〕.

113   『동국산수지』(고려대 소장본, 도서번호: 신암B10A127).
俗離南下外倒行北去者 爲漢南錦北之山 德裕精氣 西爲馬耳山 南作智異山 而馬耳山 又分三派 而一派倒行爲鎭岑之鷄龍山 一西行爲金溝之母岳山 一西南爲長城之蘆嶺 一南行爲潭陽之秋月山 仍撥作羅州木浦以南諸山 又東西分拆 西止於靈巖郡 東止晉州牧蟾津之南 又自海南 渡海千里 爲濟州漢拏山.

'강거', 그리고 '계거'의 전반부, 후반부에 해당한다.

복거형이나 표준형에서 찾아볼 수 없는 「남사고십승보신지」 뒤로 다시 표준형 산수 항목의 말미에 해당하는 내용이 이어진다. 「동국승구설」은 『동국산수지』의 마지막 단락을 이루고 있는데, 표준형의 명산, 도읍, 은둔, 해산, 영동, 사군, 명찰에 해당하는 내용들이다. 이 단락들에서는 표준형이나 복거형에서 볼 수 없는 세주細註들도 보인다. 「총론야거」에는 "이상은 계거 야촌溪居野村 가운데 가장 좋은 곳이다. 보령保寧 이하는 그다음이다"라는 설명이 있다.[115] 「총론야거」가 끝나는 자리, 「남사고십승보신지」가 시작되는 자리에도 보충 설명이 있다. 경제 조건 등을 중시한다면 사대부가 살 만한 곳은 다른 곳에도 얼마든지 있을 수 있다거나,[116] 경제적 조건이 어떤지는 알 수 없지만 유사시에 대비해 미리 몸을 피할 곳을 찾아둘 필요도 있다는 내용도 보인다.[117]

『동국산수록』東國山水錄(규장각 소장본, 도서번호: 상백고915.1.D717)은 『동국산수지』와 구성이 유사하면서도 지리지적인 체계가 돋보인다. 인심 항목이 빠져 있는 이 필사본[118]은 『증보산림경제』增補山林經濟의 한 필사본에 같은 형

---

114 「팔도산수」라는 제목 뒤로 이 단락이 산줄기, 고사, 경제, 주거의 조건을 담고 있다는 설명이 붙어 있다 (此編所論 歷敍山水來脈 及各其邑故事 又敍其地理之豊薄 人居之利害云爾).
115 『동국산수지』(고려대 소장본, 도서번호: 신암B10A127).
以上則溪居野村之最勝地 保寧以下 爲其次也.
116 『동국산수지』(고려대 소장본, 도서번호: 신암B10A127).
已上皆論士大夫可居之地也 如不以江山淸致 習俗好學爲重 但以衣食樂土求之 則八道之內 處處有之矣 殆令指難勝屆矣.
117 『동국산수지』(고려대 소장본, 도서번호: 신암B10A127).
凡災難不到之地 謂之福地 已上十勝地 難未知生理如何 而當此昇平旣久之時 預占栖息之所 則亦豈非君子趨吉保身之道耶.
118 「인심」 항목은 본문뿐만 아니라 도입부의 설명부에도 흔적 없이 삭제되었다. 주거의 조건은 지리, 생리, 인심 세 가지로만 설명될 뿐이다(『동국산수록』(규장각 소장본, 도서번호: 상백고915.1.D717). "凡卜居之地 地理爲上 生理次之 山水又次之 三者缺一 非樂土也").
「인심」 항목이야말로 필사본의 구성 및 내용에서 가장 차이가 나는 부분이다. 지리지화를 시도한 필사본 중에서도 「인심」 항목을 삭제한 경우가 있었음은 앞에서도 보았다. 그러나 「인심」 항목의 내용에 대한 거부반응도 적지 않았다. 윤치희가 본 『복거설』이 「인심」 항목 자체를 삭제한 경우라면, 『팔역지』(서울대 소장본, 도서번호: 일석. 915.1.Y58pp)는 본문을 적은 뒤 두주를 붙이거나 관련 내용을 고쳐 쓴 경우에 해당한다.

태로 실려 있다.[119]

「지리」에 이어 「생리」에 관한 내용이 나오는데, 토지에 관한 논의만 있을 뿐, 교역에 관한 내용은 전체가 생략되었다. 「강거」, 「팔도」, 「총론」, 「남사고 십승보신지」, 「명산」, 「도읍」, 「은둔」, 「해산」, 「사군」, 「영동」, 「명찰」에 해당하는 내용은 『동국산수지』에 비해 소략하지만 구성은 유사하다.[120] '경제 조건으로만 본다면 사대부가 살 곳은 더 많다'거나 '평상시 피난처를 구해둘 필요가 있다'는 보충 설명이 들어 있는 것도 『동국산수지』와 같다.

『동국산수록』은 표준형의 인심, 「사민총론」, 「총론」에 해당하는 내용이 빠져 있다는 점에서 『동국산수지』와 결정적으로 다르다. 필사자는 지리지와 관련된 내용만으로 재구성된 『택리지』를 의도했던 것이다. 또 필사자는 하나의 산과 하천을 설명할 때마다 줄을 바꾼 뒤에 기호(○)를 써서 본문을 새롭게 구성하기도 했다.

『동국산수지』와 『동국산수록』은 복거를 중심으로 논의를 진행한다는 점에서 표면적으로는 복거형에 가깝다. 그러나 이 필사본들에서 「지리」와 「생리」(『동국산수지』의 경우에는 「인심」까지)를 제외한 나머지 모든 내용은 「산수」의 일부로서 다루어지고 있다. 표준형이나 복거형의 내용을 해체하여 재정리하지 않고는 불가능한 구성이다. 엄밀하게 말한다면, 『동국산수지』, 『동국산수록』은 표준형이나 복거형과 구분되는 완전히 다른 유형의 『택리지』인 것이다.

19세기에 들어서면 표준형이나 복거형과 유사한 구성을 가진 『택리지』가 다른 지리정보와 결합되는 양상이 두드러지게 나타난다. 『택리지』擇里志 (국립도서관 소장본, 도서번호: 古2700-12)는 19세기의 시기적 특징이 드러나는 필사본

119　『증보산림경제』(규장각 소장본, 도서번호: 奎7676) 권16, 제8책, 「東國山水錄」.
『증보산림경제』는 홍만선의 원 저작을 유중림이 수정 보완한 것인데, 유중림이 서문을 쓴 것은 1766년(영조 42)이었다. 그러나 다른 『증보산림경제』의 필사본 가운데 「동국산수록」을 찾기 어렵다는 점을 감안하면 이 필사본은 1766년 이후의 것임을 짐작할 수 있다.
120　총론은 표준형의 계거편을 요약한 것이다. 『동국산수지』에서는 표준형의 「계거」항목을 「계거」와 「야거」로 구분했지만, 『동국산수록』에서는 그런 구분이 없다. 또 사군이 영동에 비해 먼저 나오는 것도 『동국산수지』와 다른 점이다.

인데, 앞부분에 원본의 내용을 요약하고, 뒷부분에 노정기路程記를 붙였다.[121] 노정기는 여행 경로와 거리에 관한 정보를 모아놓은 기록을 뜻한다.

이 필사본의 본문은 기본적으로 표준형을 따르고 있다. 그러나 표준형의 「사민총론」, '평안도'에 해당하는 내용뿐만 아니라 인심 항목 중 당쟁과 관련한 부분도 없다. '함경도'와 '강원도'의 내용도 간략하게 처리되었다. 표준형의 「총론」에 해당하는 내용이 '이자왈'李子曰로 시작하고는 있지만, 정작 저자는 표시되어 있지 않다. 더구나 '나'(余)라는 표현이 들어 있는 기사들도 전혀 수록되지 않았다. 일화와 시문 등이 생략된 반면, 지리, 경제 관련 기사들은 상대적으로 자세하다. 필사자는 인심 항목을 삭제하고 지리, 경제 관련 기사를 보완함으로써 지리지로서의 『택리지』를 만들려 한 것이다.

『택리지』(장서각 소장본, 도서번호: K2-4190)도 지리지화되어가는 변형된 필사본의 일종이다. 첫째 권은 「인심편」, 「도로편」, 「장시편」場市篇, 둘째 권은 「산수편」, 「생리편」, 「당난보신복지」當難保身福地, 「가거론」可居論, 「지리편」으로 되어 있다. 서지정보에 따르면 필사자는 이완수李完秀이며, 필사한 해는 1854년(철종 5)으로 추정된다.[122] 기본적으로 복거卜居에 관한 내용이 중심을 이룬다는 점에서 표준형보다 복거형에 가깝다.[123]

필사자가 지리지와 무관한 내용을 대부분 삭제한 반면 인심 항목을 남겨둔 것은 흥미로운 대목이다. 지리지화를 시도한 앞서의 필사본들이 대체로 인심 항목을 삭제하려 했던 것과는 다른 양상이다. 이완수는 어떤 의도에서 원본의 맥락을 재해석하려 했는가. 이완수가 첫머리에 「인심편」을 수록한 것은, 이중환의 정치에 대한 비판의식을 받아들였기 때문이다. 「인심편」에 이어 「도로편」, 「장시편」을 새로 편집해 넣은 것도 이중환이 원문에서 강조했

---

121 뒷부분의 노정기에 보이는 후주厚州는 1822년에 처음 설치되었다.
122 서지에 따르면 이완수가 이 책을 필사한 것은 갑인년이다. 본문에 후주(1822년) 관련 기사가 있는 것으로 보아 이 필사본은 1822년 이후의 갑인년에 만들어진 셈인데, 1822년 이후 일제강점기 이전까지 갑인년에 해당하는 해는 1854년(철종 5)이 유일하다.
123 이완수의 필사본에서는 표준형의 「사민총론」과 총론, 「팔도총론」에 해당하는 내용이 생략되고 없다. 생략된 내용들은 복거형으로 본다면 결론(사민 항목)과 부록(팔도 항목)에 해당한다.

던 실용의 의미를 살린 것이다. 그러나 필사자는 이중환이 조선 사대부의 유래를 지나치게 부정적으로 서술한 것, 사대부·농민·장인·상인의 역할을 분명하게 구분하지 않은 것 등에 대해서는 끝내 동의하기 어려웠던 것 같다.

　『택리지』에서 역사·지리 관련 정보, 정치·경제에 관한 아이디어, 중화주의적인 발상이 모두 확인되는 것은 이 책자가 의리학과 경세학을 중시하던 18세기 조선 지성계의 산물이기 때문일 것이다. 이중환은 독자들에게 이 책에 적어놓은 수많은 '문자정보'에 집착하지 말고 '문자 밖의 뜻'을 생각해달라고 말했다. 그러나 그의 주변 사람들 중에서도 이 책을 이중환의 의도대로 읽는 사람은 드물었다. 다른 시대의 독자들은 더 말할 것도 없다. 이 책의 독자들은 자신의 시선에서 텍스트를 이해했으며, 필요에 따라 텍스트를 재가공하기도 했다. 저자의 손을 떠난 텍스트는 다중의 독자들에 의해 그들의 방식으로 재해석되었던 것이다.

2장.

『반계수록』을 읽는 방식들

저자 유형원의 문제의식

『택리지』가 필사본으로만 유포된 경세서라면, 『반계수록』磻溪隨錄은 목판
본으로 간행되어 보급된 경세서 중 대표적인 경우라고 할 만하다. 연구자들
은 일찍부터 이 책에 관심을 가졌다. 유형원柳馨遠(1622~1673)의 제안에 대한
연구자들의 평가는 엇갈리는 편이다. 사회개혁을 위한 진보적 대안이라고 보
는 경향도 있지만, 고대 중국을 모델로 삼은 이 저작을 '실학' 혹은 내재적 발
전의 상징처럼 여기는 것은 과도하다는 주장도 있다.[124] 그러나 지식의 위계
와 맥락을 묻는다면, 『반계수록』의 내용과 밀도를 문제 삼거나 역사적인 의
의를 평가하는 일이 시급한 것은 아니다. 중요한 것은 『반계수록』에 대한 유
형원 자신의 문제의식이며, 『반계수록』을 읽었던 18~19세기 사람들의 독법
讀法이다. 『반계수록』은 어떤 맥락에서 쓰였는가. 유형원이 『반계수록』을 통
해서 제시하려고 하는 일련의 개혁론은 중화론과 어떤 관련이 있는가. 그것
들은 의리학, 그리고 의리학을 전제로 한 경세학을 시대정신으로 받아들인
사람들에게, 특히 그 시대를 살았던 서로 다른 여러 집단들에게 어떤 식으로

124 　김준석, 2003, 『조선 후기 정치사상사 연구』, 지식산업사; 제임스 팔레 지음, 김범 옮김, 2008, 『유교
적 경세론과 조선의 제도들』, 산처럼.

받아들여졌을까.

『문화유씨세보』文化柳氏世譜는 유형원 집안의 족보다. 여기에 유형원의 육촌동생인 유재원柳載遠이 1711년(숙종 37)에 쓴「반계선생언행록」磻溪先生言行錄이라는 글이 들어 있다. 이 글은 유형원과 가장 가까운 인물이 유형원의 시대와 가장 가까운 시점에 썼다는 점에서 특별하다. 유재원은 유형원의 학문세계가 넓고 다양한 주제들로 구성되어 있다는 사실을 인정했다. 사서四書와 육경六經을 기본으로 삼으면서도 군사, 음악, 천문, 지리, 의약醫藥, 복서卜筮뿐만 아니라 각종 외국어, 천하의 형세, 해외 풍속, 불교와 도교, 심지어 굴원屈原과 도연명의 시문학 등에도 일가견이 있었다.[125] 이는 유형원이 누구에게 전적으로 배운 적이 없었기 때문이기도 하지만, 시골로 내려온 뒤로 서울의 학문적 당파적 구속력으로부터도 멀리 떨어져 지냈기 때문에 가능했을 것이다.

자유로운 환경에서 살았다고 해서 독서의 원칙이 없는 것은 아니었다. 유형원은『소학』,『대학』,『근사록』,『논어』,『맹자』,『중용』,『시경』,『서경』,『주역』의 독서 순서를 중시했으며, 일상의 실천 속에서 도를 찾으려 한 주자주의자였다.[126] 그가 가장 경계했던 것은 이른바 '언어지학'言語之學이었다.[127] 그가 말한 '언어지학'은 구체적으로 어떤 것이었을까.

유형원은 일찍부터 중국어를 중화中華의 정음正音으로 받아들이고 그것을 배워야 한다고 생각했다. 그는『반계수록』에 앞서『정음지남』正音指南이라

---

125 유형원 지음, 이우성 편, 1990,『반계잡고』, 磻溪先生言行錄, 여강출판사.
四子六經 周而復始 濂洛郡賢之書 亦開算而讀之 六藝百家之書 三才萬物之理 無不究之 兵謀 律呂 天文地理 醫藥 卜筮 夷夏言語 天下道路 山川險夷 海外蠻夷之殊俗 不老仙家之玄妙 亦皆瞭然判別 離騷經靖節詩 則月夕誦詠之.

126 유형원 지음, 이우성 편, 1990,『반계잡고』, 磻溪先生言行錄.
人有欲學外家書 則曰何不食菽粟而乃以糠粃爲也 必以小學大學近思錄爲本 而次以語孟中庸 句讀精熟 義理究竟而後 使之復讀三經 且曰 道不在遠 惟在日用事物之間 而人莫之究 乃自灑掃應對之節 遠而至於修齊治平之道 巨細精粗 皆研窮不遺.

127 유형원 지음, 이우성 편, 1990,『반계잡고』, 磻溪先生言行錄.
又曰 知與行不可偏廢 知而不行 則所知不在我矣 行而不知 則所行或出於私意 (……) 又曰 學必以明理而實踐爲貴 言語之學無益也.

는 책을 지었다. 중종대 최세진崔世珍(1468~1542)이 편찬한『사성통해』四聲通解에서 해설 부분을 없애고 음운音韻만을 설명한 책이다. 그런데 그가『정음지남』을 펴낸 이유가 흥미롭다. 그는 조선 말의 음가가 '오랑캐의 풍속'에서 벗어나지 못하고 있는 것을 탄식하고는 중화中華의 정음正音을 따르기 위해 이 책을 지었다.[128] 그는 명나라가 망한 뒤에도 한참 동안 대륙에서 중화의 맥이 끊어지지 않았기를 기대해 마지않았다. 1667년(현종 8) 복건성에서 출발한 배 한 척이 제주도에 표류했다. 표류인들이 압송되어오자, 유형원이 그들을 찾았다. 유형원은 중국어를 구사해가며 그들과 대화를 시도했다. 그가 그렇듯 알고 싶어한 것은 남명南明 정권의 동향에 관한 정보였다.[129] 유형원은 명나라의 부활을 표방한 망명정부에 대해 희망을 버리지 않았던 것이다.

　『반계수록』속편 언어편言語篇에는 관리들의 중국어 능력 함양을 위한 대책이 들어 있다. 조선 말이 중국과 다르기 때문에 학문이나 외교 활동에서 어려움을 겪지 않으려면 중국어 학습이 불가피하다고 여긴 것이다. 그에게 중국어는 중화의 정음이며, 중국어를 교육하는 일은 "이夷를 변화시켜 하夏가 되게 하는" 과정이었다.[130] 그는 자신이 지은『정음지남』을 중국어 습득을 위한 교재로 제시하기도 했다.[131]

　유형원이 말한 '언어지학'은 중국어가 아니었다. 유형원이 그런 표현을 써가면서 경계해 마지않던 것은 과거제도와 관련한 문제였다. 유형원의 논리

128　유형원 지음, 이우성 편, 1990,『반계잡고』, 磻溪先生年譜 三年壬辰春 作正音指南.
先生常嘆東方語音未變夷俗 欲追中華正音 就中宗朝崔世珍所撰四聲通解 刊去注解 專明音韻 使便於考覽 名之曰正音指南.
129　배우성, 2009,「황윤석의 현실인식과 수리론」,『이재 황윤석의 학문과 사상』, 경인문화사.
130　유형원,『반계수록』권25, 續篇上, 言語.
本國言語文字 旣爲二途 (東方諺文 亦有音無義) 政事經學以及事物名數 多嘅滯難通 至於事大之際 國家機務 徒憑舌人 是豈小事哉 (……) 今則文官之通漢語者 絶無矣 如欲追先王之志 而變夷爲夏 卽民間言語縱難一變 凡諸文字 皆從華音 士子所習經書諺解 一以洪武譯音(卽洪武正韻翻譯) 使之講誦 如此則言語雖異 字音則同也 如此則其於言語 亦思過半矣.
131　유형원,『반계수록』권25, 續篇上, 言語.
四學及各州縣學 ○又二書之外 幷與四聲通解 正音指南 雅語指南等書 京及各道營學刻板 俾諸司及各邑學校 皆印藏數十件 且使人人得以印看可也.

는 대략 이런 것이었다. '수기치인의 도를 가르치던 옛날의 선비 교육과 달리 장구章句와 사조詞藻만을 익히게 하는 지금의 과거제도는 학술學術과 사공事功을 모두 상하게 하고 결국 세도世道를 무너뜨린다. 문사文詞의 해악은 실용적이지 못하다는 데 그치지 않는다. 문사는 담론으로 변하고 담론은 붕당으로 변한다. 붕당이 생기면 필연적으로 강상윤리綱常倫理를 상하게 하니, 조선은 붕당 때문에 망하게 될 것이다.'[132] 유형원이 문제 삼은 '언어지학'은 장구에 집착하는 과거제도, 그리고 문사와 그 문사에 기초한 문예이론이었다.[133] 어릴 때부터 명산대천을 유람하고 시문을 남긴 그였지만, 문장을 탐구하고 문학에 빠져드는 것은 그에게는 전혀 절실한 문제가 아니었던 것이다.[134]

'언어지학'의 맞은편에 유형원이 지향하는 학문이 있다. 그는 특별히 지知와 행行의 병행을 주장할 만큼 실천적인 학문을 꿈꾸었다.[135] 무엇을 알고 어떻게 행할 것인가. 『반계수록』의 심연을 흐르는 문제의식은 그런 것이었다. 유형원의 논법에 따르면, 토지제도를 바로잡는 것은 사회 문제를 해결하는 계기가 될 뿐만 아니라 궁극적으로 교화와 예약을 시행할 수 있는 바탕이된다. 역으로 말한다면, 토지제도의 문란으로 인해 왕도가 시행되지 못하고, 결국은 오랑캐가 중화를 어지럽히고 백성이 도탄에 빠졌다고 보는 것이다.[136]

---

132   유형원 지음, 이우성 편, 1990, 『반계잡고』, 磻溪先生言行錄.
又曰 古之立學敎士 無非修己治人之道 而今之科擧取士 只習章句詞藻而已 學術事功 日以交喪 此世道興衰之大機軸也 (……) 文詞非止無實用 文詞變作談論 談論又變而爲朋黨 朋黨旣成 則終至敗喪綱倫 此事勢之必至者也 我國以朋黨亡矣.

133   유형원은 의고문파가 문단을 주도하면서 새로운 문장론이 제기되는 시대를 살았지만, 그런 세태를 극도로 경계했다. 유형원과 같은 관점에 서게 되면 의고문파가 조선의 문단을 주도하거나 박지원 일파가 법고창신의 문예이론을 제기하는 것은 그다지 바람직스러운 현상이 아니다. 문장론과 문예론을 경계한다는 점에서 정조는 유형원과 같은 관점을 가지고 있었다.

134   유형원 지음, 이우성 편, 1990, 『반계잡고』, 磻溪先生言行錄.
公嘗自言曰 吾於文辭 不猶人也 且曰 文章餘事.

135   유형원 지음, 이우성 편, 1990, 『반계잡고』, 磻溪先生言行錄.
又曰 知與行不可偏廢 知而不行 則所知不在我矣 行而不知 則所行或出於私意 (……) 又曰 學必以明理而實踐爲貴.

136   유형원 지음, 이우성 편, 1990, 『반계잡고』, 磻溪先生年譜 三年壬辰春 隨錄始草.
又曰 公田一行 百度修擧 貧富自足 戶口自明 軍伍自整 如此而後 敎化可行 禮樂可興 又曰 王政 在制民産 制民産 在正經界 後世王道之不行 皆由於田制之壞 卒至於戎狄猾夏 生民塗炭.

교화와 예악으로 왕도정치가 구현되는 세상, 그리하여 오랑캐에 의해 흔들리지 않는 중화 세상. 유형원이 꿈꾼 것은 그런 것이었다.

오랑캐가 중화를 어지럽히게 된 원인은 좀 더 거시적인 방식으로 설명되기도 한다. 그에 따르면, 천하가 잘못된 것은 성인의 도가 행해지지 못했기 때문이다. 언제 처음 그런 일이 있었는가. 주공周公이 죽으면서부터다. 그 뒤 맹자가 죽자 성인聖人의 학문마저 전해지지 않게 되었다. 그로부터 1,000년 뒤 송나라 때 진유眞儒들이 나와 성학聖學을 연구했지만 그 시대에 그 도를 실현하지는 못했다. 그런 상태가 오늘날까지 계속되어 결국 이적이 중화를 어지럽히고 천지가 막히게 되었다.[137]

유형원은 이어서 성인의 도가 끊긴 상황에서 나온 대안들이 어떤 한계를 드러냈는지를 설명했다. 그에 따르면, 역사에는 난세가 있고 태평성대가 있지만, 성인의 도가 가지는 당위성은 시대를 초월하는 것이다. 그러나 역사를 통해 보면 현실은 정반대였다. 시대가 다르기 때문에 성인의 도와 인정을 지금 다시 구현할 수 없다고 주장하는 학자들도 있었다. 그런가 하면 세상을 구제할 뜻을 품으면서도 시대가 달라졌다는 이유로 왕도王道와 패도覇道를 함께 써야 한다고 주장하는 학자들도 있었다. 이런 방안들은 부강을 최선의 목표로 삼을 뿐 주나라의 다스림을 구현하는 데는 결코 이르지 못한다.[138]

이런 상황에서 성인의 도와 그 학문을 재현할 수 있는 길이 있는가. 유형원은 『주례』周禮에서 그 실마리를 발견했다. 그는 왕조 초기에 정도전이 중시했던 이 책의 가치를 재발견한 것이다. 그러나 『주례』는 결코 완벽한 모델이

---

137 유형원 지음, 이우성 편, 1990, 『반계잡고』, 磻溪先生言行錄.
公常歎之曰 四海陸沈 萬古長夜者 以聖人之道不行也 噫 周公歿 聖人之道不行 孟子卒 聖人之學不傳 至於宋室眞儒輩出 相與講明聖學於千載之下 而獨不能行其道於當世 故君子不幸而不得大道之要 小人不幸而不得蒙仁政之澤 馴致今日 夷狄亂華 天地否塞矣.
138 유형원 지음, 이우성 편, 1990, 『반계잡고』, 磻溪先生言行錄.
噫 時有治亂 道無古今 而病世之學者 疑有古今之異宜 謂古道不可復行於今 仁政不可復試於世 其間或有志於救世者出 而率以己意斟酌時宜 故卒不免王霸並用之域 此後世雖有明君碩輔 只致富强而已 卒不能成周之治者也 可勝歎哉.

될 수 없었다. 결국『주례』에 근거한 새로운 경세학 서적을 쓰는 것만이 유일한 해답이었다.[139] 그렇게 해서『반계수록』이 탄생하게 되었던 것이다.

경세학이 성인의 도를 오늘날에 구현하기 위한 것이라면, 어디에서 출발해야 하는가. 유형원은 토지 문제에서 시작해야 한다고 생각했다. 그는『맹자』에 보이는 주문왕周文王의 정전井田제도를 주목했다. 정전제가 강綱이라면 나머지 모든 주요 현안들은 목目에 해당한다.[140] 네모난 땅을 우물 정井자 모양의 아홉 구간으로 나누어 백성들을 살게 하고 그 수입 중 일부를 국가 세입으로 확보할 수 있다면, 나머지 사회 문제를 해결하는 것은 수월해진다는 것이다.

그렇다면 정전제의 구체적인 모델은 어디에서 찾을 수 있는가. 유형원에 따르면, 두우杜佑(735~812)의『통전』通典, 구준의『대학연의보』등에도 정전제에 관한 논의가 나오지만, 그것들은 주나라의 제도를 준수한 것이라고 말하기는 어렵다. 장횡거張橫渠(1020~1077)와 주자의 논의에는 적실성이 있지만 은나라의 제도가 상세하지 못한 점이 아쉽다. 은나라 제도의 흔적을 확인할 수 있는 곳은 조선이다. 기자箕子의 옛 도읍인 평양에서 정전제가 시행되었기 때문이다. "중국이 예를 잃으면 사이四夷에서 찾는다"는 말이 잘 들어맞는다고 하지 않을 수 없다.[141] 유형원이 구상한 정전제는 주나라의 제도를 원

139   유형원 지음, 이우성 편, 1990,『반계잡고』, 磻溪先生言行錄.
且曰 古聖人行政之具 至于秦火 蕩減無餘 只有一部周禮 而多官亦缺 則大綱雖存 而其目缺矣 於是乎 稽古傳而求求里人之遺意 參以人情而緣天理之所在 因其所存而以補其缺 隨其所略而以致其詳 歷二十餘載而成書 書凡十三卷 或得於典籍所載 或因乎思慮所及 隨得錄之 故名曰隨錄.
140   유형원 지음, 이우성 편, 1990,『반계잡고』, 磻溪先生言行錄.
盖集群聖之遺法 聚列賢之嘉猷 大綱旣擧 萬目畢張 而要之純然一出於王道矣 李翔之平賦書 林勳之本政書 非不美矣 不過爲一時救世之良策 而卒不至三代之法者 皆無其本故也 本者何 井田是也 爲政而不本井地 則皆苟而已 是故 隨錄之書 本之文王治岐之法 而田必以百畝 稅必以十一 以爲經世百事之根本 若其他 州閭鄉薫之制 學校明倫之政 貢擧養士之方 興禮善俗之規 設官分職之法 分田制祿之數 造幣通貨之條 治兵制軍之要 千條萬緒 無不自井田中出來 譬如一擧綱而萬目整矣.
141   유형원 지음, 이우성 편, 1990,『반계잡고』, 磻溪先生言行錄.
杜氏之通典 丘氏之衍義 俱是論治之語 而亦不能一遵周家之制 他尚何說哉 唯幸橫渠兩程發論於前 晦菴先生著說於後 而猶以未詳股制爲恨 今以箕子舊都畫野分田之蹟考之 則股制可見 倘所謂中國失禮徵在四夷者非耶.

리로 삼으면서 기자의 정전제를 참고한 것이었다.

유형원은 한백겸의 저작인『기전도설』箕田圖說에서 기자 정전제에 관한 정보를 얻었다. 한백겸이 평양에 갔다가 질서정연한 논두렁의 흔적을 본 것은 1607년(선조 40)의 일이었다. 한백겸은 바로 기자의 정전을 떠올렸다. 그것은 옛 성현이 오랑캐를 변화시켜 중화로 만든 뜻이 천년의 세월을 넘어 그의 시대까지 전해지고 있음을 보여주는 일종의 상징이었다. 중국에서 정전제의 흔적을 찾을 수 없게 되었다는 사실과 대비해보면, 기자 정전의 가치는 더욱 높아 보일 수밖에 없었다. 한백겸은 자연스럽게 "중국이 예를 잃으면 사이에서 찾는다"는 말을 떠올렸다.[142]

한백겸이 묘사한 토지 형태는 전田자형인데 4구區로 이루어졌으며, 각 구의 길이는 70무畝다. 큰길 안쪽을 보면 종횡으로 각각 4전 8구씩이 보이니 가로 세로는 총 64구에 해당한다. 무畝는 토지의 단위다. 한백겸은 4전, 8구, 64구에서 각각 사상四象, 팔괘八卦, 선천방도先天方圖를 연상했다. 맹자는 등문공滕文公이 나라를 다스리는 법을 묻자 이렇게 말했다. "하후씨는 50무에 공법貢法을 쓰고, 은나라 사람은 70무에 조법助法을 쓰며, 주나라 사람은 100무에 철법徹法을 썼으니, 그 실은 모두 십일세十一稅이다."[143] 한백겸은 기자 정전 각 구의 길이가 70무라는 사실에서 맹자가 말한 은나라의 70무를 끌어냈다. 기자는 은나라 출신이므로 그가 조선에서 시행한 토지제도는 그가 떠나온 은나라의 것을 모방했을 것이기 때문이다. 한백겸은 기자 정전이 은나라의 토지제도임을 믿어 의심치 않았다.[144]

---

142 이하 한백겸의 기전설에 관해서는 모두 한백겸,『구암유고』, 雜著, 箕田遺制說과 箕田圖에 의거한다.
143 한백겸,『구암유고』, 雜著, 箕田遺制說.
孟子曰 夏后氏五十而貢 殷人七十而助 周人百畝而徹 其實皆什一也.
144 한백겸,『구암유고』, 雜著, 箕田遺制說.
其制皆爲田字形 田有四區 區皆七十畝 大路之內 橫而見之 有四田八區 竪而見之 亦有四田八區 四田四象
之象耶 八區八卦之象耶 八八六十四 正正方方 其法象正類先天方圖 古人制作 豈無所取法耶 因以思之 噫
此蓋殷制也 孟子曰 殷人七十而助 七十畝 本殷人分田之制也 箕子殷人 其畫野分田 宜倣宗國 其與周制不
同 蓋無疑矣.

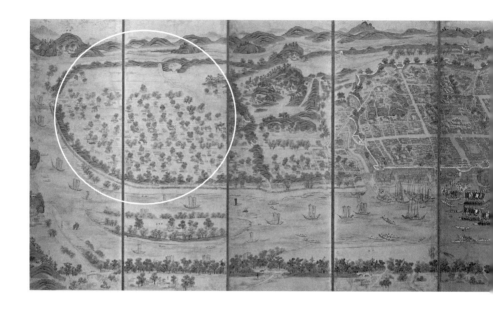

　　한백겸에 따르면, 주자를 포함한 송나라 유학자들이 은나라의 토지제도
에 대해 정확하게 알지 못했던 것은 조선에 남아 있는 기자 정전의 유제遺制
를 보지 못했기 때문이다.[145] 한백겸은 기자 정전을 은나라의 토지제도로 설
명함으로써 중화의 흔적이 조선에 남아 있다는 사실을 논증하는 데 관심이
있었던 것이다. 1607년(선조 40) 가을, 한백겸은 유근柳根을 만난 자리에서 자
신이 작성한 「정전도설」井田圖說을 내보였다. 주자가 이 「정전도설」을 보았더
라면 정전제에 대한 생각이 달라졌을 것이라고 보는 것은 유근도 마찬가지였
다. 유근은 다만 한백겸의 4구와 주나라 때 정전제의 9구 사이에 생기는 불
일치를 합리적으로 설명하고 싶어했다. 그는 「정전도설」 발문跋文에서 4구와
9구가 현상적으로는 달라 보이지만, 십일세 제도의 일환이라는 점에서 보면

145　　한백겸, 『구암유고』, 雜著, 箕田遺制說.
嗚呼 關閩諸賢 俱以王佐之才 生丁叔季之時 慨然以挽回三代爲己任 收拾殘經 討論遺制 殆無所不用其至
而猶有懸空之歎 未得歸一之論 倘使當時足此地目此制 則其說先王制作之意 想必如指諸掌矣 而惜乎其
不得也.

평양 기전 일대, 〈기성도병〉箕城圖屛, 19세기, 종이에 채색, 8폭 병풍, 각 폭 155.5× 53.5cm, 서울역사박물관.

조선시대 지식인들은 평양에 기자의 유적이 있다고 생각했다. 중국 은나라가 멸망한 뒤 동쪽으로 온 기자가 평양에 정전井田을 설치했다는 것이다. 평양 일대를 그린 이 병풍에는 평양성과 대동강 사이(6~8폭)에 기전箕田이 묘사되어 있다.

본질적으로 아무런 차이가 없다고 주장했다.[146] 허성許筬도 기자 정전의 4전田 8구區나 주나라의 1정井 9구區가 모두 십일세의 취지를 살릴 수 있다는 점에서 다를 바가 없다고 말했다.[147]

유형원은 『반계수록』에서 역대 정전제도에 관한 논의를 소개한 뒤, 한백겸의 설과 그에 대한 허성의 평가를 옮겨 적었다.[148] 유형원은 완연히 남아 있는 기자 유적의 경계가 맹자가 말한 '은인칠십'殷人七十과도 일치한다고 판단했다. 그런 면에서 유형원이 정전제의 역사적 전례로서 기자를 주목했다는

---

146 유근, 箕田圖說跋(『구암유고』, 箕田圖).
若論股周田也 八區八家所受之田也 推此以往 雖千百區皆然 就七十畝之中 以七畝爲公田 如朱夫子之說 則亦不失爲什一也 (……) 若論股周田制之不同 則七十畝百畝 已可見矣 何必置疑於四區九區之同異哉 所貴乎同者 什一之制耳.

147 허성, 箕田圖說後語(『구암유고』, 箕田圖).
所謂周田 亦安知非因此商制損益而彌文者乎 (……) 周之一井九區 殷之一行八區 其義一也 如是則不必 井地 猶可爲助法.

148 유형원, 『반계수록』 권5, 田制攷說 上, 秦漢以後井田議論.

사실은 의미심장하다. 유형원에게 기자는 중화中華의 다른 이름이었다. 유형원은 한백겸의 주장과 그가 구사한 레토릭을 온전히 계승했지만, 같은 주장이라도 폭발력은 달랐다. 유형원은 한백겸과 다른 시대를 살고 있었다. 무엇보다 조선만이 중화문화의 유일한 계승자라는 인식이 힘을 얻어가고 있었다. 이런 시대적 조건에서라면 은나라 제도로서의 기자 정전은 유일한 중화를 표상하는 아이콘이 될 수 있다. 정전제에서 출발한 유형원의 경세론이 중화가 회복된 세상을 향하는 것은 당연했다.

기자를 재발견하면서 기자의 역사를 계승한 자국사自國史에 대한 관심도 커져갔다. 유형원은 역사책을 남기지는 않았지만, 「동사강목범례」東史綱目凡例라는 글을 지었다. 제목에서 연상할 수 있는 것처럼, 그는 강목체綱目體라는 역사 서술 체제를 적용해 자국사를 정리하려 했다. 그가 모델로 삼은 것은 주자의 『자치통감강목』資治通鑑綱目이다. 문제는 단군에서 삼국 이전까지의 역사다. 연대를 확정할 수 있는 문헌적 근거가 없기 때문이다. 그는 이 시기를 삼국 초년 기사 아래에 부기附記하거나 『자치통감강목』처럼 전편前編으로 따로 구성할 수밖에 없다고 생각했다.[149]

문헌 자료가 전혀 없는 것은 아니었다. 그러나 유형원은 자기 시대의 국내 역사책들에 들어 있는 삼국 이전의 역사를 믿지 않았다. 황당한 내용이 많기 때문이다. 그는 오운吳澐의 『동사찬요』東史纂要를 비교적 합리적이라고 평가했지만, 삼국 이전의 역사에 관한 한 이 책조차 믿지 않았다. 그는 단군 신화를 포함한 일체의 신화적인 이야기를 전하지 않는 편이 옳다고 생각했다.[150] 물론 그가 단군의 존재 자체를 부인한 것은 아니었다. '단군은 동방의 최초 임금이며 사람들이 그를 임금으로 삼은 것은 그가 신성한 덕을 지녔기

---

149 유형원 지음, 이우성 편, 1990, 『반계잡고』, 東史綱目凡例.
一 凡例一依朱子綱目. 一 三國以前 文獻 無徵不可成 編年 託始於三國 而其前事實 略爲分載於三國初年下 如綱目首年晉大夫下 分註其前事例 可也 (或檀君以下三國以前事實 別爲一編 如綱目前編之例 爲可).
150 유형원 지음, 이우성 편, 1990, 『반계잡고』, 東史綱目凡例.
嗟乎 此等說 本不足辨 而旣載信史 故不得不辨 後之編史者 不可以前史所傳而苟仍其累 宜一切去之可也.

때문이다. 그러나 단군신화와 같은 믿을 수 없는 이야기를 후세에 계속 전할 필요는 없다.'[151] 단군에 대한 유형원의 입장은 그런 것이었다.

명나라의 몰락을 누구보다 슬퍼했으며 명나라의 회복을 갈망했다는 점에서 보면, 유형원이 대명의리론對明義理論 또는 대청복수론對淸復讐論을 지지했을 가능성은 농후하다. '중국에서 잃어버린 예를 사이에서 찾는다'는 명제에 동의했다는 점에서 보면, 그는 전형적인 중화주의자이기도 하다. 학맥으로 보면 유형원은 북인계 남인 학자에 해당한다. 그러나 명나라에 의리를 지키고 청나라에 복수해야 한다는 정서, 조선이 중화문화의 유일한 계승자라는 인식이야말로 17세기 조선에서 학파와 정파를 초월한 것이었다. 그뿐만이 아니다. 유형원은 기자를 중화문화의 상징으로서, 그리고 경세의 원리로서 읽어낸 최초의 경세론자였다. 그는 또 자국사를 중화와 경세의 아이콘을 계승한 역사로 간주하고, 이를 강목체로 정리하고 싶어했던 역사학자였다.『반계수록』은 그런 유형원의 문제의식이 집약된 저술이다. 그런데『반계수록』은 그 이후의 시간대에서 유형원의 의도대로, 원래의 맥락대로 읽혔을까.

소론계 지식인 윤증과 양득중의『반계수록』독법

대보단은 1704년(숙종 30)에 창덕궁 후원에 세워진 제단이다. 지금 남아 있는 신선원전新璿源殿은 그 터 인근에 일제가 세운 전각이다. 1704년은 명나라가 망한 지 60년이 되는 해다. 숙종은 임진왜란 때 조선을 도운 명나라 만력제萬曆帝를 제사 지내기 위해 이 제단을 세웠다.[152] 대보단은 대명의리론을 상징하는 시설물이기도 했다. 처음 이 의제를 선점한 것은 송시열宋時烈

---

151   유형원 지음, 이우성 편, 1990,『반계잡고』, 東史綱目凡例.
大檀君東國首出之君 必其人有神聖之德 故人皆就以爲君 古之神聖之出 固異於衆人者 亦安有若此無理之甚乎.
152   대보단이 가진 정치사상적 의의에 대해서는 정옥자, 1998,『조선 후기 조선 중화사상 연구』. 일지사; 계승범, 2011,『정지된 시간 - 조선의 대보단과 근대의 문턱』, 서강대출판부 참조.

(1607~1689)과 권상하權尙夏(1641~1721) 등 노론이었다. 그렇다면 권력의 중심에 서지 못했던 소론이나 남인은 대보단을 어떻게 바라보았을까. 그들 중에서 『반계수록』의 독자들이 나올 수 있었다면, 그 독자들의 독법을 이해하기 위해서는 그들이 대보단에 대해 어떤 생각을 가지고 있었는지를 확인해두어야 하지 않을까.

근기남인계의 리더인 이익李瀷에게 대보단은 어떤 의미였을까. 이익에 따르면, 명나라가 망하고 그 종묘가 폐허로 변한 상황에서 대보단은 명나라에게 받은 은혜를 갚을 수 있는 유일한 길이다. 제후국에서 천자를 제사 지내는 전례가 없다는 사실은 중요하지 않다. 그 의리가 옳다면 할 수도 있는 것이다. 전례에 구애될 필요가 없다면 석성石星(1538~1599)과 이여송李如松(1549~1598), 그리고 이순신李舜臣(1545~1598)을 대보단에 함께 제사 지내지 못할 이유도 없다. 석성과 이여송은 임진왜란 때 조선을 도운 명나라 장수이며, 이순신은 명나라로부터 전공을 인정받은 조선의 장수이기 때문이다.[153]

정약용이 대보단에서 읽은 것은 대명의리와 복수설치復讐雪恥만이 아니다. 그는 이 제단에서 대일통大一統과 중화中華, 즉 천자를 중심으로 한 중화 세계, 그리고 그 세계를 관통하는 인류 보편의 문명을 발견했다. 정조가 대보단에 친히 제사 지낸 후 시를 짓자, 정약용이 이렇게 화답했다.

엄숙하신 황제 영혼 바로 곁에 임하신 듯	穆穆皇靈若可親
대궐 안에 땅을 떼어 왕춘을 표방했네	禁中除地揭王春
오랑캐들 진정시킨 그 전쟁이 생각나고	干戈尙憶蠻夷靖
고사 관원 제구실 예악을 엿볼레라	禮樂猶看瞽史陳
이 나라는 은나라의 일월 유독 떠 있는데	下國獨懸殷日月
중원에는 한 나라의 의관 누가 보전했나	中原誰保漢衣冠

---

153   이익, 『성호사설』 권11, 人事門, 大報壇配祭.
이익의 글은 정조 때 간행된 『이충무공전서』에 실려 있다(『이충무공전서』 권14, 附錄 6, 紀實 下, 僿說).

대보단 일대, 〈동궐도〉東闕圖,
1820년대, 종이에 채색, 273.0×
567.0cm, 고려대학교 박물관.

대보단은 명나라 신종을 추모하기
위한 제단이다. 조선시대 대명의리를
보여주는 대표적인 상징물로, 창덕궁
인정전 뒤쪽 깊은 산자락에 있다.

200년이 지난 지금 풍천의 감회 새로워 　　　風泉二百年來感

찬란한 임금 문장 선대 지사 따르시네 　　　宸藻煒煌志事遵[154]

　『춘추』 노나라 은공 원년조는 '춘왕정월'春王正月이라는 말로 시작한다.
『춘추공양전』春秋公羊傳에 따르면, 원년은 임금이 즉위한 첫해이며, 춘春은
한 해가 시작되는 계절이다. 왕은 주문왕을 가리킨다. 왕을 먼저 말하고 다시
정월이라고 말한 것은 주력周曆 정월正月을 가리킨 것이다. 주력 정월은 천하
가 모두 왕의 정령政令을 시행하는 대일통大一統을 상징한다.[155] 정약용은 조
선이 창덕궁 후원에 대보단을 세우고 명나라 황제를 제사하는 것을, 『춘추공
양전』에서 노나라 은공 원년을 '춘왕정월', 즉 주력 정월로 표시한 것에 비유
했다. 정조와 명나라 황제의 관계를 노나라 은공과 주문왕의 관계로 설정한

154　정약용, 『여유당전서』 제1집, 詩文集, 권2, 奉和聖製親享大報壇韻.
155　『춘추공양전』, 春王正月.
元年者何 君之始年也 春者何 歲之始也 王者孰謂 謂文王也 曷爲先言王而后言正月 王正月也 何言乎王正
月 大一統也.

것이다.

그 뒤로 조선이 중화문화를 유일하게 보존하고 있다는 설정이 이어진다. 정약용에 따르면, 제사의 대상은 명나라 황제들이었지만, 조선이 그 제사를 받들려고 했던 데에는 '보편문명을 계승한다'는 의식도 작용했다. '한漢나라의 의관衣冠'으로 상징되는 중화문명이 '은나라의 일월이 비추는 나라'에서만 계승되기 때문이다. 은나라의 일월은 기자를 의미한다. 흥미로운 점은 기자를 연상하는 방식이다. 정약용이 기자를 통해 본 것은 중화문명을 보존하고 있는 조선이며, 대보단에서 명나라 황제를 제사 지내는 조선이다.

조선 후기의 군주들은 대보단 제사 의례를 직접 행하면서 군신관계의 의미를 모든 사람들에게 보여주었다.[156] 단순히 노론 측의 당파적 주장에 끌려다니기만 한 것은 아닌 것이다. 정치적으로 신권臣權보다는 왕권의 입장에 설 수밖에 없었던 남인계 지식인들은 군주가 대보단에 직접 제사 지내는 것을 비판할 수는 없었을 것이다. 대보단은 도대체 누구의 의제란 말인가. 남인계 지식인들은 아마도 그것을 노론이 아니라 탕평군주의 의제로 보고 싶었을 것이다. 노론과 대립하고 있던 소론계 지식인들도 남인계와 입장이 크게 다르지는 않았을 것이다.

대보단을 세우는 과정에서 소론은 노론만큼 적극적이지 않았다. 그러나 송시열과 정치적으로 대립했던 윤증尹拯(1629~1714)이 대보단에서 효종에서 숙종으로 이어지는 존왕양이尊王攘夷와 복수설치의 꿈을 보았던 것은 어떻게 이해해야 할까.[157] 정도의 차이와 논점의 차이가 있을 수는 있지만, 당시 조선에서 대명의리론, 나아가 대보단을 부정할 수 있는 사람은 없었다고 해도 과언이 아니다. 윤증은 자신이 죽으면 장례에 청나라 물건을 쓰지 말라고 당부할 정도로 철저한 대명의리론자였다.

---

156   이태진, 1994, 「조선 후기 대명의리론의 변천」, 『아시아문화』 10.
157   윤증, 『명재유고』 권4, 詩, 敬次大報壇御製韻.
先王盛德固賢親 聖帝隆恩亘萬春 義奮尊攘遺志在 壇崇報祀縟儀陳 宸章特揭昭如日 感淚空流濕滿巾 忍痛含冤死後已 群公可不一心遵.

명나라에 의리를 지켜야 한다고 생각했던 것은 병자호란 때 강화講和를 반대하던 김상헌金尙憲(1570~1652)도, 초야에 묻혀 지내던 유형원도, 효종과 이른바 '북벌대의'北伐大義를 의논한 송시열도 예외는 아니었다. 그러나 송시열처럼 현실에 깊이 연루된 산림이나 혹은 그의 영향 아래 있던 조정 관료들은 유형원처럼 현실을 등진 재야 선비와는 달리 당장 책임져야 할 것들이 적지 않았다. 관료들은 어떤 방식으로든 현실의 청나라를 상대해야 했기 때문이다.

현종 때 청나라 사신을 맞을지 말지를 두고 벌어진 공의公義·사의私義 논쟁은 그 차이를 보여주는 전형적인 사례다.[158] 김만균金萬均(1631~?)은 청나라 사신을 맞으러 가는 현종을 뒤따라야 할 처지였지만, 그렇게 하지 않았다. 할머니가 병자호란 때 강화도에서 죽었으므로, 원수의 나라에서 온 사신을 맞으러 갈 수 없다고 주장했다. 김장생金長生(1548~1631)의 증손자이며 송시열의 문인인 그로서는 당연한 선택이었는지도 모른다. 서필원徐必遠(1614~1671)이 '공의公義를 따라야 한다'며 김만균을 비판했다. 결국 김만균은 파직당했다. 송시열은 김만균의 행위를 옹호했다. 그것은 일견 공의보다는 사의를 앞세운 행위이지만, 그 사의는 인륜 도덕에 기초한 것이므로 정당하며, 정당하기 때문에 공의에 우선한다고 본 것이다.

윤증이 특별해 보이는 것은 바로 이 지점이다. 그는 대명의리론과 대청복수론의 정당성을 믿어 의심치 않았지만, 신하의 도리와 군주의 도리가 다를 뿐만 아니라 같은 신하라도 각자 처한 위치에 따라 처신이 달라질 수 있다고 생각했다. 그의 논리에 따르면, 원수가 친자가 되었다면 평생토록 숨어 살아야 한다. 원수가 다른 나라에 살고 있다면 자기 나라에서 벼슬하며 복수할 계책을 세우는 것도 옳지만, 절개를 지키면서 세상에 나오지 않는 것도 옳다. 이미 자기 조정에서 벼슬하고 있다면, 임금의 명에 따라 원수의 조정에 가는 것을 피하지 않는 경우도 옳고, 원수의 사신이 찾아오면 마주 대하지 않는 것도 옳다. 선비가 충효의 마음을 가지고 있다면 이 다양한 처신의 사례들은 모

---

158   정만조, 1992, 「朝鮮 顯宗朝의 私義·公義 論爭」, 『한국학논총』 14, 66~76쪽.

두 정당하다. 말하자면 공의가 먼저인가 사의가 먼저인가의 문제가 아니라, 충효의 마음이 있는가 없는가의 문제라는 것이다.[159]

물론 모든 선택이 존중받을 수 있다고 해서 그 선택에 따른 모든 행동이 정당화될 수는 없다. 윤증이 특히 경계하는 문제가 바로 이것이다. 그는 개인적인 원한이 있는 사람이 원수의 사신을 만나지 않는 것은 정당하다고 보면서도, '오랑캐를 만나는 사람은 더러운 무리이며 만나지 않는 사람은 고결하다'는 이분법을 경계했다.[160] 만일 이런 논리가 만연하게 된다면, 임금의 명을 받고 원수의 조정에 가는 사람의 정당성이 훼손될 것이기 때문이다.

윤증과 송시열 간의 차이는 명나라 만력제(신종)의 사당 건립 문제를 둘러싸고 벌어진 논란에서도 잘 드러난다. 윤증에 따르면, 명나라가 망한 지 60년이 되는 해에 숙종이 명나라의 은혜에 보답하려는 것은 당연하다. 사당 건립을 '천리'天理라고 말해도 좋다. 제후국이 천자를 제사 지내는 것도 예제상 불가능할 것이 없다. 그러나 이 모든 것은 어디까지나 원론이다. 현실을 고려한다면 사당 건립 문제에 신중하지 않을 수 없다. 숙종의 그런 뜻을 이어받아 '실지'實志를 세우고 '실공'實功을 행해야 하는데, 그럴 만한 신하가 지금 있는가.[161] 이런 상황에서 무익한 논란을 계속하는 것은 결국 일을 그르치고 말

---

159 윤증, 『명재유고』 권10, 書, 與朴和叔.
今日處變之道 上之所以處下 下之所以自處 恐各有其義焉 請先言下之所以自處也 讎爲天子 已無可避之國 則隱居終身 以示不臣之意者 王裒是也 讎在異國 疆域有限 得以仕於吾君 以爲復雪之計者 劉子羽是也 雖讎在異國 而含痛守志 屏藏不出者 劉子翬是也 旣仕吾君 則惟君所使 奮不顧死 雖往讎庭 有所不避者 劉珙是也 雖仕於朝 若値讎人之來 則不忍相對 姑暫避之者 卽古者避讎 如諸葛靚於吳則仕 於晉則避而不見是也 (……) 義理多般 人品各異 或出或處 或去或就 要之不失其忠孝之心者也.

160 윤증, 『명재유고』 권10, 書, 與朴和叔.
然欲避私讎者 平居從他仕宦 臨事暫爲引入 實出於一段不忍之至情 而爲十分不獲已之擧措 則實聖主之下體 而同朝之見諒也 若反嘖然自好曰 拜彼者 爲屈爲辱 不拜者爲高爲潔 拜彼者 爲濁流俗流 不拜者 爲士類淸類 爲之區別而彼此之 則向者含冤忍痛沫血飮泣之志 不表於平日 而干名專利 虛驕縱恣之迹 難厭於衆心 所以來談者之疑斥而益世人之忌嫉 此則避讎者之不可不知者也.

161 윤증, 『명재유고』 권15, 書, 答羅顯道 二月十三日.
聖念及此 令人感泣 若因此而擴充之 立實志而做實功 則誠天下之大業也 所患者 卽今群臣無足以仰承聖志者 而中外本末 無一事可恃 以今日之形勢 作此虛聲 以騰於遠近 則其爲憂虞 誠有不可臆逆者 此所以義則雖如右所陳 而事則不可輕擧者也.

뿐이다. 특히 노론들이 선조와 효종, 심지어 삼학사三學士를 그 사당에 배향해야 한다고 주장한다면, 그것은 큰 문제다. 그들이 주도한 만동묘萬東廟는 명나라 황제의 사당을 이용해 송시열을 추앙하려 한 것이 아닌가. 그런 논리를 만력제의 사당에 적용해서야 되겠는가.[162]

윤증의 주장은 상황론을 근거로 사당 건립을 반대하는 것처럼 비칠 가능성도 있었다. 윤증은 아들 윤행교에게 보낸 편지에서 노론계가 실심實心과 실공實功이 없이 사당 건립을 주장하여 도리어 화를 불러일으키지 않을까 우려하면서도, 이 논란에 끼어들지 말라는 당부를 잊지 않았다.[163] 자신의 상황론이 반대론으로 독해될 것을 우려했기 때문이다. 윤증은 중화주의자였지만, 현실을 중시한 중화주의자라는 점에서 송시열과는 결이 달랐다.

윤증이 『반계수록』의 초기 독자였다는 사실은 흥미로운 대목이다. 『반계수록』의 저자인 유형원 역시 중화주의자다. 그런데 윤증이 중화주의를 대하는 태도는 유형원과 같았을까. 그렇게 단정할 수 없다면, 윤증이 유형원의 의도대로 『반계수록』을 읽었으리라고 보기도 어렵지 않을까. 『반계수록』은 기자-경세-중화-역사로 연결되는 구조 안에서 탄생했다. 이 점을 감안한다면, 윤증이 경세, 기자, 역사를 바라보는 시선을 확인해두어야 한다. 윤증이 『반계수록』을 높이 평가했다고 해도, 이 책을 경세-기자-역사와의 연관 속에서 바라보지 않았다면 그의 독법은 유형원의 저작 의도와 일치한다고 말하기는 어려울 것이기 때문이다.

윤증이 『반계수록』을 접한 것은 1711년(숙종 37)이었다. 유형원의 육촌동생 유재원이 윤증에게 『반계수록』을 보여주면서 발문을 청했다. 유재원이 가져온 것은 여러 차례 필사된 것이 아니라 유형원의 친필 원고였다. 『반계수

---

162 윤증, 『명재유고』 권15, 書, 答羅顯道 二月十三日.
至於宣祖孝宗兩聖配享事 方享於宗廟 恐無配享之義 況三學士陪臣 何可配於帝庭耶 此則華陽之事 本出於推隆懷川之意 而上及於朝廷 今日誰能言其非者 亦可歎也.
163 윤증, 『명재유고』 권29, 書, 與子行教 晦日.
所患者 實心之難充 而實功之難辨耳 無此實心實功 則虛聲實禍 非小事也 (……) 不知者見之 則必以爲立異也 汝亦黙而識之.

화양동 서원과 만동묘 일대, 「팔도군현지도」八道郡縣地圖, 종이에 채색, 서울대학교 규장각한국학연구원.

만동묘는 명나라 신종과 의종을 위해 청주 화양리 일대에 세운 사당이다. 1695년 송시열을 제향하기 위해 화양동 서원을 만들고 1717년 송시열의 유명遺命을 받아 만동묘를 세우면서, 이곳은 조선시대 노론 유학자들의 성지가 되었다.

록』을 살펴본 윤증은 유재원에게 보낸 편지에서 이렇게 말했다.

매번 책을 펴서 볼 때마다 그 규모가 크고 식견이 높은 것에 대해 감탄하게 되니, 같은 시대에 살면서 서로 만나보지 못한 한스러움을 견딜 수 없습니다. 보내주신 별지를 또 삼가 받아보고서 그대의 감고感古하는 마음에 더욱 크게 감탄하였습니다. 『중용』과 『대학』이 절목상의 일을 언급하지 않아서 그 책에 보이지 않는다는 것은 의심의 여지가 없습니다. 맹자 이후로 오직 장횡거만이 시행하려다가 하지 못했으니, 복고復古의 어려움을 알 듯합니다. 저는 평생 동안 다만 책 속의 이야기만 했을 뿐 장횡거가 하고자 한 일은 또한 능히 강구하지 못했습니다.[164]

164 윤증, 『명재유고』 권21, 書, 答柳海美載遠.
每一披覽 未嘗不歎其規模之大 識趣之高 而亦世不相遇之恨 殆不可勝也 所教別紙 又得竊觀 感古之盛意

윤증은 처음 유재원이 보내온 편지에서 그가 '감고感古'를 강조했다는 사실을 읽어냈다. 『반계수록』의 발문을 청하는 편지라는 점을 염두에 둔다면, 감고는 '옛사람의 일에 감탄한다'라기보다는 '옛 제도를 중시한다'는 의미일 것이다. 그 '옛 제도'는 유형원이 『반계수록』에서 제시한 개혁안의 모델이기도 하다. 유재원은 『반계수록』에 들어 있는 개혁안이 '옛 제도'의 정당성을 가진 것이라고 말하고 싶었던 것 같다.

'『중용』과 『대학』이 절목상의 일을 언급하지 않아서 그 책에 보이지 않는다'는 것도 유재원의 주장일 것이다. '그 책'은 물론 『반계수록』이다. 유재원은 『반계수록』이 학문의 근본으로서 『중용』과 『대학』의 중요성을 간과하는 것이 아니냐는 혐의를 불식시키고 싶어했다. 『반계수록』에서 『중용』과 『대학』이 강조되지 않는 듯이 보이는 것은 이 책들이 『반계수록』이 채택한 '절목상의 일'을 구체적으로 언급하지는 않았기 때문이라는 것이다. 유재원은 유형원이 '절목상의 일'을 통해 궁극적으로는 『중용』과 『대학』의 원칙론을 구현하려 했다고 말하고 싶었던 것 같다. 유재원이 윤증에게 발문을 청하면서 이런 걱정까지 하는 것을 보면 『반계수록』이 그리 많이 알려져 있지 않았을 가능성도 있다. 알려졌다 하더라도 집단에 따라서는 『반계수록』을 '절목상의 일'을 다룬 책으로 평가절하했을 가능성도 있다.

유재원의 걱정과 달리 윤증은 『반계수록』의 가치를 높게 평가했다. 그런데 윤증이 문제 삼은 것은 그다음부터다. '맹자 이후로 오직 장횡거만이 시행하려다가 하지 못한 것'은 정전제를 가리킨다. 윤증이 『반계수록』을 정전제를 강조한 책으로 여겼음을 알 수 있다. 그런데 윤증이 말하고자 한 것은 그 '옛 제도'의 정당성 여부가 아니라 시행의 어려움이었다. 윤증은 정전제가 조선에서 시행될 수 있는 가능성을 높게 보지 않았다. 만력제 사당 건립 문제에 대해서 보여준 태도와 흡사하다.

爲之喟然歎仰 庸學之書 不及於節目上 則不見於其書 似無可疑 孟子之後 唯橫渠欲爲而未能 可知復古之難也 平生只作卷中之談 橫渠所欲爲者 亦未能講究.

윤증이 정전제를 깊이 고민한 끝에 그런 결론에 이른 것은 아니다. 엄밀하게 말한다면 그는 제도와 정책을 통해 왕도를 추구한다는 발상을 해본 적이 없다. 물론 윤증에게 제도 개혁론을 주목할 만한 계기가 전혀 없었던 것은 아니다. 그는 인조대 학자이자 경세가였던 조익趙翼(1579~1655)을 높이 평가했을 뿐만 아니라 조익의 아들 조복양趙復陽(1609~1671)과도 친분을 유지했다. 조익은 대동법을 주창했던 인물로 유명하다. 조익은 제도와 정책을 통한 안민의 달성 가능성을 믿어 의심치 않았다. 그러나 윤증은 조익에게서 경세가적인 면모를 읽어낸 적이 없다. 윤증의 학문에서 경세학은 너무 멀리 떨어져 있었던 것이다. 윤증은 유재원에게 자신이 평생 동안 '책 속의 이야기'만을 했다고 고백하지 않을 수 없었다.

유형원과 중화주의적 문제의식을 공유하고 있던 윤증이 『반계수록』을 높이 평가했다고 말하는 것은 옳다. 그러나 윤증은 기자로부터 정전제를 연상하지도 않았고, 기자의 흔적이 서린 자국사自國史를 궁금해하지도 않았으며, 심지어 정전제를 자기 시대에 시행할 수 있는 제도라고 생각하지도 않았다. 정전제가 시행 가능한 제도가 아니라면 유형원이 정전제의 시행을 전제로 구상했던 각종 개혁론도 실천하기 어렵다. 윤증은 유형원과 가장 가까운 시점에 『반계수록』을 읽고 또 높이 평가했지만, 결코 『반계수록』에 담긴 유형원의 의도를 따라 읽지는 않았다.

『반계수록』의 독자 중에는 윤증의 제자인 양득중梁得中도 있다. 그는 스승 윤증을 통해 이 경세서를 보게 되었다. 흥미로운 점은 양득중이 『반계수록』에 대한 윤증의 태도를 전혀 다르게 이해하고 있었다는 것이다. 윤증이 '실심'實心과 '실공'實功을 말했다면, 양득중은 '실사'實事와 '유용지학'有用之學을 강조했다. 1729년(영조 5) 경연에 참가한 양득중이 영조에게 '실사구시'實事求是의 중요성을 강조하자, 영조는 '실사구시' 네 글자를 써서 들이게 하여 좌우명으로 삼았다.[165]

---

165 이상성, 2007, 「명재 윤증과 덕촌 양득중의 학문 교유고」, 『한국사상과문화』 40, 196쪽.

양득중의 실사구시론은 1741년(영조 17)의 상소에서도 일관되게 이어졌다. 이때 그가 특히 문제 삼은 것은 학문과 현실, 경연과 정책의 관계였다. 그는 경연에서 아무리 '실사'와 관련한 텍스트를 다룬다고 해도 그 내용이 정작 현실 정치와 사회에서 구현되지 못한다면, 그런 학문은 '실사'의 학문이 아니라고 주장했다.[166] 물론 양득중이 '존양성찰'存養省察의 필요성을 담은『중용』과, 격물치지·성의정심의 중요성을 강조한『대학』이 훌륭한 텍스트라는 사실을 부정한 것은 아니었다. 그는 격물치지, 성의정심이 '생재'生財의 도道에 대한 고민과 정책에 대한 성찰로 이어질 때 비로소 의미를 가질 수 있음에도 불구하고 경연의 현실이 그렇지 못하다는 것을 말하고 싶어했던 것이다.

양득중은 새로운 경연 교재로『주자어류』가 채택된 것을 맹렬하게 비판했다. 그는『주자어류』가 주자의 문인들이 사사로이 기록한 것이어서 주자가 말하려 했던 뜻을 온전히 전해주지 못한다고 주장했다.[167] 그렇다고 그가 주자의 생각에 가장 가까운 다른 경전을 선정해야 한다고 말한 것은 아니었다. 경연에서 그동안 총론과 원칙에 대해서는 넘치게 논의했으니, 이제 현실 문제의 해법에 관한 책, 민생과 제도 개혁을 위해 각론적인 대안을 담고 있는 책을 강독해야 하지 않겠는가. 양득중의 주장은 그런 것이었다.

해법은 실제적이어야 했지만, 동시에 고전에 근거를 둔 것이어야 했다. 양득중이 '인정仁政은 반드시 경계經界로부터 시작된다'는 맹자의 말을 빌려 온 것은 그런 이유에서다. 그는 토지 문제를 바로잡지 못하면 부역賦役, 호구戶口, 군오軍伍, 사송詞訟, 형벌刑罰, 풍속風俗 등 정치와 교화에 관한 그 어느 것도 해결할 수 없다고 주장했다. 그런데 맹자의 말이 아무리 옳다 해도, 장횡거가 아무리 정전제 시행을 강조했다 해도 문제가 되는 것은 그 방법론이다. 그것은 정전제 시행을 위한 각론일 뿐만 아니라, 다른 모든 사회 문제의

---

166 양득중,『덕촌집』권2, 疏, 辭別諭召命疏(又辭疏) 辛酉.
國家之設官講學 盖已居其位而任其事 所講之經傳一開卷 而字字句句 無非目前當行之實事也 於是乎 據聖訓而思其義 卽其事而論其宜 論思之職 卽其實事 而今也不然 經筵自經筵 政教自政教 一彼一此 不相關攝.
167 『영조실록』, 영조 17년 2월 23일.

해법과 연동된 각론이어야 했다. 양득중은 그 실마리를 유형원의 『반계수록』
에서 찾았다.[168]

흥미로운 점은 양득중이 윤증의 『반계수록』에 대한 평가를 전하는 대목
이다. 양득중은 이렇게 말했다. "신은 『반계수록』을 돌아가신 신의 스승 윤증
의 집에서 보았습니다. 신의 스승이 제게 말씀하시기를, '이 책은 옛 성왕聖王
의 유법遺法을 인하여 가다듬은 것으로 그 본의를 잃지 않았으니, 만일 국가
가 왕정을 행하고자 한다면 오직 들어서 시행할 따름이다'라 하셨습니다. 대
개 유형원은 문을 걸어잠근 채 독학하여 알려지기를 구하지 않았으므로 세상
에서 그를 아는 자가 없었으며 오직 저의 스승이 그를 알아보았습니다."[169]

윤증이 '왕정의 의지만 있으면 『반계수록』의 개혁론을 실행하면 될 일이
다'라고 말했을 가능성은 높지 않다. 윤증은 '실사實事와 '실심實心을 강조했
지만, 제도와 각론으로서의 경세론은 그의 학문에서 전혀 중요한 이슈가 아
니었기 때문이다. 양득중이 『반계수록』에 대한 자신의 의지를 스승을 빌려
합리화한 것이라고 보는 편이 좀 더 온당하다.

양득중의 상소는 『영조실록』에도 요약되어 있는데, 공교롭게도 '윤증이
『반계수록』을 높이 평가했다'는 대목은 들어 있지 않다. 문집과 실록의 차이
를 무심하게 보아 넘기기 어려운 대목이 또 있다. 실록에 따르면 양득중은 이
렇게 말했다. "수령에게 명하여 그 책을 가져다 바치게 하여 을람乙覽에 대비
하게 하시고, 곧 중외에 나누어 반포해서 차례대로 시행하게 하소서."[170] 물론
문집에도 같은 내용이 있지만, '을람에 대비하는 일'과 '중외에 반포하는 일'

---

168 양득중, 『덕촌집』 권2, 疏, 辭別諭召命疏.
近世有湖南儒生柳馨遠者 乃能爲之講究法制 粲然備具 始自田制 以至於設教選擧任官職官祿制兵制 纖
微畢擧 毫髮無遺 書旣成 而名之曰隨錄 凡十三卷 (……) 臣亦嘗得其書而私自細繹 則有天理自然之公 無
人爲安排之私 秩然有條而不亂 煥然有文而不厭.
169 양득중, 『덕촌집』 권2, 疏, 辭別諭召命疏(又辭疏) 辛酉.
臣嘗見之於臣之亡師臣尹拯之家 臣之亡師嘗爲臣言 此書乃古聖王遺法而修潤之 不失其本意 國家若欲行
王政 則惟在擧而措之而已 蓋其人杜門獨學 不求聞知 故世無知者 而獨幸見知於亡師耳.
170 『영조실록』, 영조 17년 2월 23일.

사이에 한 가지가 더 들어 있다. '유신儒臣들로 하여금 옥당玉堂에 모여서 극의極意 강명講明하게 하는 일'이 그것이다.[171]

'중외에 반포해서 시행하게 하자'고 말한 것을 보면, 양득중은 유형원의 개혁론을 시행 가능하다고 판단했음직하다. 유형원의 구상이 맹자의 정전설에 근거하고 있는 한 누구라도 이 주장을 전면적으로 부정하기는 어렵다. 이 주장을 반대하기 위해서는 '제도 개혁보다는 그 근본이 되는 군주성학이 중요하다'고 말하거나, '원론적으로 맞는 얘기지만 고금古今의 마땅함이 다르기 때문에 옛 제도를 현실에서 시행하기는 어렵다'고 말할 수밖에 없다. 특히 고금이의론古今異宜論이라 불러도 좋을 후자의 논리는 쉽게 예상되는 것이었다. 양득중은 이 지점에서 '옛날에 시행할 수 있었던 것으로서 지금 시행할 수 없는 것은 없다'는 정자의 말을 빌려왔다. 더구나 그는 유형원의 구상이 이미 '고금을 참작한' 것이라고 확신했다.

양득중이 인용한 정자의 말 역시 실록에서는 찾아볼 수 없다. 『영조실록』의 편찬자들은 윤증이 『반계수록』을 시행 가능하다고 평가했다는 양득중의 주장을 믿고 싶지 않았다. 『반계수록』과 같은 경세학을 유신儒臣의 몫으로 보려 하지 않았을 뿐만 아니라, 고금이의론古今異宜論을 무력화할 수 있는 정자의 말도 기록하려 하지 않았다. 그들은 '옛 제도'의 시행 가능성을 확신하지 못했던 것 같다.

어떤 산림계 지식인도 『반계수록』이 가진 제도 개혁론으로서의 중요성을 총체적으로 강조하지는 않았다. 그런 점에서 양득중이 『반계수록』을 성전제로부터 시작되는 일련의 개혁안으로 이해하고, 그것을 중외에 반포하여 차차 시행하자고 주장한 것은 매우 특별한 경우임에 분명하다. 물론 양득중은 윤증으로부터 '실사'와 '실공'의 중요성을 배웠으며, 그 배움의 연장선상에서 '실사구시'를 강조했다. 그러나 그가 굳이 1741년(영조 17)에 이르러서야 비

171　양득중, 『덕촌집』 권2, 疏, 辭別諭召命疏(又辭疏) 辛酉.
伏望殿下特命其邑守臣 就其子孫之家 取其書來獻 以備乙覽 仍令儒臣齊會玉堂 極意講明 分布中外 以次施行 不勝幸甚.

로소 『반계수록』을 주요 의제로 부각시키려 한 것은 지나치기 어려운 장면이다. 영조대의 탕평정국은 필연적으로 산림의 권위에 생채기를 냈다. 산림이 주도해오던 '의리'는 더 이상 공적인 것으로 인정받지 못했다. 소수파인 소론계 산림 양득중으로서는 '의리주인'義理主人으로서의 위상이 현저하게 약화되는 현실을 돌파할 만한 학문적인 의제가 필요했던 것이 아닐까.

양득중에게 『반계수록』은 어떤 의미였는가. 양득중은 유형원이 말하려던 맥락 그대로 『반계수록』을 받아들였는가. 양득중의 독법을 이해하기 위해서는 무엇보다 그의 중화관과 기자관을 이해하지 않으면 안 된다. 아쉽게도 양득중은 중화에 대해 많은 논설을 남기지는 않았다. 다만 송시열의 복수설치론과 대명의리론을 비판했던 사실에서 그의 관점을 간접적으로 유추해볼 수 있다. 양득중은 송시열이 효종에게 올린 기축봉사己丑封事를 문제 삼았다.

송시열은 주자가 송나라 효종에게 올린 봉사封事의 형식을 그대로 따왔는데, 그 여덟 번째 조목은 '정사를 닦아 이적을 물리치라'는 것이었다.[172] 이 항목의 내용은 몇 개의 층위로 이루어져 있다. 첫머리는 "군부君父의 원수와는 같은 하늘 아래 함께 살 수 없다"는 주자의 말로 시작한다. '춘추대일통'春秋大一統의 의리를 밝힌 대목이다. 조선 건국 이후 병자호란에 이르는 조명관계, 조청관계에 관한 이야기가 그 뒤를 잇는다. 물론 병자호란을 일으킨 청나라가 '군부의 원수'라는 사실을 새삼스럽게 상기하려는 전략이다. 그런데 '군부의 원수'와 군신관계를 맺은 사실은 어떤 식으로든 합리화해야 했다. 송시열은 인조가 원수에게 머리를 조아린 것은 '종사를 보존하기 위해서 내린 불가피한 결정'이라고 말했다. 이런 관점에 서면 복수의 명분은 여전히 유효하다.

송시열의 논리에 따르면, 현실과 명분 중에 어느 한쪽을 일방적으로 선택하는 것이 최선은 아니다. 여기 두 갈래의 극단이 있다. '우리가 저들에게 몸을 굽혔으니 이미 명분이 정해졌다'는 식으로 생각하는 것이 복수의 대의大義를 저버리는 하나의 극단이라면, 시세를 헤아리지 않고 경솔하게 청나라와

172 송시열, 『송자대전』 권5, 封事, 己丑封事, 八月.

외교관계를 단절하여 화를 자초하는 것은 인조가 굴욕을 무릅쓰고 종사를 연장시킨 뜻을 저버리는 다른 하나의 극단이 된다. 현실의 군신관계를 부정할 수 없는 상황에서 복수의 명분이 유효하다면, 조선이 취해야 할 노선은 분명해진다. 청나라에 대해 말을 공손히 하는 가운데 분노를 깊이 새기고, 예물을 바치는 가운데 와신상담을 더욱 절실히 하는 것, 그것뿐이다. 송시열은 이 해법이 가져올 뒷날의 효과를 예상했다. 중원에서 청나라를 몰아낼 수 있게 된다면 더 말할 나위도 없지만, 적어도 청나라와 단교하고 조선의 국체國體를 지켜낼 수 있다는 것이다.

마지막 단락은 군주의 수양을 강조하는 것으로 끝난다. 송시열은 주자의 상소문을 다시 인용했다. 주자는 오랑캐를 쫓아내는 것보다 군주가 일신의 사의私意를 없애는 것이 더 어렵다고 보고, 위강威强, 변경邊境, 병식兵食보다는 덕업德業, 조정朝廷, 기강紀綱에서 근본, 방비, 도구의 해법을 찾아야 한다고 주장했다. 외양外攘은 사욕을 버리고 내수內修의 정사를 수행하는 과정에서 자연스럽게 성취될 수 있다는 의미다.

양득중은 송시열이 밝히자는 대의에 동의하면서도, '공손히 하는 가운데 분노를 깊이 새기고, 예물을 바치는 가운데 와신상담을 더욱 절실히 하자'는 해법에는 동의할 수 없었다. 사태의 본질이 '오랑캐에게 공손히 말하고 예물을 바치는 것'이라면 그것은 오랑캐와 강화하는 것이지 물리치는 것은 아니기 때문이다. 양득중은 송시열이 인용한 주자의 글이 '예물을 바치면서 와신상담하자'는 것이 아니라 그런 논리를 반박한 것의 일부였다고 주장했다. 주자가 양이攘夷를 주장한 상소의 본지를 가린 채 주자를 의도적으로 오독하면서 '예물을 바치면서 와신상담하자'고 주장하는 것은 효종의 뜻에 영합하여 입신양명하려는 술책에 불과하다는 것이다.[173]

그렇다면 주자는 일체의 형세론形勢論을 배격했는가. 양득중이 이해한 바로는 그렇지 않았다. 주자는 의리義理의 공안公案을 제일의 원칙으로 삼고, 이해利害의 실정實情을 참작함으로써 강화講和와 양이攘夷 문제에 대해 시비를 밝히고 성패를 드러내려 한 사람이었다. 그런 기준에 따른다면 복수해야 할 때가 있고 강화해야 할 때가 있을 뿐, '예물을 바치면서 와신상담'해야 할 때는 없다. 만일 누군가 '지금은 강화해야 할 때'라고 주장한다면, 그들은 송시열이 말하는 "완고하고 아둔하며, 이익을 추구하는 후안무치한 무리들(頑鈍嗜利無恥之輩)"들인가. 양득중은 다시 '기리'嗜利라는 표현이 가진 주자적인 의미를 천착했다.

양득중은 주자가 말한 '기리하는 무리'는 송나라 재상 진회秦檜 같은 인물을 가리킨다고 주장했다. 당시 송나라는 금나라의 침략을 받아 고전 중이었다. 송나라 관료들은 끝까지 항전할지 강화할지를 두고 논쟁을 벌였다. 진회는 반대론을 누르고 강화를 성사시켰다. 그 결과 송나라는 금나라에게 신하의 예를 취하고 세폐歲幣를 바치게 되었으며, 회하 이북을 금나라에게 양도해야 했다. 그런 정도라면 '이익을 좋아하는 무리'라고 말할 만하다. 그런데 조선에 그런 경우가 있을 수 있는가. 양득중은 누구보다 이利를 추구했을 법한 김자점이나 그를 따르는 무리조차도 그런 말을 공공연히 하지 못했다는 사실을 거론했다. 조선은 이익을 추구하는 사람이 발붙이기 어려운 정치문화를 가진 나라라는 사실을 말하고 싶었던 것이다. 양득중의 입장에서 본다면, 조선이 그런 나라임을 잘 알고 있을 송시열이 '예물을 바치면서 와신상담하자'는 자신의 논리에 동의하지 않는 사람들을 '기리하는 무리'라고 말하는 것은 주자의 뜻을 왜곡하는 행위일 뿐이다. 송시열은 충실한 주자주의자를 자처했지만, 사실상 가장 심각하게 주자를 오독한 인물이다.[174]

173 양득중, 『덕촌집』 권5, 雜著, 明大義辨(庚申).
今此懷川之所以爲說 所用者講和之議也 所主者講和之事也 亦旣卑辭而帝之矣 又以金幣而事之矣 是非和夷狄而何耶 惡在其攘夷狄也 (……) 夫當講和之世 不得不爲講和之事 而必欲假朱子明大義攘夷狄之說 以迎合聖祖大志之所向 因以爲自己發身之赤幟 故自不得不假此四字 以爲暗號.
174 양득중, 『덕촌집』 권5, 雜著, 明大義辨(庚申).
蓋朱子之說 斷之以義理之公案 參之以利害之實情 其於是非之判 成敗之公 所爭只在於和與不和之間 直自斬截 壁立萬仞 不可一毫容私 亦不容一刻依違 (……) 朱子所謂嗜利云者 政指秦檜之類 與粘罕相連而言也 本國則利之一字 無可指擬處 末俗文勝 雖甚無恥 豈忍倡此說於天日之下哉 當時自點之外 雖惡山林懷私怨者 亦無敢闖此意 皆理無之言也 但必以此承接 然後可以引用朱子之說 故爲此假設懸空閃幻 此卽所謂優場之弄舌.

양득중이 송시열의 주장을 모두 비판한 것은 아니었다. 양득중은 송시열이 "시세를 헤아리지 않고 섣불리 청나라와 관계를 끊었다가 원수는 갚지 못한 채 화가 먼저 이르게 된다면, 그것은 인조가 수치를 참고 몸을 굽혀 종사를 연장시킨 본의가 아니다"라고 말한 대목에 대해 전적으로 동의했다. 비판은 그다음부터다. 그에 따르면, 군신관계를 유지하는 것이 불가피하다는 사실을 인정하는 데서 그치지 않고 와신상담하자고 말하는 것은 시세의 차이와 사태의 본질을 흐리고 입신양명하려는 것이므로 비판받아 마땅하다. 비록 주자가 오늘 살아 돌아온다 하더라도 남송 때 효종에게 말했던 것을 그대로 주장하기는 어려울 것이다. 대의大義의 정당성이 없기 때문이 아니라 시세時勢가 다르기 때문이다.[175] 문제는 주자가 제기한 양이론이 옳은가 옳지 않은가에 있지 않고, 양이론의 논점을 말할 시점인가 아닌가에 있을 뿐이다.

양득중이 송시열이 선점한 복수론과 대명의리론의 의제를 전면적으로 부정할 수는 없었을 것이다. 다만 양득중은 시세와 무관하게 복수론과 대명의리론을 원론적으로만 주장하지는 않았다는 점에서 송시열과 다르다. 물론 송시열도 시세의 차이를 전혀 고려하지 않은 것은 아니었다. 그러나 송시열은 복수론과 대명의리론으로 표현되는 중화가 시세를 넘어서는 보편적 가치라는 사실을 어떤 식으로든 관철시키고 싶어했다. 송시열이 중화가 시세를 넘어설 수 있다고 생각했다면, 유형원은 시세를 중요한 변수로 고려하지 않는다. 문명과 의리의 아이콘으로서 중화를 중시했다는 점에서, 그리고 시세를 절대적인 것으로 여기지 않았다는 점에서 송시열과 유형원은 공통점이 있다. 양득중의 관점은 그런 면에서 유형원과 다를 수밖에 없다.

그뿐만이 아니다. 양득중은 『반계수록』의 개혁론에서 기자를 읽어내려 하지도 않았으며, 그것을 중화의 문제와 연관 짓지도 않았다. 이런 상황에서 중화와 언어, 기자와 자국사의 연관을 기대하기는 더욱 어려운 일이다. 양득

---

175 양득중, 『덕촌집』 권5, 雜著, 明大義辨(庚申).
余曰凡天下之事 時與勢移 莫不各有其宜 (……) 設使朱子生於今之世 吾知其決不敢以當時之告於宋孝宗者告吾君也.

중은 『반계수록』을 민생에 관한 종합 개혁안으로 이해했지만, 그런 그조차 '중화-기자-경세-언어-고대사'라는 유형원의 지적 맥락 위에 서 있지는 않았다. 양득중 역시 자신의 방식으로 『반계수록』을 읽었던 것이다.

노론계 관료 홍계희의 『반계수록』 독법

『반계수록』의 독자 중에는 노론계 관료 홍계희洪啓禧(1703~1771)도 있다. 홍계희는 젊은 시절 이재李縡(1680~1746)의 문하에서 수학했지만, 경세론 분야를 연구하고 현실에 적용하는 일에 역량을 집중했다. 홍계희가 경세 문제에 밝은 관료로서 두각을 나타내기 시작한 것은 1741년(영조 17) 북도감진어사北道監賑御史를 맡으면서부터였다. 비변사는 함경도에 진휼곡을 마련하기 위해 영남 지방의 곡식을 가져오는 방안을 생각했지만, 홍계희는 비변사의 대책이 지나치게 안일하다고 비판했다. 영남의 곡식을 이전한다는 발상 자체를 문제 삼은 것은 아니었다. 비변사가 계획한 수량으로는 27만~28만 명에 달하는 굶주린 백성들을 구제하는 데 턱없이 부족하다고 판단했기 때문이다. 그는 영남 지방에서 동원 가능한 다른 재원들, 그리고 평안도와 황해도에 비축해둔 다양한 명목의 곡식들을 파악해 함경도로 보내야 한다고 주장했다.[176]

이듬해 1월, 홍계희가 함경도 현지에서 급히 서울로 올라왔다. 진휼에 필요한 곡식을 추가로 지원해달라고 요청할 심산이었다. 그는 인구수와 곡식의 현황을 비교하면서 5만 2,000석을 더 보내달라고 요구했다. 영조는 더 이상의 재정 지출은 불가능하다고 고개를 저으면서도, 홍계희가 어떻게든 상황을 개선시켜주기를 바랐다. 영조는 이렇게 말했다. "곡식을 적게 쓰면서도 백성을 많이 살려낸 연후라야 감진어사의 능력을 알 수 있을 것이니, 만일 조정

---

176 『승정원일기』, 영조 17년 10월 23일.
홍계희는 납속책을 활용하는 방안도 제안했다. 관직을 주거나 가자加資를 해주어 곡식을 가진 사람들의 납속을 적극적으로 유도할 필요가 있다는 것이었다. 그는 이 방안이 주자의 진휼대책에서 배운 것이라고 말해두는 일도 잊지 않았다.

에서 곡식을 더 보내준다면 백성을 살리는 일은 감진어사가 아니더라도 또한 할 수 있지 않은가." 홍계희는 자세한 수치를 인용해가며 영조를 설득했다. 숫자에 특별히 밝았던 그의 면모가 여실히 드러나는 대목이다. 승정원에서 왕을 알현하면서 수치를 가지고 자신의 주장을 논증하는 풍경은 그리 흔하지 않았다.[177] 홍계희에게 수리數理는 학문이었지만, 정책의 합리성을 논증하는 논거이기도 했다. 홍계희는 조정이 의사를 결정하는 과정에서 늘 전례를 따지는 것에 대해서도 답답함을 토로했다. 결정이 합리적인가 그렇지 않은가를 판단해야 하며, 그런 점에서 보면 전례가 있다 해도 하지 말아야 할 일이 있고, 전례가 없다 해도 반드시 해야 할 일이 있다는 것이다.[178]

비변사에서 관련 업무를 주관하던 사람은 박문수朴文秀(1691~1756)였다. 북도감진어사를 선발할 때, 영조가 박문수에게 홍계희의 자질을 물었다. 박문수는 홍계희를 잘 알지 못한다고 말하면서 김상적金尙迪(1708~1750)을 추천했다.[179] 그러나 영조는 홍계희에게 이 일을 맡겨 그가 가진 역량을 시험해보고 싶어했다. 그렇게 임용된 홍계희가 현장을 지휘하다가 서울에 올라와 추가 지원을 요청한 것이다. 영조는 박문수를 시켜 대신大臣과 상의하도록 했다. 박문수는 홍계희의 요청을 받아들일 수 없다고 주장했다. 홍계희가 지원해달라는 대로 다 주려면 선혜청의 창고를 비워도 부족할 지경이라는 것이다.[180]

홍계희는 대신과 협의하고 비변사를 찾아가 다시 의논했다. 비변사 당상들은 최종적으로 2만 곡의 추가 지원이 가능하다고 의견을 모았다. 결국 홍계희는 한 걸음 물러나 이 제안을 받아들였다.[181] 지원 규모를 둘러싼 논란은

---

177 『승정원일기』, 영조 18년 1월 25일.

178 『승정원일기』, 영조 18년 1월 25일.
　啓禧曰 議臣者 每謂朝家所賜之數 前古所無 又何加焉 臣於此論 竊以爲沓沓也 凡事只當使合於宜而已 可多則勢不得不多 雖無前例 固非所拘 可少則少 雖有前例 又不必濫與 是豈可以前例有無論之哉.

179 『승정원일기』, 영조 17년 10월 12일.

180 『승정원일기』, 영조 18년 1월 30일.

181 『승정원일기』, 영조 18년 2월 3일.

이렇게 막을 내렸다. 홍계희는 수치와 통계를 무기로 절반의 성공을 이룬 셈이었다.[182] 영조도, 대신도, 나아가 비변사의 관리들도 홍계희를 구체적인 정책 대안을 제시할 수 있는 관료로 여기기 시작했다.[183]

홍계희는 뒷날 균역均役과 준천濬川 등 영조가 추진한 굵직한 사회경제 정책을 실무적으로 주관했다. 홍계희가 그런 역량을 발휘할 수 있었던 배경은 무엇일까. 그가 일찍이 이재의 문하에서 배웠다고는 하지만 그의 사회 개혁론이 이재의 학문적 영향을 받은 것이라고 추정할 만한 근거는 어디에도 없다. 홍계희가 개혁의 당위성과 필요성의 근거로 삼은 것은 다름 아닌 『반계수록』이었다.[184]

홍계희는 대체大體와 절목節目, 즉 총론과 각론의 두 측면에서 『반계수록』의 가치를 논했다. 당시 『반계수록』을 비판하는 사람들은 크게 두 갈래의 견해를 가지고 있었다. 어떤 이들은 『반계수록』이 큰 문제, 즉 대체를 추구하여 우활迂闊하다고 보는가 하면, 다른 이들은 이 책이 대체를 논하지 않고 자잘한 절목의 문제만을 논했다는 이유로 무가치하게 여겼다. 홍계희는 이 두 견해에 모두 반대했다. 그가 보기에 『반계수록』은 절목을 통해 대체를 논함으로써 총론과 각론을 완벽하게 구현한 책이기 때문이다.

홍계희는 『반계수록』이 총론만을 논했다고 보는 견해에 대해 이렇게 말했다. "생각건대 유형원이 논한 바가 커서 세간에서 '우활하다'고 하는 것입니다만, 한민명전限民名田의 설은 이미 전현의 정론이 있으니, 진실로 실심實心으로 행한다면 시행할 수 없다고 할 수 없을 것입니다. 또 이 법의 시행

182   홍계희의 입장에서 보면 성과만 있었던 것은 아니었다. 그 과정에서 소원해진 박문수와의 관계는 쉽사리 회복되지 않았다(『승정원일기』, 영조 19년 2월 13일).
183   『승정원일기』, 영조 18년 9월 27일.
億增日 曾經評事中 金漢喆 最喆北路事情 且北路人 至今悅服而稱道之 昨秋漢喆 初爲督運時 北人聞之 皆云金評事 豈不活我耶 寅明日 漢喆頗勤幹而周詳 則似遜於洪啓禧矣 象漢日 納而言之 洪啓禧精詳 而金漢喆淳實矣.
184   홍계희의 생애와 사상에 대해서는 정만조, 2003, 「담와 홍계희의 가계 분석」, 『조선시대의 정치와 제도』, 집문당; 정만조, 2003, 「담와 홍계희의 정치적 생애」, 『인하사학』 10; 조성산, 2004, 「18세기 낙론계의 『반계수록』 인식과 홍계희 경세학의 사상적 기반」, 『조선시대사학보』 30 등을 참조.

김희성 외, 〈상관역우동문도〉上觀役于東門圖, 『준천계첩』濬川契帖, 1760년, 비단에 채색, 26.9×38.9cm, 삼성미술관 리움.

1760년에 시행한 준천은 영조가 관심을 기울인 도성관리사업이자, 탕평책, 균역법과 함께 영조의 3대 업적으로 꼽힌다. 당시 한성판윤이었던 홍계희는 영조의 명을 받고 준천사업에 관한 모든 내용을 『준천사실』濬川事實에 정리하였다.

을 불편하게 여기는 자가 진실로 많지만, 그것을 편하게 여기는 자는 불편하게 여기는 자에 비해 더 많으니 그런 견해에 구애될 필요가 없습니다."[185] 그는 또 『반계수록』이 대체를 놓치고 있다는 비판도 문제 삼았다. 대체가 중요하다는 말이 틀린 것이 아니라, 대체에 따라 그 일을 처리하기 위해서는 절목이 반드시 필요하다는 것이다.[186]

홍계희는 또 이렇게 말했다. "대체만 알고 조리에 밝지 못한 상황이 계속된다면 선왕의 도가 행해질 수 있는 날은 없을 것이며 만세토록 긴 밤이 될 것입니다."[187] '만세토록 긴 밤이 오는' 상황을 막기 위해서는 선왕先王의 도를

185　홍계희, 傳(유형원 지음, 이우성 편, 1990, 『반계잡고』).
唯其所論者大 宜乎俗見之以爲迂矣 而限民名田之說 旣有前賢定論 苟以實心行之 則未見其必不可行 且此法之行以爲不便者固多 而其便之者 視不便者尤多 則此非所拘也.
186　조성산, 2004, 「18세기 낙론계의 『반계수록』 인식과 홍계희 경세학의 사상적 기반」, 147~159쪽.

행하는 것 이외에 다른 길은 없다는 논리다. 홍계희는 유형원을 통해서 어떤 세상을 꿈꾸고 있었던 것일까. 그것은 아마도 절목을 통해 대체가 구현되는 세상, 각론을 통해 총론이 완성되는 세상, 그리고 제도를 통해 선왕의 도가 회복되는 세상일 것이다.

절목과 대체, 각론과 총론, 제도와 선왕의 도의 관계를 이렇게 설명하는 것은 홍계희가 처음은 아니다. 인조반정과 병자호란을 전후한 때부터 제도 개혁과 왕도의 관계에 대해 고민하는 지식인, 관료가 적지 않았다. 그들은 부국富國과 안민安民이라는 두 마리 토끼를 동시에 좇아야 하는 난감한 상황에 직면했다. 절목, 각론, 제도는 부국을 위해서도, 그리고 안민을 위해서도 절실하게 필요했다. 그러나 개혁을 주장하는 사람들은 자신들의 절목, 각론, 제도에 관한 주장이 공리주의적功利主義的인 것으로 비치지 않을까 늘 염려했다.[188]

이식李植(1584~1647)은 조세 수입 증대를 위한 법제가 아니라 안민을 위한 제도를 추구해야 한다고 주장했다. 그는 정묘호란 이후 민생이 어려워지는 원인을 관리들이 눈앞의 효과에 급급하여 세금 징수에 집착하는 데서 찾았다. 그는 '정인正人을 부지하고 정도正道를 행하며, 간신奸臣을 출척하고 탐리貪吏를 다스리며, 도와 예를 숭상하자'고 주장했다.[189] 중국에서는 주자와 진량陳亮 사이에 '사공'事功을 둘러싼 논란이 있었다. 물론 17세기 조선에서도 부국富國을 중시하는 논의는 있었지만, 주자의 교의를 비판한 사공학파와는 맥락이 달랐다. 이식은 사공학파의 주장에 미치지 못하는 내용에 대해서도 비판의 날을 세웠던 것이다.

이식은 또 왕도를 주장하면서 정작 그 왕도를 구현할 방법에 대해 무지한

187　홍계희, 傳(유형원 지음, 이우성 편, 1990, 『반계잡고』).
此由於略知大體而不明條理之過也 苟如是而已 則先王之道 終無可行之日 而萬世長夜矣.
188　공리를 배격한다는 것은 조선시대 전체를 관통하는 일종의 상식이었다. 16세기 사림과 훈구가 서로를 '공리를 추구하는 소인'으로 공격했던 사실에 대해서는 계승범, 2014, 『중종의 시대 - 조선의 유교화와 사림운동』, 역사비평사, 226~236쪽 참조.
189　이식, 『택당집』권8, 癸酉九月論時政玉堂箚.

사람들을 비판했다. 그는 이렇게 생각했다. '임금의 덕이 교화의 근본이라는 주장으로 도대체 어떻게 민생을 안정시킬 수 있단 말인가. 이런 말은 말하기에 고상하고 듣기에 귀에 거슬리지는 않겠지만, 아무런 의미가 없지 않은가.' 그는 이어서 이렇게 말했다. "검약儉約, 관혜寬惠, 이신履信, 병공秉公으로 정사를 세우는 근본을 삼으라는 주장이 있지만, 패자覇者라 하더라도 반드시 이것을 가탁하여 패도覇道를 추구하고 부강자富强者라 하더라도 반드시 이것을 가탁하여 부강을 추구합니다. 지금 세간에서는 '왕도는 존모尊慕로써 가능한 것이지 시조施措로써는 불가하다'고 하니, 오호라 그 생각하지 못함이 심합니다."[190] 이식은 요순에 대해서 말하면서도 당장 눈앞의 현안을 해결하지 못하는 왕도론자, 그리고 오로지 공리를 일삼으면서 안민에 대해서는 신경 쓰지 않는 패도론자를 모두 비판함으로써 '시조施措를 통한 존모尊慕'만이 유일한 대안임을 역설했다.[191]

이식의 논점을 정책으로 구현한 것은 김육金堉(1580~1658)이었다. 일찍부터 대동법의 시행을 주장했던 김육은『호서대동사목』湖西大同事目에서 이렇게 말했다. "세간에 성의정심誠意正心의 학문을 말하는 자들은 모두 방책方册에 실려 있는 것을 주워 모아 '뜻이 성하고 마음이 바르면 천하 국가를 가히 다스릴 수 있다'고 하여 다만 입으로만 말하면서 급히 힘쓰는 자들을 공리功利한다고 비웃으며, 심한 경우에는 장의張儀나 왕안석王安石이라 헐뜯기까지 하니 이것이 어찌 협심위국協心爲國하는 길이겠는가."[192]

이 말은 김장생의 아들 김집金集(1574~1656)을 의식한 것이었다. 김집이 대동법 시행에 반대하면서 두 사람의 사이가 벌어지기 시작했다. 마침 김집이 원로대신에게 추천을 받아 인재를 발탁하자고 주장하자, 김육이 군주의 고유 권한을 침해하는 발상이라며 비판했다.[193] 김육은 자신이 '변법變法을 시

190 『인조실록』, 인조 14년 9월 13일; 이식, 『택당집』권8, 丙子秋辭召命陳時務疏.
191 이식, 『택당집』, 別集, 권13, 策問.
士大夫之論王道者 高談堯舜而不及於救難應變之策 論覇術者 專事功利而不暇於安民化俗之政.
192 『호서대동사목』(규장각 소장본, 도서번호: 奎1594).

도한 왕안석'에 비유되는 상황을 가장 꺼렸다. 그는 자신의 대동법 시행론이 왕안석의 신법新法과 같다는 오해를 불식시킬 수 있는 근거를 삼대三代의 법, 가깝게는 동중서董仲舒와 이이李珥의 사례에서 찾았다.[194]

조익은 난세에 개혁이 필요하다는 논리를 구사하면서 시종일관 대동법 시행을 주장했던 인물이다.[195] 조익에 따르면 법제는 군덕君德과 함께 지치至治를 위한 핵심적인 요건이다. 군주가 덕성을 잘 닦지 않으면 아무리 훌륭한 법제라도 제대로 시행될 수 없으며, 법제가 제대로 되어 있지 않으면 어떤 훌륭한 임금의 교화도 아래로 미치기 어렵게 될 것이니, 결국 어느 경우든 지치至治로부터 멀어지게 될 것이라는 의미다.[196]

홍계희가 『반계수록』을 읽으면서 말했던 절목과 대체의 관계는 이식이 말한 시조施措와 존모尊慕의 관계, 그리고 조익이 말한 법제法制와 지치至治의 관계와 논리적으로 유사하거나 동일하다.[197] 그렇다면 이런 유형의 경세론은 국가 운영이나 부국강병을 목적으로 한 것이었을까. 절목節目, 시조施措, 법제法制를 중시했던 그들의 시선이 대체大體, 존모尊慕, 지치至治를 향하고 있었다는 점을 놓고 본다면, 그들이 국가 운영의 효율성을 높이고 부국강병을 달성하기 위해 이런 논의를 제기했다고 말하는 데는 신중해져야 한다. 논리적인 차원에서 본다면 절목, 시조, 법제는 대체, 존모, 지치의 종속변수일 뿐이기 때문이다. 홍계희의 경우 역시 마찬가지다.

홍계희가 쓴 「유형원전傳」 가운데 눈에 띄는 구절이 있다. '후세의 자운

193 『효종실록』, 효종 1년 1월 13일.
194 배우성, 2001, 「19세기 정책논의 구조와 김육의 사회경제 정책관」, 『민족문화』 24; 배우성, 2003, 「사회경제 정책 논의의 정치적 성격」, 한국역사연구회 17세기 정치사연구반, 『조선 중기의 정치와 정책』, 아카넷.
195 조익의 생애와 사상에 대해서는 안외순, 1998, 「포저 조익선생의 대외관 고찰－의리론적 실리주의를 중심으로」, 『동방학』 4; 조남권, 1998, 「포저 조익선생의 생애와 경륜(1)」, 『동방학』 4; 정병련, 1998, 「포저 조익의 도학적 정치사상」, 『동방학』 4 참조.
196 조익, 『포저집』 권2, 論大同不宜革罷疏(乙丑).
夫所謂至治之道者 何也 有本焉 有事焉 本者 君德是也 事者 法制是也 君德失 則私勝而理廢 美法自不得行 不可以爲治 雖君德無失 苟法制失 則上澤無自以及民 民猶不免於困窮 其不可爲治也 一也.
197 그런 점에서 절목, 시조, 법제, 각론을 둘러싸고 있는 대체, 존모, 지치, 총론의 시대별 의미를 음미해 볼 필요가 있다.

子雲이나 요부堯夫라면 『반계수록』을 일부만 읽더라도 유형원이 경제지학經濟之學의 대가라는 사실을 능히 알아볼 수 있다는 말이다. 이 말은 무슨 뜻일까. 홍계희는 유형원의 묘비를 쓰면서 이렇게 말했다. "감히 내 스스로 후세의 자운, 요부임을 자처할 수는 없겠지만, 선생의 고상한 덕행을 따르는 마음은 지금도 그칠 수 없다."[198] 홍계희는 자운과 요부를 자신의 모델로 삼고 있었던 것이다.

요부는 북송의 관료이자 경세론자인 범순인范純仁을 가리킨다. 신종이 즉위한 뒤에 섬서전운부사陝西轉運副使를 역임한 범순인을 불러 섬서 지방의 성곽城郭, 갑병甲兵, 군량軍糧의 상태를 물었다. 범순인이 답했다. "성곽, 갑병, 군량의 상태가 모두 조粗합니다." 놀란 신종이 그 까닭을 되묻자 범순인이 답했다. "조粗하다는 것은 정밀하지는 못하다는 뜻이니, 그 정도면 된 것입니다. 원컨대 폐하께서는 변공邊功에 뜻을 두지 마소서. 만일 변방의 신하들이 관망觀望하게 된다면 뒷날 뜻하지 않은 근심거리가 될 수도 있습니다."[199] 성곽, 갑병, 군량을 중시하는 정책이 시행되면 변방의 신하들이 다투어 공을 세우려 할 것이고, 그렇게 되면 도리어 백성들에게 해가 될 것이기 때문에 결과적으로 우환이 늘어나리라는 것이다.[200]

범순인은 왕안석이 부국강병을 명분으로 급진적 개혁을 추진한 데 대해 반대 입장을 분명히 했다. 범순인은 왕안석의 퇴진을 주장하면서 이렇게 말했다. "심원한 도리는 순치馴致하는 것이 마땅하고 큰 사업은 속성速成해서는 안 됩니다. 인재는 급구急求해서는 안 될 것이며, 오랜 폐단은 돈혁頓革해서

198   홍계희, 磻溪柳先生墓碑(유형원 지음, 이우성 편, 1990, 『반계잡고』).
啓禧少嘗讀隨錄 玩繹累年 愈見先生之苦心邃學 高才廣識 卓然吾我東間世人物 非敢自附於後世之子雲堯夫 而若其高山景行之心 至今未能已也.
199   『범충선집』, 보편, 宋觀文殿大學士尙書右僕射兼中書侍郞上柱國高平郡公贈太師許國公諡忠宣堯夫公傳(文淵閣四庫全書 集部 別集類).
神宗問陝西城郭甲兵糧儲如何 對曰 城郭粗全 甲兵粗修 糧儲粗備 神宗愕然曰 卿之才 朕所倚信 何爲皆言粗 對曰 粗者 未精之辭 如是足矣 願陛下 且無有意邊功 若邊臣觀望 將爲他日意外支患.
200   『중종실록』, 중종 17년 3월 10일.

는 안 됩니다."[201] 왕안석류의 당위론적, 급진적 제도 개혁보다는 현실에 입각한 개혁, 민심의 동향에 기초한 개혁을 추구하려 했던 인물. 그가 바로 범순인을 높게 평가하던 홍계희였다. 홍계희가 『반계수록』을 보는 시선 역시 그런 것이었다.

홍계희가 『반계수록』에 열광했던 사실, 유형원과 홍계희 모두 수리數理 문제에 관심을 가졌던 사실은 유형원 사상의 계승 관계에 관한 논의를 좀 더 복잡하게 만든다. 『반계수록』은 남인 실학으로 계승되었는가. 그렇지 않다면 서인계 경세론의 밑거름이 되었는가. 최근의 연구는 세도정치기 노론 낙론계 산림인 오희상吳熙常(1763~1833), 홍직필洪直弼(1776~1852) 등이 『반계수록』을 높게 평가했던 사실을 알려준다.[202]

'다르게 읽기'의 가능성을 염두에 둔다면, 『반계수록』을 누가 계승했는가는 결정적으로 중요한 문제가 아니다. 18세기와 19세기 지식인들이 『반계수록』을 어떻게 서로 다르게 읽었는지를 물어야 한다. 과연 홍계희는 『반계수록』의 논리 구조 전체를 실현 가능하다고 생각했던 것일까. 유형원이 『반계수록』에서 구사했던 논리와 홍계희가 이 책을 읽었던 맥락은 동일한 것일까.

홍계희의 생각은 양역良役 문제를 논의하는 과정에서 잘 드러난다. 균역법은 홍계희가 주도한 사회경제 정책 중 대표적인 것이다. 홍계희는 어사를 파견하는 등의 미봉책으로는 군역 문제를 해결할 수 없다고 생각했다. 김육이 대동법으로 공납제 문제를 해결한 것처럼 누군가 새롭고 근본적인 해법으로 이 문제를 풀어야 한다는 것이다. 이미 숙종 때 호포론戶布論이나 구전론口錢論이 대안으로 제시된 적이 있었다. 각 호구를 대상으로 군포를 부과하거나 인두세 개념으로 돈을 징수하자는 아이디어다. 홍계희도 김석주의 문집에

---

201 『범충선집』, 보편, 宋觀文殿大學士尙書右僕射兼中書侍郞上柱國高平郡公贈太師許國公謚忠宣堯夫公傳.
道遠者 理當馴致 事大者 不可速returns 人才不可急求 積弊不可頓革 儻欲事功急就 必爲憸佞所乘.

202 노대환, 2008, 「세도정치기 산림의 현실인식과 대응론 – 노론 산림 오희상·홍직필을 중심으로」, 77~78쪽.

서 호포론을 본 적이 있었다. 하지만 그는 이 제도를 "갑자기 시행할 수는 없다"고 말했다.[203] 그는 왜 호포론을 선호하지 않은 것일까. 유형원은 모든 사회경제적 현안의 해법을 토지 재분배에서 찾았다. 그렇다면 홍계희도 토지 재분배를 하지 않고는 군역 문제를 해결할 수 없다고 생각한 것일까.

1746년(영조 22) 영조가 『주례』周禮를 읽는 자리에 홍계희가 참석했다. 영조는 『주례』에 지극한 뜻이 있으니 세자에게도 읽히는 것이 좋겠다'며 홍계희의 발언을 유도했다. 홍계희는 황정荒政을 양민養民이나 안민安民보다 우선시한 것에서 『주례』의 가치를 찾았다. 그는 굶주리는 사람을 구휼하기 위한 대비책이 평소에 마련되어 있지 않으면 안 된다고 주장하면서 유형원의 이름을 거론했다.

원경하元景夏(1698~1761)는 홍계희가 『반계수록』을 특별히 좋아했으며, 『반계수록』을 활용하여 과거시험에서 장원을 차지했다는 사실을 잘 알고 있었다. 하지만 원경하는 홍계희와 생각이 달랐다. 원경하는 『반계수록』을 '우활한 선비의 논의'로 여길 뿐이었다. 전정田政, 군정軍政 등에 관한 유형원의 주장은 문제를 드러내는 데는 성공했지만 해결하지는 못했다는 것이다. 원경하는 영조에게 이렇게 말했다. "유형원이 전정田政은 정전井田을, 군정軍政은 차전車戰을 대안으로 제시했지만, 차전은 또한 시행할 수 없는 제도입니다." 유형원은 토지제도를 개혁하는 것에서 군정 문제의 해법을 찾았지만, 원경하는 그 맥락을 전혀 언급하지 않았다.

홍계희는 영조에게 이렇게 말했다. "지금 원경하가 『반계수록』에 대해 '써서는 안 된다'고 하지만, 저는 '쓸 만한 것이 많다'고 생각합니다. 지금 비록 그 책의 주장대로 행할 수는 없다 하더라도 어찌 개별적인 대책들 가운데 행할 만한 일이 없겠습니까. 이 책이 널리 보급된다면 반드시 유익함이 있을 것입니다. 신은 전라감사와 경상감사에게 분부하시어 이 책을 간행하게 해야 한다고 생각합니다."[204]

---

203   『승정원일기』, 영조 22년 3월 12일.

'쓸 만한 것이 많다'는 말은 여러 정책 가운데 채택할 만한 것이 적지 않다는 뜻이다. 이 말은 유형원이 토지 문제 해결을 전제로 하여 연쇄적인 정책을 제안했던 것과는 그 의미가 같지 않다. 재야 지식인 유형원이 원론적이고 총론적인 제안을 했다면, 관료 홍계희는 시급히 개선해야 할 문제를 선별하고 그 해법을 『반계수록』에서 찾으려 했던 것이다. 홍계희가 주목한 것은 양역, 과거, 인사 문제였다. 그는 주자가 과거제 개혁에 관한 책자를 올린 것을 전례 삼아 삼사사의三事私議라는 이름으로 책자를 만들어 영조에게 올리기도 했다.[205]

　홍계희가 『반계수록』을 선호했던 것은 그런 실용적인 이유만 작용한 것은 아니었다. 그는 유형원이 중화주의자였다는 사실을 잘 알고 있었다.[206] 홍계희는 유형원을 중화주의적 경세론자로 이해했다.[207] 유형원이 가진 중화주의자로서의 면모가 한국 사학계에서 적극적으로 평가받지 못하고 있는 것은[208] 여러 겹으로 중첩된 근대주의적 시선 때문만은 아닐 것이다. 17세기의 개혁론 가운데 『반계수록』만큼 수미일관한 논리가 제시된 경우를 찾아보기 어려운

204　『승정원일기』, 영조 22년 3월 21일.
啓禧曰 俄因文義 偶及隨錄事矣 知經筵則以爲不可用 而臣則以爲多可用 今雖不能按書而行之 而亦豈無段段可行之事乎 此書廣傳 則必有所益 臣謂宜分付兩南道臣 使之刊行也.

205　『승정원일기』, 영조 23년 8월 5일.
啓禧曰 臣於出身後 在鄕之日 閑居無事 每念今日良役科擧用人三弊之罔有記極 以爲凡事窮則變 敢效朱子貢擧私議之例 作一冊子 名以三事私議.

206　19세기에 오희상과 홍직필이 『반계수록』을 높게 평가한 것도 그들이 유형원을 의리에 철저한 인물로 평가했던 사실과 무관하지 않다(노대환, 2008, 「세도정치기 산림의 현실인식과 대응론－노론 산림 오희상·홍직필을 중심으로」, 77쪽).

207　홍계희, 傳(유형원 지음, 이우성 편, 1990, 『반계잡고』).
後生晩學 雖未及見其人 而其窮居著書 略見一二 後世之子雲堯夫 當自知之 若其尊周攘夷之義 根於天性其見諸事爲者 亦略可知矣.

208　유형원이 가진 경세가로서의 면모와 그 '실학'적 사상의 갈래에 대한 관심은 천관우 이래 지금까지 여전하다. 최근의 연구 가운데 대표적인 것으로는 다음을 참조할 것. 서정상, 1998, 「반계 유형원의 국가인식에 대한 고찰」, 『태동고전연구』 15; 김선경, 2000, 「반계 유형원의 이상국가 기획론」, 『한국사학보』 9; 신병주, 2002, 「17세기 중·후반 近畿南人 학자의 학풍－허목, 윤휴, 유형원을 중심으로」, 『미수연구논집』 1; 김준석, 2003, 「유형원의 변법관과 국가제도 개혁론」, 『조선 후기 정치사상사 연구』, 지식산업사; 정호훈, 2004, 『조선 후기 정치사상 연구』, 혜안; 김준석, 2005, 「조선 후기 진보적 역사관의 성립－유형원의 변법사관」, 『한국 중세 유교정치사상론』 2, 지식산업사.

것은 분명한 사실이다. 그러니 연구자들이 그 개혁론의 내용을 분석하는데 역량을 집중했던 것이다. 그러나 그 시대 사람들의 시선으로 본다면, 경세론 자 유형원의 면모는 중화주의자 유형원의 모습과 동전의 양면을 이룬다. 이식, 조익, 김육 등이 절목, 시조, 법제를 통해 대체, 존모, 지치를 추구했던 것도 그들이 중화주의자였다는 사실과 무관하지 않다. 김육에게 명나라를 압박하는 청나라는 다만 '천하의 원수'일 뿐이었다.[209]

홍계희는 중화주의자 유형원에 관한 사실을 주의 깊게 수집해두었다. 청나라가 북경을 장악한 지 이미 20여 년이 지났지만, 유형원은 그런 현실을 인정하려 하지 않았다. 홍계희는 또 유형원이 여러 척의 배와 말을 준비해둔 일, 활·화살·조총 등을 마련해두고 마을 아이들을 가르쳤던 일, 수로조천기水路朝天記와 표류인의 기록 등을 수집해서 중국의 지형과 지세를 자세히 적어둔 일을 거론하며 이렇게 말했다. "이런 몇 가지 일을 보더라도 그의 뜻이 어디에 있었는지 알 수 있다." 홍계희에 따르면, 유형원이 세상에 나오고자 하는 뜻을 버린 것도, 부안으로 이주한 것도 모두 명청 교체 때문이었다.[210] 1753년(영조 29)에 내려진 유형원에 대한 증직贈職은 그가 가진 덕행德行과 존주尊周의 뜻을 기리기 위해서였다 한다.[211]

홍계희는 중화주의자 유형원을 설명하면서 특별히 '한어', 즉 중국어를 거론했다.[212] '황통이 끊어지지 않았다는 것을 알고 눈물을 흘렸던' 유형원이 중국어를 단순히 도구가 아니라 중화中華의 정음正音으로 여기고 있었다는 사실을 드러내려 한 것은 아닐까. 홍계희는 영조대의 문신 관료 가운데 중국

---

209 김육, 『잠곡유고』 권1, 賦, 次濯纓感舊遊賦.

210 홍계희, 傳(유형원 지음, 이우성 편, 1990, 『반계잡고』).
自崇禎甲申以後 益無當世意. 癸巳逡盡室 南歸于扶安之愚磻洞.

211 홍계희, 磻溪柳先生墓碑(유형원 지음, 이우성 편, 1990, 『반계잡고』).
癸酉 命贈執義兼進善 表章先生德行及尊周之義也.

212 홍계희, 傳(유형원 지음, 이우성 편, 1990, 『반계잡고』).
丁未夏 聞福建漂海人鄭喜等 押送赴京城 馳往見之 以漢語酬酌 知皇統未絶 取見其曆日 驗其爲永曆 二十一年 不勝悲喜 相對流涕 作詩而贈之.

어 능력이 가장 뛰어난 인물로 인정받았다.[213] 홍계희는 유형원에게 자기 자신을 비추고 있었던 것이다.

유형원은 상수학象數學에 관심이 많았다는 점에서도 특별하다. 상수학은 수數로 우주와 자연을 설명하는 학문인데, 유형원은 북송 때 소옹邵雍이 체계화한 이 성리학적 자연관을 중요하게 보았다. 유형원이 중화주의자라는 사실은 홍계희가 가진 수리數理 혹은 상수학에 대한 생각이 중화주의적인 맥락과 무관하지 않을 것임을 시사해준다. 홍계희가 거론했던 자운과 요부, 특히 자운에서 그 실마리를 찾아보자. 흥미로운 점은 자운을 자부한 사람이 홍계희가 처음은 아니라는 사실이다. 17세기를 대표하는 역학자 김석문金錫文 (1658~1735)도 일찍이 자운을 자부했다. 김석문은 자신이 "천고의 의문을 풀었으며 만세토록 가는 진실을 밝혔다"면서 "자운 같은 이가 알아볼 것이다"라고 말했다.[214] 자운은 후한 말의 사상가이자 문학가인 양웅이다. 양웅은 『이아』, 『주역』, 『논어』를 모방하여 『방언』方言, 『태현경』太玄經, 『법언』法言을 지었다. 특히 역易과 관련해 주목되는 저작은 『태현경』이다. 양웅은 이 책에서 유학과 노장사상의 결합을 시도했다.[215]

김석문이 자운을 자부한 것은 상수학적 자연관의 토대 위에서 서양의 천문학·역산학을 결합하고자 했기 때문이다. 김석문만 그런 것은 아니다. 황윤석黃胤錫(1729~1791)이 김석문의 학문적 근거를 소옹과 마테오 리치 두 사람에게서 찾은 것도 그런 이유였다. 서명응徐命膺(1716~1787) 역시 상수학의 틀 안에서 서양 천문학·역산학을 조화시키려 했다. 고민의 수위는 다르지만 기본적인 문제의식은 김석문과 동일하다.

소옹의 상수학을 기초로 서양 천문학·역산학을 결합하려 했던 김석문이

---

213 『승정원일기』, 영조 22년 12월 19일.

214 황윤석, 『이재난고』 권11, 영조 44년 7월 21일.

215 『태현경』은 주역의 2원 64괘 체제를 모방하여 3원 81수 구조로 재구성한 것이다. 물론 노장철학에 기원을 둔 개념이다. 양웅의 학문과 『태현경』에 대해서는 남상호, 2005, 「揚雄의 應時變經의 方法」, 『儒教思想研究』 23; 임진호, 2006, 「揚雄의 太玄賦 考析」, 『中國語文學誌』 20 참조.

나 서명응 등은 청나라의 운명적인 멸망을 믿는 중화주의자였다. 서명응은 중국의 성인들이 이미 오래전에 서양 과학의 원리를 알고 있었다고 생각할 정도였다. 그들의 생각은 어떤 방식으로든 그런 중화주의적인 인식과 결합되지 않을 수 없었던 것이다. 그런 점에서 보면 김석문과 서명응에게 소옹의 상수학은 주자의 의리학과 전혀 무관할 수는 없었을 것이다. 그러나 주자가 주장한 의리역義理易은 그들이 상수학을 이해하는 핵심적인 맥락은 아니었다. 그들은 주로 상수학으로 서양 과학을 설명하는 데 관심을 두었다.

중화주의적 시선으로 현실을 바라본 것은 유형원이나 홍계희도 예외가 아니었다. 그런데 유형원은 소옹의 상수학에 관한 초기적 이해를 주자적인 이기심성론의 구도 안에서 결합시킴으로써 수리數理를 의리義理의 범주와 구체적으로 연관시켰을 뿐만 아니라, 그런 학문적 토대 위에서 경세론을 제시했다. 홍계희 역시 의리와 수리, 수리와 경세론의 관계를 같은 방식으로 설정했다. 상수에 관한 홍계희의 이해는 이 지점에서 김석문이나 서명응과 달라진다.

홍계희는 상수학적 토대 위에서 서양의 천문학·역산학을 결합하는 대신, 17세기의 경세론자 유형원에 주목했다. 홍계희는 이 문제에 관한 한 18세기의 유형원이 되고 싶었던 것이다. 그런 점에서 보면 수리 혹은 상수학에 대한 인식의 유무를 경세론이나 명물도수의 학문과 직결시켜 생각할 필요는 없다. 수리의 의미를 이해하기 위해서라면, 수리와 연관을 가진 다른 지식들의 위상 그리고 그 연관의 방식을 읽어내는 일이 중요하기 때문이다.

수리와 의리의 관계에 관한 문제의식으로 본다면, 홍계희는 유형원과 상당히 가깝다. 그 밖에도 홍계희는 유형원이 『반계수록』에서 제안한 몇 가지 내용에도 주목했다. 그러나 전체적으로 보았을 때 홍계희가 기자 - 경세 - 중화 - 역사로 이어지는 유형원의 맥락에 따라 『반계수록』을 독해했다고 말하기는 어렵다. 그는 다만 자기 방식으로 이 경세서를 읽었을 뿐이다.

독자가 자신의 방식으로 텍스트를 읽을 가능성은 언제나, 어디서나 열려 있다고 말할 수도 있을 것이다. 조선 후기도 예외는 아니었다. 아니, '다르게 읽기'의 가능성은 이 표준화되어 있지 않은 사회에서 더 넓게 열려 있었다. 텍스트를 자유롭게 읽고 자신의 방식으로 재해석하는 것은 조선 후기 지식인에게 그리 낯선 일은 아니었다.

『택리지』나 『반계수록』의 독자들도 '다르게 읽기'에 익숙한 사람들이었다. 그러나 그 '다르게 읽기'가 언제나 특정한 시공간 위에서 이루어진다는 사실을 기억한다면, 결국 중요한 것은 '그 시대 그 사람들의 다르게 읽기'가 가진 맥락일 것이다. 이중환이나 유형원으로 대표되는 경세적 저술가 대부분은 자신들이 생산해낸 지식들이 도덕으로부터 분리되어야 한다고 생각하지는 않았다. 이중환이나 유형원이 중화주의자였던 것은 그 점에서 전혀 이상한 일이 아니다. 독자들은 자신의 맥락 위에서 이중환과 유형원의 저술을 읽었다. 독자들의 독해는 심지어 저자의 의도와 무관하기까지 했다. 그러나 그런 식의 '다르게 읽기'에 익숙한 독자들조차 의리학과 경세학을 정점으로 하는 지식의 위계에 공감하고 있었다는 사실을 기억해야 한다. 독자들이 누렸던 해석의 자유는 그런 공감대 위에 있었다. 그것은 말하자면 '다르게 읽기의 시대적 외연'이었던 것이다.

3부

지식은 어떻게 존재하고, 공유되었을까

1장.
정조의 지식 보급과 유통 전략

정조는 왜 『고금도서집성』의 열람 범위를 제한했나

정조가 자기 시대의 문제를 해결하기 위해 찾은 답은 정학正學의 부흥이었다. 정조에게 그것은 학문의 위계를 다시 구축하는 일이기도 했다. 그 위계의 정점에는 의리학, 그리고 의리학을 전제로 하는 경세학이 있다. 그러나아무리 군사軍師를 자처한 정조라지만 지식인 집단의 독서에 영향을 미칠 수있는 정책 수단이 없는 상태에서 그런 학문적 지형을 원하는 방식대로 만들어낼 수는 없는 일이다. 서적 수입을 금지하고 문체반정을 시도하는 것은 대증적인 처방일 뿐이었다. 정조는 책과 출판에서 그 나름의 해법을 찾았다. 지식인들이 궁금해할 만한 책은 적절한 수준에서 통제하고, 권장할 만한 책은쉽게 읽힐 수 있도록 다양한 형태로 출판해 보급하는 일이 그것이었다.

책에 관한 정조의 관심은 남다른 데가 있었다. 1779년(정조 3) 10월, 정조는 각 지방에서 해마다 자체적으로 발간한 서적이 있으면 반드시 인쇄 후 올려 보내도록 했다. 그러나 1년이 넘도록 눈에 띄는 성과는 없었다. 감사나 수령들은 정조가 이 문제에 얼마나 신경을 쓰는지 알지 못했다. 1781년(정조 5) 3월 정조는 더 기다릴 수 없었다. 규장각에 '책판을 새로 만들었으면서도 책을 찍어 올리지 않은 자들을 자수하게 하라'는 명령이 내려졌다. 규장각은 정조의 명을 담은 공문을 팔도에 내려보냈다.

경기, 황해, 강원, 전라, 평안, 함경 등 6도에서는 새로 간행한 책자가 없다는 보고가 올라왔다. 경상감사는 송준길宋浚吉의 『동춘집』同春集 2질(상주목), 조호익曹好益의 『지산집』芝山集 1질(영천군), 이형상李衡祥의 『병와집』瓶窩集 1질(영천군), 최현崔晛의 『인재집』認齋集 1질(선산부), 박운朴雲의 『용암집』龍巖集 1질(선산부), 박수일朴遂一의 『건재일고』健齋逸稿 1질(선산부), 박연환朴演喚의 『성일고』醒逸稿 1질(선산부)을 규장각으로 올려 보냈다. 충청감사는 신간 책자는 아니라면서 이동운李東運의 『청계집』青溪集 1질을 보내왔다.[1]

규장각으로부터 보고를 전해들은 정조는 의심을 떨칠 수 없었다. 정조는 규장각에 이렇게 명했다. "이 일은 크게 번거로운 문제도 아니다. 그런데도 경상감사는 처음 관문關文을 받았을 때 바로 보고하지 않았을 뿐만 아니라 자수하라는 명령이 떨어지자 겨우 책임을 면하기 위해 억지로 보고하는 흉내만 낸 것이 아닌가. 그동안의 경상감사는 누구였는가. 그들에게 어떤 사정이 있었는지 다시 물어라. 해당 지방관들 역시 농절기가 지나면 그 책임을 물을 것이다. 다른 감사들에게도 관문을 내려 자세히 조사해 보고하게 하라. 이후로 각 도의 감사와 지방관들이 지역에서 간행한 책을 올려 보내지 않는다면, 규장각에도 책임을 물을 것이다. 각신閣臣은 지방에서 간행된 책자를 파악하는 데 최선을 다하라."[2] 규장각이 내려보낸 관문에는 서적을 간행한 뒤 보고하지 않았다가 규장각에 적발되는 경우 지방관은 물론 감사 역시 책임에서 자유롭지 못할 것이라는 경고도 포함되어 있었다.[3]

정조는 북경에서 다량의 책을 사온 군주이기도 했다. 즉위 초에는 5,020

---

1 『내각일력』(규장각 소장본, 도서번호: 奎 13030), 정조 5년 6월 25일.
2 『내각일력』, 정조 5년 6월 25일.
此胡大事至煩 更詢之飭敎然後 始乃强報乎 莫曰小事 此亦瞞朝廷之一端 當該道臣 指名現告 其委折 發縅 取招以聞 該守令 方當農時 姑不處分 待秋成 並令政院 卽捧拿處傳旨 以此推之 京畿湖西外 諸道之以無乎桃來處 亦安知非瞞告乎 更爲嚴關査問 此後諸道 如或如前循襲有摘發之時 罪將誰執 並令知悉 此亦本閣之責.
3 『내각일력』, 정조 5년 6월 25일.
嗣後如或復踵前弊 各邑之新刊書籍 不卽印上是如可 自本閣聞知 則該邑守令 從重論罪除良 責亦有所歸各別嚴飭 知委施行爲旀.

김홍도, 〈규장각도〉奎章閣圖, 1776년, 종이에 채색,
143.2×115.5cm, 국립중앙박물관.

창덕궁 후원에 있던 규장각은 왕실도서관이자 정조 시
대 중추적인 학술기관이었다. 정조는 「고금도서집성」
을 비롯한 다양한 서적을 중국에서 구해 규장각에 배
치해놓았으며, 초계문신 제도를 통해 학자들을 양성하
고 이덕무, 박제가, 유득공, 서이수 등 학식과 재능이
뛰어난 서얼을 검서관으로 서용하여 정조대 문예 부흥
을 주도해나가게 했다.

책에 달하는 『고금도서집성』을 들여왔다. 서호수徐浩修(1736~1799)가 이 책
을 들여오자 정조는 그의 아버지 서명응을 불러 제본을 다시 하게 했다.[4] 어
렵게 들여온 만큼 오래도록 보관하기 위해서였다. 서명응은 박학博學에 관한
한 그 시대를 대표하던 인물이었다. 정조가 서명응에게 이 책이 어떤지 물었
다. 서명응의 평가는 분명했다. "한나라와 당나라 이후로 이렇게 자세한 책자
는 없었습니다."[5] 정조는 규장각 검서관 이덕무, 유득공, 박제가 등에게 작은
제목을, 조윤형曹允亨(1725~1799)에게는 표지 제목을 각각 쓰게 했으며, 제본
이 끝난 책자는 규장각의 중국본 서고에 보관하게 했다.[6]

　정조는 곧이어 홍문관과 강화행궁江華行宮에 소장된 도서들을 한 곳으로
모으고, 『방서록』訪書錄을 펴내는가 하면, 규장각 각신들에게 필요한 도서들

4　『일성록』, 정조 2년 3월 25일.
予曰 圖書集成 亦將粧冊 卿(徐命膺: 필자)須從速入直爲看檢.
5　『일성록』, 정조 2년 3월 26일.
予謂命膺曰 卿於入直後 詳見圖書集成乎 命膺曰 詳見其冊子 則漢唐以來 似未有如此該博之書矣.
6　열고관과 개유와의 내부 구조 및 장서 관리 체계에 대해서는 조계영, 2009, 「조선 후기 중국서책의 구입
과 장황의 변화」, 『한국문화』 48 참조.

을 조사하여 구매하게 하기도 했다. 조선본 및 중국본이 어느 정도 규모를 갖추자 정조는 1781년(정조 5) 서호수에게 『규장총목』奎章總目을 작성하게 했다.[7] 책자의 열람 및 관리를 효율적으로 하기 위해서는 목록 작성이 선행되어야 했던 것이다. 이 왕실도서관은 명실공히 그 시대 최고의 도서 소장처가 되었다.

『규장총목』은 규장각 소장 도서를 일목요연하게 보여주었지만, 그것만으로 충분하지 않았다. 『고금도서집성』처럼 별도로 목록집을 마련한 경우도 있었다.[8] 『규장총목』이 완성된 뒤 규장각에서는 각 투갑套匣에 꼬리표를 다는 작업을 진행했다. 꼬리표가 없어서 목록을 보고 책을 찾기가 몹시 불편했기 때문이다.[9]

『고금도서집성』은 책의 규모만이 아니라 내용 면에서도 초미의 관심사였다. 청나라에서 『사고전서』 편찬 작업이 진행된다는 사실은 이미 조선에 알려져 있었다. 이런 상황에서 『사고전서』의 원자료로 평가받는 『고금도서집성』이 규장각에 소장되었으니, 새로운 지식에 목말라하던 사람이라면 누구나 관심을 가질 만했다. 그러나 정조는 이 도서의 열람 범위를 규장각 각신으로 제한했다. 규장각 각신이 된다는 것은 정조의 총애를 받는다는 의미이기도 했지만, 새로운 지식의 보고에 접근할 수 있다는 뜻이기도 했다.

정조에 대한 연구가 진행되면서, 정조가 누구보다 학문을 사랑한 군주였음이 밝혀지고 있다. 정조는 분명 '호학好學 군주'라는 별칭이 어울리는 학자 군주였다. 그런데 그런 정조가 『고금도서집성』의 열람 범위를 극도로 제한한 것이다. 어렵게 들여왔으니, 훼손이 염려되었을 수도 있다. 그러나 그뿐일까.

서명응은 새로 제본된 『고금도서집성』을 위한 목록집을 작성했다. 이 책

---

7 『정조실록』, 정조 5년 6월 29일.
8 현재 규장각한국학연구원에는 圖書集成分編第次目錄(도서번호: 奎1760, 奎1762)이 남아 전한다.
9 『내각일력』, 정조 5년 11월 16일.
(沈)念祖曰 大小題目 則今已了當 而每匣標紙 書各編各典名目然後 考覽之際 許多卷帙 可以推尋 而年前 提學徐命膺所謄置目錄 多有差誤者 今方一一校正 留置院中 原册 亦以此目錄相準 逐匣付標紙 日後考閱 時 以此照彼 則可除搜訪之勞矣.

들을 몇 권씩 담아놓은 투갑에는 꼬리표도 달려 있었다. 그러나 규장각 각신이 되어 목록을 볼 수 있고 꼬리표 달린 투갑을 확인할 수 있다 해도 여전히 문제가 남았다. 무엇보다 대출 기간이 원하는 만큼 길지 않았다. 각신들은 늘 반납 기한에 쫓겼고, 정조도 그 사실을 잘 알고 있었다. 각신들은 『고금도서집성』을 좀 더 공식적인 절차를 거쳐서 충분히 보고 싶어했다. 직제학 심염조沈念祖(1734~1783)가 개유와皆有窩 소장 도서를 출납할 때 신분 확인을 위해 아패牙牌를 쓰자고 제안한 것은 그 때문이었다.[10] 개유와는 규장각 중국본 서고를 가리킨다.

중국본 도서는 개가식開架式이 아니었다. 각신이 좀 더 자유롭게 책을 보려면 한 질을 필사하여 각신이 입직하는 이문원摛文院에 비치하는 것이 최선이었다. 1781년(정조 5) 규장각 직제학 심염조가 이 방안을 제안했다. 이 새로운 지식을 더 널리 보급할 것인가, 아니면 적정한 수준에서 통제할 것인가. 정조는 갈림길에 서 있었다. 정조는 규장각 각신을 위해서라면 이 책을 한 질 필사할 수도 있다고 생각했다. 팔도 감영에 내려보내면 수천 권을 필사할 수 있을 것이고, 서울의 서리를 동원하면 다시 그만큼을 필사할 수도 있으리라는 판단이었다.[11] 그러나 이 계획은 실현되지 못했다.

대신 정조는 이 책자를 이문원에 내어주었다. 1782년(정조 6) 3월 당시 『고금도서집성』은 이문원에 보관되어 있었다. 정조는 각신들이 하루빨리 『고금도서집성』을 검토한 뒤 새로 사온 다른 중국본 도서를 검토하는 일에 착수하기를 바랐다. 아직 권력 기반이 취약했던 정조로서는 그만큼 국정 전반을 파악하는 일에 더 신경을 써야 했고, 그러면 그럴수록 시간을 내어 독서하기

10　『내각일력』, 정조 5년 11월 16일.

(沈)念祖曰 皆有窩書册出納時 所用牙牌 今已造成 而牌面不可無識 何以書之則爲好耶 上曰 博考故事 如有合用文字 引用命名 好矣.

11　『내각일력』, 정조 5년 11월 16일.

(沈念祖)又曰 似此鉅帙 不可無副本 不但爲廣內府之祕藏 謄出一本 藏之本院 則亦可以醫後輩之覬見 而事役浩大 姑不敢仰請矣 上曰 分送八道監營 則當謄三四千卷 自京使能書吏謄出 則亦當得數千卷矣 雖欲謄之 亦似不甚難矣.

는 점점 어려워질 수밖에 없었다. 불안감과 초조감을 느끼면 느낄수록 규장 각 각신에 대한 기대와 요구는 커져갔다. 그러나 각신의 독서량과 속도는 저 만치 앞서가 있는 정조의 기대를 따라가지 못했다. 각신들은 일단『고금도서 집성』검토를 어느 정도라도 마쳐서 개유와 서고에 반납한 뒤 비로소 다른 희망 도서를 열람할 수 있었지만,[12] 그것은 결코 녹록한 일이 아니었다.

　『고금도서집성』은 1785년(정조 9)까지도 이문원에 있었다. 정조는 각신들 이 이 책자를 통해 지식을 넓힐 수 있으며, 그 과정에서 규장각에 소장된 다 른 책들의 오류를 잡아낼 수도 있으리라 생각했다. 그러나 예상치 못한 부작 용이 생겼다. 이문원에는 이 책을 전담해서 관리하는 사람이 없는 데다가 필 요한 사람이 보다가 아무렇게나 꽂아놓기 일쑤였고, 심지어 분실할 위험마저 있었다.[13] 이로부터 머지않은 시점에『고금도서집성』은 이문원으로부터 원래 자리인 개유와로 옮겨진 것 같다. 처음 이문원으로 옮겼을 때부터 '검토 후 반납'이라는 기본 방향은 정해져 있었으므로 새삼스럽거나 의외의 상황은 아 니었다. 그러나 이후『고금도서집성』을 열람하는 일은 다시 까다로운 절차를 거칠 수밖에 없었다.

　정약용이 규장각 초계문신이 된 것은 1789년(정조 13)이었다. 초계문신 제도는 정조가 유망한 젊은 학자들을 선발하기 위해 규장각에 설치한 특별 프로그램이다. 초계문신 정약용은 그런 특별한 위상에 어울리는 특권을 누렸 던 것일까. 다른 무엇보다 규장각에 소장된 도서들을 언제 어디서나 원하는

12　『내각일력』, 정조 6년 3월 3일.
上曰 予則 近來 幾務酬應 苦無看書之暇 雖有好冊子 隨意繙閱 漸不如前 爾等直所 旣聞靜 何不輪回請出 隨隙看閱耶 念祖等曰 圖書集成之留置院中 雖已屢閱月 而自是大帙 未見面目之卷 尙多餘數 待其畢看入 置之後 當以牙牌 依定式 請出諸僚所欲觀之書 各自隨意繙閱矣 上曰 今番所付來書籍 姑爲留置本院 閣臣 盡看然後 入置 可也.

13　『홍재전서』권174, 日得錄 14, 訓語 1.
近來內閣書冊 固多善本 而其中訛畫逸篇 亦安保其必無 如圖書集成經解等巨帙 使之出置直院者 予意蓋 欲使在直及仕進諸臣 相與披閱 而典籍之潔淨 人才之作興 庶幾其一擧兩得 近聞隨手散漫 徒致卷帙之狼 藉 無人照管 或慮部位之遺落云 予爲諸閣臣 誠不勝慨然 此後則勿論舊藏與新購 各取其所欲見者 從容黙 坐 首尾看過 而其中誤落者 依古人雌黃滅字之例 以朱墨刊正可也 檢校直提學臣徐浩修乙巳錄.

266

만큼 볼 수 있었다면 그렇다고 말해도 좋을 것이다. 그는 모든 지식인들의 관심사였던 『고금도서집성』을 자유롭게 볼 수 있었을까.

정약용이 처음 『고금도서집성』을 볼 수 있었던 것은 1796년(정조 20)에 이르러서였다. 이때 정조는 『고금도서집성』에 들어 있는 『기기도설』 한 권을 내려주며 그 책의 핵심 내용을 연구하게 했다. 정약용은 이 자료를 참조해 『기중가도설』起重架圖說을 지어 올렸다.[14] 정약용은 『기기도설』을 집으로 가지고 돌아왔다. 그는 이 책 안에 들어 있는 도면을 화원에게 옮겨 그리게 하고는 배접하여 첩으로 만들었다. 농업뿐만 아니라 군사적인 용도에서도 이 기구들을 잘 연구해 활용한다면 도움이 되리라는 판단 때문이었다.[15] 아무리 각신이라 하더라도 규장각 도서를 개인 집으로 반출하기는 어려웠을 것이다. 정약용의 경우 정조가 특별한 목적으로 허락했기 때문에 가능했다. 그가 『기중가도설』을 지어 올리면서 별도의 책자를 만들어 사적으로 보관하려 했던 것은, 규장각 도서를 반출하기가 그만큼 어려웠음을 방증한다.[16]

규장각 도서, 그중에서도 『고금도서집성』 같은 중국본 도서는 궐내에 출입하는 관리를 위한 것이 아니라, 왕 자신을 위한 것이었다. 이제는 정조의 총애를 받던 신하들조차 5,000여 권에 달하는 이 책자 전부를 자유롭게 열람할 수 없었다. 그 책을 볼 수 있는 권리는 전적으로 왕이 특정인에게 '특혜'를 베풀거나 왕명으로 정책 보고서나 책을 편찬하게 했을 때만 인정되었다. 『고금도서집성』을 열람할 수 있었던 사람들은 대부분이 검서관을 포함한 규장각 관원이었다.

규장각 관원들이 의례儀禮 문제를 논의하는 과정에서 『고금도서집성』을

14　정약용, 『여유당전서』 제1집, 詩文集, 권16, 自撰墓誌銘.

15　정약용, 『여유당전서』 제1집, 詩文集, 권14, 跋奇器圖帖.

16　다른 중국본 도서의 경우도 마찬가지였다. 1789년(정조 13) 가을, 정조가 이덕무와 박제가를 불러 각 군영에서 시행할 수 있는 표준적인 무예서의 편찬을 명했다. 편찬 장소는 장용영에 마련되었다. 정조는 규장각에서 소장한 병서 20여 부를 꺼내 참고자료로 삼게 하는 한편, 명물과 사문을 인용할 수 있도록 이덕무에게 특별히 열고관에 '비장秘藏된 비서秘書'를 열람할 수 있게 하였다(이덕무, 『청장관전서』 권24, 編書雜稿 4, 武藝圖譜通志 附進說).

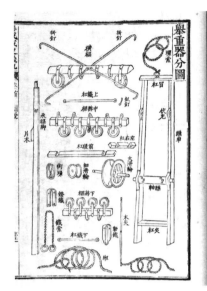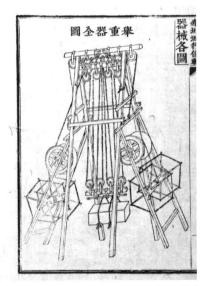

거중기擧重機 전도全圖와 분도分圖, 『화성성역의궤』華城城役儀軌, 1801년, 활자본, 10권 9책, 37.1×23.0cm, 서울대학교 규장각한국학연구원.
『화성성역의궤』에 실린 거중기의 도면이다. 화성성역에 이용된 거중기는 정약용이 『기기도설』을 참고하여 제작했다.

보았던 사례도 확인된다.[17] 그런데 홍한주洪翰周(1798~1868)가 남긴 기록에 따르면, 일반적인 경우 각신이라 해도 감히 대출을 청하기도 어려울 정도였으니 각신이 아닌 경우라면 이 책을 구경하기조차 어려운 지경이었다 한다.[18] 정조 이후의 군주들도 『고금도서집성』에 대한 애착이 남달랐음을 알 수 있는 장면이다. 규장각 관원이라 해도 왕실 도서를 열람하기는 더욱 어려워진 것이다. 왕립도서관만이 이 책을 소장하고 있는 한, 『고금도서집성』에 담긴 여러 정보들이 널리 공유되기는 원천적으로 불가능한 상황이었다.

　정조가 『고금도서집성』의 열람을 허락했던 사례를 유심히 관찰해보면, 그가 『고금도서집성』에 담긴 지식을 널리 보급하거나 지식인 사회에 공유하

17　『국조보감』 권74, 정조 19년(을묘).
18　홍한주, 『지수염필』 권1, 古今圖書集成.
　上覽而大喜 亟命以我國紙本改裝 (……) 非閣臣 不敢請出 甚寶重之 如外廷臣僚與書生 無以寓目者也.

겠다는 의지를 찾아보기는 어렵다. 그렇다면 정조는 자신이 필요하다고 생각하는 만큼만 제한적인 경로를 통해 관련 정보를 제공함으로써 지식인 사회의 학문을 자신이 생각하는 방향으로 유도하거나 통제하려 했을 가능성을 배제할 수 없다. 중국에서 들어오는 도서 중 최대의 소비자가 왕실이라는 점을 고려해보면, 정조가 그 문화 권력을 이용해 지식인 사회와 각 커뮤니티의 독서 경향에 대해 어떤 방식으로든 영향을 미치려 했던 것은 아닐까.

지식의 생산 과정을 통제할 때 중요한 것은 지식의 주제일 것이다. 정조는 경세학적인 지식을 담은 책을 편찬하는 데는 누구보다 열심이었다. 정조가 규장각에서 간행한 책 중에는 『무예도보통지』도 있었다. 정조가 경세학의 분야로 늘 강조하던 '예악, 병형, 전곡, 갑병' 중에서는 병형 분야에 해당한다. 정조에게 이 책은 어떤 의미였을까. 덕치와 교화를 중시하는 왕도정치는 유교국가인 조선에서 당연한 명제였다. 정조도 그 사실을 잘 알고 있었다. 그러나 정조는 의리학과 경세학을 정점으로 하는 지식의 위계를 받아들이고 또 주장했다. 이런 관점에서 무武는 경세학을 구성하는 주제일 수밖에 없다. 정조가 군영을 재정비하고 『무예도보통지』를 편찬한 것은 그런 분위기와 무관하지 않다.

『무예도보통지』 편찬을 실무적으로 주도한 사람은 규장각 검서관 이덕무李德懋(1741~1793)였다. 이덕무는 조선 사람이 가진 병폐의 하나로 '명물도수의 학문'에 어둡다는 점을 지적했다. 그는 정조가 문文과 무武의 대표기관으로 규장각과 장용영을 둔 것, 나아가 새로운 무예서를 편찬하게 한 것 등을 '명물도수의 학문'을 진작하기 위한 노력의 일환으로 이해했다.[19] 이런 맥락에서라면 정조에게 무武란 경세학의 일부일 수밖에 없다. 이덕무에 따르면, 병兵이란 불가피한 상황에서 필요한 것이지만, 성인이 그것으로 악을 금하고 난을 제지했기 때문에 처음부터 무武는 이용후생과 불가분의 관계를 가진다. 사냥, 향사례와 향음주례, 심지어 투호와 축국 등의 일상적인 놀이문화에 이

---

19   이덕무, 『청장관전서』 권24, 編書雜稿 4, 武藝圖譜通志 附進說.

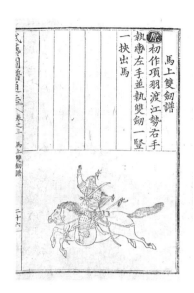

『무예도보통지』武藝圖譜通志, 1790년, 31.0×18.9cm, 서울대학교 규장각한국학연구원.

『무예도보통지』는 전투 기술을 중심으로 한 실전 훈련서로 무예 동작을 사실적이면서도 섬세하게 묘사하여 이해를 돕고 있다.

르기까지 무와 관련한 각종 행위에는 모두 그런 숨은 뜻이 있다.[20]

정조는 자신의 권력기반을 강화하고, 나아가 의리학과 경세학을 중심으로 한 지식 체계를 구축하기 위해서 문文과 무武를 양립시키는 것이 필수적이라는 결론에 도달했다. 정조는 신하들에게 내린 책문에서 '문과 무를 병용하는 것만이 국운을 장구하게 하는 계책'이라고 말했다. 정조는 신하들에게 이렇게 물었다. "대저 문과 무는 서로가 서로의 쓰임이 되니, 마치 거허駏驉와 공공蛩蛩이 혼자서 움직일 수 없는 것과 같다. 예부터 현명한 군주와 능력 있는 신하가 각 시대마다 많았으나 결코 문무를 모두 닦고 쓴 이는 없었으니, 문과 무의 관계가 마치 물과 불처럼 상반되어 서로 함께 쓸 수 없어서 그랬던 것인가. 인재가 옛날 같지 않고 기량이 좁아서 한 가지에 능하면 다른 것에 능하지 못해서 그런 것은 아닌가."[21]

20 이덕무, 『청장관전서』 권24, 編書雜稿 4, 武藝圖譜通志 附進說.
21 『홍재전서』 권48, 策問 1, 文武(到記儒生再試).
大抵文武之道 迭相爲用 其猶駏驉之不可獨行 而終古賢主能臣 代不乏人 卒無兼修竝用者 則意者 文武之道 如水火之相反 有不可調劑協用而然歟 抑亦人才不古 器量有局 能乎此則不能乎彼而然歟.

정조에 따르면, 진나라 시황始皇과 한나라 문제文帝는 중국 역대 제왕 중에서 문과 무를 양립시키지 못했던 대표적인 인물이다. 문치주의를 부정한 진시황은 더 말할 것도 없다. 한문제는 누구보다 학문에 충실했던 왕이었다. 그러나 그는 무武를 등한시하여 흉노가 한나라를 가볍게 여기자 해마다 황금과 비단을 실어 보낼 수밖에 없었다. 한문제 역시 문치주의를 부정한 진시황보다 더 나을 것이 없다. 진시황과 한문제의 실패는 문무가 원래 양립할 수 없는 가치여서 그런 것이 아니다. 그들은 제왕에게 필요한 안목이 없었던 것이다.[22] 정조는 자신이 진시황과 한문제의 한계를 넘을 수 있다고 생각했던 것이 아닐까.

『무예도보통지』는 문무를 양립시키려는 목적에 따른 책이다. 책의 주제는 그런 목적의식을 잘 반영하고 있다. 그런데 지식의 유통 과정을 장악하려 한다면 고려해야 할 문제가 또 있다. 누구에게 읽힐 것인지, 어느 지역에 보급할 것인지다. 특히 '지역'을 기준으로 놓고 본다면, 정조가 지역을 어떤 시선으로 바라보았는지가 중요하다. 정조는 문무를 양립시킨다는 원칙을 내세웠지만, 그 원칙을 언제나, 모든 곳에 기계적으로 적용할 수는 없었다. 특히 평안도와 함경도 등 서북 지역이 문제였다. 이곳은 유사시 전란이 벌어졌을 경우 일차 방어선이 된다. 그런 탓에 이 지역은 '변지'邊地라는 특화된 이름으로 불렸다.

정조는 "풍속에 따라 다스리며 땅에 따라 그 마땅함을 달리한다"고 말했다.[23] 이런 논리에 따르면, 서북 지역 사람들이 말 타고 활 쏘는 일을 잘한다면, 영남 사람들은 글을 읽는 일에 익숙하다. 서북 지역을 상무지향尙武之鄕이라 하고 영남 지역을 추로지향鄒魯之鄕이라 하는 것은 그런 이유이다. 그렇다면 각기 그 지역의 특성에 따라 권장하는 내용이 달라질 수밖에 없다. 문무를 양립시킨다는 것은 이렇듯 각 지역의 특성을 발현시킴으로써 달성될 수

22 『홍재전서』 권48, 策問 1, 文武(到記儒生再試).
23 배우성, 1998, 「조선 후기 邊地觀의 변화와 地域民 인식」, 『歷史學報』 160, 38~40쪽.

있다.[24] 이런 문제의식으로 본다면, 서북 지역에 서원이 생겨나고 문풍文風이 확산되는 것은 바람직하지 못한 일이다. 정조는 서북 지역에서 문학적 기풍이 일어나는 것을 그리 반기지 않았다.[25] 간혹 서북 지역의 문인을 등용할 때도 없지 않았다. 그러나 그럴 때조차 '조정에서 서북 지역에 대해 문예를 장려해서는 안 된다'는 원칙이 거듭 강조되었다.[26]

현실은 정조의 바람대로 되어가지는 않았다. 평안도에서 성장한 유생과 무사층이 중앙으로 진출해나갔으며, 함경도에서도 지역 개발과 함께 문사文士층의 존재감이 커져갔다.[27] 마침내 정조는 지역적 특성을 발현시켜 문무를 양립시킨다는 방침을 포기하고, 서북 지역에 대해서 문과 무를 동시에 인정했다. 『빈흥록』賓興錄은 그것을 분명하게 보여준다. 정조는 인재를 발탁하고 지역 현안을 청취하기 위해 서울과 지방 유생을 대상으로 빈흥과賓興科라는 시험을 치른 후, 『빈흥록』를 편찬하여 합격자 명단을 실었다. 이 책자들 가운데 『풍패빈흥록』豊沛賓興錄(1795년), 『관북빈흥록』關北賓興錄(1797년), 『관서빈흥록』關西賓興錄(1798년) 등이 서북 지역 유생들을 대상으로 한 것들이다.[28] 서북 지역 문풍의 성장은 성리학적 교화의 확산이라는 부정할 수 없는 명제와도 부합되는 것이었다. 그러나 정조는 결코 무를 포기하지는 않았다. 『풍패빈흥록』에는 문무과 급제자가 같이 수록되어 있다. 서북 지역 문사文士를 우대할 때 의례히 무사武士에 대한 우대 조치를 병행했던 것도 그런 이유이다.[29]

정조는 "풍속에 따라 다스리며 땅에 따라 그 마땅함을 달리한다"는 당초의 생각을 완전히 버린 것일까. 서북 지역에 관한 한 정조가 그런 방침을 포

---

24 『비변사등록』, 정조 5년 11월 1일; 정조 5년 11월 4일.

25 『비변사등록』, 정조 5년 11월 4일.

26 『홍재전서』 권33, 教 4, 勸飭西北武技罷關西有聽收布教.

27 강석화, 2000, 『조선 후기 함경도와 북방영토의식』, 경세원; 오수창, 2002, 『조선 후기 평안도 사회발전 연구』, 일조각.

28 이태진, 1992, 「정조의 大學 탐구와 새로운 군주관」, 『李晦齋의 사상과 그 세계』, 성균관대학교 대동문화연구원, 262~263쪽; 김문식, 1996, 『조선 후기 경학사상 연구』, 일조각, 33~37쪽.

29 강석화, 2000, 『조선 후기 함경도와 북방영토의식』, 213~225쪽.

기한 것은 분명하다. 그러나 지역의 성격이 완연히 변해가는 경우가 아니라면 사정은 다르다. 더구나 서울과 지방의 문화적 격차가 두드러지는 시대 상황을 고려해야 한다. 그렇다면 정조가 서울과 수도권의 특성을 반영한 지역 정책을 구상했을 가능성, 더 나아가 새로운 지식을 서울-경기 권역을 중심으로 보급함으로써 지식의 유통 과정을 통제하려 했을 가능성을 배제할 수 없다.

정조는 서울-경기 권역을 어떤 시선으로 바라보았을까. 정조의 문제의식은 화성을 건설하는 과정에서 잘 드러난다. 정조는 중국 역사에 보이는 신도시 개발의 사례들에 대해 해박한 지식을 가지고 있었다. 그러나 그런 전례조차 '왜 화성을 서울 인근에 두어야 하는가'에 대한 답이 되지는 못했다. 좀 더 명확한 논리적 근거가 필요했다. 정조는 그 답을 당나라 관료학자 육지陸贄(754~805)의 논설에서 찾았다. 육지는 정조가 화성 건설 문제를 두고 거론한 유일한 인물이기도 하다.

정조는 이렇게 말했다. "화성은 새로 설치한 아문이며 겸하여 소중한 행궁行宮이 있다. 여러 도의 조세를 옮겨다 쌓고 군현의 호걸들을 옮겨다 살게 하며 사방의 장용壯勇을 선발하여 채운다면 바로 내상內相 육지가 말한, '지금의 관중關中이 바로 옛날의 방기천리邦畿千里다'라고 한 것과 같이 될 것이다. 관중도 오히려 그러한데, 더구나 화성이겠는가."[30] 신도시를 개발하여 그곳에 주민을 이주시키고 군대를 주둔하게 하는 일련의 구상을 육지에게서 확인할 수 있을까.

정조가 인용한 육지의 말은 「논관중사의장」論關中事宜狀이라는 글에 들어 있다. 이 글에는 당나라 덕종德宗 때의 사정이 반영되어 있다. 덕종이 지방의 반란세력을 토벌하기 위해 군사를 일으키면서 조세 부담이 날로 무거워지고 민생은 도탄에 빠져들었다. 육지는 덕종에게 내란이 점쳐질 정도로 상황이 심각하다는 것을 알리기 위해 이 글을 올렸다.

---

30 『정조실록』, 정조 21년 6월 25일.

육지는 글머리에서 덕종이 덕과 위엄의 균형을 이루는 데 실패했으며 일의 경중을 살피지 못했다고 비판했다. 육지에 따르면, 나라를 경영하는 화두는 '근본을 중시하고 지엽적인 것을 가벼이 여겨야 한다'는 것이다. 이는 마치 몸-팔-손가락의 관계와 같다. 몸이 팔을 부리고 팔이 손가락을 부리는 것은 대소大小의 차이에 의한 자연스러운 관계이며 순리다. 몸-팔-손가락의 위계는 경읍京邑-왕기王畿-사방四方의 관계를 상징한다. 왕기는 사방의 근본이며, 경읍은 왕기의 근본이다. 따라서 경읍을 중시하는 정책이야말로 내정內政을 안정시키고 변경邊境을 지키는 가장 근본적인 대책이다.

육지의 논점은 덕종이 나라의 근본인 도읍과 경기 지역을 소홀히 하고 있다는 것이었다. 그러나 육지가 지방을 도외시한 것은 아니다. 육지는 경읍-왕기-사방의 역할과 기능이 다르다는 점을 말하려 했을 뿐이다. 육지는 경읍-왕기-사방이 유기적으로 조화를 이루는 조건을 지나간 역사에서 찾아냈다. 그에 따르면 천하의 조세를 거두어 경사京師에 두는 일은 경읍이 제 역할을 다할 수 있게 하는 효과적인 정책이었다.[31]

『수서』隋書에 따르면, 583년(수문제 3)에 수나라 도읍인 장안에 식량 부족 사태가 발생했다. 수문제隋文帝는 수재와 한재에 대비하는 여러 가지 정책을 내놓았다. 먼저 포주蒲州, 섬주陝州, 괵주虢州, 웅주熊州, 이주伊州, 낙주洛州, 정주鄭州, 회주懷州, 소주邵州, 변주汴州, 허주許州, 여주汝州 등 여러 군현에 명을 내려 운미정運米丁이라는 미곡 운반 인력을 모집해두었다. 여양창黎陽倉(위주衛州), 하양창河陽倉(낙주), 상평창常平倉(섬주), 광통창廣通倉(화주華州)을 두는가 하면, 관동 지역 및 분주汾州, 진주晉州 지방의 곡식도 도읍으로 옮겼다. 또 창부시랑倉部侍郎 위찬韋瓚이라는 사람을 포주, 섬주 동쪽으로 보내 수도로 미곡을 운반해올 인력을 모집하게 했다.[32]

---

31   육지, 『육선공전집』 권1, 論關中事宜狀.
是以 前代之制 轉天下租稅 委之京師 徙郡縣豪傑 處之陵邑 選四方壯勇 實之邊城.
이시가와石川安貞의 주석에 따르면 이 기사는 수나라 때의 사례를 가리키는 것이라 한다(이시가와 주석, 1790년, 국립중앙도서관 소장본, 古5-79-나-41).

미곡 운반 인력은 황하 유역과 그 지류상에 분포하는 도시들에서 징발했다. 신설된 창고들 역시 그 주변에 분포했으며, 분주와 진주는 황하의 지류로 도읍과는 수로로 연결된다. 수문제는 유사시를 대비해 경제 기반을 도읍지로 집중시켰던 것이다. 육지의 논리에 따르면, 경제의 중심 역할을 수행하는 것이야말로 도읍지의 일차적 기능이다. 육지가 왕기王畿를 충실하게 하기 위해 생각한 것은 '군현의 호걸들을 이주시켜 능읍陵邑에 살게 하는 일'이었다.[33] 마지막으로 그는 사방四方, 즉 변경 지역을 강화하기 위해 '장용들을 뽑아 변성邊城을 충실하게 하는 일'이 필요하다고 주장했다.[34] 경읍-왕기-사방은 각각의 역할이 있지만, 육지에게 국가의 근본은 어디까지나 경읍-왕기에 있었다. 그는 경읍에 가까울수록 세금을 가볍게 하고 유교적 덕화를 집중해야 한다고 말했다.[35]

중앙에 군사력을 집중시키는 것은 '장용들을 뽑아 변성을 충실하게 하는 일'과는 다른 차원에서 중요한 일이었다. 육지는 당태종唐太宗과 당숙종唐肅宗을 예로 들었다. 그에 따르면, 당태종은 천하를 통일한 뒤에도 긴장의 끈을 늦추지 않았다. 당태종은 800여 곳의 부병府兵 가운데 500여 곳의 군사를 관중關中 평원에 배치했다. 변경을 지키거나 토벌에 나서는 대신 도읍과 그 주변을 지키는 전략을 선택한 것이다. 반면 당숙종은 변경 지역의 반란을 토벌하기 위해 대규모 군대를 동원했다. 토번吐蕃은 이 기회를 틈타 내륙 깊숙이 들어가 노략질을 했다. 여력이 없던 당숙종은 토번에 밀려 동쪽으로 물러나고 말았다. 결과적으로 당숙종은 내란과 외침 어느 쪽에도 효과적으로 대응

32   『수서』권24, 志19 食貨.
開皇三年 朝廷以京師倉尙虛 議爲水旱之備 於是詔於蒲陝虢熊伊洛鄭懷邵汴許汝等水次十三州 置募運米丁 又於衛州置黎陽倉 洛州置河陽倉 陝州置常平倉 華州置廣通倉 轉相灌注 漕關東及汾晉之粟 以給京師 又遣倉部侍郎韋瓚 向蒲陝以東 募人能於洛陽運米四十石 經砥柱之險 達于常平者 免其征戍.

33   육지, 『육선공전집』권1, 論關中事宜狀.

34   육지, 『육선공전집』권1, 論關中事宜狀.

35   육지, 『육선공전집』권1, 論關中事宜狀.
其賦役 則輕近而重遠也 其惠化 則悅近而來遠也.

하지 못했다. 사방에 아무리 많은 군사가 있다고 하더라도 갑작스러운 위기 상황에서 무용지물일 수밖에 없었기 때문이다.[36]

도읍과 인접한 왕기는 왜 중요한가. 육지에 따르면, 당나라 때 관중 지역은 『시경』詩經에서 '방기천리'邦畿千里로 불렸던 곳으로, 서주西周 시대의 기내畿內 지역에 해당한다. 진나라와 한나라가 이곳을 지켜 천하를 얻을 수 있었던 것은 역사적으로 증명된 사실이다. 관중 지역으로 군사와 재정 등 모든 것을 집중한다면 유사시 도읍에 생길 수 있는 문제를 효과적으로 해결할 수 있다는 것이 육지의 논점이었다. 그는 정책 담당자들이 '근본을 강하게 하고 가지를 약하게 하는'(彊幹弱枝) 정책의 효과를 이해하지 못하고 오히려 그것에 역행하고 있다고 비판했다.[37]

정조는 한나라의 제도를 '근본을 강하게 하고 가지를 약하게 한 것'이라는 이유로 높게 평가했다. 도읍 주변의 중심지로 삼보三輔와 능읍陵邑을 두고[38] 나라의 기간 병력은 모두 도읍에 두었기 때문이라는 것이다.[39] 그러나 한나라 때의 역사적 전례들은 어디까지나 도성 중심론에 가까운 것이었다. 육지의 제안이 신도시의 설계도로서 의미를 가질 수 있는 것은 바로 이 지점이다. 육지는 능읍 제도와 함께 경읍─왕기 지역의 군사적 비중을 높여야 한다고 말했다. 육지의 주장은 도읍의 상비 병력만이 아니라 능읍, 혹은 능읍이 포함된 경기 권역의 군사력 확보를 강조했다는 점에서 중요하다. 육지의 논설은 그런 점에서 정조에게는 좋은 지침서가 될 수 있었다.

36　육지, 『육선공전집』 권1, 論關中事宜狀.
太宗文皇帝 旣定大業 萬方底乂 猶務戎備 不忘慮危 列置府兵 分隷禁衛 大凡諸府八百餘所 而在關中者 殆五百焉 擧天下 不敵關中 則居重馭輕之意 明矣 (……) 乾元之後 大懲初夷 繼有外虞 悉師東討 邊備旣弛 禁戍亦空 吐番乘虛 深入爲寇 故先皇帝 莫與爲禦 避之東遊.

37　육지, 『육선공전집』 권1, 論關中事宜狀.
此今之關中 卽古者邦畿千里之地也 毫勇之在關中者 與籍於營衛不殊 車乘之在關中者 與列於廐牧不殊 財用之在關中者 與貯於帑藏不殊 有急而須一朝可聚 今執事者 先拔其本 棄重取輕 所謂倒持太阿 授人以柄 議制置 則彊幹弱枝之術反.

38　『홍재전서』 권9, 序引 2, 軍旅大成叙.

39　『홍재전서』 권13, 序引 6, 翼靖公奏藁軍旅類叙.

정조는 화성을 풍패지향豊沛之鄕이라고 즐겨 불렀다. 원래 이 말은 패주沛州의 풍읍豊邑 출신으로 황제가 된 한고조漢高祖 유방劉邦의 고사에서 기원한다. 조선시대에도 풍패지향은 왕가의 발상지를 뜻하는 단어로, 주로 함흥 등 함경도 지역을 가리키는 말로 쓰였다.[40] 이런 설정은 정조가 사도세자의 무덤을 화산 아래로 옮기고 화성 신도시를 개발하면서 달라지기 시작했다. 정조는 화성을 장용영壯勇營 외영外營으로 삼은 것에 대해, '서울을 감싸게 하고 또 사도세자의 능이 있는 화성부를 지키게 하기 위해서였다'고 회고했다.[41] 아버지의 능이 있는 곳을 왕가의 발상지로 여기면서, 이곳을 군사 거점으로 삼은 것이다. 이때부터 정조는 서울과 화성을 도읍지와 풍패지향의 관계로 여기기 시작했다. 정조는 화성 향교를 지은 뒤 쓴 글에서 수원성을 '풍산과 패수의 산수를 가진 곳'으로 여겼다.[42] 화성행궁의 정문에 단 편액 '신풍루'新豊樓도 그런 발상을 잘 보여준다. 신풍은 유방이 고향 풍읍을 그리워하는 아버지를 위해 옛 진나라의 여읍驪邑을 풍읍의 거리와 똑같이 꾸미고 풍읍의 백성들을 이주시킨 뒤 부른 이름이다.[43]

정조는 이 신도시의 향교를 호경鎬京의 벽옹辟雍, 즉 새 도읍지의 태학에 비유했다.[44] 화성을 '새 도읍지'의 격을 가진 곳으로 여긴 것이다. 상나라 주왕紂王에 의해 유폐 생활을 했던 주문왕周文王은 자유의 몸이 되자 풍읍豊邑으로 도읍을 옮기고 상 왕조에 도전했다. 풍읍은 섬서성 서안의 풍수灃水 서쪽 지역을 말한다. 문왕의 뒤를 이은 무왕武王은 풍수 동쪽 지역인 호鎬 땅으로 도읍을 옮겨 세력을 확장하다가 마침내 상 왕조를 무너뜨리고 서주 왕조를 세웠다. 이곳이 호경鎬京이다.[45]

정조는 또 다른 자리에서 이 신도시를 주문왕 때의 기읍岐邑, 한나라 고

40 『영조실록』, 부록, 영조대왕행장;『순조실록』, 순조 12년 1월 24일.
41 『정조실록』, 정조 22년 10월 19일;『홍재전서』 권29, 綸音 4, 壯勇外營軍制通變綸音.
42 『홍재전서』 권23, 祭文 5, 華城聖廟告由文.
43 『홍재전서』 권177, 日得錄 17;『홍재전서』 권22, 祭文 4, 水原禿城山城修改時告土神文.
44 『홍재전서』 권23, 祭文 5, 華城聖廟告由文.
45 徐連達·吳浩坤·趙克堯 지음, 중국사연구회 옮김, 1989,『중국통사』, 청년사, 64~66쪽.

김득신 외, 〈서장대야조도〉西將臺夜
操圖, 《화성능행도팔곡병》華城陵行
圖八曲屏, 1795년경, 비단에 채색,
각 폭 147.0×62.3cm, 삼성미술관
리움.

1795년 정조의 화성행차를 기록한 병
풍에 포함된 그림으로, 화성의 가장
높은 곳에 위치한 서장대에서 야간
군사 훈련을 하는 장면이다.

제 때의 관중關中과 다를 바 없다고 말했다.[46] 기읍과 관중은 여러 앞선 나라들의 도읍지이기도 했다. 취락 규모를 넘어서지 못했던 장안은 통일제국의 문을 연 한고조가 이곳에 도읍을 정하면서 비로소 정치, 경제, 문화의 중심지로 발돋움할 수 있었다.[47] 정조는 화성을 서울에 버금가는 도시, 양경兩京의 규모를 가진 도시를 만들어내겠다는 의지를 그렇게 표현했다.

정조는 화성 인근 주민들에게 노동력 징발의 부담을 줄여주고 세금을 감면하는가 하면, 둔전屯田을 설치하여 병농일치의 군제를 실험했다. 정조는 변경 지역보다는 서울과 새로운 풍패지향에 군사력을 집중함으로써 '근본을 강하게 하고 가지를 약하게 하는' 육지의 아이디어를 실천했다. 화성은 정조가 서울-경기 중심주의 전략을 실천한 결과물이었던 것이다.

도서 배포 양상을 통해 본 정조의 지식 보급과 유통 전략

조선의 역대 군주들 가운데 변경 지역 방어에 고심하지 않은 임금은 없었다. 그러나 도성삼군문 수비체제를 확립하고 서울의 중요성을 강조하던 영조조차 서울과 변경을 근본과 말단의 관계로 보지는 않았다.[48] 그런 점에서 보면 정조의 신도시 구상에서 서울-경기를 변경과 대비시키는 논법이 최초로 사용되었다는 사실은 의미심장하다. 정조가 지식을 통제하려 했을 가능성을 감안한다면, 이 서울-경기 중심주의 전략이 가지는 의미는 결코 작지 않다. 규장각의 간행물이 보급되거나 유통되는 범위와 어떤 관련이 있을지도 모르기 때문이다.

책을 가장 널리 보급할 수 있는 방법은 번각飜刻이었다. 간행된 책을 몇

---

46 『정조실록』, 정조 24년 6월 1일.
47 류제헌, 1999, 『중국역사지리』, 문학과지성사, 251쪽.
48 『육선공주의』는 이미 조선 초기부터 경연 자리에서 제왕의 텍스트로 사용되어왔다. 실록은 영조도 이 책을 보았던 사실을 전하고 있다(『영조실록』, 영조 7년 5월 14일). 그럼에도 도성 방어의 중요성에 대한 정조의 생각이 영조의 구상과 같지 않았다는 점을 주목할 필요가 있다.

곳에 내려준 뒤 각각 다시 목판을 제작하게 하여 좀 더 아래 단위의 지역까지 전파하는 방법이다. 이렇게 한다면 이론적으로는 더 많은 지역에 책을 배포할 수 있다. 결국 번각을 통해 책을 보급하느냐 마느냐는 의지의 문제였으며, 지방을 보는 시선의 문제였다. 그렇다면 정조는 어떤 책을 어디까지 보급하려 했을까. 의리학과 경세학에 관한 각종 서적들은 지역적으로 어디까지 보급되었는가. 정조가 각 지방에 보급하는 데 신경을 썼던 것은 어떤 종류의 책자였을까.

정조가 처음으로 번각을 고려한 책은 『흠휼전칙』欽恤典則이었다. 정조는 즉위 후 가장 먼저 형정刑政을 정비하려 했다. 1777년(정조 1) 12월, 마침내 이 책의 초고가 완성되었다. 이제 서문과 발문을 붙여서 인쇄하는 일이 남았다. 정조는 이 책이 각종 형정을 집행해야 할 일선 지방관, 그리고 지방의 사민士民들에게 보급되기를 원했다. 그런데 그렇게 하려면 특별한 배포 방식이 필요했다. 번각이 그것이었다. 정조는 이렇게 생각했다. '예문관에 명해서 팔도에 반포하게 하면 결국 지방관이 『흠휼전칙』한 권씩을 가지게 될 뿐이고, 그렇게 된다면 사민들이 이 책자가 있다는 사실을 전혀 알지 못할 것이다. 『흠휼전칙』한 질을 팔도 감영과 병영에 내려보낸 뒤 현지에서 번각하여 반포하게 한다면, 여러 곳의 지방관들뿐만 아니라 사민들 사이에도 널리 보급되지 않겠는가.'49

1778년(정조 2) 1월 정조는 마침내 이 책을 배포했다.50 일단 번각본의 반포 대상은 병사兵使, 수사水使, 수령守令, 변장邊將, 찰방察訪, 영장營將, 권관權管, 별장別將으로 제한했다.51 이렇게 된 데는 여러 가지 원인이 있었다. 팔

---

49 『일성록』, 정조 1년 12월 27일.
予曰 此册子 只令芸館 印頒八道 則爲官長者 只有一件而已 士民則 全不知有此册子 殊非廣布之道 予意則各頒一件於各道監營 使之翻刻頒布 仍爲藏板 則不但爲永久之道 亦可爲廣布民間 事甚便好 卿意何如 國榮曰 爲其廣布則甚好 而刊行册子 亦一巨役 爲弊似不少矣.
50 『일성록』, 정조 2년 1월 10일.
予曰 初意則 欲以芸閣印出者 頒諸八道矣 更思之 非但經費之可悶 輸送頒給 亦有弊 監兵營 各送一件 自其營翻刻 廣頒於守令邊將 似好.

도 감영에서 각 도별로 번각을 하는 일은 생각보다 쉽지 않았다. 판각板刻을 담당할 각수刻手를 구하는 일도 어려웠지만, 재정적인 부담도 적지 않았다.[52] 민폐도 문제였다. 지방 감영에서 번각을 하게 할 경우 감영의 실무 관원들이 도내 군현들에 재정 부담을 전가하는 부작용이 자주 발생했기 때문이다. 재정 규모가 다르고 형편이 다른 팔도 감영에 모두 번각을 부담시키는 것은 사실상 불가능한 일이었다.[53] 정조는 경상도, 전라도, 평안도 감영에 한하여 번각을 명했다.

번각을 하지 않을 경우 규장각에서 전국에 보급할 수 있는 책자는 어느 정도였을까. 1794년(정조 18)에 편찬된 『규장전운』奎章全韻을 통해 그 규모를 살펴보자. 정조에 따르면, 『삼운통고』三韻通考 이후 조선의 운서韻書들이 예외 없이 3운을 기초로 하고 입성入聲을 별도로 취급해온 것은 큰 문제다. 운자韻字를 사용하여 운율을 맞추는 것은 시를 짓는 기본이지만, 조선은 과거시험에서 그렇게 하지 않았다. 그 탓에 조선의 운서들이 운서의 기본 원칙을 무시하게 된 것이다. 정조는 운서의 문제를 '교속정습'矯俗正習, 즉 풍속과 관습을 바로잡는 차원에서 접근했다.[54]

정조는 시를 짓는 문인들이 『규장전운』의 운자韻字 원칙에 따르기를 희망했다. 먼저 공공영역에서 이를 권장할 필요가 있었다. 정조는 과거시험에 응

51　『일성록』, 정조 2년 1월 13일.
教曰 欽恤典則 今旣印之 與新造尺度 分頒中外 而至於八道兩都 依度支長所奏 自本道 卽爲翻刻 遍布兵使水使守令邊將察訪營將權管別將等處 二件式亦爲印上.
52　정조는 각종 윤음, 절목, 사목을 지역사회에 알릴 때, 번각하는 방법을 즐겨 썼다. 하지만 책자를 번각하는 일은 상대적으로 적었다. 그만큼 책자 번각에 따른 부담이 컸다는 의미일 것이다.
53　『일성록』, 정조 22년 3월 28일.
內閣提學鄭民始啓言 御定春秋之新印者 有下送兩南翻刻之命 而外方擧行之際 本有公穀之會減者 營屬之夤緣 侵徵於列邑 爲弊甚巨 若以會減之物力 自京翻刻 足可相當 而無貽弊列邑之患 請湖南儲置米一千石 依會減例取用 自外閣擧行 從之.
54　『일성록』, 정조 20년 8월 11일.
我東韻書之彙以三韻 別置入聲 有非韻本四聲之義 而不押增韻 與入聲 亦不曉通韻叶音之格 魯莽莫甚 所以博據廣證 命編是書者也 此後 公私押韻 準此韻書義例式令事 分付京外掌試之司 卽予苦心 在於矯俗正習 是書之編 豈特專爲諧音比聲 政欲一洗謟僞之陋.

시하는 유생들에게 『규장전운』에서 제시된 운자를 따르도록 했다.[55] 민간의 풍습을 바꾸려면 문인들에게 이 책의 존재감을 심어주어야 하고, 그러기 위해서는 책을 널리 반포해야 한다. 정조는 기관과 개인을 포함해 모두 1,483곳에 이 책을 배포했다. 자세한 내역은 책 부록의 〈표 3〉과 같다. 대신 이하 당상관, 홍문관과 양사의 당하관은 모두 개인별로 이 책을 지급받았다. 전국의 향교와 사액서원賜額書院에 각각 한 질씩을 배포한 것도 눈에 띄는 대목이다. 번각본을 펴내는 방식을 취하지 않고서도 1,500질에 가까운 책을 개인과 기관, 중앙과 지방에 고루 배포할 수 있었던 것이다.

정조가 당초 『흠휼전칙』을 사민士民에게까지 널리 보급하려 한 것은 형정이 일반 백성의 생활과 밀접한 관련이 있었기 때문이다. 그런데 형정과 함께 교화의 다른 한 축을 이루는 것이 있다. 예禮다. 정조는 향례鄕禮를 정리한 책을 펴내서 사민들에게 보급하려 했다. 그것이 『향례합편』鄕禮合編이다. 지역에서 행하는 의례儀禮 관련 기록을 모아 해설한 이 책은 전국 향교와 서원을 포함하여 약 800여 곳에 배포되었다. 이 중에는 규장각의 활자본이 아니라 영호남과 관서 감영에서 목판으로 찍은 번각본도 포함되었다.[56] 『규장전운』과 『향례합편』의 배포 범위로 미루어본다면, 규장각 간행본 가운데 풍속 교화를 위한 책들은 전국의 글 읽는 사람들을 가상의 독자로 상정하고 있었다고 볼 수 있다.

독자 계층을 넓히는 데는 언해본諺解本도 효과적이었다. 책의 수가 번각본처럼 많아지지는 않더라도 일반 백성에게 어떤 종류의 지식과 정보를 보급하기에는 언해본이 훨씬 유리했을 것이다. 정조는 즉위 직후 정치적 반대파였던 홍인한洪麟漢(1722~1776)과 정후겸鄭厚謙(1749~1776) 등을 사사賜死하고, 그 처분이 정당했음을 공표하는 책을 펴냈다. 『명의록』明義錄과 『속명의록』續明義錄이 그것이다. 이 책들은 모두 한문본과 언해본이 있었다.[57] 1781

55 『홍재전서』권180, 羣書標記, 御定, 奎章全韻, 刊本.
56 김문식, 2000, 『정조의 경학과 주자학』, 146~147쪽.
57 『정조실록』, 정조 2년 1월 6일.

년(정조 5)『속명의록』을 제주목에 반포했을 때 어사가 가져간 것은 한문본 50질, 언해본 100질이었다.[58]

보급 측면에서 볼 때, 가장 좋은 것은 언해본을 갖춘 번각본이다.『자휼전칙』字恤典則은 굶주린 백성들을 구제하기 위한 방안을 담은 책인데, 번각본과 언해본이 함께 만들어졌다.[59] 정조는 이 책을 전국에 보급하는 데 특별히 신경을 썼다. 평안도에 보급된 사례를 보자. 정조는 이 책이 완성되자 평안도 내의 감사, 도내 군현의 지방관, 진장, 역장, 별장 등 총 110명 앞으로 각각 한 질의『자휼전칙』을 배포했다. 정조는 이 책이 군현 아래의 면리面里 단위까지 빠짐없이 보급되기를 희망했다. 정조는 평안감영에서 번각본을 만들도록 하고, 번각본 10질은 보고서와 함께 내각으로 올려 보내도록 했다.[60]

그뿐만이 아니다. 정조는 황해감영에 51질, 전라감영에 110질, 강원감영에 34질, 함경감영에 84질, 경상감영에 108질, 통제영에 26질의『자휼전칙』을 내려보내면서 같은 요구를 전달했다.[61] 경기도에는 66질을 내려보내어 각급 유직자有職者에게 전달하게 한 뒤, 면리 단위에는 교서관의 판본을 가져다 인쇄하여 보급하도록 했다.[62]『자휼전칙』은 한성부와 4도, 팔도의 각 기관과 해당 유직자 및 관련 개인들에게 배포된 숫자만 합치더라도『향례합편』의 보급 범위를 훨씬 넘어선다. 여기에 각 도에서 주관하여 면리 단위에 보급한 번각본까지 합치면 그 수는 조선시대에 인쇄된 다른 어떤 책보다 많다.

『오륜행실』五倫行實도 번각본을 활용해 보급한 책이다. 주자소에서 인쇄한『오륜행실』의 양은 각 도와 군현에 배포할 수 있는 수준이었다. 주자소의

58 『정조실록』, 정조 5년 6월 20일.

59 『내각일력』, 정조 7년 11월 7일.
以監印廳冊子 傳曰 冊名 以字恤典則書之 眞書件 鑄字翻刻 諺書件 卽令善書人書出 仍卽付刻.

60 『내각일력』, 정조 7년 11월 18일.
合一百十件 一體下送 趁卽分領道內各邑面里 宜卽廣布 自聊營 翻刻入梓 多數印出 遍送各邑鎭面面里里 無遺頒給 十件上送于內閣 擧行形止狀聞.

61 『내각일력』, 정조 7년 11월 18일; 11월 20일; 11월 21일; 11월 27일; 11월 29일; 12월 1일.

62 『내각일력』, 정조 7년 11월 14일.

「오륜행실도」五倫行實圖, 18세기 이후,
목판본, 31.2×19.4cm, 국립중앙박물관.

1797년 정조는 세종의 「삼강행실도」와
중종의 「이륜행실도」를 통합하여 「오륜
행실도」를 간행하게 했다. 백성들을 대
상으로 한 이 책은 도면을 먼저 제시하
고 그 뒤에 한문과 한글로 관련 내용을
서술해놓았다.

인쇄량으로는 각 서원이나 개인에게까지 보급할 수 없었다. 결국 영호남과
관서 지방에 주자소에서 간행한 활자본을 내려보내서 번각하게 하는 방안이
채택되었다.[63]

　지방행정이나 풍속 교화와는 다른 차원에서 간행된 책도 적지 않았다. 이
가운데 정조가 독자를 가장 많이 의식한 것은 선본選本이다. 정조는 책을 읽
고 이해한 것으로 만족하지 않고, 반드시 주요 내용을 가려 뽑으려 했다. 가
려 뽑기 위해서는 시대순, 주제순처럼 일정한 기준이 필요하다. 그 기준에
따라 뽑아 정리한 결과는 자연스럽게 또 하나의 책이 된다. 이것이 선본選本
이다.[64]

　정조는 이 선본을 필사본 상태로 놓아두지 않고 규장각에서 활자로 간행
했다. 정조는 '후학들에게 학문의 자료를 내려주기 위해서'[65] 선본을 간행한

63　『일성록』, 정조 21년 3월 1일.
直提學 李晩秀啓言 (……) 今將次第印布京外諸道營邑及鄉校頒賜件 當自鑄字所印出分頒 而至於各邑書
院及鄉曲士民之願印者 皆欲自京印頒 則件數太多 難以擧行 印役告訖後 下送各一本於兩南及關西 使之
翻刻 印頒於道內 他道則各以近道 從便印去 以爲廣頒之地 (……) 從之.
64　김문식, 2000, 『정조의 경학과 주자학』, 21쪽.
65　『홍재전서』권7, 詩3, 奎閣銀臺玉署宣饌聯句(幷小序).

다고 말했다. 독자를 강하게 의식하고 있다는 의미일 것이다. 그러나 학문의 자료가 반드시 선본이어야 할 이유는 따로 있었다. 정조는 정학正學 텍스트의 '권질卷帙을 줄여서 배우는 자들이 찾아보기 편하게 하고 전력으로 공부하게' 하고 싶었다.[66] 정조의 생각은 이런 것이었다. '규장각에서 간행한 책을 사대부들에게 널리 읽힌다면 정학이 쇠퇴하고 사학邪學과 속학俗學이 자라나는 상황을 타개할 수 있을 것이다. 그런 바르지 못한 것들이 들어와 사람들의 이목을 현혹하고 있는 상황에서는 정학 텍스트의 가독성을 높이는 방법을 택하지 않을 수 없다.'

정조는 정학을 부흥시키기 위해서 성현의 말씀을 정독하는 것이 정도라고 생각했다. 그러나 시대는 이미 넘쳐나는 정보량으로 몸살을 앓고 있었다. 의리학과 경세학의 중요성을 아무리 강조하려 해도 번잡하고 두꺼운 텍스트를 읽지 않으려는 선비들을 설득할 수 있는 방법은 많지 않았다. 정조는 '박관이약취'博觀而約取, 즉 '넓게 보되 간략하게 취한다'는 전략을 택했다. 독자들이 넘쳐나는 정보량에 지레 겁을 먹고 책을 멀리하는 것보다는 일종의 다이제스트 판을 통해서 그 원전의 취지를 이해할 수 있게 하는 것이 필요하다고 여겼기 때문이다.[67] 정조는 두꺼운 원전을 읽지 않는 현실과 타협했던 것이다. 그만큼 정조가 느끼는 현실은 절박한 것이었다.

1797년(정조 21) 6월, 정약용이 천주학 문제에 관한 혐의를 해명하는 자명소自明疏를 올렸다. 정조는 이 일을 계기로 천주학, 속학, 문체반정, 서적 수입 금지 조치, 활자 개발, 선본 간행 등에 관한 자신의 속내를 드러냈다. 정조의 눈높이에 따르면, 이 주제들은 분리되어 있지 않았다. 모두 연결된 하나의 문제였던 것이다. 논란은 우의정 이병모李秉模(1742~1806)가 정약용의 비유를 문제 삼으면서 시작되었다. 이병모의 주장에 따르면, 천주학은 이단異端이 아니라 그보다 심한 사학邪學인데도 정약용이 그것을 양주楊朱와 묵자墨子

---

66 『홍재전서』권164, 日得錄 4, 文學 4.
67 『일성록』, 정조 21년 4월 4일.

같은 이단에 비유한 것은 잘못이다.[68]

천주학에 관한 정조의 입장은 일관된 것이었다. 정조는 천주학 문제를 정학正學의 쇠퇴가 낳은 여러 가지 부정적 현상의 하나로 보았다. 정학의 쇠퇴라는 관점에서 보면 천주학이 퍼진 것은 문체가 순정하지 못한 것, 독서의 긴장감이 떨어진 것 등과 하등 다를 바 없는 일이었다. 반대로 정학의 부흥이라는 관점에서 보면 중국본 서적 수입을 금지한 일, 주자소를 두고 활자를 개발한 일, 선본을 간행한 일은 한 가지 본질이 다르게 표현된 것일 뿐이다. 정약용의 자명소가 논란이 되었던 그날, 정조는 이렇게 말했다. "내가 『두륙이율』杜陸二律을 인쇄하고자 하는 것은 풍속을 교정하고자 하는 뜻에서 나온 것이며, 주서朱書, 육주陸奏, 사기史記, 팔자八子 등을 전후로 인쇄한 것 또한 깊은 뜻이 있다."[69]

『두륙이율』은 『두륙천선』杜陸千選이라는 책을 가리킨다. 정조가 당나라 시인 두보杜甫의 율시律詩와 송나라 시인 육유陸游의 율시 중에서 각각 500수씩을 친히 뽑아 만든 책이므로, 그렇게 부른 것이다. 정조가 규장각에 명하여 이 책을 활자로 간행하게 한 것은 1799년(정조 23)의 일이었다.[70] 주서, 육주, 사기, 팔자는 각각 『주서백선』朱書百選, 『육주약선』陸奏約選, 『사기영선』史記英選, 『팔자백선』八子百選을 가리킨다. 『주서백선』은 주자의 편지 중에서, 『육주약선』은 당나라 재상 육지의 상소 중에서 중요한 글을 뽑아 엮은 책이다. 『사기영선』은 사마천司馬遷의 『사기』와 반고班固의 『한서』漢書를 요약한 것이며, 『팔자백선』은 당송 문장가 8명의 대표적인 글을 뽑은 것이다. 모두 선본選本이다.

1783년(정조 7) 정조는 자신이 직접 짓거나 왕명으로 편찬하게 한 19종의 책을 꺼내 신하들에게 보여주었다. 『사칠속편』四七續編, 『하거통편』河渠通編,

---

68 『일성록』, 정조 21년 6월 24일.

69 『일성록』, 정조 21년 6월 24일.
予之欲印杜陸二律 蓋出矯俗之意 而朱書陸奏史記八子之前後選印 亦有深意存焉.

70 『홍재전서』 권182, 羣書標記 4, 御定 4, 杜陸千選(刊本).

『수민묘전』壽民妙詮, 『주자회선』朱子會選, 『자양자회영』紫陽子會英, 『전사전평』全史銓評, 『역대기년』歷代紀年, 『송사전』宋史筌, 『강목의보기요』綱目疑補記要, 『명기제설』明紀提挈, 『삼경사서정문』三經四書正文, 『주역계몽집전』周易啓蒙集箋, 『연의집략』衍義輯略, 『팔자백선』八子百選, 『규장운서』奎章韻瑞, 『문원보불』文苑黼黻, 『황극편』皇極編, 『예진총방』隸陣總方, 『병학통』兵學通 등이 그것이다. 『사칠속편』은 조선의 성리학자들이 거둔 이기심성론의 성과를 정리한 책이다. 『주자회선』은 주자서의 오류를 바로잡은 것이며, 『자양자회영』은 그 선본이다. 『하거통편』은 하천의 연혁을 밝힌 지리서이며, 『수민묘전』은 정조가 직접 체득한 의학 지식에 관한 책이다.[71]

『전사전평』, 『역대기년』, 『송사전』, 『강목의보기요』, 『명기제설』 등은 모두 역사서다. 정조는 조선의 국가 규모가 송나라를 기준으로 했음에도 불구하고 조선이 참고해야 할 『송사』가 원나라 때 만들어진 것이어서 문제가 많다고 여겼다. 『송사전』은 송사의 오류를 바로잡기 위해 지은 책이다. 『강목의보기요』는 『자치통감강목』의 목目에 대해 자신의 생각을 덧붙인 책이며, 『명기제설』은 중화를 기억한다는 취지로 명나라의 정치와 제도에 관해 정리한 책이다.

경학서로는 『삼경사서정문』과 『주역계몽집전』이 있었다. 『삼경사서정문』은 송독誦讀의 편의를 위해 7서의 정문正文을 모은 것이고, 『주역계몽집전』은 『주역』에 담겨 있는 선천先天과 후천後天의 이치를 논한 것이다. 『연의집략』은 국가 경영에 도움을 얻기 위해 구준의 『대학연의보』를 요약 정리한 것이다. 『규장운서』는 중국과 조선의 음운을 절충해서 만든 운서이며, 『문원보불』은 역대의 관각체 문장을 모은 책이다. 『황극편』은 당론의 유래를 밝힌 책이다. 『예진총방』, 『병학통』은 조선의 진법陣法과 군제를 정리한 책이다.

정조가 말한 19종의 책 가운데 인쇄되어 배포된 것은 『예진총방』과 『병학

71 『내각일력』, 정조 7년 7월 23일.
정조는 19종의 책자가 '자신이 수십 년 동안 해온 공부의 결정체'라고 말했다. 그러나 정조는 이 어제서들을 간행하자는 신하들의 제안을 받아들이지 않았다.

통』,『팔자백선』과『문원보불』등 4종이다.『예진총방』과『병학통』은 애초부터 정조가 특정한 사용자를 염두에 두고 만든 실용서이므로 특별할 것은 없다. 그런데 정조가 정성을 기울인 여러 책자들 가운데『팔자백선』과『문원보불』이 인쇄본으로 선택될 수 있었던 이유는 무엇일까. 그것은 이 책들이 선본이었기 때문이다. 선본은 정본의 핵심적인 내용이 요령 있게 정리되어 있어서 가독성이 훨씬 높았다.[72] 정조는 해마다 한 질의 책을 읽고 나서 가급적 그 책을 선본으로 만들어 인쇄 반포하려 했다. 문풍을 진작하고 정학을 부흥시키기 위해서였다. 그 결과『주서백선』,『오경백편』,『사기영선』,『팔자백선』,『춘추』등이 1795년(정조 19)부터 1799년(정조 23)까지 해마다 한 종씩 인쇄되어 배포되었다.[73]

『팔자백선』은 초계문신의 친시親試 및 문신의 응제시應製試 때 책문策文에 활용되었다.[74] 또한 각종 시험의 합격자에게 부상으로 지급되기도 했다. 『팔자백선』을 인쇄해서 보급하고, 초계문신과 다른 문신들에게 읽히고, 나아가 그 내용으로 시험을 보는 일, 이것이야말로 정조가 문장과 문체를 바로잡으려 하면서 찾았던 현실적인 대안이었다.『문원보불』이 처음 인쇄된 것은 1787년(정조 11)이었다. 정조가 처음 이 책을 만들기 시작한 것은 세손으로 있을 때였다. 왕위에 오른 뒤 정조는 여러 가지 형태의 문장을 보충하게 하여, 마침내 1787년(정조 11)에 임인자로 간행했다.[75] 정조는 이 책을 통해『팔자백선』과는 다른 차원에서 문장의 전범典範을 보여주려 했다.

규장각 선본 중에는『주서백선』이나『아송』雅誦처럼 팔도 각 군현까지 보급된 책도 있다. 정조는 주자의 편지글과 시문 중에 좋은 글을 뽑아 각각『주서백선』과『아송』을 엮었다. 정조는 이 책들을 각 고을의 문묘에 비치해놓음

72　정조가 특별히 중요하게 생각한 선본은『주자백선』,『팔자백선』,『사기영선』등이었다. 1797년(정조 21) 정조는 이 책들을 주자소에 내려보내 자신이 직접 찍은 구두점을 현록懸錄하게 한 뒤 각신, 승지, 초계문신 등에게 교정을 보도록 했다. 간행을 위한 예비절차에 착수한 것이다(『일성록』, 정조 21년 4월 4일).

73　『홍재전서』권7, 詩 3, 春秋完讀日 慈宮設饌識喜 吟示諸臣(幷小序).

74　『홍재전서』권51, 策問 4, 八子百選 抄啓文臣親試及文臣應製.

75　『홍재전서』권180, 羣書標記 2, 御定 2 文苑黼黻.

으로써 군주가 주자를 존숭하고 있다는 사실을 지방의 유생들에게 확인시켜 주고자 했다.[76] 그러나 좀 더 많은 규장각의 간행물들은 내외의 규장각 서고 와 사고, 그리고 교육이나 학문과 관련한 기관에 배포되었다. 개인 자격으로 는 책의 편찬에 참여한 신하들과 규장각의 전현직 각신들이 배포 대상에 포 함되었다.[77] 선본의 경우에도 예외는 아니었다. 『두륙천선』은 정조가 문풍의 진작을 위해 편찬한 책인데[78] 배포 범위는 왕실과 교육기관, 전현직 규장각 각신의 범위를 넘지 않았다.[79]

『사기영선』의 경우도 크게 다르지 않았다(책 부록의 〈표 4〉 참조). 이 책은 교 육과 글짓는 일을 담당하는 기구, 그리고 개인들에게 각각 한 질씩 배포되었 는데, 모두 93곳 가운데 기관의 수는 10곳에 불과했다. 나머지 대부분은 규 장각 전현직 관료, 편찬 실무에 간여했던 초계문신과 검서관 등에게 배포되 었다. 정조는 3건을 영남, 호남, 관서에 내려보내면서, '번각하여 찍어 올리 라'는 명을 내렸지만,[80] 『사기영선』을 해당 감영의 식자층에게 보급하지는 않 았다.

민감한 문제가 걸린 저작은 아예 인쇄되지 않았다. 『양현전심록』이 그런 경우다. 정조는 세손 시절 이 책을 공들여 교정하고 편집했다. 정조가 이 책 에 매달린 것은 학문의 정통이 주자에서부터 송시열로 이어졌음을 드러내는 것이 중요하다고 생각했기 때문이다. 정조는 이 책을 읽는 사람들에게 그 사 실을 알림으로써 송시열에 대한 비난이 사라지기를 기대했다.[81] 즉위 후 정

---

76 『일성록』, 정조 24년 4월 13일.
甲寅新印御定朱書百選 己未新印御定雅誦 四都八道三百州府郡縣 各頒一件 藏于校宮 如太學之尊經閣 (……) 俾域中之冠儒服儒者 皆知予尊朱之意事 下諭諸道.

77 김문식, 2000, 『정조의 경학과 주자학』, 17~18쪽.

78 『홍재전서』 권165, 日得錄 5, 文學 5.

79 『내각일력』, 정조 23년 12월 28일.

80 『일성록』, 정조 20년 12월 25일.
其餘 藏于西庫 又以三件分送嶺南湖南關西 翻刻印進之意 分付.

81 『홍재전서』 권179, 羣書標記 1 御定 1, 兩賢傳心錄.

조는 자신이 세손 시절 이 책을 편집했다는 사실을 공표했다.[82] 심지어 송시열의 후손인 송덕상宋德相(?~1783)에게는 직접 이 책을 보여주기까지 했다.[83] 인쇄하여 반포할 의지가 있었던 것이다. 그러나 정조는 이 책의 간행을 서두르지 않았다. 정확하게 말하자면 서두르고 싶었지만 서두를 수 없었다. 송시열에 대한 평가가 엇갈리는 상황에서 정쟁의 빌미를 제공할 수 있었기 때문이다.[84] 이 책은 순조대에 들어서서 비로소 인쇄되었다.

『육주약선』陸奏約選은 경세학의 전형을 보여주는 선본 중 하나였다. 『정조실록』은 『육주약선』에 대해 이렇게 기록하고 있다.

『육주약선』이 완성되었다. 상이 평소 육지의 주의奏議가 명백하고 간절하여 정치와 교화에 보탬이 있다고 여겼는데, 즉위한 초기에 교서관에 명하여 전집을 인쇄하여 반포하도록 하였다. 그 뒤 직접 그중에서 가장 정수에 해당하는 29편을 뽑아 이황李滉의 『주서절요』朱書節要의 의례를 모방해서 자구를 절산節刪해서 송독誦讀에 편리하게 하였는데, 이때에 이르러 다시 고쳐서 2편으로 만들고 각신 서유구 등에게 명하여 교정을 거쳐 활자로 인쇄하게 하였다.[85]

정조는 재위 기간 내내 육지의 저작을 특별히 중요하게 여겼다. 그런데 『육주약선』의 실제 배포 범위는 어느 정도였을까. 『일성록』日省錄에서 확인되는 『육주약선』의 배포처는 책 부록의 〈표 5〉와 같다. 총 502부가 간행되었는데, 그중 궐 안으로 들이게 한 내입본內入本이 330부로 과반수를 훨씬 넘는

82 『정조실록』, 정조 즉위년 5월 24일.
83 『정조실록』, 정조 3년 1월 29일.
84 『홍재전서』 권162, 日得錄 2.
筵臣請以是書刊行 上難之曰 是固予所欲也 然使先正之道 得行於今日足矣 何係於是書之刊不刊哉 且半世之人 皆不滿於先正 而常疑予之或偏厚於一邊人 (……) 萬一因此復起昔日之紛紜 朝廷士林 當作何等貌樣耶(待教臣金祖淳己酉錄).
85 『정조실록』, 정조 21년 윤6월 12일.

다. 기관 중에는 규장각 도서실인 서고西庫에 보내진 것이 100부였다. 나머지는 규장각 전현직 각신, 편찬에 참여한 초계문신과 검서관 등에게 한 부씩 분배되었다. 지방 지식인, 심지어 규장각 출신이 아닌 관료 중에 개인 자격으로『육주약선』을 하사받은 사람은 거의 없었다.『육주약선』은 또『시전강의』,『주서백선』,『좌전』,『사기영선』 등과 함께 초계문신을 위한 강독용 교재로 쓰이기도 했다.[86] 그렇다면 정조는『육주약선』의 독자를 규장각 각신이나 서울 지식인으로만 한정했던 것일까. 그러나 그렇게 말하기 위해서는 내입본과 서고 소장본의 사용처를 확인해야 한다.

선본을 포함한 여러 종의 도서들은 각종 시험 입상자에게 부상으로 주어지기도 했다.[87] 1797년(정조 21) 정조는 화성을 포함한 인근 10읍 유생들에게 응제시를 베풀고 답안지를 직접 채점하여 합격자를 발표했다. 이때 합격자에게 주어진 시상 내역을 살펴보면 책 부록의 〈표 6〉과 같다. 부상으로 배포된 서적은『사기영선』,『오륜행실』,『육주약선』,『대본규장전운』大本奎章全韻,『소본규장전운』小本奎章全韻 등 총 5종이었다.『사기영선』,『오륜행실』,『육주약선』이 모두 합쳐 24질 배포된 데 비해『규장전운』은 대본과 소본을 합쳐 247질이나 되었다. 이런 현상이 생길 수밖에 없었던 것은 이 5종의 도서가 각각 해당 성적에 따라 배부되었기 때문이다. 이상二上은『사기영선』, 삼상三上은『오륜행실』, 삼중三中은『육주약선』, 삼하三下와 초삼하草三下는『대본규장전운』, 차상次上과 초차상草次上은『소본규장전운』을 각각 하사받았다. 입상자의 등급에 따라 피라미드 형태가 되기 때문에 자연히『규장전운』을 하사받는 사람이 많을 수밖에 없었던 것이다.

규장각 간행본은 성균관 유생들을 대상으로 한 시험에서도 비슷한 방식으로 하사되었다. 그해 10월, 정조는 성균관 유생들에게 응제시를 보게 하고 직접 채점한 뒤 시상했다. 채점 결과 이하二下의 수석을 한 사람은 5품직에

---

86 『내각일력』, 정조 21년 윤6월 29일.
87 『정조실록』, 정조 21년 9월 12일.

임용하고, 이하二下의 차석을 한 사람에게는 군직을 주었다. 삼상三上에 수석으로 든 사람에서부터 초삼하草三下에 이르는 성적을 받은 사람에게는 규장각 간행본을 주었다. 삼상 중 수석을 한 사람과 나머지 삼상의 성적을 받은 사람은 『팔자백선』 한 질씩을 하사받았다. 또 삼중三中 가운데 수석을 한 사람은 『오륜행실』을, 삼중 가운데 2위, 3위를 한 사람은 『팔자백선』을, 그리고 나머지 삼중과 초삼중, 삼하의 성적을 받은 사람들은 『육주약선』 혹은 『향례합편』을, 그리고 초삼하草三下를 받은 사람은 『소본규장전운』 한 질씩을 하사받았다. 이 시험에 부상으로 주어진 규장각 간행본은 『팔자백선』 6질, 『오륜행실』 1질, 『향례합편』 1질, 『육주약선』 13질, 『소본규장전운』 15질이었다.[88] 1798년(정조 22) 성균관 유생을 위한 2차 응제시가 있었다. 관직에 직접 임용되는 최상위 성적자를 제외하고는 입상자 대부분이 규장각 간행본을 받았다. 삼중 2인과 4인은 『사기영선』, 『주서백선』, 『오륜행실』 가운데 한 질을, 삼하 15인과 초삼하 36인은 각각 『대본규장전운』과 『소본규장전운』 한 질씩을 받았다.[89]

『사기영선』, 『오륜행실』, 『팔자백선』, 『주서백선』, 『육주약선』, 『규장전운』 등을 시험의 부상으로 내리는 관행은 고종 때까지 이어졌다. 그러나 이렇게 배포되는 규장각 간행본, 특히 선본의 수는 배포된 전체 선본의 규모에 비하면 적은 양에 불과했다.

교화에 관한 책은 번각본이나 언해본을 만들어 면리 단위까지 보급했지만, 의리학과 경세학에 관한 일반 서적의 배포 범위는 규장각 각신, 그리고 서울의 관료 집단과 성균관 유생 정도를 크게 넘어서지 않았다. 이 점은 정조가 생각한 문치주의文治主義와 출판 활동의 본질을 이해하는 데 많은 시사를 준다. 정조가 서학西學과 문풍文風을 문제 삼으면서 그 대안을 제시하려고 했을 때, 그의 시선 안에 지방과 지방 지식인이 들어 있지는 않았다. 정조는 책

---

88 『내각일력』, 정조 21년 10월 18일.
89 『내각일력』, 정조 22년 12월 15일.

을 통해 지식인 사회에 직간접으로 개입하고 싶어했지만, 그 범위는 서울-경기 권역의 지식인일 뿐이었다.[90]

그렇다면 정조는 지방을 다만 교화의 대상으로만 바라보았던 것일까. 정조가 지방을 보는 시선은 육지陸贄의 전략과 무관하지 않다. 정조의 그림은 대략 이런 것이었다. '어떤 시대를 만들어갈 것인지는 어떤 지식을 누구와 논의할 것이냐의 문제다. 새로운 지식이 넘쳐나는 가운데 정학正學은 쇠퇴 일로에 있다. 정학으로서의 의리학, 경세학을 세우기 위해서 가장 긴요한 일은 선본을 편찬해 과거 합격자에게 배포하거나 각신들을 교육하는 것이다. 직접 교육할 수도 없는 전국의 유생들에게 선본을 배포하는 것은 불가능할 뿐만 아니라 무의미하다. 서울과 경기의 지식인들을 정학 쪽으로 돌려세울 수 있다면, 지방은 자연스럽게 따라올 것이다.' 정조는 자기의 방식으로 지식인 커뮤니티와 소통을 시도했다. 그러나 그것은 엄밀한 의미에서 소통보다는 '개입'에 가까운 것이었다.

90　정조가 지방의 재정을 끌어다가 서울 각 기관의 재정을 충실하게 하려 한 것도 '서울과 왕기를 바로잡으면 전국을 바로잡을 수 있다'고 생각했기 때문일 것이다.

2장

지방 지식인 황윤석을 통해 본 지식의 공유 양상

황윤석이 경세론보다 수리론에 몰두한 이유

서울-경기 권역의 지식인들을 대상으로 지식을 통제하고 그 방향을 유도하려 했던 정조의 전략은 그 시대의 특성과 부합하는 면이 있었다. 18세기의 탕평군주들은 더 이상 산림山林이 가져왔던 학문적, 정치적 권위를 인정하지 않았다. 학계는 서울 학계와 지방 학계로 분리되어갔고, 같은 당파 안에서도 서울과 지방의 차이가 중요해졌다. 청나라에서 들어오는 새로운 지식정보들도 서울로 집중되었다. 서울에서는 도시문화를 공유하는 지식인들이 등장했다. 18세기 조선은 명실공히 '경향분리'京鄉分離의 시대였다고 해도 과언은 아니다.

도시문화는 그 안쪽에 있는 사람에게 동질성과 안락함을 상징했을지 모르지만, 그 바깥쪽에 있는 사람에게는 다만 벽과 불편함이었을 것이다. 지식의 소통 양상과 직결되는 많은 변수 가운데 학계의 경향분리가 가져온 파장을 먼저 검토해야 하는 데는 그런 이유가 있다. 이런 시대적 상황 속에서 지방 지식인은 어떤 자기정체성을 가졌으며, 서울-경기 권역을 어떤 시선으로 바라보았는가. '박학다식한 실학자'로 알려진 황윤석黃胤錫(1729~1791)은 '경향분리의 시대를 살다 간 지방 지식인'의 정체성이 어떤 것인지를 잘 보여주는 인물이다.

황윤석은 백과전서적이라 불러도 좋을 만큼 다양한 지적 편력을 보여주었다. 의외인 것은 그런 많은 아이디어 중 경세에 관한 구상이 많지 않다는 점이다. 현실 문제에 무심했던 것은 아니다. 그는 도량형의 통일을 주장하는 등[91] 수학적 지식을 실생활에 활용하는 것을 중요하게 여겼다. 선비와 수학의 관계에 대한 황윤석의 논리는 대략 이런 것이다. '산수算數는 만물의 벼리이며, 토지제도는 국가의 근본이니 수령칠사守令七事가 모두 그런 것들과 연관되지 않는다고 할 수 없다. 따라서 선비는 가감승제에서 시작되는 산수를 잘 알아두어야 한다.'[92] 수령에게 수학적 안목이 왜 필요한가를 잘 설명해주는 주장이다. 그러나 '무릇 현실에 뜻을 둔 선비라면 우주 안에서 벌어지는 일이 자기의 직무 아닌 것이 없을 것'이라고 생각하는 황윤석에게 수학은 '독서하는 여가에' 익히면 되는 그런 지식이었다.

황윤석은 제도 전반의 문제를 거론하기도 했다. 정지순鄭持淳이 황윤석에게 '경제사무'經濟事務에 대해 뜻을 두고 있지는 않은지 물었다. 정지순은 소론계 관료인 정경순鄭景淳(1721~1795)의 동생이다. 황윤석은 정지순에게 이렇게 답했다. "대인大人만이 만화萬化의 근원을 바로잡을 수 있기 때문에 경세의 문제는 저 같은 시골 선비가 논의할 일은 아닙니다."[93] 물론 겸양이 섞인 답변이다. 그러나 스스로를 '지방 선비'라고 보는 황윤석이 경세를 자기 몫이 아니라고 말하는 대목은 의미심장하다. 그는 또 기능이 중첩되거나 잘못 편제된 군사·관료기구를 정돈해야 한다고 말하면서도, 구체적인 해법을 제시하지는 않았다. 다만 '민산民産을 늘려 나라의 근본을 공고하게 해야 한다'거

---

91 황윤석, 『이재난고』 권14, 영조 46년 2월 27일.
近來外邑 往往因其零數 陞作全數 如九負八九束之陞爲十負 猶是加賦而如九負一二束 亦復陞爲十負何也 此雖近於瑣說 而自里而面 自面而邑 自邑而道 其爲加賦者 幾何 此亦廟堂所當知也.
92 황윤석, 『이재난고』 권10, 영조 44년 6월 26일.
莊陵謄錄帖背小識; 士苟存心於經世則 宇宙內事 孰非己分之當爲者哉 況算數者 萬物之紀 田制者 有國之本 而七事 又其總會也 讀書淸暇 不可不旁通 明矣.
93 황윤석, 『이재난고』 권11, 영조 44년 8월 22일.
昨日 鄭安峽又言 經濟事務 亦嘗留意否 余曰 此非迂儒所可議也 雖然亦嘗思之 惟大人 先格萬化之源 此固未易.

나 '사私를 없애야 한다'고 말할 뿐이었다. 더구나 그는 이런 원론적인 방안이 실천될 수 있으리라고 전망하지도 않았다. 그는 이렇게 말했다. "이는 전배前 輩 대현大賢들이 힘쓰지 않았던 바가 아니니, 하물며 지금 사람에서이랴."[94]

황윤석은 제도를 정비하고 절목을 구체화하는 것으로 현실 문제를 해결할 수 있다고 보지도 않았다. 그의 생각은 균역법을 '실패한 정책'으로 평가하는 것에서 잘 드러난다. 그 요점은 두 가지다. 아무리 좋은 제도라도 늘 좋을 수는 없으며, 제도를 잘못 만들었다가는 기존 제도를 유지하는 것보다 못한 결과를 초래하기 십상이라는 것이다. 1769년(영조 45) 홍계희가 왕명을 받고 과거제도 개선안을 만들었다. 홍계희는 서울과 지방에 각각 정원을 두어 추천을 받은 후, 그들을 대상으로 시험을 치르는 안을 생각했다. 황윤석은 홍계희의 구상을 낮게 평가했다. 아무리 훌륭한 제도라도 반드시 폐단이 드러나게 마련이므로 제도를 맹신해서는 안 된다는 것이다. 황윤석에 따르면, 균역법의 실패는 교화와 근본을 바로 세우지 않은 상태에서라면 어떤 법제라도 성공하기 어렵다는 점을 이미 증명해주었다.[95] 균역법과 과거제도에 대한 황윤석의 주장은 17세기 왕도론자들의 주장과 크게 달라 보이지 않는다.

황윤석은 유형원柳馨遠(1622~1673)의 명성을 익히 들어서 알고 있었다. 황윤석이 박성석이라는 사람을 만난 자리에서 『반계수록』에 대해 물었다. 박성석은 유형원이 '옛사람이 제작한 뜻'을 잘 이해한 사람이며, 언젠가 그의 개혁안이 크게 쓰일 것이라고 말했다. 황윤석은 균역법을 주도한 홍계희가 유형원의 『반계수록』을 높이 평가한 사실을 알고 있었던 듯하다.[96] 그러나 제도의 유용성을 신뢰하지 않는 황윤석이 홍계희처럼 『반계수록』을 높이 평가

---

94 황윤석, 『이재난고』 권11, 영조 44년 8월 22일.
自餘田制兵制可論者甚多 而須先制民之産 俾固邦本 然後餘可議也 今日許多典例文字 非不夥然 而擧皆末也 非本也 國家須先祛私之一字 大綱旣擧 則萬目自張矣 此前輩大賢所未能致力者況今人乎.
95 황윤석, 『이재난고』 권14, 영조 46년 3월 27일.
蓋古今未有無弊之法 其始也 創業開國者 備悉百姓便否 立經陳紀 若將百世遵行 而後世用是法者 非其人於是 謂之有弊而革法 究其實 豈特法之罪哉 一用一革 固是通義 而革之未善 則不如因舊之寡過 俚諺曰 無改舊法 無創新法 斯言亦有理哉.

할 리는 없었다. 황윤석은 『반계수록』이 경상감영에서 간행된다는 소식을 들었을 때도 특별한 논평을 남기지 않았다.[97] 뒷날 황윤석은 『반계수록』을 직접보게 되었고, 유형원이 '경제지학'經濟之學을 대표하는 지식인이라는 점을 인정하게 되었다. 그러나 그 시점에서조차 황윤석은 경세론에 관한 유형원의주장을 자신의 문제의식 안에 녹여내지는 않았다.

황윤석에게 경세에 관한 치열한 문제의식을 기대하기 어려운 것은 분명하다. 그러나 그에게 유형원과 일치하는 대목이 전혀 없는 것은 아니다. 가장눈에 띄는 것은 수리론數理論이다. 황윤석은 자신의 수리론이 점치는 술법으로 여겨지는 것을 걱정했다. 자신의 문제의식이 정당하다는 것을 증명하기위해서는 먼저 주자를 인용할 필요가 있었다. 『이수신편』理藪新編의 서문에서 그는 이렇게 말했다. "주자께서 일찍이 말씀하시기를 '역易의 상수象數는처음에는 매우 간단했으나 요즘 사람들이 그 내용을 이해하지 못하고 도리어음무淫巫, 고사瞽史의 학學으로 여기니, 그 또한 잘못된 것이다'라고 하셨으니, 그 말씀이 과연 증험된다 하겠다. 지금 이 책에 실려 있는 내용은 옛사람의 지론이 아닌 것이 없는데도 사람들이 이를 알지 못하고 문득 '우원迂遠하고 현매玄昧하여 요즘 사람이 알 수 있는 것이 아니다'라고 하고, 심지어 '시문時文에 맞지 않는다'고 배척하니, 개탄스럽다."[98]

그가 선택한 또 하나의 전략은 역易과 수리數理에 대한 다른 저작을 비판하는 것이었다. 자신의 수리론이 순정한 것이라는 사실을 증명하기 위해서는

---

96 황윤석, 『이재난고』 권2, 영조 33년 9월 24일.
又日 柳磻溪隨錄規模如何 朴日 此老益知古人制作之意 有王者作 必來取法 然若其隨時變通則在乎增減之如何耳.

97 황윤석, 『이재난고』 권13, 영조 45년 11월 20일.
伏聞有命因筵白 令嶺營刊 故進士柳馨遠 磻溪隨錄.

98 황윤석, 『이재유고』 권11, 序, 理藪新編序.
朱子嘗有言曰易之象數 初甚簡易 今人不得其說 反遂詆以爲淫巫瞽史之學 其亦誤矣 噫其果驗矣哉 今夫是書之所載者 何莫非古人之至論 而光明洞白 眞意爛漫 終無難曉之理 苟求其所以狀之故 則古人之不我欺者 於此可知 今之人不此之爲 而輒以爲迂遠玄昧 自非今人之可曉者 甚至斥之以爲不合於時文 噫其可慨也已.

문제가 있다고 판단한 텍스트를 확실하게 부정할 필요가 있었다. 그가 비판한 것은 양웅의『태현경』이었다. 황윤석은 주자가 역易을 오염시킨 주범으로 곽자화郭子和를 지목했던 사실을 떠올리면서, 양웅이 끼친 해악이 곽자화와 다를 바 없다고 주장했다. 주자를 근거로 양웅을 비판함으로써 자신의 수리론이 주자의 원칙에서 한 걸음도 벗어나지 않았음을 드러내려 했던 것이다.[99]

황윤석의 입장에서 수리에 대한 자신의 관심이 정당하다고 말하려면 조심해야 할 일이 또 하나 있었다. 그것은 서양 학문이나 서양 문물을 보는 관점의 문제였다. 오랜 노력 끝에 서양 천문학·역산학 관계 서적을 보게 된 그가 이렇게 말했다. "대명大明의 유민遺民인 내가 청주淸主가 편찬한『율력연원』律曆淵源을 손에 넣게 되었다. 책을 살펴보니 탄식이 절로 나온다. 심원하고 정밀하고 자세하구나. 진실로 진나라 한나라 이래의 학자들이 알지 못했던 내용들이다. 내 좀 더 일찍 이 책을 보았더라면 30년 동안 이처럼 고민하지는 않았을 것을."

그는 서양의 천문학이나 역산학을 애써 외면하는 조선 지식인들을 비판했다. 그는 서양의 학문은 내용상 명나라 말의 성과를 계승한 것이기도 하므로 배워야 한다고 말했다. 성현의 말씀을 원용할 수 있다면 더욱 좋을 것이다. 그는 '예실구저야禮失求諸野'라는 공자의 말을 빌려왔다. '천하가 어지러워 예를 잃게 되면 민간의 비야鄙野한 사람에게서라도 그것을 구해야 한다'는 뜻이다. 황윤석에게 서양 과학 서적을 공부하는 일은 곧 성현의 말씀을 실천하는 행위이기도 했다.[100]

서양 학문에 대한 황윤석의 시선은 확실히 우호적이었다. 그렇지만 그가

---

99 황윤석,『이재유고』권12, 題跋, 題太玄筮法附解後.
按太玄筮法本解欠明 余故爲之發微訂誤如此 觀者詳之 (……) 朱子曰近來說得太乖 自子和始 此易筮耳 而玄筮本解 大抵與子和相近 是亦不可以不攷也.

100 황윤석,『이재유고』권12, 題跋, 題數理精蘊寫本.
大明遺民黃子 旣得淸主所撰律曆淵源 閱之歎曰深矣遠矣 精矣密矣 詳矣明矣 誠秦漢以下律曆數三家所 未始有 向使我早覩 豈其三十年疲思生病至於如此 (……) 毋論西東 其追明羲和后夔商高之緖餘則一爾 禮失求野 庸不狀哉 若我東又由是溯諸所原 則不妨資慕風泉.

서양에 관한 모든 것을 그렇게 생각하지 않았던 점에 주의를 기울일 필요가 있다. 그는 서양에서 만들어진 '새롭고 신기한' 것에 대해서는 경계심을 늦추지 않았다. 황윤석의 입장에서 본다면 수리數理에 대한 세간의 의구심을 불식시키기 위해서라도 서양 과학을 대하는 원칙을 설정하는 것은 중요한 문제였다.[101] 그에게서 '북학'北學이나 '명물도수지학'名物度數之學, 나아가 개혁론에 관한 문제의식을 읽기 어려운 것은 아마도 '원칙을 가지고' 서양 과학을 대하려 했던 그의 자세와 무관하지 않을 것이다. 그렇다면 황윤석은 무엇을 하기 위해 그렇듯 오해를 받으면서까지 수리학·천문학·역산학을 고집했던 것일까.

황윤석이 관상감에서 올린 월식단자를 보고 남긴 논평은 이 점을 이해하는 데 도움을 준다. 이 단자에는 '내편외편'內篇外篇에 관한 이야기가 등장한다. 그것은 세종 때 만들어진 칠정산 내·외편을 뜻한다. 내편은 원나라의 수시력授時曆 혹은 명나라의 대통력大統曆을, 외편은 명나라에서 대통력과 함께 쓰던 회회력回回曆을 가리킨다. 황윤석이 문제 삼은 것은『명사』明史였다. 청나라 때 편찬된 이 책에는 대통력과 회회력 등 명나라의 역법에 관한 내용이 실려 있지만, 편찬자인 장정옥張廷玉(1672~1755)이 역사학에 정통하지 못한 데다가 기록이 유실된 까닭에 관련 내용이 부실해졌다는 것이다. 그는 이 대목에서 '예실구저야'禮失求諸野라는 공자의 말을 다시 끌어왔다.[102] 『명사』천문지天文志의 오류를 바로잡는 일을 누군가 해야 한다는 의미일 것이다. 그 누군가는 물론 황윤석 자신이다.

황윤석은 왜 많은 역대 정사正史 가운데 하필『명사』를 문제 삼은 것일까. 『명사』천문지는 편찬자인 장정옥이 서양 사람의 도움을 받아 만든 것이었으

101　황윤석,『이재유고』권9, 書, 答金宅瑋書(乙巳).
向來輪鐘之治 良幸勤勞 而分擋以來 老眼不敢下手 只俟明春更顧之約耳 此雖一物 亦虛棄可惜 安得拘於玩喪而已乎(……) 狀此等數理 初亦六藝之遺 而世之無目者往往混而歸之於術家 近有一巨公書以徹我 謂西書恐爲末世藏奸之地 此言雖出過information 亦自有深意可見.
102　황윤석,『이재유고』권12, 題跋, 書觀象監月食單子後.
大統回回 今雖幷列明史 而清人張廷玉短於史學 闕訛甚多 亦緣明季大亂之後 載籍散佚故耳 以視我朝鄭麟趾所編高麗史曆志 可謂同病也 余嘗欲取七政內外篇 以正明史誤處 庶幾禮失求野之意耳.

므로 그 안에 서양 수학과 천문학·역산학에 관한 지식이 들어 있었다. 내용의 오류가 없지 않았지만, 내용 그 자체를 문제 삼을 만한 상황은 아니었던 것이다. 황윤석이 문제 삼은 것은 『명사』 천문지의 논조가 왕안석의 아이디어와 크게 다르지 않다는 점이었다. 왕안석이 이렇게 말한 적이 있었다. "천변天變은 두려워할 필요가 없고, 조종祖宗은 법도로 삼을 필요가 없으며, 인언人言은 근심할 필요가 없다."[103] 하늘을 두려워하고 조종을 법으로 삼으며 여론의 동향을 염두에 두어야 한다고 생각하는 황윤석이었으므로, 나아가 '황명皇明의 유민遺民'임을 자처한 그였으므로, 그런 각도에서 『명사』 천문지를 문제 삼은 것이다.[104] 황윤석이 추구하던 수리와 천문학·역산학, 더 나아가 서양 과학은 그런 맥락 위에 있었다.

그런 그의 생각은 그가 공부해온 과정과 무관하지 않을 것이다. 황윤석은 정지순을 만난 자리에서 이렇게 말했다. "어렸을 적에 가정에서 배울 때부터 이미 옛것을 배우는 데 뜻을 두어서 우선 『주역』으로부터 이하 여러 경전을 차례로 익혔습니다. 그로 인하여 『성리대전』性理大全에 대해 더욱 공부하여 혹 제 견해를 기록하기도 하고 혹 선배들의 학설을 어지럽히기도 하여 오의奧義, 미사微辭와 궐자闕字, 의문疑文에 하나하나 각기 전주箋註를 만들었으니, 위로는 역범易範, 성명性命, 이기理氣의 근원에서 율력律曆, 산가算家에 이르기까지 또한 거의 범람汎濫했습니다."[105] 그는 또 이렇게 말했다. "20여 년 동안 『성리대전』 한 질에 대해서는 용공用工함이 없지 않으며 음양, 성명, 역

103　황윤석, 『이재유고』 권12, 題跋, 題張廷玉明史天文志 呂晚邨四書講義謄本後(在家藏象緯指要).
按張廷玉修明史 其天文曆象 多採崇禎年間西洋人湯若望等說 蓋利瑪竇餘論 而廷玉當淸乾隆之際 同時戴進賢亦西洋人 如本史曆法沿革 實所贊成云 戊寅卽崇禎十一年也 大抵西說 只據常度言之 便與王安石三不足畏者 駁駁同歸 晚邨所以深闢也 爲人君者可不鑑哉.

104　정조 때 이덕무가 『송사전』을 편찬하면서 가졌던 역사 인식도 이와 크게 다르지 않았을 것이다. 『송사전』에 대해서는 이성규, 1980, 「宋史筌의 편찬 배경과 그 특색 – 조선학인의 중국사 편찬에 관한 일연구」, 『진단학보』 49: 김문식, 1999, 「송사전에 나타난 이덕무의 역사 인식」, 『한국학논집』 33 참조.

105　황윤석, 『이재난고』 권11, 영조 44년 8월 21일.
蓋自少 舊學于家庭 已得妄意學古 而先從周易以下諸經 次第貫熟 因就性理大全一帙 尤加工夫 或記管見 或援前輩說話 微辭奧義 疑文闕字 一一各有箋註 而上自易範性命理氣之原 以至律曆算家 亦庶幾汎濫矣.

범, 율력, 산수, 성음聲音, 자서字書에 대해서도 『성리대전』을 공부하다가 알게 되었습니다."[106]

황윤석이 자신의 학문적인 출발점을 『주역』에서 찾고 있다는 사실에 주목하면서 정지순과의 대화를 계속 살펴보자. 화제는 자연스럽게 『주역』과 그 주석서에 관한 것으로 이어졌다. 정지순이 강희제 때의 책인 『주역절중』周易折中과 명나라 때 내지덕來知德이 편찬한 『주역집주』周易集註에 대해 물었다. 황윤석은 내지덕의 역에 대한 설명이 주자의 아이디어를 벗어나지 않는다고 평가했다.[107]

황윤석이 『주역』에 이어서 공부한 것은 『성리대전』이었다. 그는 조선에서 간행된 『성리대전』으로 공부했지만, 이 조선본에는 적지 않은 오류가 있었다. 교정할 마음을 먹어보지 않은 것도 아니었지만, 그러기에는 잘못된 부분이 너무 많았다. 그러던 차에 중국에서 간행된 『성리대전』한 질을 손에 넣게 되었다. 기대를 가지고 펼쳐보았지만, 역시 많은 오류를 발견하고 실망할 수밖에 없었다.[108] 정황으로 보면 『성리대전』 정본화의 필요성을 느꼈음직하다. 하지만 『성리대전』에 대한 그의 시선은 다른 곳을 향했다. 송시열이 『주자대전』에 자신의 견해를 보완한 『주자대전차의』朱子大全箚疑를 편찬한 것처럼, 자신 또한 '성리대전차의'性理大全箚疑 같은 책을 펴내고 싶어했던 것이다.[109]

황윤석과 정지순의 대화는 『기하원본』幾何原本과 채침蔡沈(1167~1230)의 『홍범황극내편』洪範皇極內篇에 대한 것으로 이어졌다. 『기하원본』은 서광계徐

---

106   황윤석, 『이재난고』 권11, 영조 44년 8월 13일.
余曰 自少以來 學于家庭 出則奉教長者 二十餘間 就性理大全一帙 不無用工 而陰陽性命易範律曆算數聲
音字書之微 亦或因而旁通矣.

107   황윤석, 『이재난고』 권11, 영조 44년 8월 21일.
鄭曰 曾見周易折中乎 余曰未也 鄭曰此乃康熙所撰 而因古周易 分輯四聖之易 而不令相混 今人或有取焉
恐不如來氏之易耳 余曰 來易曾得一見 其所主張 不出錯綜互變四字 而未見能出朱子之範圍也.

108   황윤석, 『이재유고』 권12, 題跋, 題性理大全.

109   황윤석, 『이재난고』 권9, 영조 43년 12월 9일.
昨夜李君英玉與余相話 余言 平日用力於性理大全 將依尤翁朱子大全箚疑例 從頭至尾 竊識淺見 以成註
語 今已過半 如漢之律曆志 亦被古今傳印之訛 以至字誤簡錯 而千載無一人釐正者 甚可恨也 吾旣釐正 思
欲質於當世識者 尊或不鄙則幸矣.

光啓(1562~1633)와 마테오 리치Matteo Ricci(1552~1610)가 유클리드의 기하학 서적 중 전반부를 번역한 책이며, 『홍범황극내편』은 수리로써 우주와 인간의 문제를 해명한 책이다. 황윤석이 『홍범황극내편』의 가치를 새롭게 발견한 것은 정지순을 만나기 한 달 전쯤이었다. 우연히 『태현경』의 존재를 알게 된 황윤석은 『태현경』의 역리와 수리를 활용해 『홍범황극내편』을 보완하고 풀어내려 했다.[110] 『태현경』의 저자인 양웅은 홍계희洪啓禧와 김석문金錫文이 거론한 바로 그 인물이다. 김석문과 서명응에게 『태현경』은 소옹의 상수학과 서양 천문학·역산학을 조합하는 근거였지만, 황윤석에게 그것은 『홍범황극내편』의 수리적 원리를 밝히는 도구 그 이상도 이하도 아니었다.

　황윤석이 『성리대전』을 통해 주목하게 된 것은 소옹의 『황극경세서』와 채침의 『홍범황극내편』이었다. 황윤석의 스승 김원행金元行(1702~1772)은 주자가 수학과 율려律呂에 대해 두루 알고 있었다는 사실, 송시열이 초학자에게 이 분야를 권유했던 사실을 모르지 않았다.[111] 김원행의 관점에서 보면, 수리와 역학은 주자와 송시열이 제시한 의리의 경계 안에서 다룬다면 크게 문제될 것은 없다. 송희상이라는 인물이 채침의 『홍범황극내편』을 보완하여 책을 펴낸 일이 있었다. 김원행은 이 책이 채침의 뜻을 이해한 것인지는 알 수 없다고 말했다. 황윤석도 송희상의 수리 이해가 『태현경』에 가까운 대목이 들어 있다며 비판했다.[112] 황윤석은 김원행처럼 채침의 문제의식을 정확히 이해

110　황윤석, 『이재난고』 권11, 영조 44년 8월 21일.
愚之行中隨身 適有性理大全中太極·通書·西銘·及洪範內篇 近來潛究內篇 蓋知其味之無窮 而太玄筮法亦或參考 蓋皇朝人 有解太玄者 而筮法太疎 崔相嘗爲三淵更解 而六算之說 猶未免謬 愚固於此 己爲之改正 而如漢書 麗史之曆志 及明史曆志 亦皆修校 或有已了者 或亦未了耳.

111　황윤석, 『이재난고』 권2, 영조 33년 9월 5일.
執義丈曰 然則經世洪範 果無可疑否 對曰小生所視 只是性理大全 而其中所編經世則非全書 洪範則未成之書 雖曰畧約究觀 豈可謂之無疑乎 執義丈曰 某於此等文字 力未暇究 今聞尊說甚慰 昔程子未嘗一言及數 雖未知何如 而朱子則 於數學律呂 實多覽旁通 尤庵亦嘗令初學 覽此等文字 尊若久住講說 豈非好事.

112　황윤석, 『이재난고』 권2, 영조 33년 9월 6일.
執義丈曰 洪範篇 旣未成書故 淸谷宋參奉奉義相氏續成八十一章 各章辭語 如易爻下辭 此丈是圭庵後孫 博通理數 有此終成 但未知必得九峯本意 然其文亦太炯燁矣 尊於九峯 本文旣已究觀 未知於其文 以爲如何 對曰 眇未後學 何敢質言 但其七十二候分排之例 或近於太玄耳 執義丈曰 三淵從祖 平日亦嘗深病太玄矣

하는 것이 중요하다고 보았지만, 수리는 결코 학문의 본령이 될 수 없다고 보는 스승을 완전히 납득시키지는못했다.[113]

　김원행은 수리에 대한 황윤석의 태도에 의구심을 감추지 않았다. 그러나 황윤석이 이해한 역易은 의리역義理易 쪽에 좀 더 가까웠다. 정지순이 『기하원본』이 수학책인지를 묻자 황윤석이 이렇게 답했다. "『기하원본』이 어찌 산수에 그치겠습니까! 무릇 물物에는 장단長短의 도度가 있으며 칙則에는 다소의 수數가 있으니 이 책의 대지大旨는 '도度가 있으면 수數가 있다'는 것입니다. 또한 『홍범황극내편』에서 말하길 '수라는 것은 만물의 벼리(紀)다'고 했으니 물物 중에 어찌 수의 테두리에서 벗어난 것이 있겠습니까? 채침이 이 책을 편찬하다가 완성하지 못하고 죽었으니, 이 책을 보완하고 풀어낸다면 어찌 다행스럽지 않겠습니까."[114]

　채침에게 수리는 어디까지나 우주를 거쳐 인간에게로 환원하는 것이었다. 황윤석 역시 수리를 의리와 병렬적인 관계로 여기지 않았다. 그에게 수리는 의리로 회귀하는 것이어야 했다. 그런 점에서 수리에 관한 황윤석의 발상은 철저히 주자적인 기초 위에서 성립된 것이었다. 황윤석에 따르면, 『주역』의 감리坎离 두 괘卦는 성경誠敬의 오묘함을 밝힌 것이므로 만세토록 도학道學의 종조宗祖가 된다. 또 역이라는 것도 의意, 언言, 상象, 수數 네 가지일 뿐이니 이미 수가 있다면 율력律曆의 수數도 이것에서 벗어나지 않는다.[115] 그는

胤錫曰 靜觀齋扵太玄 聞亦考觀耳 執義丈曰然.

113　황윤석, 『이재난고』 권2, 영조 33년 9월 6일.

夕又與台世 往訪龍仁上舍丈 子健丈曰 渼陰話及夐邊 以略象數之說 有功扵易學 若使不流扵方技則 豈不好乎云云.

그런 의구심을 불식시키기 위해서라도 황윤석은 『태현경』에 대한 입장을 더욱 분명히 할 필요가 있었다. 황윤석의 『태현경』에 대한 인식은 시종일관 부정적이었다. 황윤석은 『주역』을 변형한 『태현경』을 『주역』의 산법이나 채침의 문제의식과 같은 것으로 받아들일 수는 없었다.

114　황윤석, 『이재난고』 권11, 영조 44년 8월 21일.

余曰 豈止此也 凡物有長短之度 則有多少之數 此書大旨 有度而有數矣 且洪範皇極內篇云 數者萬物之紀也 物豈有出扵數外者哉 抑蔡九峰 既撰此書 未完而卒 曾見退溪集中云 中國人豊城朱隱老者 爲之解而未得見矣 今人若爲此書 補之解之 豈非幸也.

115　황윤석, 『이재난고』 권11, 영조 44년 8월 21일.

『성리대전』을 통해 소옹의 상수학을 접했지만, 그에게 수리는 결코 도학의 맥락을 넘어선 것은 아니었다.[116]

이런 지점들이 소옹의 상수학에 대한 홍계희, 김석문, 황윤석의 발상 차이를 잘 보여준다. 의리와의 연관 속에서 상수를 위치 지으며, 그것을 기초로 경세론을 제기하려 했던 것은 홍계희였다. 김석문은 상수의 기초 위에서 서양 천문학·역산학을 이해하는 문제를 가장 중시했다. 홍계희와 김석문에게 그들 나름의 논거가 없는 것은 아니었다. 그러나 황윤석에게 상수학과 서양 천문학·역산학은 주자의 의리학을 보완하는 도구였을 뿐이다.

『이수신편』 서문에서 황윤석은 수리가 자신이 일생 동안 정력을 기울인 분야라고 말했다. 황윤석은 자신의 수리 공부가 정당하다는 근거를 주자에게서 찾았다. 조인영趙寅永이 지은 『이재집』 서문에서도 황윤석의 학문체계에서 수리가 어떤 의미였는지를 짐작할 수 있는 대목이 나온다. 조인영은 황윤석이 궁리窮理와 격물格物에 뜻을 두어 역易 공부가 마무리되자 역상曆象, 악률樂律, 자의字義, 산술筭術 공부로 넓혀갔다고 한다.[117] 그에게 수리의 뿌리는 역易이며, 역易의 뿌리는 궁리와 격물이었다.

황윤석은 홍계희가 그랬던 것처럼 노론 낙론계의 학문적 영향을 받았으며 수리에 관심이 깊었다. 그러나 경세론에 관한 두 사람의 인식은 같지 않았다. 왜일까. 한 사람은 서울의 노론 벌열가 출신이며, 다른 한 사람은 과거에 낙방한 지방 지식인이었기 때문이 아닐까. 같은 노론 낙론계라고 말하기에

<hr/>

鄭曰 從古性命理數之源 無出周易 而律曆諸家 亦可因而推定耶 余曰 如坎离二卦 誠明誠敬之妙 豈非千古道學之祖乎 易者 意言象數 四者而已 既有數焉 則律曆之數 亦豈排出於此耶.

116 황윤석은 재이災異를 감응의 결과로 여길 수 없다는 점에서 재이설을 부정적으로 보았다. 그러나 일월 오성의 운행법칙과 도수 등은 유가에서 말하는 격물치지의 일단이 되므로 논의할 수 있다고 말했다. 황윤석이 재이를 보는 관점은 수를 도학의 범주 안에서 보는 관점과 일치한다(황윤석, 『이재난고』 권11, 영조 44년 8월 21일: 余曰 天道玄遠 設有占驗可言 豈必事事皆應 況災祥一節 已有大明律所禁 而我朝亦因之 不須論也 惟日月五星 盈縮遲疾之理 順逆離合之度 此係儒家格致之一端 明儒亦於奏議言之 則相與講究此事 恐不妨矣).

117 趙寅永, 頤齋集序(황윤석, 『이재유고』, 序).

公以特異之姿 厲志窮格 治易既成 推其餘以及曆象樂律字義筭術之類 靡不覃思研精.

그들은 정치적, 지리적으로 너무 멀리 떨어져 있었던 것이다. 그렇다면 황윤석의 문제의식이 홍계희와 달라지는 지점을 포착하기 위해서는 '백과전서파 실학자' 황윤석보다는 '지방 지식인' 황윤석을 들여다보아야 하지 않을까.

지방 사회의 소외, 지방 지식인으로서의 자의식

황윤석은 경학經學에 관한 한 주자朱子로부터 한 걸음도 벗어나지 않으려한, 철저한 주자주의자였다.[118] 김원행을 스승으로 섬긴 그는 자연스럽게 노론 낙론계의 학맥과 정치의식을 가지게 되었다. 김원행은 소론계의 리더 박세채朴世采(1631~1695)에 대해 "관대하게 말한다면 이단이요, 엄하게 말한다면 소인"이라고 맹렬히 비난했다. 김원행은 황윤석이 고향으로 돌아가서 박세채에 대한 평가를 호남 사족들과 공유해주기를 바랐다.[119]

황윤석은 주로 박세채의 정치적 행적을 문제 삼았다. 그에 따르면, 박세채는 명문가 출신으로 처음에는 송시열을 따르다가 점점 송시열과 사이가 벌어졌다. 갑술환국 이후 박세채가 주장한 이른바 황극탕평론皇極蕩平論은 현자賢者를 등용하는 것이 아니라 서로 다른 정치세력을 조정하는 수준을 넘어서지 못하는 주장이었다. 그런데도 내막을 잘 알지 못하는 사람들이 황극탕평론을 높게 평가했다. 박세채가 죽은 후 소론은 '탕평' 두 글자에만 의존하여 충신과 역신, 정의와 불의를 애매모호한 지경으로 몰아갔기 때문에 더욱 문제다.[120] 황윤석은 지방 지식인이었지만, 정치적인 문제에 관해서라면 서울의 스승과 생각이 다를 바 없었다.

1764년(영조 40) 박세채가 문묘文廟에 배향配享되었다. 최고 권위의 제사 시설에 위패가 모셔진 것이다. 얼마 뒤 박세채의 외손자인 신경申暻이 상소를 올려 영조가 추진 중인 탕평이 박세채가 말한 탕평하고는 거리가 멀다

---

118   하우봉, 1994, 「이재 황윤석의 사회사상」, 최삼룡 외, 『이재 황윤석』, 민음사.
119   황윤석, 『이재난고』 권4, 영조 40년 6월 18일.
120   황윤석, 『이재난고』 권13, 영조 45년 9월 29일.

고 비판했다. 이은李㶏(1722~1781)이 탕평정국을 적극적으로 변호하고 나서자,[121] 신경이 다시 상소하여 노론과 소론 간의 시비를 가리는 것이야말로 박세채가 강조한 또 하나의 논점이었다고 주장했다. 화가 난 영조는 신경의 상소를 가져다 직접 불살랐다.[122] 당쟁이 재발하는 것을 막기 위해서 극약 처방이 필요하다고 생각한 영조는 산림들을 등용하려던 계획을 취소하고 신경을 귀양 보냈다.[123] 그래도 분이 풀리지 않은 영조는 송명흠宋明欽(1705~1768), 김양행金亮行(1715~1779), 홍계능洪啓能(?~1776), 윤봉구尹鳳九(1683~1767) 등을 내쳤다.[124]

노론에게는 충격적인 사태였다. 1765년(영조 41) 황윤석은 마침 태인의 지방관으로 내려와 있던 김이신金履信을 만나 사건의 전말을 물었다. 김이신은 스승 김원행의 조카였다. 김이신은 황윤석에게 당시 서울 노론 낙론계가 느꼈던 당혹감을 전했다. 김이신은 신경의 주장이 노론과는 무관하며 신경이 자신의 외조부 박세채를 변호하기 위해 괴변을 늘어놓았다고 말했다. 사실이 그런데도 영조가 송명흠 이하 여러 노론 대신들을 파직한 것은 신경의 주장이 송명흠 등과의 협의를 통해 나온 것이라고 의심했기 때문이라는 것이었다. 실록에 따르면 송명흠 등을 처벌한 것은 영조였다고 하지만,[125] 정작 김이신은 그렇게 보지 않았다. 김이신에 따르면, 신경의 주장이 송명흠 등과 관련되어 있기 때문에 그들을 죄주지 않을 수 없다고 주장한 것은 영의정 홍봉한洪鳳漢(1713~1778)이었다고 한다. 김이신의 결론은 단순했다. 신경으로 인해 결국 노론만 피해를 볼 뿐 소론은 아무 탈이 없다는 것이다.[126] 황윤석은 중앙 정계에 참여할 수 없는 처지였지만 노론계 네트워크를 통해 서울의 정치적 상황을 파악하고 있었다.

121 『영조실록』, 영조 40년 10월 9일.
122 『영조실록』, 영조 40년 11월 27일.
123 『영조실록』, 영조 40년 11월 28일.
124 『영조실록』, 영조 40년 11월 30일.
125 『영조실록』, 영조 40년 11월 30일.
126 황윤석, 『이재난고』권4, 영조 41년 1월 18일.

황윤석은 인물성동이론人物性同異論에서도 노론 낙론계의 철학적 입장을 따랐다. 황윤석이 인물성동이론에 관한 기록을 본 것은 1748년(영조 24)이었다. 그는 인물의 본성과 성범聖凡의 본심이 각각 다른 것이라는 한원진韓元震(1682~1751)의 주장을 납득할 수 없었다. 한원진은 호론湖論의 리더였다. 황윤석은 그 뒤로 20년 동안 이 문제에 대해 고민했지만, 한원진의 주장이 가진 문제점을 드러낼 만한 논리적 근거를 찾지 못했다. 그가 이 문제에 대해 비로소 분명한 해법을 찾은 것은 김원행을 만나면서부터였다. 김원행은 황윤석에게 마음과 기의 차이, 심心과 성性의 차이에 관한 주자의 언설을 토대로 하여 이간李柬(1677~1727), 한원진, 윤봉구의 주장이 가진 문제점을 명쾌하게 드러내주었다 한다. 황윤석이 꿈에서 김원행을 만나 이기심성 문제를 물을 정도였던 것을 보면, 그에게 김원행의 학문적 영향력이 어느 정도였는지를 짐작해볼 수 있다.[127]

황윤석은 확실히 노론 낙론계로서 정치적, 철학적 입장을 유지했다. 그러나 그가 학파의 정론을 묵묵히 따르기만 한 것은 아니었다. 그는 지방 사회의 자율성과 지방 지식인으로서의 정체성을 중시했다. 송명흠이 신경 문제로 인해 영조의 비위를 거슬러 고향으로 쫓겨난 뒤, 송명흠을 따르는 호남 유생들은 상소를 준비하고 있었다. 소식을 들은 송명흠이 편지를 보내 호남 유생들을 만류했다. 전라감사도 유생들을 말렸다. 도리어 더 큰 화를 당할 수 있다고 걱정했기 때문이다. 결국 유생들은 상소를 포기했다. 그러나 황윤석의 생각은 달랐다. 그는 송명흠의 편지로 인해 이미 발의된 상소를 중도에 포기한 행위야말로 사태의 본질을 망각한 것이라고 주장했다. 중요한 것은 송명흠 개인이 아니기 때문에, 지방 유림들이 독자적으로 판단하여 발의한 상소라면 그대로 관철했어야 옳았다는 것이다.[128]

1765년(영조 41) 황윤석이 장성부사로 부임해온 정경순鄭景淳(1721~1795)

127   황윤석, 『이재난고』 권9, 영조 44년 3월 21일.
128   황윤석, 『이재난고』 권5, 영조 41년 3월 23일.

을 만났다. 정경순과 황윤석은 다른 점이 너무나 많았다. 한 사람은 서울에 기반을 둔 소론계 명문가 출신인 반면, 다른 한 사람은 노론 낙론계 학통을 계승한 지방 지식인이었다. 정경순이 호남 지방의 명망가를 주변에 수소문했다. 그가 만난 대부분의 사람들은 황윤석을 긍정적으로 평가했다. 그러나 비판적인 평가도 전혀 없지는 않았다. 정경순이 황윤석에게 그 이유를 캐물었다. 황윤석이 솔직하게 대답했다. 전에 자신이 윤증을 비판하는 통문을 썼기 때문이라는 것이다.[129] 첫 만남에서 당색黨色 문제를 거리낌 없이 거론하는 장면이 인상적이다.

황윤석이 그렇게 판단한 근거는 무엇일까. 그는 노론과 소론의 대립에 대해 정치와 학문을 구분하는 태도를 보였다. 먼저 신임의리辛壬義理를 비롯한 정치적 대립에 대해서는 판단하려 하지 않았다. 서울에서 벌어진 내밀한 사태를 지방 지식인이 깊이 알 수 없다는 이유였다. 그러나 사문 시비는 경우가 달랐다. 지방에 살고 있다 해도 송시열 가문과 윤증 가문의 문건들이 남아 있어서 그간의 사정을 숨길 수 없기 때문이라 한다. 사문 시비에 관한 한 송시열이 옳았다는 것이다. 이 대목에서 황윤석의 주장이 흥미롭다. "나는 당론에 관계한 바가 없었으나, 그런 이유로 이미 노론으로 지목되고 있었으니, 윤증을 비판하는 통문을 썼다 한들 무어 그리 흠 될 일이겠는가." 이 말을 들은 정경순의 대답도 재미있다. "군자는 가슴속에 조금이라도 치우친 생각을 품어서는 안 되므로, 사실관계를 분명히 확정하기 어려운 경우 남들에게 발설하지 말아야 하지 않을까."[130] 흥미로운 것은 정치 문제에 대해 판단을 유보하는 장면이다. 그 지점에서는 '지방 사람 황윤석'만이 있을 뿐이다. 어디에서도 '노론 낙론계 지식인 황윤석'을 찾을 수 없다.

황윤석이 언제부터 지방 지식인으로서의 정체성에 눈뜨게 되었는지는 정확하지 않다. 그러나 김원행을 만났을 때 이미 이 문제를 인식하고 있었던 것

---

129   황윤석, 『이재난고』 권5, 영조 41년 12월 14일.
130   황윤석, 『이재난고』 권5, 영조 41년 12월 14일.

은 분명하다. 황윤석이 아버지의 명을 받고 김원행을 찾아간 것은 28세 때인 1756년(영조 32)이었다. 김원행이 호남 선비들이 과거시험에만 열중하고 있다는 소문의 진위를 확인하려 하자, 황윤석이 적극적으로 호남의 학풍을 변호했다. 선조 때 이후로 그전 같지는 않게 되었지만 효종, 숙종대로 오면서 다시 학문하려는 선비가 많아졌으니, 결국 학문 분위기는 지방의 특성에 따라 좌우되는 것이 아니라 조정에서 그곳 인재들을 길러내려는 의지가 있는가에 따라 결정된다는 것이다.[131]

김원행이 과거시험 준비를 부정적으로 보았다고 해서 황윤석이 과거를 도외시한 것은 아니다. 사실은 그 반대에 가깝다. 황윤석은 이후로도 오랫동안 과거를 통해 벼슬길에 나아가는 꿈을 버리지 않았다. 1764년(영조 40) 김원행이 황윤석에게 말했다. "남쪽에서 올라오는 소식을 들어보니 그대의 아버지는 공부가 독실하다 하는데, 그대에 대해서는 이런 평가가 없으니, 근심이다." 공명심에 사로잡혀 있다는 혐의를 불식시키기 위해서라도 황윤석은 자기를 정당화할 필요가 있었다. 황윤석은 서울 선비와 지방 선비들이 과거에 응시하는 계기가 다를 수 있다는 점에 착안하여 대답했다. "시골 선비들은 서울의 벌열 가문 출신 선비들에 비길 바가 아니니, 그들이 과거시험에 공명심을 낸다 한들 모두 이利를 좇는 것은 아닐 것입니다." 황윤석은 또 아버지가 의리義理 공부를 권하지만 노부모를 봉양하고 있는 시골의 가난한 선비로서 과거를 포기할 수는 없는 일이라고 말했다. 절박한 사정을 호소한 것이다. 김원행은 이렇게 답했다. "공명심을 가지는 것은 향곡의 선비만이 아니라 서울 선비들도 그러하므로 과거 공부가 특별히 문제될 것은 없지만, 중요한 것은 학문을 향한 의지가 아닌가."[132] 스승다운 답이다.

황윤석의 근심은 정작 다른 곳에 있었다. 1764년(영조 40) 황윤석은 김이신을 만났다. 김이신은 호남의 민심이 영남에 미치지 못한다는 오래된 편견

---

131 황윤석, 『이재난고』 권2, 영조 32년 윤9월 28일.
132 황윤석, 『이재난고』 권4, 영조 40년 5월 23일.

정선, 〈미호 1〉漢湖 1—석실서원石室書院, 『경교명승첩』京郊名勝帖, 1741년, 비단에 채색, 20.8×31.2cm, 간송미술관.
석실서원과 김창협이 살던 삼주三洲 일대를 담고 있는 정선의 작품이다. 석실서원은 당시 노론 낙론계의 중심지였다.
김창협의 손자이자 이재의 문인인 김원행이 이곳에서 학문 연구에 전념하자, 황윤석을 비롯한 당대 문인들이 그를 만나
러 석실서원으로 찾아가곤 했었다.

이 근거 없는 것이며, 지역의 민심은 고정된 것이 아니라서 지방관이 그곳을
어떻게 다스리느냐에 따라 얼마든지 달라질 수 있다는 사실을 깨달았다고 한
다.[133] 김이신에 따르면, 그가 처음 태인의 지방관으로 발령 받았을 때 태인의
인심이 좋지 않다고 말해준 사람은 영의정 홍봉한을 비롯한 서울의 명문 벌
열이었다. 그는 그 말만 믿고 태인을 엄히 다스리려 했고, 서울에서 흘러나온
말을 들은 태인 사람들은 자신을 두려워했으니, 결국 자신도 속고 태인 백성
들도 속은 셈이다. 김이신은 지방관과 백성들이 서로에 대해 편견을 가지고
있었기 때문에 소통이 불가능했다는 사실을 오랜 시간이 지난 뒤에야 깨달았
다고 한다.[134]

133 황윤석, 『이재난고』 권4, 영조 40년 8월 16일.
134 황윤석, 『이재난고』 권8, 영조 43년 2월 14일.

김이신은 개인적인 체험을 통해 편견에서 자유롭게 되었다고는 하지만, 얼마나 많은 오해와 편견들이 황윤석과 호남 선비들 앞을 가로막고 있을지 알 수 없는 일이었다. 황윤석은 지역 민심을 그렇게 보는 이유를 파악하고 적극적으로 해명할 필요를 절감했다. 그는 먼저 학문하는 풍토에 관한 문제부터 검토해나갔다. 당시 세간에는 호남의 풍속이 영남처럼 '질각근중'質愨謹重하지 못한 것은 임제林悌(1549~1587)와 정철鄭澈(1536~1593)의 영향이 남아있기 때문이라는 말이 돌고 있었다. 황윤석은 지역 출신 학자에 대한 평가를 지역의 특성과 연관 짓는 것은 잘못이라고 주장했다. 그에 따르면, 당시 경상 우도右道에는 기질을 숭상하는 풍속이 있었으며, 경상 좌도左道에는 겸양과 절검을 높이는 풍속이 있었다. 이런 풍속은 각각 조식曺植과 이황에게 영향을 받은 것이 사실이다. 그러나 좌도에서 정인홍鄭仁弘이 나왔으며 우도의 풍습이 인색한 측면도 있다. 한두 인물로 그 지역을 평가해서는 안 된다는 것이다.[135]

황윤석은 또 호남 인심이 '부박'浮薄하다는 말은 전혀 다른 이유로 인해 생겨난 것이라고 주장했다. 그의 눈높이에서 보면, 학문적 혹은 사상적 문제에 관해 영남 선비들이 단일한 목소리를 내는 데 비해, 호남 선비들은 다양한 목소리를 내왔다. 한 사람의 영수가 이끄는 단일한 여론이 반드시 좋다고 할 수 없을 뿐만 아니라 임제나 정철이 호남의 그런 입장을 유도한 것도 아니므로, 이것을 이유로 '부박'하다고 말하는 것은 부당하다.[136]

황윤석은 정치나 변란과 관계한 문제들에 대해서도 호남에 드리워진 편견의 뿌리를 들추어내려 했다. 황윤석이 들은 바에 따르면, 을해역옥乙亥逆獄이 발생한 이후 당시 전라감사가 서울로 돌아와 호남 사람들을 비난하자 재상 이천보李天輔(1698~1761)가 그 주장의 잘못을 지적했다고 한다. 이천보는 호남에 유배된 역적이 일으킨 난리 때문에 전체를 비난하거나 호남에 사대부

---

135   황윤석, 『이재난고』 권13, 영조 45년 8월 28일.
136   황윤석, 『이재난고』 권13, 영조 45년 8월 28일.

가 없는 것처럼 여겨서는 곤란하다고 주장했다.[137] 을해역옥은 소론계 윤지尹志 등이 꾸민 역모사건을 가리킨다. 나주괘서사건이라고도 한다.

호남에서 변란이 발생하는 현상을 설명하는 황윤석의 논리는 단순하고 분명하다. 호남의 정변은 서울에서 역모를 꾸민 사람들이 호남 도서島嶼 지방으로 유배를 와서 일으킨 것이므로, 문제의 뿌리는 서울에 있다는 것이다. 황윤석의 질투에 가까운 시선은 영남으로도 옮겨간다. 역모를 꾸민 정희량鄭希亮(?~1728)이 영남 출신인데도 지역의 풍토를 크게 문제 삼지 않으면서, 정변을 이유로 호남의 풍토를 비판하는 것은 부당하다는 것이다.[138] 역적의 근거지가 서울이라는 주장은 다시 읍호승강邑號陞降에 대한 논란으로 이어진다. 역적이 나왔다는 이유로 읍호를 강등한다면 역적이 가장 많이 나온 서울의 읍호를 내려야 하지만 그럴 수는 없는 일이니, 역적과 관련한 읍호 강등의 관례를 고쳐야 한다는 것이다.[139]

황윤석은 '호남에서 잡술雜術을 하는 사람들이 많이 나왔기 때문에 세간에서 호남의 학문 풍토를 부정적으로 본다'는 평가에도 동의하지 않았다. 황윤석의 논법에 따르면, 변란의 근거지가 서울이었던 것처럼 서울의 벌열 가문과 명망가들이 그런 잡술을 필요로 하고 있었다는 사실이 문제의 핵심이다. 오히려 서울 선비들이 호남 선비들을 배제하려는 이면에는 다른 이유가 있다. 그것은 바로 호남 선비들의 결벽에 가까운 자세다. 호남 사람 가운데 서울에 올라와 벌열가에 머물고 있는 사람들은 대부분 품족品族이나 중서인中庶人 등이며, 명문가의 자제는 찾아보기 어렵다. 더욱이 서울 선비들이 고관대작이 되어서 호남 명문가의 자제들에게 왕래하며 예물을 보내도, 호남 선비들은 경조사에나 참석할 뿐 서울 사대부와 적극적으로 어울리지 않다 보니 자연스럽게 부정적인 평가가 나올 수밖에 없었다.[140]

---

137   황윤석, 『이재난고』 권13, 영조 45년 8월 28일.
138   황윤석, 『이재난고』 권13, 영조 45년 8월 28일.
139   황윤석, 『이재난고』 권15, 영조 46년 6월 17일.
140   황윤석, 『이재난고』 권20, 영조 50년 8월 14일.

황윤석은 호남의 풍토와 민심에 대한 편견을 없애기 위해 노력했다. 그러나 개인적이며 대증적인 대응에는 한계가 있었다. 그는 근본적인 대책이 필요하다고 느꼈다. 호남 출신 지식인들이 호남 읍지를 모아 편찬하는 것은 호남 학풍의 실체를 드러낼 수 있는 좋은 방법이었다. 그러나 황윤석이 읍지 편찬보다 더 심혈을 기울인 것은 따로 있었다. 호남 학풍을 상징하는 김인후金麟厚(1510~1560)를 문묘에 종사從祀하는 일이 그것이다. 황윤석에게 그 필요성을 일깨워준 사람은 스승 김원행이었다. 김원행은 영남에서 모든 사람들이 이황을 존숭하고 있지만 호남에서는 김인후에 대한 평가가 엇갈리기 때문에 문묘종사가 이루어지지 않는다고 말했다. 김원행은 심지어 한 줄기로 흘러나가는 낙동강과 여러 줄기로 나뉘어 흐르는 호남의 물줄기가 이황과 김인후에 대한 서로 다른 반응으로 나타난 것이 아닌지 의심할 정도였다. 황윤석은 김원행에게서 호남의 풍습이 '부박'한 것은 그런 자연환경 때문이라는 말을 들어야 했다.[141] 황윤석은 김원행이 제기한 김인후에 대한 문묘종사 문제를 필생의 과제로 여기게 되었다.

호남 유생들 사이에 김인후 문묘종사론이 발의된 것은 1769년(영조 45) 가을이었다. 이때 김인후와 안방준安邦俊(1573~1654)을 함께 종사하자는 주장이 나왔다. 이듬해 가을에 다시 김인후만을 문묘종사하자는 주장이 발의되었다. 박휘진朴徽鎭의 동생 박하진朴河鎭이 이 통문을 가지고 성균관으로 향했다. 호남 유생들은 성균관 유생들의 답장이 도착하는 대로 상소를 준비하여 상경할 계획이었다.[142] 김인후의 문묘종사를 누구보다 간절히 원했던 사람은 황윤석이었으므로 고향 유생들의 움직임이 반갑지 않을 리 없었다. 그러나 황윤석은 '호남에서 김인후를 존숭하는 것이 영남에서 이황을 높이는 분위기에 미치지 못한다'는 김원행의 말을 떠올릴 수밖에 없었다. 김인후 문묘종사론을 주도적으로 끌고 나갈 명망 있는 선비가 눈에 띄지 않았기 때문이

---

141 황윤석, 『이재난고』 권11, 영조 44년 11월 14일.
142 황윤석, 『이재난고』 권16, 영조 46년 11월 9일.

다.[143] 우려했던 일은 바로 현실로 나타났다. 서울에 올라온 박하진은 '김인후 문묘종사론이 김원행에서 비롯되었다'는 원래의 통문 구절을 뚜렷한 이유 없이 수정했다. 그뿐만이 아니다. 그는 통문을 본 성균관 유생들이 발의자의 이름이 없다는 사실을 빌미로 접수하지 않으려 할 때 적절히 대응하지 못하고 서둘러 통문을 고향으로 되돌려보냈다.[144] 황윤석은 박하진의 행적을 도저히 납득할 수 없었다. 일은 수포로 돌아가고 말았다.

1786년(정조 10) 호남에서 다시 김인후 문묘종사론이 발의되었다. 황윤석은 김이신을 비롯한 여러 주변 사람들에게 편지를 보내 도움을 요청했다.[145] 그러나 유생들의 상소 준비는 답보 상태를 벗어나지 못하고 있었다. 더구나 유생들의 상소를 임금의 손에 닿게 할 수 있는 묘안도 없었다. 황윤석은 김이신의 제자 이복영李復永이 승지로 있는 상황을 이용할 필요가 있다고 판단하고, 김이신에게 '사림의 여망을 받고 있는 사람이 문제를 풀어주어야 한다'는 요지의 편지를 보냈다. 듣기에 부담스러운 말까지 덧붙였다. "임금의 윤허를 받느냐 그렇지 않느냐는 하늘에 달린 문제지만, 상소가 임금의 손에 닿느냐 그렇지 않느냐는 그대에게 달린 문제입니다."[146]

김인후의 문묘종사론은 김원행이 제기한 문제였기 때문에 그 제자인 자신과 그 조카인 김이신에게 일을 성사시킬 막중한 책무가 있다는 것이 황윤석의 생각이었다. 지방 지식인 황윤석은 이 문제를 호남의 문제가 아니라 학통과 학연 차원으로 승화시키려 했던 것이다. 김인후 종사 문제는 끝내 성사되지 못했다. 그러나 황윤석은 노년까지도 호남의 학문적 전통을 세우는 일을 포기하지 않았다.[147]

황윤석에게는 호남의 학문적 풍토에 관한 편견과 싸우는 것 이상으로 중

143 황윤석, 『이재난고』 권16, 영조 46년 11월 9일.
144 황윤석, 『이재난고』 권16, 영조 46년 12월 22일.
145 황윤석, 『이재난고』 권37, 정조 10년 1월 17일. 與金尙州履信書.
146 황윤석, 『이재난고』 권38, 정조 10년 5월 8일. 與金司禦書.
147 황윤석, 『이재난고』 권44, 정조 13년 8월 16일. 朝鮮國故通德郎友琴堂金公行狀.

요한 과제가 있었다. 과거 및 관직 임용에서 두드러지게 나타나는 경향京鄕
분리 현상의 원인을 분석하고 대안을 제시하는 것이었다. 경향분리는 이미
시대의 대세였다. 학파와 정파의 인연도 중요하지만, 서울 출신인가 아닌가
는 더 중요했다. 1764년(영조 40) 한 과거시험에서는 5명의 합격자가 모두 서
울 유생이어서 영조가 특별히 지방 선비만을 대상으로 별도의 시험을 추가로
치르게 할 정도였다.[148]

  과거에 합격하고 싶은 마음은 누구보다 절실한 그였지만, 과거시험장 안
팎에서 벌어지는 풍경이 그다지 마땅한 것은 아니었다. 임금이 정치적인 문
제로 성균관 선비를 내쳤을 때조차 '집안의 노친이 섭섭한 말을 했다고 해서
원망할 수 없다'면서 시험에 응시하는 유생, 소과小科에 합격한 뒤 황급히 대
과大科 시험에 대비해 자문할 사람을 찾아다니면서 부끄러워할 줄 모르는 유
생의 모습은 차라리 애처로울 정도였다.[149] 황윤석은 그렇게 시행된 과거의
결과를 더 심각하게 여겼다. 재상 가문을 비롯해 조금이라도 세력이 있는 집
안의 자제들, 서울의 세력가를 따르는 지방 선비들은 합격자 명단에 이름을
올렸지만, 그들과 야합하지 않거나 선비들로부터 신망이 높은 사람들은 그
안에 들지 못했다는 것이다. 황윤석은 자신이 결코 당파적인 눈으로 문제를
바라보는 것이 아님을 드러내려는 듯, 소론계 서지수徐志修(1714~1768) 가문
의 자제들을 거론했다. 사림의 신망이 두터운 서지수 가문의 자제들이 과거
에 합격하지 못한 것은 개인의 문제가 아니라 제도의 잘못이라는 것이다.[150]

  '입현무방'立賢無方은 인재를 편견 없이, 차별 없이 등용한다는 말이다.
그러나 황윤석에게 이 표어는 낡은 책자에서나 찾아볼 수 있는 구호가 된 지
오래였다. 지방 선비들은 이제 과거시험의 합격자 명단에서뿐만 아니라 주
요 관직자 명단에서도 이름을 찾아보기 어렵게 되었다. 『이재난고』에는 황윤
석 자신과 무관한 인사 문제가 적지 않게 수록되어 있다. 1766년(영조 42) 연

148 황윤석, 『이재난고』 권4, 영조 40년 4월 1일.
149 황윤석, 『이재난고』 권6, 영조 42년 2월 16일.
150 황윤석, 『이재난고』 권6, 영조 42년 2월 16일.

말에 시행된 정기 인사고과에 관한 내용도 그중 하나다. 도목정都目政이 열렸을 때 모두 18명이 처음으로 벼슬을 받았는데, 영남 선비 1명, 충청 선비 1명을 제외한 16명이 모두 서울 선비였다고 한다. 그렇다고 서울 선비들의 구성이 다채로운 것도 아니어서 16명 중에 소론은 겨우 3명이었다. 벼슬을 받은 18명 가운데 압도적 다수인 13명이 서울의 노론 명문가 자제라는 뜻이다.[151]

황윤석 자신은 과거와도, 그리고 청현직淸顯職과도 끝내 인연이 없었다. 노론 낙론계의 학연과 정치의식을 가진 그였지만, 막상 과거시험이나 인사고과에서 그것은 그렇게 중요한 변수가 아니었다. 황윤석이 그런 문제점을 지적할 수 있었던 것은 그가 지방 출신 지식인이었으며, 지방 지식인으로서의 자의식과 정체성을 가지고 있었기 때문일 것이다. 황윤석은 그렇게 배제되는 선비들 가운데 호남 선비의 비중이 높다는 사실을 우려했다. 이는 황윤석만의 판단은 아니었다. 황윤석은 1768년(영조 44) 조정에 몸담고 있는 조엄趙曮에게서 "조정에서 호남 선비들을 도외시하고 있다"는 말을 들었다. 황윤석은 호남 학풍에 대한 오해가 그런 현상을 불러일으키고 있다고 보고, 편견을 불식시키려 노력했다. 황윤석에게 그것은 지방을 위한 배려가 아니라 학문 진작을 위한 정당한 과정이었다.[152]

설사 대과에 합격한다 해도 호남 선비의 벼슬길에는 다른 걸림돌이 있었다. 과거 합격자들은 교서관校書館이 아닌 다른 곳, 특히 승문원承文院에 분관分館되기를 원했다. 황윤석에 따르면, 조선 초기에는 분관 제도의 운영이 경직되지 않았을 뿐만 아니라, 과거 합격자도 문벌보다는 학문과 능력에 따라 얼마든지 원하는 자리에 나아갈 수 있었다. 능력에 따른 인사 시스템이 약화된 것은 인조반정 이후부터였다. 반정공신들이 후손의 입신양명을 위해 도

---

151 황윤석, 『이재난고』 권8, 영조 43년 2월 10일. 최근의 연구에 따르면, 과거 합격자 중에 서울 출신이 많아지는 현상은 17세기에 가장 심했다가 18~19세기를 거치면서 점차 완화되었다. 그러나 지방 출신 합격자가 고위직에 진출하는 경우는 점점 더 적어졌다(박현순, 2014, 『조선 후기의 과거』, 소명출판, 269~310쪽). 지방 합격자 수가 적었다는 황윤석의 감각은 다소 과장된 것일 수도 있다. 그러나 황윤석은 청요직淸要職으로 진출하는 지방 출신자가 점점 줄어들었다는 점을 예리하게 포착했다.
152 황윤석, 『이재난고』 권11, 영조 44년 8월 6일.

성 안쪽 사람들만을 언관직言官職이나 요직要職에 발탁했고, 심지어 중앙과 지방의 다른 관직들조차 도성 이내 30리 거리에 있는 수십여 벌열 가문 출신 중에서 임용했기 때문이다.[153] 그는 '입현무방立賢無方'의 취지를 더는 찾아볼 수 없게 되었다고 탄식했다.

정도의 차이는 있지만, 과거제는 이 시기 지식인들의 고민 중 하나였다. 과거시험이 너무 자주 열리다 보니 합격증을 받고도 관직에 임용되지 못하는 사람이 많았다. 시험 개시에서 결과 발표까지의 기간이 촉박한 탓에 7,000여 장이 넘는 시권을 한정된 시관들이 검토하는 과정에서 정밀한 평가를 내리기도 어려웠다. 과거에 급제한 뒤에도 벼슬 얻기가 어렵기 때문에 합격자들 사이에서 엽관獵官운동이 벌어져 염치가 무너지는 것은 더 큰 문제였다. 1769년(영조 45) 남태제南泰齊(1699~1776)가 이런 문제를 거론하면서 과거제도에 변화를 주어야 한다고 주장하자, 영조가 개선 방안을 책자로 만들어 올리도록 명했다.[154]

황윤석은 홍계희가 왕명을 받고 개선안을 만들어 올린다는 소식을 주변 사람에게서 듣게 되었다. 개선 방안은 대체로 향거리선법鄕擧里選法을 모방하는 것이었다 한다. 서울에서 800명, 지방에서 800명, 도합 1,600명을 추천받아서 이들을 대상으로 과거를 시행한다는 것이다. 황윤석은 두 가지 측면에서 이 방안의 문제점을 지적했다. 첫째, 추천자를 대상으로 시험을 치르게 하는 방식이 잘못되었다는 것이다. 그는 추천에 의한 선발과 시험에 의한 선발을 별개로 운영하는 방안을 선호했던 것 같다. 둘째, 교화와 염치의 근본이 무너진 상황에서는 아무리 훌륭한 제도를 도입한다 해도 효과를 보기 어려울 뿐만 아니라, 신법新法이 백해무익하다는 사실은 이미 균역법의 '실패'에서 검증되었다는 것이다. 황윤석은 이 개선안이 시행된다면 서울의 유력 가문들이 주요 직책을 독점하는 결과를 낳게 될 뿐이므로 문제를 더욱 악화시킬 것

---

153 황윤석, 『이재난고』 권15, 영조 46년 6월 17일.
154 『영조실록』, 영조 45년 10월 20일.

이라고 전망했다.[155]

경향분리의 문제를 바라보는 황윤석의 시선은 점차 '향'鄕의 내부로 향했다. 영남, 호남, 호서의 차이를 눈여겨보기 시작했던 것이다. 삼남을 국가 재정의 보루이며 인재의 산실이라고 말하지 않는 사람은 없었다. 그러나 황윤석은 경향분리가 심화되는 것뿐만 아니라 삼남 안에서 현저한 차이가 생기는 현상에 주목했다. 특히 삼남 출신 선비가 주요 관직에 진출하는 사례만을 놓고 보면, 호서가 가장 활발하고 영남은 쇠퇴했으며, 호남은 가장 쇠퇴했다는 것이다. 황윤석의 관심은 호남 출신 선비가 발탁되지 못하는 원인에 집중되었다. 각종 정치적인 변란 등에 호남 출신 선비가 끼어 있었던 것을 문제 삼는 견해가 있었지만, 영남이나 호서에도 같은 사례가 넘쳐난다고 보는 황윤석을 납득시키기는 어려웠다.[156]

황윤석은 역으로 호서와 영남의 선비들이 호남 선비보다 상대적으로 우대받는 이유를 찾아보았다. 먼저 눈에 띈 것은 호서 지방 '세가대족'世家大族들의 주거 패턴이었다. 황윤석에 따르면, 그들은 서울에 집을 마련해두고 1년의 반은 서울에서, 나머지 반은 호서에서 지내기 때문에 호서 지방을 서울과 다름없는 곳으로 여기는 분위기가 생겼다. 영남에도 남인 명문가들이 있어서 풍기風氣가 강하기 때문에 서울의 인사 담당자들이 그들을 가볍게 여기지 못했다.[157] 황윤석은 호남이 그 두 가지 요소를 모두 충족하지 못하는 것을 못내 안타까워했다.

황윤석은 특히 영남을 많이 의식했다. 그의 주장에 따르면, 당시 승문원은 영남 출신들이 장악하고 있어서 호남 출신 가운데 서인으로 지목된 사람들은 승문원 분관을 바랄 수 없었다.[158] 남인 당색을 가진 그들이 분관을 주도한 결과 호남 출신 가운데 주요 관직의 후보가 되는 사람은 거의 찾아볼 수

---

155   황윤석, 『이재난고』 권13, 영조 45년 11월 1일.
156   황윤석, 『이재난고』 권15, 영조 46년 6월 17일.
157   황윤석, 『이재난고』 권15, 영조 46년 6월 17일.
158   황윤석, 『이재난고』 권13, 영조 45년 8월 30일.

없게 되었다.[159] 황윤석은 이런 현실을 개선해야 하는 이유를 호남보다는 큰 단위에서 구했다. 분관 운영의 정상화는 단순히 호남 선비를 발탁하는 것이 아니라 인재의 산실로서 영호남이 해왔던 역할과 위상을 복원한다는 점에서 중요하다는 것이다.[160]

호남 인재 발탁은 그 자신의 문제이기도 했다. 영조대 말 황윤석이 세자시강원世子侍講院 관원의 물망에 오른 적이 있었다. 1790년(정조 14) 나이 60을 넘긴 황윤석은 그때의 상황을 또렷하게 기억했다. 정순왕후 김씨의 친정 오빠인 김귀주金龜柱(1740~1786)가 실권을 장악하던 때였다. 김원행의 제자들 사이에서는 세자가 김귀주 일파에게 둘러싸여 있는 상황을 타개하기 위해서 누군가 세자시강원의 관원이 되어야 하지 않겠느냐는 말이 돌았다. 자연스럽게 황윤석이 물망에 올랐다. 그러나 황윤석은 과거 출신이 아니었기 때문에 문제가 있었다.[161]

황윤석에 따르면, 왕조 초기에는 고관대작의 자제들이 세자시강원의 직책을 담당했으나, 명종대 이후에는 주로 산림들이 그 직책을 맡으면서 경기, 호남, 영남 출신의 명망가들이 지역 차별 없이 골고루 임용되었다. 숙종대에 호서 출신이, 영조대에는 경기와 호서 출신이 이 직책을 담당하게 되면서 호남과 영남 출신은 거의 배제되었다. 이 주장이 맞다면, 그는 자신이 세자시강원 관원이 되는 것이 구조적으로 불가능하다는 것을 누구보다도 잘 알고 있었던 셈이다.[162] 지방관을 원했던 황윤석은 한때 평안감사 김종수金鍾秀(1728~1799)의 추천을 희망한 적도 있었다. 김종수의 형이 자기 스승 김원행에게 배운 인연이 있기 때문이다. 그러나 홍봉한과의 권력투쟁에 몰두하고 있던 김종수는 황윤석의 소망을 돌아볼 틈이 없었다.[163]

159 황윤석, 『이재난고』 권15, 영조 46년 6월 17일.
160 황윤석, 『이재난고』 권17, 영조 47년 2월 29일. 與同僚洪主簿龜瑞書.
161 황윤석, 『이재난고』 권45, 정조 14년 3월 24일.
162 황윤석, 『이재난고』 권45, 정조 14년 3월 24일.

지방 지식인의 눈에 비친 서울의 지적 네트워크

황윤석은 사회 전체적으로 경향분리 현상이 심화되던 시대에 살았다. 청나라에서 들어오는 새로운 정보들은 서울로 집중되었다. 학연이나 신분, 정치의식의 차이는 서울과 수도권에 거주하던 지식인들에게 여전히 중요한 문제였지만, 한편에서는 그런 차이들을 과거처럼 절대적인 장벽으로 여기지 않는 사람들도 생겨났다. 지방 지식인 황윤석에게 서울은 서양 과학과 만날 수 있는 넓은 마당이라는 점에서 중요했다. 그러나 그의 눈에 비친 서울의 풍경은 결코 아름답지 못했다.

1764년(영조 40) 5월, 임금이 황극탕평皇極蕩平을 명분으로 내세워 박세채를 문묘에 종사했다. 영조는 이 조치에 반대하는 주장을 엄히 처벌할 것이며, 그런 상소 역시 일절 들이지 않겠노라고 엄포를 놓았다.[164] 신경의 상소가 있기 전까지만 하더라도, 성균관 유생들은 하나같이 입을 다물었다. 사대부들의 공론을 당당하게 주장해야 할 성균관이 제 역할을 하지 못하는 것이 아니냐는 비판이 나올 법한 상황이었다. 그러나 황윤석의 입장은 달랐다. 그는 대신 이하 온 조정이 반론을 제기하지 못하는 상황에서 성균관 유생에게 그것을 요구하는 것은 무리라고 보았다. 그는 도리어 서울 선비의 정직하지 못한 행태에서 이 사태의 심각성을 읽었다.

황윤석의 눈에 비친 서울 선비들의 행태는 너무나 교활한 것이었다. 황윤석에 따르면, 그들 서울 선비(京儒)들은 문제가 터졌을 때에는 한마디도 하지 않다가 밖에 나가서는 마치 자신이 박세채 배향 반대를 위해 중요한 역할을 한 것처럼 떠들고 다녔다. 그 이면에는 시골 선비(鄕儒)를 사주하고 선동하여 박세채 배향 반대 상소를 올리게 하려는 저의가 있었다. 서울 선비들은 시골 선비들의 상소가 받아들여지면 그것을 자신들의 공으로 돌리고, 혹 문제가

163 황윤석, 『이재난고』 권27, 정조 2년 11월 2일.
164 황윤석, 『이재난고』 권4, 영조 40년 5월 16일.

되더라도 화를 입지 않으려는 '꼼수'를 부린 것이다.[165] 문묘종사의 대상이 소론 박세채였음을 감안한다면 반론을 제기했어야 할 측은 노론이었지만, 황윤석은 박세채 문묘종사의 부당성을 주장하는 대신 노론계가 다수였을 성균관 서울 선비들의 정직하지 못한 행동을 비판했다.

1765년(영조 41) 황윤석은 과거시험장에서 서울 유생들의 행태를 목격했다. 이때 서울 선비들이 심부름꾼을 보내 명륜당 안쪽 뜰에 일산을 펴놓았다가 철거당한 일이 있었다. 좋은 자리를 선점하려 했다가 뜻을 이루지 못한 서울 선비들이 공공연히 불만을 토로했다. 황윤석의 눈에 서울 유생들의 그런 모습은 미치광이와 다를 바 없었다.[166] 그는 시험에 연연하는 서울 유생들에게서 선비의 위엄과 체통을 찾을 수 없다며 분개했다.[167]

황윤석은 또 중앙관청으로부터 지방 사회에 하달되는 요구 가운데 부당한 내용이 있으면 침묵하지 않았다. 1758년(영조 34) 읍지를 편찬해 올리라는 홍문관의 관문이 흥덕현에 내려왔다. 『여지도서』輿地圖書 편찬 사업을 위한 것이었다. 흥덕현 선비들은 이 읍지를 만드는 데 적극적으로 참여했다. 그러나 중앙의 논리와 행정적 필요에 따라 만들어진 편찬 지침은 지방 지식인들을 만족시키지 못했다. 현감이 주도해서 올린 읍지에 동의할 수 없었던 흥덕 선비들은 지역 사회에서 활용할 별도의 읍지를 만들려 했다.[168]

황윤석은 읍지를 통해 호남의 학풍을 드러냄으로써 호남에 대한 학문적 편견을 불식시킬 수 있다고 생각했다. 1769년(영조 45) 김익휴金益休를 만난 황윤석은 지역 선비들이 중심이 되어 호남 읍지를 편찬하는 문제를 논의했다.[169] 황윤석에게 지리지는 지방을 통치하기 위한 도구가 아니라 그 지방의 역사, 문화, 인물을 확인하는 근거여야 했다. 그는 특히 인물이 중요하다고

165   황윤석, 『이재난고』 권4, 영조 40년 5월 18일.
166   황윤석, 『이재난고』 권5, 영조 41년 3월 25일.
167   황윤석, 『이재난고』 권5, 영조 41년 3월 26일.
168   황윤석, 『이재난고』 권3, 영조 36년 2월 16일.
169   황윤석, 『이재난고』 권12, 영조 45년 3월 4일.

생각했다. 어떤 인물을 수록하는 것은 그 인물에 관한 평가, 나아가 그 시대에 대한 평가를 의미하기 때문이다. 그런 점에서 사육신, 더 나아가 기묘사림己卯士林이나 을사사림乙巳士林을 싣지 않은 『동국여지승람』東國輿地勝覽의 판본들은 문제가 많다는 것이다.

『동국여지승람』을 수정하기 위해서라도 그 근거 자료가 될 개별 군현 읍지를 제대로 편찬하는 것은 중요한 문제였다. 1775년(영조 51) 황윤석의 동생이 마침 흥덕 읍지를 편찬하는 담당자가 되었다가 사퇴한 일이 있었다. 황윤석은 동생으로부터 홍문관의 관문을 얻어 보았다. 황윤석은 이 관문의 항목이 『동국여지승람』에 비추어서도 문제가 많다고 생각했다. 그는 『동국여지승람』과 관문의 항목을 기록해두었다. 주자가 개인적으로 역사서의 범례를 만든 뜻을 따른 것이었다.[170] 1775년(영조 51)의 전국 지리지 편찬 사업은 어느 정도 진척이 있었던 것 같다. 그는 이 새로운 전국 지리지 흥덕 편에서 지역 명문가의 사적이 삭제되지 않기를 간절히 바랐다.[171]

1788년(정조 12) 정조는 『해동여지통재』편찬을 서둘렀다. 규장각에서는 읍지를 만들어 올리라는 관문을 여러 군현에 내려보냈다. 흥덕에서도 이 관찬 읍지 편찬 문제가 도마에 올랐다. 지방관이 군현 읍지를 편찬하기 위해서는 지역 사족들의 협조가 필수적이었기 때문이다. 흥덕에서는 새로운 논란이 시작되었다. 고한성이라는 사람이 사찬 흥덕 읍지를 별도로 편찬하는 것이 어떻겠느냐는 취지로 황윤석의 동생에게 의사를 물어왔다.

황윤석은 이 문제에 대해 반대의사를 분명히 밝혔다. 황윤석은 흥덕의 공론이 이미 30년 전부터 무너져버렸다고 주장했다. 이런 상태에서는 읍지 편찬자가 지역 유력자들의 눈치를 보느라 사실을 사실대로 기록하지 않게 될 것이므로, 그런 읍지는 조상에게도 후손에게도 폐만 된다는 것이다.[172] 황윤

---

170   황윤석, 『이재난고』권25, 雜著, 擬增修東國輿地勝覽例引(乙未).
171   황윤석, 『이재난고』권7, 書, 與趙修撰鎭宅書(丁未).
        聞有八路邑誌奉敎編纂之役 其果否乎 如非誣報 則興德本縣卷上鄒家先世事蹟 宜在不刪.
172   황윤석, 『이재난고』권9, 書, 答高通甫 漢聖 書(戊申).

석이 말한 30년 전은 1758년(영조 34)에 해당한다. 영조가『여지도서』를 만들기 위해 각 군현에 읍지를 편찬해 올리도록 한 바로 그해다. 황윤석은 1758년부터 1788년에 이르기까지 몇 차례 시도되었던 관찬 전국 지리지 편찬 사업에 비판적이었다.[173] 그가 국가 주도의 읍지 편찬을 부정적으로 본 것은 지방 사회의 요구가 수렴되지 않는다고 보았기 때문이다.

황윤석은 언제 어디서나 '지방 지식인'의 시선에서 생각하고, '지방 사회'의 관점에서 고민했다. 그러나 그가 시종일관 서울을 부정적으로 바라보고, 지방 지식인이라는 정체성만을 고집했던 것은 아니다. 서울에 올라온 황윤석이 박휘진이라는 사람을 통해 서호수에게『칠요표』七曜表라는 책을 빌릴 수 있는지 물었다. 박휘진은 '황윤석이 와서 빌려가기를 청한다면 빌려줄 수 있다'는 서호수의 답변을 전해왔다.[174] 다음 날 황윤석이 서호수 부자의 집을 찾았다. 그는 서양 천문학·역산학에 대한 서호수의 박학다식함을 직접 눈으로 확인할 수 있었다. 황윤석의 감상은 이 한마디에 잘 녹아 있다. "사람은 서울에 살지 않으면 안 된다는 것을 알겠다. 궁벽한 곳에 태어나게 되면 비록 영민한 재질을 가졌더라도 어찌 바로 지름길을 찾을 수 있겠는가."[175] 그것은 새로운 학문 정보를 접할 수 있는 서울에 대한 동경일 뿐만 아니라, 궁벽한 곳에서 태어나 지름길을 찾지 못한 자신에 대한 한탄이기도 했다. 같은 능력을 가진 사람이라도 서울에서 인정받았는가의 여부에 따라 그 평가가 크게 달라질 수밖에 없다는 것이다.[176]

황윤석은 재력 있는 주변 사람이 이주에 실패해 귀향하는 것을 목격하면서, 충청도로 이사하는 것조차 엄두를 내지 못했다.[177] 그러나 서양 과학에 정통한 사람들을 만날 수 있다는 점에서 그에게 서울은 언제나 매력적인 곳이

173　숙종, 영조, 정조대의 전국지리지 편찬 사업에 대해서는 배우성, 1998,『조선 후기 국토관과 천하관의 변화』, 일지사 참조.
174　황윤석,『이재난고』권6, 영조 42년 3월 14일.
175　황윤석,『이재난고』권6, 영조 42년 3월 15일.
176　황윤석,『이재유고』권7, 與金教官正禮履安書(庚辰).
177　황윤석,『이재난고』권11, 영조 44년 8월 21일.

정선, 〈송파진〉松坡津, 『경교명승첩』京郊名勝帖, 1741년, 비단에 채색, 20.3×31.5cm, 간송미술관.
송파진은 조선시대 한양과 경기 광주를 잇는 가장 큰 나루터였다. 강 건너편 오른쪽 붉은 기둥에 청기와를 올린 집이 삼전도비의 비각이다.

었다. 그는 이지조李之藻 같은 중국의 서학론자들이 『천주실의』天主實義에 실려 있는 천당·지옥설에 대해서 비판하지 않은 것을 의아하게 보면서도, 서양이 천문학·역산학을 체계화했다는 사실을 인정했다.[178] 서학西學과 서교西敎를 구분하고, 서학이 가진 의의를 적극적으로 인정한 것이다.

거기에도 기본적인 전제는 있었다. 서양 과학의 중국원류설이 그것이다.[179] 신기한 듯 보이는 서양 역산학과 수학의 원리는 사실은 이미 중국 고대의 성현들이 알고 있었다는 주장이다. 적지 않은 조선 지식인들이 이 논리를 구사했다. 중국원류설은 서양 과학을 정당화하는 수단이기도 하지만, 반대로 서양 과학을 부정하는 논거가 될 수도 있었다. '중국의 옛 성현들이 말한 것

---

178 황윤석, 『이재난고』 권3, 영조 40년 2월 초7일.
179 조선 후기 지식인들이 구사한 서양 과학의 중국원류설에 대해서는 박권수, 1998, 「徐命膺(1716-1787)의 易學的 天文觀」, 『한국과학사학회지』 20-1; 문중양, 1999, 「18세기 조선 실학자의 자연지식의 성격」, 『한국과학사학회지』 21-1; 노대환, 2005, 『동도서기론 형성 과정 연구』 등을 참조.

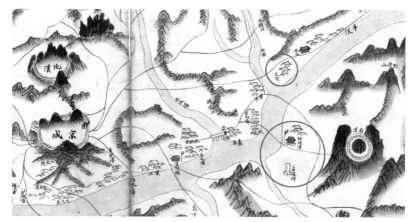

송파진과 석실서원 일대, 〈경강부임진도〉京江附臨津圖, 「동국여도」東國輿圖, 종이에 채색, 46.4×32.4cm(책 크기), 서울대학교 규장각한국학연구원.

조선 후기 서울과 한강 일대를 그린 지도다. 북한강과 남한강이 갈라지는 지점에 석실서원이 위치한 미음渼陰이라는 지명이 보이며, 광주에서 한양으로 가는 길목에는 송파진과 삼전도비가 표시되어 있다.

이니 서양 과학에 거부감을 가질 필요가 없다'고 할 수도 있지만, '새로울 것도 없으니 서양 과학에 관심을 가질 필요가 없다'고 할 수도 있는 것이다. 물론 황윤석은 전자에 속했다.[180] 그렇다면 그가 서양 과학을 옹호한 이유는 무엇일까. 그의 서양 과학에 대한 태도는 지방 지식인으로서 그가 가진 조건과 어떤 연관이 있을까.

먼저 눈에 띄는 것은 중화주의자로서의 면모다. 한양에 올라온 황윤석이 김원행을 만난 뒤, 송파진 주막에 들렀다가 인근의 삼전도비三田渡碑를 보게 되었다. 그는 이 비석을 주저 없이 '호비'胡碑라고 불렀다. 비석 뒷면에 전각되어 있는 '대청공덕비'大淸功德碑라는 제목이 그의 심사를 뒤흔들어놓았음 직하다. '이러고서야 천하 후세에 무슨 말을 할 수 있단 말인가.' 비석 주위를 여러 차례 돌며 살펴보던 그는 온몸에 전율을 느꼈다.[181] 그에게 청나라는 다만 오랑캐였을 뿐이다. 문집을 유심히 살펴보면, 그가 강희제, 옹정제, 건륭

---

180 황윤석, 『이재난고』 권11, 영조 44년 9월 10일. 弧弦約說.

181 황윤석, 『이재난고』 권3, 영조 35년 3월 17일.

제 등 청의 황제들을 일관되게 '청주'淸主라 부른 것을 발견할 수 있다.[182] 심지어 그는 청나라에서 자체적으로 제작한 것, 특히 그 기원을 명나라 때로 연장하기 어려운 것들에 대해서는 '호청胡淸이 만든'이라는 표현을 구사했다.[183]

시헌력時憲曆을 보는 황윤석의 견해는 단순하다. 그에 따르면, 명나라 숭정崇禎 연간 중에 서양 선교사들이 황제의 명에 따라 역법을 수정했으며, 숭정제(의종)가 그 결과를 반포하려 했는데, 나라가 망하는 바람에 끝내 '오랑캐'에게 뺏기게 되었다.[184] 따라서 시헌력법은 '불행히도' 청나라 사람들에 의해 사용되었을 뿐이다.[185] 황윤석의 논리대로라면 서양 과학은 중국 고대의 성현이 그 원리를 갈파했을 뿐만 아니라 명나라 때 정리된 것이므로, 근본적으로 오랑캐일 수밖에 없는 청나라의 문화와는 아무런 상관이 없는 것이 된다. 시헌력이 기존 역법에 비해 아무리 우수하다 해도, 만일 시헌력이 청나라 때 처음 만들어졌다면 황윤석이 시헌력을 이렇듯 긍정적으로 보기는 어려웠을 것이다.

도시적 기반 위에서 성장한 사람들, 나아가 사행使行을 통해 번영하는 북경의 현실을 목격한 사람들 중에는 청나라 문물을 도입해야 한다고 생각하는 이가 적지 않았다.[186] 그러나 궁벽한 시골 출신이었던 황윤석은 그들과 처지가 같지 않았다. 황윤석은 김원행의 문하에 출입했지만, 서울 지식인들이 형성하는 네트워크 바깥에서 서성거렸을 뿐이다. 연행의 기회가 없었음은 물론이다. 그런 그였기에 청나라 문물을 도입하는 문제에 대해 유연한 논리를 구사하기는 어려운 일이었다.

---

182 황윤석, 『이재유고』 권4, 詩.
聞淸主將以七月東遊瀋陽 本國議差使价起居.

183 황윤석, 『이수신편』 권6, 地理.
女眞起處 有鴨綠江 傳云 天下有三處大水 曰黃河 曰長江幷鴨綠是也(以今胡淸盛京志諸書地圖考之 當以混同江爲三大水之一 若鴨綠江 不過朝鮮西北一帶水耳).

184 황윤석, 『이재난고』 권11, 영조 44년 8월 16일. 曆引跋.

185 황윤석, 『이재난고』 권12, 영조 45년 3월 23일.

186 조선 후기 북학파 지식인의 청 문물 도입론에 대해서는 김문식, 1994, 「18세기 후반 서울 學人의 淸學 認識과 淸 文物 도입론」, 『규장각』 17 참고.

황윤석은 명나라의 서양 과학이 청나라에 의해 '강탈되었다'고 주장함으로써 청나라에서 들어온 서양 과학 서적을 참고해야 하는 자신을, 나아가 조선 지식인 사회의 현실을 합리화했다. 그러나 황윤석은 벽돌이나 수레로 상징되는 청나라의 문물제도, 즉 중국 고대 성인이 말한 바 없을 뿐만 아니라 명나라 때까지 그 기원을 연장할 수 없는 문제에 대해서는 상대적으로 무심했다. 벽돌과 수레야말로 북경의 도시적 번영을 상징하는 키워드다. 서울의 '북학파' 지식인들은 그것을 도입하고 싶어했던 것이 아닌가. 그런 점에서 황윤석이 주장한 서양 과학의 중국원류설에는 지방 지식인으로서의 경험과 문제의식이 짙게 묻어난다.

황윤석은 신분의 한계를 넘어 교유하던 서울 지식인 네트워크의 생리에도 잘 적응하지 못했다. 황윤석은 서호수를 만난 자리에서 문광도文光道라는 중인 천문학자 겸 역산가의 이름을 처음 들었다. 황윤석이 서호수에게 『칠요표』를 언급하자, 서호수가 그 책을 먼저 빌려간 문광도라는 인물을 거론했다. 서호수에 따르면, 문광도는 당시 나이 39세에 불과했지만 천문학·역산학에 관한 한 그 시대 최고의 전문가로 인정받고 있었다. 서호수는 황윤석에게 '나 자신도 문광도에게 천문학·역산학을 배웠다'는 말과 함께 한번 만나볼 것을 권했다. 권유를 받은 황윤석의 말이 의외다. "근세의 재상 중에서는 김육金堉과 최석정崔錫鼎의 문집에 서양 천문학·역산학에 관한 내용이 있으나, 그 또한 지나치게 소략합니다." 황윤석은 문광도를 만나보라는 서호수의 권유를 듣고 즉답을 피하면서, 역대 지식인들이 천문학·역산학에 대해 관심이 많지 않았던 사실만을 지적했다.[187] 동문서답인 셈이다.

왜 이런 현상이 생긴 것일까. 열흘 후 두 사람이 다시 만났다. 서호수가 황윤석에게 문광도를 만나보았느냐고 묻자, 황윤석이 대답했다. "그가 이미 사대부가 아니니 그를 찾아 만나는 것이 어떨지 모르겠습니다." 황윤석은 사대부가 아닌 문광도를 만나 그에게 무언가를 문의하는 것이 못내 마땅치 못

---

187 황윤석, 『이재난고』 권6, 영조 42년 3월 15일.

했던 것이다.[188] 서양 천문학·역산학에 대해 누구보다 목말라한 그였지만, 문광도에게 배우려는 적극적인 노력을 하지는 않았다. 황윤석에게 서호수는 서울 벌열가의 자제였으며, 그 시대 최고의 천문학·역산학 전문가였다. 황윤석은 그런 서호수를 보면서 서울에서 나고 살지 않은 것의 의미를 곱씹지 않았던가. 황윤석이 그런 서호수에게 "나의 천문학·역산학 또한 중인 문광도에게 배운 것이다"라는 말을 들었을 때, 그는 어떤 심정이었을까.

서울에서는 양반과 중인 사이에 다양한 방식의 네트워크가 형성되어 있었다. 중인시사中人詩社와 그 후원인, 겸인傔人과 경화사족京華士族의 엘리트들이 이 네트워크를 구성하고 있었다.[189] 서호수는 이 교유망에 속한 인물이었고, 황윤석은 그렇지 못했다. 『이재난고』에는 호남 선비들이 '중서인들이 신분에 어울리지 않게 관직을 넘보는' 기현상을 보면서 그들과 사이가 벌어졌으며, 결국 관료가 되려는 희망을 품지도 않게 되었다는 이야기가 있다.[190] 황윤석은 재가 금지, 서얼 차대, 노비 세습제 등을 폐지할 것을 주장했지만,[191] 중인에 대한 그의 시선은 온전히 지방 사족들의 것이었다. 그는 사대부가 중인에게 배우는 방식으로 전문성을 높여야 할 필요를 서호수만큼 절실하게 느끼지 않았다. 지방 지식인으로서 그가 가진 정체성과 사고방식은 서양 과학 지식에 접근하는 태도에도 영향을 미쳤던 것이다.

188　황윤석, 『이재난고』 권6, 영조 42년 3월 25일.
正言(徐浩修: 필자)因言 向來曆象考成 七曜表 亦入其中矣 果尋於文光道否 余曰 彼旣非士夫 則與之尋訪 似涉如何矣.

189　정옥자, 1983, 「朝鮮後期漢文學思潮史硏究」, 『한국사학』 5; 유봉학, 1990, 「日錄『公私記攷』에 나타난 19세기 서리의 생활상」, 『규장각』 13(1998, 『조선 후기 학계와 지식인』, 신구문화사 재수록).

190　황윤석, 『이재난고』 권13, 영조 45년 10월 13일.

191　하우봉, 1994, 「이재 황윤석의 사회사상」, 46~49쪽.

3장.
서울 학계 내부의 여백과 간극

당파와 신분의 그림자

정조가 규장각의 선본選本을 보급해서 서울 – 경기 지역 지식인에게 배포한 것은 적어도 이 지식들이 서울의 경화사족이나 근기남인近畿南人, 혹은 신분을 넘어선 지식인 집단들 사이에서 공유되기를 바랐기 때문일 것이다. 그렇다면 정작 조선 후기 지식인 커뮤니티 사이에서 지식은 어떻게 존재하고 있었는가. 그들 사이에서 지식이 공유되는 구조는 어떤 것이었으며, 지식을 공유하는 장에는 어떤 힘이 작용하고 있었던 것일까.

박지원朴趾源(1737~1805)의 우정론은 홍대용洪大容(1731~1783)이 정리한 『건정동회우록』乾淨術會友錄의 서문에 실려 있는데, 사실상 홍대용의 우정론을 승인한 것이었으므로 홍대용의 우정론이라 해도 좋다. 홍대용은 1765년(영조 41) 숙부 홍억洪檍(1722~1809)을 수행해 북경에 갔다가 한족 지식인 반정균潘庭筠 등을 만나 필담을 나누면서 마침내 마음을 나누는 친구가 되었다. 이 『건정동회우록』에는 반정균 등과 나눈 필담이 담겨 있다. 홍대용은 중국에서 친구를 사귀게 된 경위에 대해 이렇게 말했다.

내 어찌 중국이 옛날의 제하諸夏가 아니며 그 사람들이 선왕의 법복法服을 그대로 따르지 않는다는 것을 모르겠습니까. 비록 그렇기는 하지만 그들이 살고 있는 땅은 어찌 요, 순, 우, 탕, 문왕, 무왕, 주공, 공자가 밟던 땅이 아니겠으며, 그들이 사귀는 선비들이 어찌 제, 노, 연, 조, 오, 초, 민, 촉의 원유遠遊한 선비들이 아니겠으며, 그들이 읽는 글이 어찌 삼대 이래 사해만국의 극히 많은 전적典籍이 아니겠습니까. 제도는 비록 바뀌었으나 도의道義는 달라지지 않았으니, 이른바 옛 제하가 아니라는 것에 대해서도, 그 나라의 백성이 되었을망정 그 나라의 신하가 되지 않은 사람이 어찌 없겠습니까. 그렇다면 저들 세 사람이 나를 볼 때에도 어찌 화이華夷의 차이를 구별하고 형적形跡과 등위等威의 차이를 혐의스러워함이 없을 수 있겠습니까. 그러나 번문繁文을 없애고 가절苟節을 버리며 진정을 토로하고 마음을 드러내니, 그 규모의 광대함으로 보건대 어찌 명성과 세리勢利를 좇는 구차한 자들이겠습니까.[192]

조선 지식인들이 청나라 치하의 중국 지식인들과 사귀려 할 때 가장 문제가 되었던 것은 당시의 중국이 옛날의 중국이 아니며, 당시의 중국인이 선왕의 제도를 그대로 따르지 않기 때문이었다. 그러나 홍대용의 생각은 달랐다. 그에 따르면, 제도는 바뀌었으나 도의道義는 달라지지 않았으며, 도의가 달라지지 않았다면 청나라에서도 그들의 신하가 되지 않은 사람이 없다고 단정할 수 없다. 반정균 등이 그에게 마음을 연 것은 화이華夷, 형적形跡과 등위等威의 차이에 집착하지 않았기 때문이다. 결국 우정의 문제다.

박지원으로 대표되는 북학파 우정론에 관해서는 일반적으로 마테오 리치의 교우론이나 양명좌파陽明左派 우정론의 영향이 거론된다.[193] 그런데 박지

---

192   박지원, 『연암집』 권1, 會友錄序.
吾豈不知中國之非古之諸夏也 其人之非先王之法服也 雖然 其人所處之地 豈非堯舜禹湯文武周公孔子所履之土乎 其人所交之士 豈非齊魯燕趙吳楚閩蜀博見遠遊之士乎 其人所讀之書 豈非三代以來四海萬國極博之載籍乎 制度雖變 而道義不殊 則所謂非古之諸夏者 亦豈無爲之民而不爲之臣者乎 然則彼三人者之視吾 亦豈無華夷之別而形跡等威之嫌乎 然而破去繁文 滌除苟節 披情露眞 吐瀉肝膽 其規模之廣大 夫豈規規齷齪於聲名勢利之道者乎.

193   박성순, 2005, 「조선 후기 실학자들의 연행과 우정의 지도」, 경기문화재단 편, 『연행의 사회사』.

원은 오상五常과 사덕四德의 불일치에 관한 정이程頤(1033~1107)의 논리를 활용하여 붕우관계의 중요성을 강조하기도 했다. 오행五行의 토土가 나머지 사계절의 토대가 되는 것처럼 오륜五倫에서 붕朋이 나머지 사륜의 기초가 된다는 것이다. 그런 점에서 수평적 인간관계망의 확대를 보여주는 박지원의 우정론이 오륜 질서의 파괴가 아니라 그 기초 위에서 나온 것이었다는 지적은 주목할 만하다.[194]

다시 『건정동회우록』의 서문으로 돌아가보자. 홍대용은 차이에 집착하면 결코 친구가 될 수 없다는 사실을 잘 보여주었다. 물론 그것은 차이가 존재하지 않는다는 의미는 아닐 것이다. 그런데 차이의 유무나 차이에 관한 의미 부여만큼이나 중요한 것이 있었다. 그것은 '제하로부터 계승된 도의'라는 가치가 공유되고 있다는 사실이었다. 이 공유된 가치야말로 홍대용과 반정균 등이 서로 마음을 열게 된 계기였다. '벗이 될 수 없다면 함께 도를 도모할 수 없다'는 말은 뒤집어보면 벗이 된 두 사람이 궁극적으로 무엇을 추구해야 하는가를 말해준다. 친구가 되는 과정에서는 무엇보다 학파(정파)나 신분 같은 제도적 구속을 넘어서서 기쁨과 슬픔을 함께하는 진정성의 교감이 중요하다. 그러나 벗이 된 두 사람이 궁극적으로 추구해야 할 일이 '도를 도모하는 것'이라는 주장은 그냥 지나치기 어렵다. 진정성과 교감은 박지원의 우정론을 구성하는 핵심 요소이기는 하지만, 우정을 통해 지향해야 할 가치가 '도를 도모하는 것'이라는 점은 그 자각된 진정성과 교감의 맥락이 오륜적 질서와 충돌하지 않는다는 사실을 잘 보여준다.

수평관계의 확대를 의미하는 이 동지적 결합이 의연히 오륜 질서의 외연 안에 있다는 것은 양반과 서얼 사이의 교유라는 매우 특별한 현상을 설명하는 데도 중요하다. 그것은 벗이라고 할 수 없는 관계인가, 도를 도모하는 친구 관계인가. 17세기 초부터 19세기에 이르기까지 양반과 서얼 사이의 교류는 어떻게 변화해왔던 것일까. 비교의 편의를 위해 침류대학사와 유희경(17

194 김문용, 2005, 「북학파 교우론의 사상사적 함의」, 『한국실학연구』 10, 62~63쪽.

세기 초), 김창흡과 홍세태(18세기 초), 박지원과 이덕무 혹은 이용휴와 김숙(18
세기 말), 김정희와 이상적(19세기)을 예로 삼아 생각해보자.

그들이 시문과 예술을 매개로 교유했다는 사실에 대해서는 이론의 여지
가 없다. 그 점에서 그들은 시인이었으며, 예술가이자 예술비평가였다. 그러
나 그들 모두가 학자이거나 경세가였던 것은 아니다. 설사 그들이 모두 학자
이자 경세가였다 하더라도 그들 서로가 그 사실을 인정했는지는 별개의 문제
다. 적어도 18세기까지는 경학經學을 깊이 있게 탐구하거나, 사단칠정론이나
인물성동이론 등 이기심성론을 연구하는 것은 사대부의 일이었다.

사대부는 자기 시대의 학문적인 과제와 실천적인 문제들에 대해 무심하
지 않았지만, 위항 문인들에게서는 그런 면모를 찾기 힘들다. 유희경과 홍세
태에게서 경세가의 면모를 찾을 수는 없다. 그들은 다만 양반의 문화를 추수
했을 뿐, 양반의 학문을 추구한 것은 아니었기 때문이다. 양반들이 그들과 어
울릴 수 있었던 것은 문예를 공유했기 때문이기도 하지만, 역설적으로 그것
은 그들이 경세학에 접근하지 않는다는 묵계가 있었기 때문에 가능한 일이었
는지도 모른다. 위항 문인이나 검서관 중에서 경세적 안목을 갖춘 인물이 나
오지 말란 보장은 없다. 그러나 설사 그렇다 하더라도 벌열가의 후예들이 그
들을 자신과 같은 경세가로, 선비로 인정해주었으리라는 보장은 없다.

이용휴와 김숙, 박지원과 이덕무의 관계는 18세기 후반 양반-중인(서얼)
관계의 양상이 다변화하기 시작했음을 보여준다. 먼저 이용휴와 김숙의 관계
를 보자. 유희경이 어울렸던 침류대학사들, 홍세태가 어울렸던 김창흡 등은
모두 당대의 저명한 관료이자 학자였다. 그런 점에서 유희경, 홍세태 등은 시
적 경향은 달랐지만 적어도 그 시대 주류 권력 집단이나 학자 집단의 미학을
충실히 추종했다는 점에서는 차이가 없다. 그런데 이용휴가 어울렸던 김숙은
사정이 조금 다르다.[195]

---

[195] 이용휴의 글은 여항시인 김숙을 소개하는 자료로서, 혹은 18세기 우정론의 일부로서 검토된 바 있다
(안대회, 1999, 「여항시인의 존재와 발굴, 이용휴의 서문 세 편」, 『문헌과해석』 1999년 여름호; 정민, 2000,
「18세기 우정론의 맥락에서 본 이용휴의 生誌銘攷」, 『한국학논집』 34).

김숙의 시가 비범할 뿐만 아니라 세상과 타협하지 않았다는 평가는 그의 입지가 유희경이나 홍세태와는 달랐음을 시사한다. 김숙의 문집에 서문을 써주었던 이용휴가 권력으로부터 먼 거리에 있었던 기호남인 성호학파의 학맥에 속하는 인물이라는 점도 무심하게 지나칠 수 없는 대목이다. 이용휴는 신분 때문에 묻힐 뻔했던 김숙의 시문과 문장을 세상에 드러내주는 것을 자신의 역할로 생각했다. 김숙의 존재는 18세기 후반에 양반과 교유하던 중인(서얼) 가운데 시인으로만 머무르려 하지 않는 사람들이 있었음을 보여준다.

이덕무는 문장을 단순히 도를 싣는 도구로 간주하지는 않았다. 그런 점에서 소품문으로 표현된 그의 문장론은 박지원이 제시한 법고창신의 문예이론과 일치한다. 그런데 이덕무와 박제가, 유득공, 성대중 등은 경세학에서도 분명한 자기 입장을 가진 인물들이다. 이 분야들은 과거 중인(서얼) 문인들이 자신의 영역이라고 생각하지 못하던 것이었다. 그것은 그들이 정조의 총애를 받으면서 규장각에서 활동할 수 있는 근거이기도 했다. 정조가 자기 시대 학문의 화두로 삼았던 것은 의리학, 그리고 의리학을 전제로 하는 경세학이었다. 경세학 중에서도 특별히 교화敎化와 시무時務에 도움이 된다고 판단한 '예악禮樂, 병형兵刑, 전곡錢穀, 갑병甲兵' 등을 중시했다. 시대는 이미 사변적인 심성론보다는 그런 경세학적인 대안을 필요로 하고 있었으며, 이덕무 등은 그런 필요에 충실하게 부응했다. 서얼들은 비로소 문인의 한계를 벗어나 학자가 되었으며 경세가가 되었다.[196] 그렇다면 그들은 마침내 양반 벌열가의 후예들과 진정한 벗이 되었는가.

박지원의 우정론은 기본적으로는 도의道義라는 가치를 공유함으로써 수평관계를 포함한 오륜적 질서를 명실상부하게 구현하기 위한 전략이었다. 그러나 박지원이 맞닥뜨린 현실은 '도의를 공유하는 수평적 관계'와는 거리가 한참 멀었다. 우정에 관한 박지원의 주장은 그 현실에 관한 이야기로 시작한다.

---

196 정조가 검서관의 학문적 역할을 높이 평가한 것은 아니다. 그러나 서얼 출신 지식인들이 경세학적 안목과 역량을 갖추게 된 것은 분명히 정조 시대의 유산이다. 그런 점에서도 정조 시대는 특별한 의미가 있다.

우리나라 땅을 돌아보면, 동쪽으로 큰 바다에 임하여 하늘과 더불어 끝이 없으나 이름난 산과 큰 멧부리들이 그 가운데 솟아 있으니, 들판은 백 리가 트이어 있는 곳이 드물고 고을은 천 호가 모여 있는 곳이 없다. 그 땅 자체가 또한 이미 편협하니, 옛날의 이른바 양楊, 묵墨, 노老, 불佛이 아닌데도 의론의 유파가 넷이며, 옛날의 이른바 사士, 농農, 공工, 상商이 아닌데도 명분의 유파가 넷이다. 이것은 단지 숭상하는 바가 동일하지 않을 뿐인데도 의론이 서로 격해져서 진秦과 월越의 거리보다 멀어진 것이요, 단지 처한 바에 차이가 있을 뿐인데도 명분을 비교하고 따지다가 화華와 이夷의 구분보다 엄하게 된 것이다. 그리하여 형적이 드러남을 꺼려서 서로 소문은 들으면서도 알고 지내지 못하며, 등위에 구애되어 서로 교류를 하면서도 감히 벗으로 사귀지는 못한다. 마을도 같고 종족도 같으며 언어와 의관도 나와 다른 것이 극히 적은데도, 서로 알고 지내지 않으니 혼인이 이루어지겠으며, 감히 벗도 못 하는데 함께 도를 도모하겠는가. 이러한 몇몇 유파가 아득한 수백 년 동안 진과 월, 화와 이처럼 서로 대하면서 집을 나란히 하고 담을 잇대어 살고 있으니, 그 습속이 또 어찌 그리도 편협한가.[197]

여러 가지 면에서 음미할 필요가 있는 글이다. 필자는 박지원의 논리를 이렇게 읽는다. '산지지형에 속하는 한반도의 특성상 평지가 적어 도시도 넓을 수 없다. 그런 자연조건 속에서 살다 보니 사람들의 심성도 자연스럽게 편협해질 수밖에 없었다. 요즘의 학문적 차이가 옛날의 제자백가처럼 서로 확연히 다른 것이라면 학문의 정당성을 놓고 서로 다툴 수 있을 것이다. 요즘의

197　박지원, 『연암집』 권1, 會友錄序.
遊乎三韓三十六都之地 東臨滄海 與天無極 而名山巨嶽 根盤其中 野鮮百里之闢 邑無千室之聚 其爲地也 亦已狹矣 非古之所謂楊墨老佛而議論之家四焉 非古之所謂士農工商而名分之家四焉 是惟所處者有差耳 名分之較畫而嚴於華夷 嫌於形跡 則相聞而不相知 拘於等威 則相交而不敢友 其里閈同也 族類同也 言語衣冠其與我異者幾希矣 旣不相知 相與爲婚姻乎 不敢友焉 相與爲謀道乎 是數家者 漠然數百年之間秦越華夷焉 比屋連墻而居矣 其俗又何其隘也.

신분제도가 과거의 사농공상처럼 직업적으로 분명하게 분화된 것이라면 신분과 그 신분에 따른 고정된 역할에 충실해야 할 것이다. 그러나 조선의 상황은 그때와 다르다. 조선의 학파 간 차이나 정파 간 차이는 방법론의 차이일 뿐이며, 조선에서 신분의 차이는 처지의 차이일 뿐이다. 그 차이가 과도하게 인식되어오면서 서로 간에 소통은 불가능하게 되었다. 상대 학파나 정파에 대한 소문은 들으면서도 알고 지내지 않으며, 다른 신분층과 교류는 하면서도 벗으로 사귀지는 않는다. 상대 학파나 정파의 인물들과 알고 지내지 않으니 혼인망으로 연결될 리 없고, 다른 신분층과 벗이 되지 못하니 함께 도를 논할 리가 없다.'

박지원은 한반도의 자연조건이 협소하다는 움직일 수 없는 사실에서 조선 사람들의 심성이 넓지 못하다는 것을 끌어내고, 다시 그 심성의 협소함으로부터 학파 간, 정파 간, 신분 간 소통이 안 되는 현실을 논증하려 했다. 박지원이 조선의 학파(정파) 간 차이, 그리고 신분적 차이의 의미를 크게 보지 않았던 대목은 주목할 만하다. 그는 벌열가의 후예임에도 주류적 학문 계보의 중심에서 비켜나 있었다. 당연히 환국과 같은 정치적 격랑을 피할 수 있었을 것이며, 당쟁으로 인한 정치적 트라우마 또한 크지는 않았을 것이다. 그런 박지원이라면 당파 간, 신분 간 차이를 과도하게 보아야 할 이유는 없다.

'과거의 사농공상이 아닌데도 명분의 유파가 넷'이라는 언설도 주의해서 볼 필요가 있다. 박지원이 문제를 삼은 것은 신분제 자체는 아니다. 그는 처지의 차이가 사농공상처럼 종사하는 일로 확연히 나타나지 않는 경우를 말하고 싶었던 것이다. 몰락한 양반이 농사를 짓거나, 중인이 양반 문화를 추수하며 시사를 결성하는 일은 이미 흔한 풍경이 되었다. '처지의 차이'를 부정하지 않았다는 점에서 그는 여전히 신분제 옹호론자였지만, 양반과 중인의 학문적·문화적 역할 사이에 명시적인 선을 그을 필요가 없다는 말을 하고 싶었던 것이다. 그런 구별이 불필요하다면 적어도 논리적으로는 친구가 되는 데 걸림돌은 없다.

박지원이 처한 현실은 그런 이상과는 거리가 멀었다. '등위에 구애되어

서로 교류를 하면서도 감히 벗으로 사귀지는 못한다'는 지적도 중요하다. 박지원이 자기 휘하에 모여든 이덕무, 박제가 등 중인들을 벗으로 삼으면서 함께 도를 도모했는지는 별개의 문제다. 그러나 적어도 중인과 교류하던 적지 않은 양반들이 중인을 진정한 벗으로 대우하지 않았을 가능성은 여전히 남아 있다. 박지원이 다른 당파 사람들과 소통하려 했다는 증거가 확인되지 않는다는 사실도 흥미로운 대목이다.

홍대용의 경우는 어떤가. 박지원이 『건정동회우록』을 들고 와서 서문을 청하는 홍대용에게 물었다. "자기 나라에 있을 때에는 학파, 당파, 신분이 다른 사람들과 한마을에 살면서도 서로 알고 지내려 하지 않더니 이제 다시 만나지도 못할 외국인과 벗이 되어 마음을 허락한 것은 왜인가?" 홍대용이 정색하며 대답했다. "제가 감히 우리나라에 벗할 만한 사람이 없어서 벗하지 못한다는 것은 아닙니다. 진실로 처지에 가로막히고 습속에 구속되어 그런 것이니 마음속이 답답하지 않을 수 없습니다."[198] 홍대용에게 학파나 당파, 신분을 넘어서 친구가 된다는 것은 조선의 현실에서는 결코 쉽지 않은 일이었던 것이다.

이중환은 조선의 지식인 집단에 대해 이렇게 말했다.

신축년과 임인년 이래로 조정에는 노론·소론·남인 등 세 당파들 사이에 원한이 날로 깊어져 서로 역적이라고 지목하였는데, 그 소문이 시골에까지 파다하여 하나의 싸움터가 되었다. 서로 혼인하지 않을 뿐만 아니라 서로를 용납하지 못하는 지경이 되었다. 어느 당파 사람이 다른 당파 사람과 친하게 지내기라도 하면 '절개를 잃었다'거나 '투항했다'고 하며 서로 배척한다. 심지어 당파와 무관한 선비나 종이라도 한번 '아무개를 섬기는 사람'이라고 지목되면 다른 이를 섬기려고 해도 받아들여지지 않는

---

198 박지원, 『연암집』 권1, 會友錄序.
洪君愀然爲間曰 吾非敢謂域中之無其人而不可與相友也 誠局於地而拘於俗 不能無鬱然於心矣.

다. 인물에 대한 평가는 자기 당파에서만 통용될 뿐, 다른 당파에서는 인정되지 않는다. 이쪽 당파 사람이 저쪽 당파에게 배척을 받으면 이쪽 당파에서는 배척받은 그를 더욱 귀하게 여긴다. 마찬가지로 저쪽 당파는 배척한 사람을 귀하게 여긴다. 비록 큰 죄를 지었다 해도 한번 다른 당파에게 배척당했다 하면 그의 잘잘못을 따지지 않고 떼 지어 들고일어나 그를 돕는다. 비록 행실이 돈독하고 덕이 높은 사람이라 해도 자기 당색이 아니면 먼저 그의 옳지 않은 점을 먼저 살핀다.[199]

이중환이 전하는 당파 간의 대립이나 불화는 당파와 신분을 넘어선 교류가 박지원 일파를 중심으로 한 매우 국지적인 현상이었음을 보여준다. 이런 상황이라면 학파나 당파 사이에서 혹은 그 경계를 넘어선 지점에서 공론의 장을 공유해야 할 이유는 없다. 박지원을 중심으로 한 지식인 집단에서 신분과 당파를 넘어선 교류가 있었던 사실을 기억하는 것도 중요하지만, 그와 유사한 다른 사례들이 쉽게 확인되지 않는다는 점도 기억해야 한다. 조선 후기 중인 중에는 천문학이나 지리학처럼 사대부가 관심을 가질 만한 분야에서 전문가가 나오기도 했다. 특별히 서울의 중인들은 책을 읽거나 시회를 여는 등 양반의 지적 수준에 도달하거나 양반 문화를 추수하는 경우도 있었다. 달라진 중인의 위상은 이제 사대부도 무시할 수 없는 단계에 이르렀다. 그러나 엄밀한 의미에서 신분이 가지는 의미는 그대로였다.

중인을 바라보는 정조의 시선도 예외는 아니었다. 정조는 문체에 문제가 있다고 판단한 사람들에게 제재를 가했다. 남공철 같은 노론 명문가의 후예들만이 아니었다. 성균관 유생 이옥도 과거 응시를 제한당하는 불이익을 받았다.[200] 그런데 같은 소품문을 썼으면서도 이덕무나 박제가 등은 그 정도의 견책을 받지는 않았다. 왜 이런 현상이 벌어진 것일까. 정조는 이덕무나 박제

---

199 『택리지』(광문회본), 53~54쪽.
200 『정조실록』, 정조 16년 10월 19일.

임득명, 〈등고상화〉登高賞華, 『옥계
십이승첩』玉溪十二勝帖, 1786년, 종
이에 엷은 채색, 24.2×18.9cm(책 크
기), 삼성출판박물관.

조선 후기 중인들은 양반 사대부 다
음의 지식계층이었다. 옥계시사玉
溪詩社는 규장각 서리 등이 주축이
된 18세기의 대표적인 중인시사다.
1786년 7월 인왕산 옥계 청풍정사
靑楓精舍에서 시사를 결성했는데,
이후 시첩을 만들어 옥류계의 경승
과 동인들의 시를 함께 실었다.

가의 문체가 패관소품에 기초하고 있다는 사실을 잘 알고 있었지만, 사대부
나 성균관 유생에게 적용하던 논리를 그들 검서관에게는 적용하지 않았다.
정조는 이렇게 말했다. "이덕무와 박제가의 무리는 처지가 양반과 다르기 때
문에 이 소품문으로 스스로 드러내고자 하였으니, 나는 이들을 실로 배우로
서 거둔다." 정조의 논리에 따르면, 같은 중인이라도 성대중처럼 순정한 고문
을 쓰면 크게 장려해 마지않는다. 하지만 중인이 소품문을 쓴다고 해서 굳이
그들에게 남공철이나 이옥에게 가했던 제재를 할 이유는 없다. 소품문을 쓰
는 이덕무는 다만 배우일 뿐이지만, 그가 가진 다른 경세적 면모가 유용하니
거두어 쓸 뿐이다.

이옥의 신분이 서족庶族에 가깝다고는 하지만, 성균관 유생의 신분으로
과거시험 예비 합격자 명단에 오른 이상, 그에 대한 정조의 처분이 박제가나

이덕무에 대한 처분과 같을 수는 없었다. 이옥은 남공철에게 가해진 수준 이상의 제재를 받았다. 엄밀한 의미에서 정조가 우려했던 것은 '문체' 자체라기보다는 '명문가 자제들의 문체'였다. 정조는 이렇게 말했다. "이옥은 일개 유생에 불과하여 관계되는 바가 크지 않지만 띠를 두르고 홀을 들고 문연文淵에 출입하는 사람들도 이런 문체를 모방하는 자들이 많으니 어찌 크게 안타까운 일이 아니겠는가."[201]

정조는 적嫡과 서庶 혹은 사士와 민民의 차이를 줄이는 정책을 채택하고 시행했다.[202] 그러나 차이를 줄여나가려 했다는 것이 적과 서 혹은 사와 민이 가지는 특별한 역할을 부정했다는 의미는 아닐 것이다. 그런 점에서 정조는 명문가 자제의 역할이 '무엇보다' 중요하다고 보았다. 정조가 이덕무와 박제가보다 이상황, 김조순, 남공철의 문체를 문제 삼았던 것은 그런 이유였다. 신분을 넘어서 학문적인 공동체를 형성한 사람들이 그 안에서 서로를 학자로, 경세가로 인정하고 있었는지는 분명하지 않다. 그러나 정조가 이덕무 등을 벌열가의 후예들과 동일시하지 않은 것은 분명하다. 정조의 시선에서 볼 때, 그것은 차별이라기보다는 역할의 차이에 가깝다.

홍양호洪良浩(1724~1802)는 영조·정조 시대를 대표하는 문인이자 경세가 중 한 사람이며 소론계 학자 관료이지만, 박지원을 비롯한 노론 벌열가의 후예들과 결코 어울리지 않았다. 홍양호가 1782년(정조 6) 북경에 사신으로 가게 되었을 때, 그와 막역하게 지내던 이광려李匡呂(1720~1783)가 편지를 보내왔다. 이광려는 이 편지에서 중국의 벽돌과 가마제도의 도입을 주문했다.[203] "그대는 독서인이요 출신이 또한 경재의 반열에 있으니, 어찌 국계國計와 민생에 대해 깊이 생각하지 않겠습니까. 진실로 국계와 민생에 관계된 문제이며 또한 이번 행차에 성취할 만한 일이 있다면, 청컨대 그대를 위해 모두 말하는

201　『정조실록』, 정조 16년 10월 19일.
此不過一儒生 所關不大 而至於垂紳正笏 出入文淵之人 亦多有依倣此體者 寧不大可悶哉.
202　유봉학, 2009, 『개혁과 갈등의 시대 – 정조와 19세기』, 신구문화사, 44쪽.
203　진재교, 1999, 「홍양호의 교유관계와 문학활동에 대하여」, 311~314쪽.

것이 옳지 않겠습니까. 나라 사람들이 연경에 통행한 지 지금 몇 세대 몇 년이 되었는데도 다만 잡화가 통행하는 것만을 보았을 뿐 끝내 벽돌과 가마의 일에 대해서는 미치지 못하였으니, 내 일찍이 (그것을) 개연히 여기었습니다."[204]

이광려가 '벽돌과 가마의 일'을 강조한 것은, 그것이 성곽과 궁궐, 창고 등 각종 토목공사의 효율성을 높이고 비용을 절감할 수 있는 핵심적인 요소라고 생각했기 때문이다. 이광려에게 '벽돌과 가마의 일'은 국가와 민생에 직결되는 문제였다. 그런데 조선 사람들이 북경에서 '잡화가 통행하는 것'만을 보았을 뿐, '벽돌과 가마의 일'을 보지 못했다는 지적은 음미해볼 필요가 있다. 이광려의 눈에 '잡화'로 보였던 것은 무엇이었을까. 거기에는 서화書畵, 골동骨董, 문예서와 패관소설 등이 포함되어 있었을 것이다. 이 '잡화'는 문인이자 예술가였던 경화사족, 그리고 그들의 문제의식을 추수했던 중인(서얼) 출신 문인들이 북경에서 들여오고자 했던 가장 중요한 물품이었을 것이다. 이광려의 관점에서 보면, 그것은 문인이나 예술가에게는 중요할지 몰라도, 경세가에게는 중요하지 않았다. 이광려는 홍양호에게 개인의 문인적 취향을 넘어서 국가와 민생을 염려하는 경세가의 눈으로 북경을 보고 배울 것을 주문했다.

차이를 넘어서 교유하고자 했던 홍양호의 교유관은 흡사 박지원 일파의 그것을 연상시킨다. 그들은 모두 정조 시대를 장식했던 인물들이기도 하다. 홍양호와 박지원은 북학에 관한 공통의 관심사를 지니기도 했다. 그런데 교유에 관한 두 집단의 철학이 흡사했음에도 두 집단 사이에 가시적인 연결의 고리가 확인되지 않는 것은 의외다.[205] 그렇다면 자기 시대의 서얼 경세가 박

---

204 이광려, 『이참봉집』 권4, 文, 與洪判書漢師書.
漢師讀書人也 出身又居卿列 豈不深心於國計民生乎 苟有大損益有無於國計民生 且可有爲於玆行者 請爲漢師悉之可乎 國人之通燕京 於今幾世幾年矣 只見雜貨通行 竟未有致其甎窯之事者 吾嘗慨然.
205 홍양호는 소론계 지식인 이광려와 친분이 두터웠고, 이광려는 박지원과 친분이 있었다. 이광려와 박지원은 시문에 대해 논했으며 당색이 다른 것에 대해서는 서로 언급하지 않았다고 한다(박종채 지음, 박희병 옮김, 1998, 『나의 아버지 박지원』, 55~56쪽). 그런데 박지원은 이광려와 북학을 함께 논의하지 않았으며, 그를 매개로 하여 홍양호와 교류하지도 않았다.

제가, 유득공 등과는 어땠을까. 홍양호나 박제가 등은 각자 청나라 학자 기윤紀昀(1724~1805)과 교류했다. 기윤을 매개로 친분이 있었음직도 하지만, 그런 사실은 확인되지 않는다.

홍양호는 신분을 넘어선 교유를 기피했던 것일까. 홍양호가 성대중과 어울린 것을 보면 꼭 그렇다고 말할 수는 없다. 성대중은 박지원과도 어울렸지만 박지원이 보여준 전범 없는 글쓰기를 추구하지는 않았다. 정조가 문체반정을 할 때 박지원 등의 문장을 비판한 반면 성대중의 문장을 추켜세웠던 것도 그 때문이다. 성대중은 서얼 출신으로 경세가의 면모를 갖추었다는 점에서 이덕무, 유득공 등과 비슷했지만, 고문古文을 중시하는 문학관을 가졌다는 점에서는 그들과 달랐다. 그의 문학관은 정조가 선호하는 것이었으며, 홍양호가 추구하는 것이기도 했다. 성대중이 홍양호와 함께 난사蘭社라는 시모임에 참여한 것은 그런 이유였다.[206]

박지원과 홍양호는 모두 당색을 넘어선 교류를 강조했으며, 국경을 넘어선 소통을 경험했다. '북학'北學의 중용성을 강조했다는 점에서도 공통점이 있다. 그러나 박지원의 경험은 홍양호에게 전혀 수렴되지 않았다. 홍양호가 가까이 지냈던 사람 가운데 박지원 그룹의 구성원이 많지 않았다는 점, 홍양호가 '벽돌과 가마의 일'을 중시하면서도 박지원 일파의 '북학'에 관한 주장을 언급하지 않았다는 점 등은 그 사실을 잘 보여준다.[207]

조선 후기 사회에서 당색과 신분을 넘어선 교류가 있었는지를 묻는다면, 그렇다고 답해야 한다. 그러나 그것은 엄밀한 의미에서 서울에 거주하던 일

---

206 기술직 중인이 주로 중인 시사 활동을 통해 양반 문화를 추수해간 반면, 서얼 출신 지식인은 정조 시대를 거치면서 경세학을 갖춘 지식인이 되어갔다. 서얼 출신 지식인도 시사를 즐긴 문인이었지만, 그들은 문인으로서만 남아 있으려 하지 않았다. 정조 시대의 서얼 검서관은 문인이면서 동시에 낮은 곳의 경세가였다.

207 정조는 홍양호를 중용했으며, 박제가와 이덕무 등을 규장각 검서관으로 등용했다. 그것은 정조가 그들의 북학에 관한 주장을 받아들이고 있었음을 뜻한다. 그런 점에서 정조는 북학군주라고 해도 좋다. 그러나 그 북학은 의리학과 그 토대 위에서 구축된 경세학의 범위를 벗어나지 않는다. 정조의 시야에서 보면, 패관소품과 고증학은 정조가 생각하던 방향에 방해가 될 뿐이었다. 정조가 박제가와 이덕무를 등용하면서도 박지원 일파의 문체에 동의할 수 없었던 것은 그런 이유이다.

부 집단에 해당하는 이야기다.[208] 그렇다면 박지원 그룹은 진정으로 하나가 되었는가. 엄밀한 의미에서 그들의 '우정'이 신분을 뛰어넘었다고 말하기 위해서는, 그 안에서 누구나 경세의 주체가 될 수 있다거나, 되어야 한다는 의식이 확인되어야 한다. 그러나 그런 지점들이 선명하게 드러나지는 않는다.

한말의 관료 김윤식金允植(1835~1922)이 남긴 강위姜瑋(1820~1884)에 관한 논평은 조선 후기 벌열가의 후예들이 그들과 교유관계에 있던 의역醫譯중인이나 서얼들을 어떻게 생각하고 있었는지에 대해 흥미로운 단서를 제공해준다. 김윤식에 따르면, 강위는 기술직 중인들의 문학 동호 모임인 육교시사六橋詩社의 리더였다. 강위는 삼정三政 문란에 대한 대책을 내놓았으며 강화도 조약 체결 당시 실무자로 참여하기도 했다.[209] 김윤식이 묘사해놓은 글만 보더라도 강위에게는 시대 과제를 고민하는 선비, 경세가의 면모가 물씬 풍겨난다.

갑신정변이 일어나던 해, 김윤식은 강위의 문집에 서문을 붙였다. 김윤식에 따르면, 시인詩人에 대한 세간의 인식을 한마디로 표현한다면 '경박함'이다. 사람들은 시인을 무시하면서 근본이 깊지 못하다는 이유를 댄다. 사람들은 시인이 근본이 깊지 않은 것은 독서량이 부족하기 때문이라 한다. 그렇다면 책을 많이 읽고 공부하여 근본을 깊게 한 시인이 있다면, 그를 시인이라는 이유로 경시해서는 안 될 일이다. 그러나 현실에서는 공부를 많이 하고 근본을 튼튼히 하고서도 인정받지 못하는 시인이 없지 않다. '강위선생'은 학문을 깊이 연마했을 뿐만 아니라 현실 문제에 대해서도 고민한 사람이지만, 포부

---

208 지방의 사정은 어땠을까. 여주 이씨의 세거지였던 안산에서도 섬사剡社라는 이름의 지역 시회가 있었다. 이광휴, 이철환 등 여주 이씨가 중심이 되었지만, 강세황姜世晃(1713~1791)과 이헌길李獻吉 등도 합류했다. 안산에 살던 강세황은 이용휴, 이광휴 등과, 이헌길은 이철환과 친분이 있었다. 이들은 해마다 여주 이씨의 연고지인 예산을 찾아 시회를 열기도 했다(진재교, 2003, 「이조 후기 문예의 교섭과 공간의 재발견」, 『한문교육연구』 21, 515쪽). 그런데 이 시모임에는 서얼이 전혀 보이지 않는다. 서울의 경아전과 서얼들은 시서화에 일가견이 있을 정도로 성장하거나, 경세가로서 새롭게 태어나고 있었지만, 근기남인들은 그런 분위기에 익숙하지 않았다.

209 정옥자, 1990, 『조선 후기 문화운동사』, 일조각, 130~143쪽.

와 경륜을 펼칠 기회를 잡지 못했다. 위항인 출신이기 때문이다. '위항인 강위선생'이 사대부들에게 자신의 존재를 각인시킬 수 있는 길은 오로지 시뿐이었다. 울분을 삭이려 지은 시는 갈수록 문학적인 깊이를 더해갔다. 그럴수록 시인의 이미지가 깊게 각인될 뿐이었다. 그러나 '강위선생'은 결코 시인으로 자족하지 않았다.[210]

조선 후기 위항문학 운동은 경아전京衙前과 기술직 중인이 양반 사대부 문화를 모방한 결과 생겨난 것이지만, 다른 맥락의 의미를 곱씹어볼 필요가 있다. 김윤식이 말하는 '강위선생'의 사례는 양반 사대부들이 시를 짓고 시사를 하게 된 위항인을 어떤 시선으로 바라보고 있었는지를 잘 보여준다. 벌열가의 후예들은 자신들과 같은 문학적 자산을 향유하게 된 위항인들을 '시인'詩人으로 대했다. 물론 그들도 시인이다. 그러나 그들은 중인 시인들을 '시대에 대한 책임의식을 가진 경세가'로 인정하지는 않았다. 그들의 논리에 따르면, 위항인은 결코 그들처럼 될 수 없는 운명을 가진 자들이며, 그런 이유로 위항인 출신 시인은 경박할 수밖에 없다. 강위처럼 학문이 깊은 자라 해도 마찬가지다. 1880년대의 사정이 이럴진대 18세기는 더 말할 것도 없다. 벌열가의 후예들이 문학을 통해 위항인들과 우정을 나누었다고 해도, 그것으로 그들 사이에 모든 차이가 없어지지는 않는 것이다.

조선 후기 지식인 집단 내부에 존재했을 그 경계선들은 지식정보가 유통되는 구조에도 영향을 미쳤을 가능성이 있다. 홍양호가 사신단의 일원으로 두 번이나 북경을 다녀오면서도 김창업金昌業과 홍대용의 연행기燕行記를 전혀 참고하지 않았던 것도 무심히 지나칠 수 없는 대목이다. 이는 박지원 그룹이 홍대용의 연행기를 소비하는 양상과는 판이하다. 홍대용이 북경으로 떠난

---

210   김윤식, 『운양집』 권9, 序, 姜古歡瑋遺集序(甲申八月).
世之目詩人多稱輕薄 以其根基不深 流於靡漫也 殊不知昔人論詩 有云讀書破萬卷 始足供驅使 苟能讀破萬卷 則根固葉茂 智次浩浩 其自負之雄 不僅以詩自命 而世猶以詩人輕之 往往屈沈於下 豈非詩人之不幸歟 古歡先生 奮拔孤寒 力學自樹 所讀之書 殆過五車 而有志於當世之務 學成而無所售 出門落落 特以詩結識於士大夫 遂以詩聞 (……) 噫以詩終 非先生之志也.

것은 35세 때인 1765년(영조 41)이며, 반정균 등과 만난 것은 이듬해인 1766년(영조 42) 2월이다. 홍대용은 귀국한 뒤 반정균, 엄성 등과의 만남을 기록으로 남기기 시작했다.

홍대용은 이 책자에 『건정동회우록』이라는 이름을 붙인 뒤[211] 박지원에게 보이고 서문을 받았다. 이 책은 원중거元重擧(1719~1790)와 박제가의 손에도 들어가게 된 것 같다. 원중거는 홍대용에게 후기를 써주었다.[212] 박제가가 홍대용을 찾아간 것은 그의 글을 읽고 감동했기 때문이다.[213] 연행록이 여러 사람들에게 읽히기 시작한 것은 김창업의 『노가재연행일기』老稼齋燕行日記(1712)부터였다. 홍대용, 이덕무, 박지원의 연행기에는 모두 김창업의 연행기를 참고한 흔적이 보인다.[214] 그러나 그들 사이에 홍양호는 없었다.

당파와 신분을 넘어서 독자를 확보한 사례가 없는 것은 아니다. 안정복의 『동사강목』이 그런 경우다. 그러나 이 사례조차 주류 지식인 집단 사이에서, 혹은 불특정 다수에 의해 지식정보가 막힘없이 유통되었음을 보증하지는 않는다. 엄밀한 의미에서 그것은 별개의 사안이다. 『동사강목』을 본 19세기 독자 중에는 이규경李圭景(1788~?)이나 이유원李裕元(1814~1888) 등이 확인된다. 이덕무의 손자인 이규경이나 고종 때 영의정을 역임한 이유원이라면 『동사강목』을 구하는 데 큰 어려움은 없었을 것이다. 그러나 19세기라고 해서 모든 사람들이 자유롭게 원하는 책을 볼 수 있었던 것은 아니다.

대한제국 시기 박문원博文院 참서參書 한진창韓鎭昌(1858~?)이 『동사강목』을 활자본으로 간행하려는 계획을 세우고 이남규李南珪(1855~1907)에게 서문을 청한 일이 있었다. 한진창이 이남규를 찾은 것은 그가 고위 관료였기

---

211 홍대용, 『담헌서』 외집 권1, 杭傳尺牘 與潘秋庭筠書.
弟以四月十一日渡鴨水 以五月初二日歸鄕廬 以其十五日 諸公簡牘 俱粧完共四帖 題之曰古杭文獻 以六月十五日而筆談及遭逢始末 往復書札 幷錄成共三本 題之曰乾凈衕會友錄.
212 후마 스스무, 2009, 「홍대용과 조선통신사」, 한양대학교 강연원고.
213 박제가는 이서구의 집에서 하루를 잔 뒤 벗을 형제와 부부에 비유하기도 했다(안대회, 2009, 「초정 박제가의 연행과 일상 속의 국제교류」, 『동방학지』 145, 41쪽).
214 김명호, 1990, 『열하일기 연구』, 72~73쪽.

때문만은 아니었다. 이남규는 어려서 허전許傳(1797~1886)의 문하에서 공부했다. 허전은 황덕길黃德吉(1750~1827)의 제자이며, 황덕길은 안정복의 제자이니 안정복에서 이남규까지 학맥이 이어진다. 이남규는 허전으로부터 안정복의 저작에 관해 전해들었을 것이다. 허전의 문집에는 그가 『동사강목』을 열람했음을 보여주는 대목이 있다.[215] 그러나 어찌된 일인지 이남규는 이 책을 보지 못했다. 이남규에게 『동사강목』은 '평생을 보고 싶어하면서도 얻어 보지 못했던 책'이었다.[216]

고위 관료였던 이남규가 그의 학맥상에 존재하는 안정복의 저작을 보지 못한 것은 뜻밖이다. 활자화되지 않은 필사본의 경우 같은 학맥 안에서도 보급에 한계가 있었음을 알 수 있다. 그 시대 사람들에게 매우 특별한 의미로 받아들여지지 않는 한 어떤 저작이 필사본 상태로 학파와 당파를 넘어 널리 보급되기는 어려운 일이었다.[217] 이중환의 『택리지』나 유형원의 『반계수록』, 이익의 『성호사설』, 박지원의 『열하일기』 등은 모두 그런 특별한 경우에 해당한다.

이승훈李承薰(1756~1801)과 이벽李蘗(1754~1785), 권철신과 권일신 형제, 정약용 형제 등 남인계 지식인들은 노론계 일각에서 환호한 공안파의 문예이론에 동의했을까. 그런 사실은 아직까지 확인된 바 없다. 정약용은 패관소품을 비롯한 이른바 '잡학'을 배척해야 한다는 입장이었다. 반대의 경우도 마찬가지다. 새로운 문예이론과 북학을 주장했던 박지원 일파의 그 어떤 지식인도 천주학에 특별한 관심을 쏟지는 않았다.

'사학'이나 '속학'에 해당하는 지식만 그런 것은 아니다. 조선 후기에는 천문 지식과 우주론, 중원대륙과 만주에 관한 지리 지식 등 각종 전문 지식에

---

215 허전, 『성재집』 권19, 碑文 崇善殿碑.

216 이남규, 『수당집』 권5, 序, 東史綱目序.

217 『반계수록』이 필사본 형태로 여러 본이 보급될 수 있었던 것은 그의 증손 유발柳發의 노력 덕분이다. 안정복에 따르면 유발은 90세가 되도록 유형원의 저작을 직접 정리하고 베껴 쓰는 일을 계속했다고 한다(안정복, 『순암집』 권25, 行狀, 崇祿大夫行知中樞府事秀村柳公行狀 丙申).

대해 관심을 가지고 연구하는 학자가 적지 않았다. 서명응, 서호수, 이가환, 이벽, 이승훈, 정철조, 정후조, 홍대용 등은 『수리정온』數理精蘊과 『역상고성』 曆象考成 등에 담긴 전문 지식을 익혔으며,[218] 안정복, 정약용, 홍양호, 이규경 등은 『성경지』盛京志, 『대청일통지』大淸一統志, 『만주원류고』滿洲源流考 등을 고대사 연구와 지리 고증의 자료로 활용했다. 그러나 이 전문가 집단 사이에 지식과 정보의 교류가 원활했는지는 분명하지 않다. 서명응·서호수 등 소론계 학자 관료, 이가환·이벽·이승훈 등 남인계 집단, 정철조·정후조·홍대용 등 노론 북학파의 후예들 사이에 천문학·역산학과 관련한 어떤 토론이 있었는지는 아직 알려진 바가 많지 않다. 새로운 지식이든 전문 지식이든 우리가 생각하는 것보다는 훨씬 좁은 범위에서 공유되었을 뿐이다. 심하게 말한다면 그것들은 다만 고립된 지식일 때도 있었다. 노론 낙론계의 커뮤니티를 위해 만들어졌던 정선의 진경산수화첩은 그 집단 안에서만 공유되었다. 이익과 그의 제자들 중에서도 적지 않은 사람들이 산수유람과 시사를 즐기고 시집을 남겼지만, 진경산수화첩을 통해 현장성의 기억을 공유하려는 시도는 그들에게서 확인되지 않는다.[219]

이제 지식정보가 유통되는 구조에도 단절과 균열의 지점이 있었다고만 말하고 지나가도 될까. '지식은 막힘없이 공유되어야 하는 것'이라는 전제에서 보면 그것은 분명 단절이며 균열이다. 그러나 그 전제를 당연시하지만 않는다면, 단절 혹은 균열처럼 보이는 그 지점들이 가지는 의미의 맥락을 읽어내는 일이 더 중요해진다. 그들은 불특정 다수를 향해 발화하려 했는가. 그렇지 않았다면 무엇 때문인가. 이제 이렇게 묻는 일이 더 중요한 것이다.

오늘날 저술을 하는 사람들 중에 자신의 저작이 불특정 다수 독자에게 널

---

218 문중양, 2011, 「전근대라는 이름의 덫에 물린 19세기 조선 과학의 역사성」, 104쪽.
219 위항문학 운동을 주도하던 경아전들도 새로운 시집의 제작자가 되었다. 그러나 금강산 같은 가보기 어려운 곳을 유람하던 노론 낙론계와 달리 그들의 문학 활동은 인왕산과 서울 주변을 무대로 하고 있었다. 산수의 현장성을 복원하고 공유해야 할 절실한 이유는 없었던 것이다. 그들이 중인 시사와 중인 시집이라는 분명한 성과를 내고 있었음에도 진경산수화첩을 필요로 하지 않은 것은 그 때문이다.

리 읽히기를 바라지 않을 저자는 없을 것이다. 저자가 아무리 서문에서 겸손한 수사를 구사하더라도, 그것은 저자의 당연한 권리일 것이다. 오늘날 어떤 저자도 독자를 의식하지 않는 글쓰기를 하지는 않는다. 그러나 경세서를 집필하는 조선 지식인의 정서는 조금 다른 면이 있다. 그들은 왜 경세서를 쓰지 않으면 안 되었는가.

그들은 '선비'가 시대에 대해 가지는 책임의식을 중요하게 생각했다. 경세서는 그런 의식의 소산이다. '내가 우리 시대 누군가를 독자로 생각하고 이 책을 쓰는 것은 아니다. 내가 이 책을 쓰는 것은 내 학문의 정수를 정리하기 위해서이며, 선비로서의 책무를 다하기 위해서일 뿐이다.' 그들이 가진 정서는 대략 이런 것이었다. 그들은 다만 자기 시대, 그리고 미래를 향해 발화한다는 사실에 의미를 부여했던 것이다.

이런 발상의 출발점에는 주자朱子가 있다. 주자는 벼슬에 나아가지 않은 학자를 치국·평천하, 즉 정치의 영역에 관여할 수 없게 한 구조적 상황이 경세經世의 실패와 난세亂世의 도래를 가져온 원인이라고 주장했다. 주자의 아이디어를 확장하면, 선비가 시대를 걱정하고 대안을 모색하는 일은 늘 해야 하는, 숙명과도 같은 일이다. 관료로 정책을 입안하든 유배지에서 세상을 근심하든 자신이 선 자리가 어디인지는 문제가 되지 않는다. 선비는 언제 어디서나 시대를 근심해야 하고 비전을 제시해야 하는 존재다. 이런 각도에서 보면 선비가 경세서를 저술하는 것은 일종의 책무다. 일개 선비인 유형원이 『반계수록』을 펴내려 한 것도, 정약용이 유배지에서 다수의 경세서를 쓴 것도 그런 이유에서다.

그들은 자신의 책을 어떻게든 널리 알리고 보급하려 했던 것일까. 사태의 진실은 오히려 그 반대에 가깝다. 그들은 '매명'賣名의 혐의가 생기지 않을까 늘 경계했다. 경세서의 저자들이 흔히 자운子雲을 거론한 것은 그런 이유일 것이다. 그들은 자신의 저작을 공공의 장에서 읽고 토론해야 한다고 생각하지 않았다. 정약용이 『강역고』疆域考를 펴낸 것은 부정확한 지리정보로 인한 역사 인식의 오류를 바로잡으려는 소명의식 때문이었지만, 그는 이 책을

'깊은 산중에 보관하고자' 했다고 서슴없이 말했다. 물론 겸사다. '깊은 산중에 보관하고자' 한다는 메타포를 구사하면서 경세서를 짓는 행위야말로 주자적 사士 의식과 경세 의식을 수용하고, 또 실천하고자 하는 그 나름의 방식이었다. 그러나 공공의 장에서 토론하려는 강한 의지가 읽히지 않는 것도 사실이다. 정약용의 저작이 불특정 다수에게 보급되거나 유통되지 않은 것은 어느 면에서는 당연한 일이었다.

정치적인 논란이나 시비가 예상되는 책이라면 더 말할 것도 없다. 1754년(영조 30) 안정복이 이익에게 올린 편지 중에 이런 내용이 있다. "지난날 서울에 있을 때 어떤 사람들 서넛이 『질서』疾書를 보았다고 하면서 지적하고 힐난한 내용이 많았습니다. 비록 그들과 상대하여 얘기는 하지 않았지만 마음이 매우 편안치 못했습니다. 이것은 그 책을 좋아하는 사람들이 자기들끼리 빌려 보고 베끼고 하다가, 점점 퍼져나가면서 저들의 눈에 띄게 되어서 생긴 일입니다."[220]

이 편지의 요점은 '편견을 가진 사람의 비방이니 신경 쓸 필요가 없다'는 것이지만, '베끼거나 빌리는 행위'(謄借)에 관한 안정복의 생각에는 음미해볼 만한 대목이 없지 않다. 정작 『질서』의 저자인 이익이 이 문제를 어떻게 생각하고 있었는지는 확실하지 않다. 그러나 적어도 그의 제자 안정복의 입장은 분명하다. 안정복은 스승의 저서가 근기남인 커뮤니티를 벗어나 불특정 다수에게 읽히는 것을 결코 바라지 않았다. 안정복이 『질서』의 밀도나 완성도를 의심한 것은 아니다. 그 책이 자기 커뮤니티 바깥에서 저자의 의도대로 독해될 수 있으리라 생각하지 않았기 때문이다.

이런 상황이라면, 논란이 될 만한 내용이 포함된 저작이 저자나 교정자의 의도와 무관하게 광범위하게 유포될 경우 문제는 더욱 복잡해진다. 이익의 또 다른 저서 『성호사설』은 그런 경우에 해당한다. 잘 알려진 대로 『성호사

220　안정복, 『순암집』 권2, 書, 上星湖先生別紙(甲戌年).
前日在京時 不知者三四人謂觀疾書 多所指斥 雖不與語 而心甚不安 此不過謄借之際 初是相好間 二傳三傳 或掛于時眼也 敢此仰告耳.

설』에는 서양 과학에 대한 호의적인 논설들이 들어 있다. 이익의 제자들에게 서학은 예민한 주제였다. 안정복처럼 적극적으로 비판한 사람도 있었지만, 권철신權哲身(1736~1801)처럼 호의적으로 수용한 사람도 있었다. 특히 안정복의 입장에서 생각해보면, 그 누구에게든 스승이 서학을 했다는 빌미를 주어서는 안 될 일이었다. 그런 그에게 『성호사설』은 딜레마일 수밖에 없었다.

안정복은 『천학고』天學考를 지어 서학으로 기울어가는 근기남인 커뮤니티 일각의 분위기를 맹렬히 비난했다. 그나마 내부의 갈등으로 그친다면 다행이었다. 문제는 다른 커뮤니티로부터 스승인 이익이 비난받을 가능성이 높다는 것이었다. 1788년(정조 12), 마침내 우려하던 일이 생기고야 말았다. 안정복은 제자 황덕일黃德壹(1748~1800)로부터 한 통의 편지를 받았다. 서조수徐祖修라는 인물이 『반사설』反僿說이라는 글을 지어 이익을 비판했다는 내용이었다.[221]

황덕일이 전한 바에 따르면 서조수의 책에는 '이익과 유형원이 기꺼이 마테오 리치의 무리가 되었다'는 내용이 들어 있었다. 황덕일이 안정복에게 말한 내용은 대략 이런 것이었다. '유형원의 시대에는 서학이 미미했기 때문에 굳이 변론할 필요까지는 없겠습니다. 성호 선생의 경우 평생 서학을 배척하신 자취가 문집 안에 밝히 실려 있으니 굳이 변론하지 않아도 좋을지 모르겠습니다. 하지만 만일 서조수의 주장이 전파되어 사람들의 입에 오르내리게 될 경우 저들 가운데 서조수보다 심한 경우가 생긴다면 그로 인한 폐단이 이루 헤아리기 어렵게 될 것입니다.'[222] 황덕일은 주자가 맹자에 대한 오해를 해명하거나 주돈이의 『태극도설』太極圖說을 옹호했던 사례를 거론하면서, 이익

---

221   안정복, 『순암집』, 연보, 정조 12년.

222   황덕일, 『공백당집』 권2, 書, 上順菴先生書(戊申).

日前尹老兄愼於李丈趾漢家 見一冊子 卽徐祖修所著文字也 其言曰李星湖 柳磻溪 甘爲利氏之徒云云 夫西學之東來 在磻溪世 未之著聞 則磻溪一句語 不足卞也 若吾星湖先生 奮起絶學之後 直紹陶山之緒 造道門路 人無間然 平生著述 闢廓西士之學 昭載遺集中 然而彼輩中反有此邪說之見誣 若彼之一言 固不足爲損益輕重 而抑其說似有所傳聞而籍口者 且彼中安知不有甚於此者乎 從今以往 此說傳播 訛以傳訛 肆然無憚 則末流之弊 有不可勝言者矣.

을 위한 변론의 글을 지어주기를 청했다. 이익이 남긴 글 가운데 혹시 서학을 배척한 다른 문건이 있으면 보여달라는 부탁과 함께.

황덕일의 편지에는 '피배'彼輩, '피중'彼中, '오당'吾黨 등의 단어가 등장한다. '피'彼와 '오'吾, 그리고 '배'輩와 '당'黨에서 소통되지 않는 두 집단의 존재를 읽을 수 있다. 상대방을 '피배', 자신의 커뮤니티를 '오당'으로 인식하는 발상이라면, 그들 사이에 논의의 장이 생기기 어렵다. 황덕일도 그 사실을 잘 알고 있었다. 그에게 '이익이 서학을 했다'는 주장은 다만 근거 없는 오해, 그의 표현에 따르면 '사설'邪說일 뿐이었다. 그는 다만 '사설'을 물리칠 수 있는 정론이 필요했던 것이다.

안정복이야말로 서학을 '사설'로 보는 대표적인 인물이었다. 하지만 그에게는 황덕일과는 다른 차원의 고민이 있었다. 권철신 등이 천주교를 신봉하는 상황이었기 때문이다. 권철신은 안정복의 사위인 권일신의 형이다. 그런 점에서 볼 때 이익의 학문을 변론하는 것은 서조수의 주장을 논파하는 것이면서 동시에 천주학에 대한 남인 커뮤니티 내부의 '오류'를 바로잡는 일이기도 했다.

안정복은 황덕일에게 이렇게 답했다. "『성호사설』은 선생님이 40년 전에 쓴 '두서없는' 잡글이기 때문에 그분이 추구한 학문의 본질과는 큰 상관이 없다. 선생님의 학문은 '공자, 맹자, 정자, 주자를 존중하고 이단과 잡학을 배척했다'는 한마디로 정리될 수 있다. 그렇다면 『성호사설』에서 서학에 관한 이야기가 있는 것은 어떻게 설명할 수 있는가. 서양 과학의 우수성에 대해서는 중국인들도 따라가기 어려웠기 때문에 주자도 높게 평가했었다. 그렇다고 '주자도 서학을 했다'는 식으로 말하는 사람이 누가 있겠는가. 선생님도 그런 경우다. 선생님은 지극히 제한된 기술적인 문제에 대해 서양 과학의 우수성을 인정했지만, 그것은 정학을 지키고 잡학과 이단을 배척해온 그분의 학문에 아무런 누가 되지 못한다."[223]

---

[223] 안정복, 『순암집』 권8, 書, 答黃莘叟書(戊申).

황덕일은 이익의 학문이 정학이었다고 주장하면서도, 『성호사설』에 서학에 대한 우호적인 글이 들어 있다는 사실을 시야에 넣지는 않았다. 하지만 『성호사설』을 교정했던 안정복의 입장에서 보면 그 부정할 수 없는 사실을 설득력 있게 변호하는 일이 무엇보다 중요했다. 안정복은 『성호사설』이 40년 전에 쓰인 잡글이라는 점, 주자도 특정 분야에서 천학天學의 우수성을 인정했다는 점을 특별히 강조했다.[224]

　　안정복은 이익의 학문적 정체성에 대해 확신을 가지고 있었다. 이익이 천문역법에 관해 서양 과학의 우수성을 인정했던 것은 사실이지만, 주자의 학문을 본령으로 삼고 천주학을 이단으로 배척했다는 점에 비추어보면 그것은 사소한 부분에 불과하다는 것이다. 안정복의 주장이 과연 이익 자신의 생각이었는지는 별개의 문제이지만, 적어도 안정복에게 이익은 그런 존재였다. 안정복은 '『성호사설』을 책으로 펴내려거든 극히 일부를 제외하고 모두 덜어내라'던 스승의 가르침을 차마 따르지 못한 것이 결국 서조수 같은 사람으로부터 부당한 비판을 받는 빌미가 되었다고 자책했다.[225]

　　스승의 저작이 부당한 시빗거리가 되지 않게 하는 또 다른 방법이 있었다. 『성호사설』을 자기 커뮤니티 안에서만 유통시키는 것이었다. 만일 그렇게 할 수만 있다면 서양 과학기술에 관한 『성호사설』의 내용을 굳이 덜어낼 필요도 없었을 것이다. 처음부터 안정복은 그런 상황을 의도했던 것이 아닐까. 황덕일에게 보낸 답장에서 안정복은 이렇게 말했다. "지금 세상에 돌아다니는 『성호사설』(『성호사설유선』)은 내가 교정한 것이다. 깊이 감추어두고 꺼내지 않다가 이지승에게 빌려주었는데, 그 베껴 적은 기록이 다른 사람에게 흘

224　문제가 되던 서양 과학이 마테오 리치 이후의 것이었다면, 주자가 서양 과학의 우수성을 인정했다는 주장은 사실과 맞지 않는다. 하지만 「천학고」에 보이는 것처럼 안정복은 서학西學(서양 과학기술과 천주학)이 천학天學의 일부이며, 천학의 유래는 고대에 기원한다고 보는 입장이다.

225　안정복, 『순암집』 권8, 書, 答黃莘叟書(戊申).

(先生)又嘗與余書曰 此書是四十年前 閑思漫錄 謬妄可想 君欲刊正 當直加勘瓠 不須問我 盡爲汰去 只存些少 俾免無限齒舌爲幸 先生盖已知有此等事矣 余輩不肯 不能仰體本意 臨文節刪 多有不忍棄者 而未免汗漫 致有此事.

러들어가게 되었으니 이것은 과연 불행한 일이다. 또 조재만이 안산군수로 있을 때 원양을 만나서 교정 전의『성호사설』원본을 빌려다가 전하여 베꼈다 하는데, 서조수가 본 것이 어느 것인지는 모르겠다."[226]

안정복은『동사강목』초고를 작성할 때 최초의『성호사설』을 참고했으며, 초고를 완성한 뒤에는『성호사설』을『성호사설유선』으로 다시 편찬하였다고 한다.[227] 최초의『성호사설』은 편차가 안 되어 있는 초고 상태인 반면, 안정복이 교정하고 정리한『성호사설유선』은 완성본에 가까웠다. 안정복이 세상에 돌아다니는『성호사설』이 자기 손을 거친 것이라고 말한 것은 그 완성본을 가리킨다. 그런데 안정복은『성호사설유선』을 완성하고는 '깊이 감추어두고 꺼내지 않았다.'[228] 스승의 저작을 결코 커뮤니티 바깥의 어느 누구에게도 널리 퍼뜨리려는 생각이 없었다. 딱 한 번 이지승에게 빌려주었다가 그 사본이 다른 사람의 손에 들어가게 되어 불행을 자초했다는 것이다. 설령 서조수가 원본『성호사설』을 보고 비판했을지도 모르지만,『성호사설유선』의 사본이 퍼지지 않도록 잘 간수하지 못한 것은 전적으로 자신의 불찰이라는 것이다.

만일 안정복이 이익의 말에 따라『성호사설』원고에 손을 대려 했다면 어땠을까. 그는 노론들에게 시비의 빌미를 주지 않기 위해 서양 과학기술에 관한 내용을 덜어내려 했을까. 그런데『천학고』첫머리에 이런 글이 보인다. "서양 서적이 선조 말년부터 이미 우리나라에 들어와서 명경석유名卿碩儒들 중에 보지 않은 사람이 없었으나, 제자諸子나 도가道家 또는 불가佛家의 글 정도로 여겨서 서실書室의 완물玩物로 갖추어두었으며, 거기서 취택하는 것

226 　안정복,『순암집』권8, 書, 答黃莘叟書(戊申).
此書之行世者 卽余所定 深藏不出 而爲李趾承所借 傳錄流入於他人 是果不幸也 又趙君載萬宰安山時 見
元陽 盡借原本而傳謄云 未知某人所見 爲何本也.
227 　강세구, 1994,『동사강목 연구』, 민족문화사, 83쪽〔『순암 안정복의 동사강목 연구』(성균관대출판부, 2012)는 이 책의 개정증보판이다〕.
228 　안정복에 따르면, 이익은 안정복이『성호사설』을 수정하려 했을 때, 그에 관한 일체의 권한을 안정복에게 위임하였다고 한다. 그 때문인지 안정복은 자신이 수정한『성호사설유선』을 자기가 관리하고 있었던 것 같다.

은 단지 상위象緯와 구고句股의 기술에 관한 것뿐이었다. 그런데 최근 어떤 사인士人이 사행使行을 따라 연경에 갔다가 서양 서적을 구해왔는데, 계묘년 (1783, 정조 7)과 갑진년(1784, 정조 8) 사이에 재기才氣 있는 젊은이들이 천학天 學에 관한 설을 제창하게 되었다."[229]

연경에서 서양 서적을 들여온 사람, 그리고 1783~1784년 사이에 천학의 설을 주창한 사람은 이승훈이었다. 안정복의 논리는 대략 이런 것이었다. '이 승훈이 천주학에 관한 서적을 들여와 보급하기 전만 하더라도, 그들이 이익 도 서학을 했다는 식으로 자신을 정당화하기 이전까지만 하더라도 이익의 학 문세계는 큰 문제가 없었다. 내가『성호사설유선』을 편찬할 때까지만 하더라 도 서학 서적은 다만 잡서이자 서재에 놓인 장난감이었다. 거기서 의미 있는 지식으로 인정된 것은 천문학이나 역산학에 관한 전문 지식뿐이었다. 그런데 이승훈이 천주학으로서의 서학을 제창하면서 사정이 달라졌다. 그들로 인해 서학은 이제 잡학이 아니라 사학邪學이 되었다.'

1785년(정조 9) 이승훈은 자신이 주도하던 천주학 모임이 발각되면서 형 조에 불려가기도 했다.[230] 천주학이 남인 커뮤니티에 결정적인 위기를 불러올 지도 모른다는 위기감이 안정복을 엄습했다. 그가 서둘러『천학고』와『천학 문답』을 쓰게 된 것은 이 때문이었다. 안정복은 권철신 등을 향해서 천주학 이 스승의 가르침에 위배된다는 사실을 강조하고 싶었다.

안정복의 입장에서 본다면『성호사설』은 남들에게 보이지 말아야 했던 책이며,『천학고』와『천학문답』은 더 많은 사람들에게 읽혔으면 하는 책이었 다. 안정복이 황덕일에게『천학고』를 읽지 않았느냐고 반문하는 대목에서 그 런 의지를 읽을 수 있다. 그러나 그는 그런『천학고』조차 노론을 포함한 불특 정 다수를 독자로 생각하지는 않았다. 그는 천주학을 신봉하는 일부 근기남

---

229 안정복,『순암집』권17, 雜著, 天學考(乙巳).
西洋書 自宣廟末年 已來于東 名卿碩儒 無人不見 視之如諸子道佛之屬 以備書室之玩 而所取者 只象緯句 股之術而已 年來有士人隨使行赴燕京 得其書而來 自癸卯甲辰年間 少輩之有才氣者 倡爲天學之說.
230 『정조실록』, 정조 15년 11월 3일.

인들에게 "천학이 중국에 이른 것이 이미 오래고 우리나라에 들어온 지도 오래이며 지금에 시작된 것이 아니라는 것을 알게 하기 위해서"[231] 『천학고』와 『천학문답』을 지었을 뿐이다.

조선 지식인들의 입장에서 보면, 자기 시대의 불특정 다수 독자를 위해 책을 쓰는 것, 자신의 책을 널리 알리고 보급하는 것은 아무래도 어색한 일이었다. 좀 더 정확히 말한다면 그럴 필요가 없는 일이었다. 시대를 책임져야 할 선비에게 경세서를 쓰는 일은 일종의 사명이었다. 그런 사명을 온전히 수행하는 데 중요한 것은 성찰이며 비전이다. 그들은 읽고 쓰는 과정에서 정치적, 신분적인 균열의 지점을 의식했다. 그중에서도 신분 차이에 관한 의식은 특별한 점이 있다. 중인층은 성장하면서 더 이상 시인으로만 머물지 않았다. 벌열가의 후예들은 그들을 '선비' 혹은 '경세가'로 인정하지 않았지만, 그들은 이미 '낮은 곳의 경세가'가 되어 있었다. 그렇다면 이 두 갈래의 지식인들이 경세학을 보는 시선은 균질적이었을까. 확인이 필요한 문제다.

경세학을 바라보는 두 개의 시선

19세기 지식인 최한기崔漢綺(1803~1877)는 책을 쓰는 행위에 대해 흥미로운 말을 남겼다. 그에 따르면, 옛 성현은 다스림을 펴느라 저술할 시간이 없었음에도 그 언행과 성취가 역사책 안에서 빛을 발한다. 저술을 하는 사람은 대개 자기를 알아주는 군주를 만나지 못했거나, 혹은 자신의 시대가 태평성대가 아니라고 생각하는 경향이 있다. 그들은 또 자기가 알고 있던 지식이나 가졌던 생각이 뒷날 흔적도 없이 사라질 것을 걱정한다. 저술은 마음속에 품어왔던 생각을 세상을 향해 토해내기 위해서, 그리고 생각의 흔적을 남기기 위해서 그들이 할 수 있는 유일한 선택이었다. 그러나 그런 심리 상태에서 쓴 책이니 그 내용이 온전할 리 없고, 내용이 온전하지 못하니 뒷날 그 책을 읽

---

231 안정복, 『순암집』 권17, 雜著 天學考(乙巳).

는 사람들이 얻는 것도 사람에 따라 다를 수밖에 없다. 최한기는 책을 쓰는 사람이 진정한 대도大道를 얻지 못한 것이 가장 큰 문제라고 여겼다.[232]

근심 서린 말, 비분강개에 찬 말, 혹은 화려한 문장과 공허한 말, 그리고 잡학을 일삼는 저자에게 '진정한 대도'란 없다. 천인운화天人運化의 기를 터득하여 천하를 태평하게 할 대안을 찾는 것, 하늘의 가르침을 따르고 개인적인 성취에 집착하지 않는 것. 이것이 최한기가 말하는 진정한 대도다. 최한기는 이런 자세로 책을 쓴다면 누구라도 그 책을 읽는 사람에게 보탬이 될 수 있다고 말했다.[233]

최한기에 따르면, '진정한 대도'란 저술을 하려는 사람이 갖추어야 할 기본적인 조건이다. 그러나 그 조건이 갖추어졌다고 해서 모든 저술이 완전해지는 것은 아니다. 남은 문제가 있다. 저술을 위해서는 고금의 서적을 참고해야 하는데, 그중에 특히 중요한 것은 농서, 의서, 병서 그리고 예율禮律과 전장典章에 관한 것이다. 내용을 취사선택할 때에도 주의할 점이 있다. '사리事理로써 증험하는' 일이 중요하다. 그렇게 함으로써 인도人道에 도움이 되는 결과를 가져올 수 있다.[234] 최한기가 저술의 중요성을 강조하는 이유는 무엇인가. 때를 만나 다스림을 펴는 것은 한때의 정치이지만, 후대의 사람을 위해서는 인도人道에 유익한 일을 하는 것이 더 중요하다고 생각했기 때문이다.

232　최한기, 『인정』 권8, 敎人門, 著述.
古之聖賢 得遇明時 行道制治 不暇著書 以其言行事業 登諸史策 接千古之光塵 幷沿革之輝烈 夫不過(遇: 필자)於世而有充積于中者 旣不能布澤潤物 又恥其灰泯爐滅 各有著述 或發窮愁之言 或噴忿激之歎 或擅文章華藻 或揚元虛空談 或記方術雜學 隨其所好所得 要傳後世 以圖不朽 而後之讀此者 得失利害 勸懲善惡 亦從其人而有異 以其著述本原 未得眞正大道也.

233　최한기, 『인정』 권8, 敎人門, 著述.
苟能見得天人運化之氣 抽發宇內太平之術 象天之無言 鮮己之有爲 亶是人道廣大之書 亦爲民生粱肉之味 無論前後遠近貴賤善惡 不讀則已 讀之必有補.

234　최한기, 『인정』 권8, 敎人門, 著述.
其餘 日用切要 農書醫書器械等書 禮律典章 代有著述 隨驗有明 此所以古今書籍 連續而起也然 著述 優劣在於知覺純駁 知覺由於事理誠僞 取捨古人書蹟 記錄方令所明 皆以事理訂驗爲主 勿貽人道之害 要成人道之益 自有精明之進就 少無虛雜之牽掣 是乃宇宙人道常久之術 遇時制治 特爲一時之政 後人之遇時者 不遇時者 俱宜講習人道之有益 以除人道有害.

'진정한 대도'가 필요하다고 말하는 최한기, 각종 실용서에 대해 '사리로써 증험해야 한다'고 말하는 최한기에게서 선비의 자세를 읽을 수 있다. 선비라면 벼슬을 하고 있느냐 아니냐를 떠나서 '우내宇內가 태평太平해질 수 있는' 방안을 고민해야 한다. '우내의 태평'은 곧 『대학』에서 말하는 '평천하'平天下다. 선비에게 경세학이 필요한 것은 그런 이유다. 17세기의 유형원은 그것을 여실히 보여주었다. 그런 점에서 보면 정조와 18세기 지식인들이 공감하던 정서가 최한기에게서도 여실히 드러난다고 말할 수 있다. 문제는 최한기가 벌열가 출신이 아니라는 점이다. 그는 김정호, 이규경 등과 다를 바 없는 중인 커뮤니티의 일원이었다. 19세기를 살았던 중인계 지식인과 벌열가의 후예들은 과연 같은 곳을 바라보고 있었던 것일까.

김정호는 19세기 조선이 배출한 중인 중에 가장 두드러진 인물 중 한 명이다. 잘 알려져 있듯이, 그는 『대동여지도』大東輿地圖를 제작했다. 한국의 고지도 연구자들은 흔히 『대동여지도』를 한국 고지도 발달사의 정점에 위치시킨다. 외국의 지도학자들도 『대동여지도』를 높이 평가하는 데 인색하지 않다. 2007년 『대동여지도』가 10만 원권 도안에 포함되었던 것, 판각 150주년을 기념하는 대대적인 학술회의가 열린 것도 같은 맥락일 것이다. 심지어 공학자 중에는 김정호가 지리 데이터와 속성 데이터를 결합하려 했다는 점에서 'GIS(지리정보시스템) 친화적'이라고 말하는 사람들이 있을 정도다.

아이러니한 사실은 그 김정호, 그 『대동여지도』를 19세기 조선 사회 위에 올려놓고 읽어낼 만한 근거가 거의 없다는 사실이다. 그런 시도가 전혀 없었던 것은 아니지만, 이 정당하고도 중요한 시도들은 늘 '사료 부족'이라는 벽에 부닥치고 만다. 김정호와 『대동여지도』에 관한 사실을 전해주는 19세기 기록으로는 이규경의 『오주연문장전산고』五洲衍文長箋散稿, 유재건劉在建의 『이향견문록』里鄕見聞錄, 신헌申櫶(1810~1884)의 『금당초고』琴堂初藁가 전부이니,[235] 그 성과가 풍부할 리 없다. 오히려 풍부한 성과를 바라는 것 자체가 무리인지도 모른다.

이규경은 이렇게 말했다. "최근에 김정호金正皞란 사람이 『해동여지도』海

356

東輿地圖 2권을 지었는데, 따로 바둑판처럼 만들어 글자로 부호를 붙이고 서울과 군읍郡邑에 각각 그림 하나씩을 만들어 책에 넣고 글자의 부호에 따라 찾아보면 나란히 나타나서 착란하지 않으니, 그는 생각한 바가 다른 사람보다 뛰어나고 정밀하기가 보통이 아니었다. 그가 또 『방여고』方輿考 20권을 지었는데, 『동국여지승람』을 가지고 잘못된 것을 바로잡고 시문詩文을 산삭刪削하며 빠진 것을 보충하여 매우 해박하였으니, 그의 지도와 지지는 반드시 널리 전할 만한 가치가 있다."

김정호와 『대동여지도』에 관한 이야기는 유재건의 『이향견문록』에도 실려 있다. "김정호는 고산자古山子라고 스스로 호를 붙였다. 원래 교예巧藝가 많고 지리학에 관심이 많았는데, 널리 살피고 수집하여 일찍이 지구도地球圖를 만들었다. 또 『대동여지도』를 만들었는데, 잘 그리고 잘 새겨서 세상에 펴내니 상세하고 정밀하기가 고금에 비할 것이 없었다. 내가 하나를 구해보았더니, 진실로 가히 보배로 여길 만하였다. (그가) 또 『동국여지고』 10권을 편집하다가 탈고하지 못하고 죽었으니 진실로 애석한 일이다."

신헌은 「대동방여도서」大東方輿圖序라는 글에서 이렇게 말했다. "내가 일찍이 우리나라 지도에 뜻을 두어 비변사나 규장각에 소장되었던 것은 물론 고가에 보관된 벌레먹은 것까지 널리 수집하여 증정證定하고, 여러 책을 비교하고 참고하여 하나로 편집해두었다가, 김군백원金君百源에게 부탁해 그것을 완성해주도록 하였는데, 가리켜 증명하고 말로 도와주기를 수십 년, 비로소 1부를 완성하니 모두 23권이다."

이 세 편의 기록만으로 보면, 김정호는 일찍이 『해동여지도』와 『방여고』 (20권), 지구도 및 『대동여지도』와 『동국여지고』(10권)를 편찬했으며, 신헌의 위촉을 받아 23책짜리 『대동방여도』를 편찬했다. 실물로 남아 있는 지도와 지리지를 가지고 말한다면, 김정호는 3대 지도(『청구도』靑邱圖, 『대동여지도』, 『동

---

235 이 밖에도 김정호의 『청구도』 범례, 최한기의 청구도제, 『대동여지도』의 지도유설, 『동여도지』의 서문, 『대동여지전도』의 서문 등이 김정호 혹은 『대동여지도』와 관련한 정보를 전해주지만, 여기에서 다루려고 하는 핵심적인 논점과는 거리가 있다.

여도』東興圖)와 3대 지지(『동여도지』東興圖志, 『여도비지』興圖備誌, 『대동지지』大東地志)의 저자라고 말할 수 있다. 그러나 무엇보다 중요한 것은 김정호와 『대동여지도』를 중인 지도 제작자와 경세적 지리 지식이라는 관점에서, 19세기 조선 사회라는 맥락 위에서 읽어내는 일이다.

지도와 이름에서 어떤 실마리를 찾을 수 있을까. 기록상 김정호가 펴냈다는 세 개의 지도(『해동여지도』, 『대동여지도』, 『대동방여도』)와 두 개의 지지(『방여고』와 『동국여지고』)는 그 시대의 다른 어떤 기록에서도 확인되지 않는다. 목판본으로 간행된 『대동여지도』를 제외하고 보면 『해동여지도』와 『대동방여도』는 물론 『방여고』와 『동국여지고』조차 정확히 일치하는 실물이 없다. 그렇다면 이 '명칭의 불일치' 현상에 담긴 사회사적인 의미를 확인해두어야 한다. 적어도 기록에서 확인되는 김정호의 지도와 지지는 『동국여지승람』, 『동국문헌비고』처럼 누구에게나 같은 이름으로 불리지는 않았다. 과연 그 시대 조선 사회에서 지도는 경세 지식으로서 어느 정도 위상을 지니기는 했던 것일까.

학자들은 신헌이 말한 『대동방여도』가 규장각에 소장된 『동여도』가 아닐까 생각하기도 한다. 이 23책짜리 필사본 전국지도는 『대동여지도』와 같은 윤곽이면서도 더 많은 정보를 담고 있기 때문이다. 그런데 신헌이 김정호에게 지도 완성을 부탁했고, 또 '가리켜 증명하고 말로 도와주기를 수십 년' 했다고 말한 대목에 주목해볼 필요도 있다. 신헌은 그 지도의 주인이 김정호가 아니라 자기 자신이라고 말하고 싶었던 것 같다. 신헌은 왜 이 지도의 주인 행세를 하려 했는가. 혹시 신헌이 유력한 무장이며 김정호가 중인이라는 사실과 관련된 것은 아닌가. 그것은 신헌이 관계를 맺고 있는 벌열가 집단과 김정호를 비롯한 중인 집단 사이에 지도를 대하는 문제의식의 차이를 보여주는 것은 아닌가.

규장각한국학연구원 홈페이지에서 '조선지도'를 검색하면 같은 이름을 가진 지도가 아홉 건이 뜬다. 이런 식이라면 아무리 명민한 학자라도 다양한 고지도들의 이름을 기억하기가 어려울 수밖에 없다. 그 아홉 건의 '조선지도' 중에는 7책으로 된 도별 군현지도집도 있다(奎16030). 그런데 1922년에 간행된 『조선총독부 고도서목록』에 도서번호 16030으로 등록되어 있는 책 이름은 '조선지도'가 아니라 '함경도지도'다.[236] 규장각 도서목록과 총독부 도서목록의 도서번호가 같다는 것은 그 책이 동일본이라는 뜻이다. 그러면 왜 이런 혼선이 생긴 것일까.

실마리는 가까이 있다. '조선지도' 제1책의 표제는 '함경도지도'다. 조선총독부는 1922년에 목록을 발간하면서 이 지도책의 제1책에 쓰인 표제를 그대로 사용했던 것이다. 무슨 뜻일까. 현재 '조선지도'로 명명된 7책의 지도책자가 1922년 당시까지만 하더라도 이름이 없는 책자였을 가능성이 높다는 의미다. 이 점을 의식하고 보면, 조선에서 자기 지도를 편찬하면서 '조선지도'라고 표제를 달았을 가능성은 높지 않다. 상식적으로 본다면 '동국지도'나 '해동지도'류의 제목이라야 정상이다. 만일 이 아홉 건의 지도 중에 상당수가 조선시대에 붙여진 이름이 아니었다고 한다면, 그것들은 적어도 당시에는 고유명사로 불려야 할 대상으로 여겨지지 않았다는 의미다. '고유명사로 불리지 않는다'는 것은 '근거를 가지고 인용해야 할 대상은 아니다'는, 즉 저자와 제목, 간행 연도 등으로 특정할 필요가 없다는 뜻이다. 조선시대 지식인들에게 도圖는, 나아가 지도는 지식의 일부이기는 한 것일까. 역시 확인이 필요한 문제다.

정조는 도圖에 대해 이렇게 말했다. "그림은 형상을 나타낸 것이고 글은 말을 쓴 것이니, 순서로 보면 형상이 있은 다음에 말이 있는 것이다. 그러므로 그림이 글보다 앞서며, 글로 표현할 수 없는 것은 그림을 그려서 그 형상을 전한다."[237] 그림의 기능을 글과의 관계 속에서 정의한 것으로, 좌도우서左圖右書라는 표현과도 잘 어울린다. 제왕의 말이지만, 학문하는 선비도 이 점에서는 예외가 아니다. 그들에게 '도'圖는 감상용 회화가 아닌 한 늘 '서書와 짝하는 어떤 것'이었다.

---

236 배우성, 1998, 『조선 후기 국토관과 천하관의 변화』, 일지사, 196쪽.
237 『홍재전서』 권182, 羣書標記 4, 御定 4, 城圖全篇.

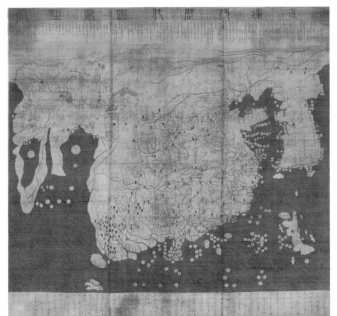

조선시대 관료들에게 지도는
행정이나 국방 업무를 진행하
기 위한 도구였다. 〈혼일강리
역대국도지도〉는 1402년 개국
초기의 국가사업으로 중국·일
본·조선의 지도를 참고해 제작
했다. 〈요계관방지도〉는 청나라
와 만주 일대를 둘러싸고 분쟁
이 심해지던 무렵, 숙종의 명을
받은 이이명이 1706년에 제작
한 지도다. 〈서북피아양계만리
일람지도〉는 영조대 책문 이설
문제에 참고하기 위해 만들어
졌다.

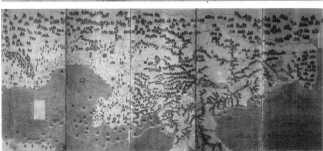

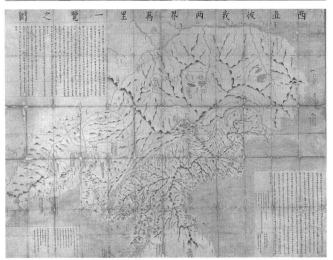

〈혼일강리역대국도지도〉混一疆理
歷代國都之圖, 15세기, 비단에
채색 필사, 158.5×168.0cm,
일본 류코쿠 대학.(위)

〈요계관방지도〉遼薊關防地圖,
18세기, 비단에 채색 필사, 10
첩 병풍, 135.0×600.0cm, 서
울대학교 규장각한국학연구
원.(가운데)

〈서북피아양계만리일람지도〉西
北彼我兩界萬里一覽之圖, 18세
기, 종이에 채색 필사, 143.0×
203.0cm, 서울대학교 규장각
한국학연구원.(아래)

이런 도圖, 특히 지도 중에는 제작자가 제목을 부여한 경우도 있다. 관찬 지도 중에는 〈혼일강리역대국도지도〉나 〈요계관방지도〉, 〈서북피아양계만리 일람지도〉 등이, 사찬 지도로는 〈조선팔도고금총람도〉나 〈천하고금대총편람 도〉 등이 그렇다. 이것들은 대부분 지도의 제목이 도면 안에 포함되어 있다.

도면과는 별도로 문헌 기록이 있는 경우도 있다. 그런데 〈혼일강리역대국 도지도〉나 〈요계관방지도〉의 경우 도면상의 이름과 문헌상의 이름에 미세한 차이가 있다. 〈혼일강리역대국도지도〉 사본들의 도면 상단에는 모두 '혼일강 리역대국도지도'라고 적혀 있지만, 권근의 문집과 그것을 인용한 『동문선』東 文選 기록에서는 '역대제왕혼일강리도'라고 적혀 있다.[238] 요계관방도의 경우 에도 예외는 아니다. 실록에는 "우참찬 이이명이 요계관방도를 바치고 차자 를 올렸다"고 되어 있고,[239] 이이명의 문집에도 '요계관방도서'遼薊關防圖序라 는 제목을 가진 기사가 있다.[240] 그런데 정작 규장각 등 여러 공공기관에 남아 있는 사본들의 제목은 〈요계관방지도〉遼薊關防地圖다.

남아 있는 실물로 판단해보면, 임금을 위해 만들어졌을 이 지도들은 관찬 지도로서 여러 차례 복제되었던 것 같다. 안타깝게도 복제와 관련한 기록은 남아 있지 않으며, 사본들은 복제자, 복제 연도에 관한 정보 없이 다만 복제 본으로만 존재할 뿐이다. 그러나 지도의 이름과 제작자에 관한 정보가 별개 의 문헌으로 기록되었다는 것은 그 지도가 원본의 제작자, 원본의 제작 연도 를 기준으로 기억되었을 가능성이 높다는 의미다. 두 지도는 모두 원본을 기 준으로 한 고유값을 가진 셈이다.

〈조선팔도고금총람도〉나 〈천하고금대총편람도〉는 지도 안에 제목, 제작 자, 간행 연도가 모두 들어 있을 뿐만 아니라, 보급에 유리한 목판본으로 제 작되었다는 점에서 특별하다. 인용이 가능한 지식으로서의 조건을 충분히 갖 추고 있는 셈이다. 『허암집』虛庵集은 김종직金宗直(1431~1492)의 문인인 정희

---

238   권근, 『양촌집』권22, 跋語類, 歷代帝王混一疆理圖誌.

239   『숙종실록』, 숙종 32년 1월 12일.

240   이이명, 『소재집』권10, 序, 遼薊關防圖序.

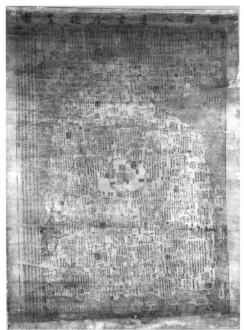

목판본 지도 안에 제목과 제작자 관련 내용을 삽입하여, 인용 가능한 지식의 조건을 갖추기 시작했다. 김수홍이 제작한 조선과 천하(중국)지도에는 전통적인 유학자의 관점이 그대로 담겨 있다. 김상용의 손자인 김수홍은 조선 땅에 살았던 사람들의 모습을 중요하게 여기고 역사부도의 성격을 가진 지도를 제작했다.

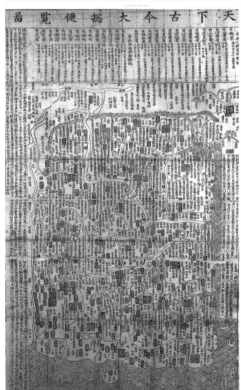

김수홍, 〈조선팔도고금총람도〉朝鮮八道古今總攬圖, 1673년, 목판본, 141.8×107.0cm, 서울역사박물관.(위)

김수홍, 〈천하고금대총편람도〉天下古今大摠便覽圖, 1666년, 목판본, 139.3×89.9cm, 서울역사박물관.(아래)

량鄭希良(1469~?)의 문집인데, 부록에는 다양한 문헌들로부터 정희량의 일화를 발췌해 싣고 있다. 대부분의 근거 자료들은 모두 문자 텍스트이며 문헌의 이름과 함께 저작자의 이름이 명시되어 있다. 이 자료들의 말미에 있는 '묘향산기'妙香山記에는 '정희량이 이천년이라 자칭했는데, 이 산에 들어가 생을 마감했다'는 기록이 있다. 이 자료는 '김수홍金壽弘(1601~1681)의 지도서'에서 따온 것이라 한다.[241] '정희량이 이천년을 자칭했다'는 이야기는 김수홍의 〈조선팔도고금총람도〉에 보인다. 〈조선팔도고금총람도〉가 '김수홍의 지도'라는 고유한 값으로 인용되고 있는 것이다.

지도 안에 도명, 제작자, 제작 시기 등과 관련한 고유값이 들어 있고, 지도가 그 값을 기준으로 기억되고 있다는 사실은 중요한 의미가 있다. 그러나 더 많은 고지도들은 이런 값을 가지고 있지 않다. 관료들에게 지도는 대부분 행정이나 국방과 관련한 목적을 달성하기 위해 필요한 근거 자료였다. 일찍이 김종직이나 남구만南九萬(1629~1711) 등은 지방관으로 있을 때 지도 제작을 기획했고, 또 그 지도를 활용했다. 그러나 지도 이름, 제작자, 제작 시기에 관한 정보가 들어 있는 실물은 확인되지 않는다. 중앙 기관에서 제작한 것이 분명해 보이는 『해동지도』海東地圖나 비변사 도장이 찍혀 있는 도별 군현지도집에도 제작자와 제작 시기를 알려주는 정보는 기재되어 있지 않다.

행정적인 목적의 지도만 그런 것은 아니다. 영조는 대대적인 문화정리 사업을 벌인 뒤, 그 성과를 『동국문헌비고』東國文獻備考라고 명명했다. 영조는 책의 이름을 정하는 과정에서 여러 사람의 의견을 수렴했다.[242] 책이 완성되자 영조는 신경준申景濬(1712~1781)에게 동국지도東國地圖를 제작하도록 명했다. 신경준이 정항령鄭恒齡(1700~?)의 지도 등을 이용해 완성한 것은 〈열읍도〉列邑圖(8권), 〈팔도도〉八道圖(1권), 〈전국도〉全國圖 족자 하나였다. 신경준이 이 전말을 적어놓은 문건의 제목은 '동국여지도발'東國輿地圖跋이다. 임금

241　정희량, 『허암속집』 권2, 附錄, 遺事.
妙香山記 出金壽弘地圖書: 虛菴鄭希良 自稱李千年 入此山終云.
242　『승정원일기』, 영조 46년 3월 4일.

을 위해 제작되었을 이 지도들조차 이름이 일정하지 않은 것이다. 어떤 연대기나 문집도 이 지도에 고유한 이름을 붙이려는 시도가 있었음을 전해주지는 않는다. 이런 상황을 감안한다면, 신경준의 지도 안에 제작자와 지도 이름, 혹은 제작 연도가 명시되었을 가능성은 거의 없다고 보아도 좋을 것이다.

『동사강목』의 저자인 안정복에게 지도는 중요한 참고자료 중 하나였다. 조선의 고대사를 서술하기 위해서는 그 역사의 무대를 확정하는 것이 먼저였고, 그 무대를 확정하려면 지리정보를 확인해두는 것이 급선무였기 때문이다. 안정복은 고대사에 관한 다양한 문헌자료에서 지명을 추출한 뒤 그 지명을 지도와 맞추어보았다. 그가 대동강의 수원水源이 세 갈래라고 판단할 수 있었던 것도 이런 작업의 산물이다.[243] 그런데 그는 이 고증 과정에서 사용한 지도를 다만 '관서지도'關西地圖라고만 말했다. 어떤 특정한 지도가 아니라 '평안도를 그린 지도'라는 뜻이다. 그는 언제, 누가, 어떤 자료를 기초로, 어떤 목적으로 제작한 지도인지에 대해서는 언급하지 않았다.

안정복에게 지도는 지식 그 자체이거나, '또 다른 지식을 구성할 수 있는 도구'였던 셈이다. 그런 그조차 더 많은 사람들이 표준화된 지도를 활용해야 한다고 생각하지는 않았다. 『동국문헌비고』가 완성되고 그 일환으로 신경준의 지도가 제작되었을 때 안정복이 보여준 반응은 대략 이런 것이었다. '『동국문헌비고』는 동방의 전고典故를 후세에 전해줄 수 있는 근거다. 그런 의의가 있는 저작을 간행하고 배포하는 것은 소망스러운 일이기도 하다. 그러나 신경준 지도는 경우가 다르다. 지도의 완성도가 높은 것을 마냥 좋다고 할 수는 없다. 지도가 간악한 무리들에 의해 외국으로 유출될 가능성을 배제할 수 없기 때문이다. 따라서 양질의 지도를 제작하거나 불특정 다수를 대상으로 배포하는 것은 신중을 기해야 한다.'[244]

조선 후기에 제작된 지도들은 대개는 특별한 고유명사로 불리지 않았다.

---

[243]   안정복, 『순암집』 권10, 書, 東史問答, 上星湖先生書(丙子).
今以關西地圖較之 大同江源果有三 一出於黃海道之遂安郡者 爲能成江 一出於寧遠郡者 爲城巖津上流 出於陽德縣者 爲沸流江之上流 三水合而爲大同江.

그러나 이는 경세 지식으로서 지도가 중요하지 않았기 때문이 아니다. 지도는 정치와 행정, 학술과 교류를 위한 다양한 활동에서 사실관계를 확인하거나, 그것을 기초로 새로운 지식을 구성하는 데 매우 유용한 도구이지만, 굳이 누가 언제 편찬했는지를 문제 삼을 필요가 없는 어떤 것이었다. 그것이 조선 후기 사회에서 대부분의 지도가 가진 일반적인 위상이었다. 지도가 가진 그런 사회사적 맥락은 그대로 김정호의 시대로 이어졌다.

김정호의 『청구도』는 관찬 지리정보를 충분히 활용한 도면일 뿐만 아니라 지도 이름, 제작자의 이름, 편찬 시점이 지도집 안에 분명한 형태로 명시된 지도다. 그러나 이 지도를 '김정호 지도' 혹은 '청구도'라는 고유한 이름으로 인용한 다른 문헌을 찾아보기 어렵다. 이 지도의 독자가 없었던 것은 아닐 것이다. 어떤 독자들은 이 지도를 행정적인 목적에 사용했을 수도 있다. 다른 독자들은 학문 활동을 위한 공구서로서, 혹은 여행과 교류를 위한 자료로 여겼을 수도 있다. 사람들에게 이 지도는 의미 있는 경세 지식의 하나였지만 굳이 '김정호 지도' 혹은 '청구도'라는 이름으로 기억될 필요는 없었던 것이다. 지도가 지식으로서 가지는 위상에 한계가 있었기 때문일까. 조선에서 그런 방식으로 읽히고 이해되었던 지식이 지도라고 한다면, 그것은 한계가 아니라 지식의 맥락이라고 말해야 옳다.

오랫동안 지도 제작은 화원과 서리의 일이었다. 물론 지식인이나 관료 가운데 사적私的으로 혹은 왕명에 따라 지도를 제작한 경우가 있기는 했다. 그러나 그들은 제작자가 아니라 늘 기획자였다. 김종직과 남구만은 행정의 필요 때문에, 이이명은 '내수외양'內修外攘을 강조하기 위해, 김수홍은 역사책의 부도附圖로 활용하기 위해 지도를 제작했다. 그러나 이 모든 경우에서 사대부 출신 지식인은 지도를 직접 만드는 사람은 아니다. 제작자와 사용자는

---

244 안정복, 『순암집』권5, 書, 與洪判書書(庚寅).
文獻書 想已刊布 東方典故 賴此而傳 誠曠世盛擧也 (……) 聞編輯後又別修地圖 觀者來傳城中山川 分毫不錯 關防道里 瞭然在目 誠爲奇寶云 愚竊思之 自國人觀 固爲奇寶 我國邊禁不嚴 國中禁秘之書 多流于異國 今此地圖 亦安知不爲奸人所資 爲媚敵受略之計耶.

엄밀하게 구분되어 있었다.²⁴⁵ 그런데 18세기를 거치면서 이런 분위기에 미세한 변화가 나타나기 시작했다.

안정복은 자신의 학문 활동을 돌아보며 이렇게 말했다. "나는 평생 하는 일이 대부분 엉성했다. 문사文詞로 말하면 능히 예사로운 서간문도 제대로 쓰지 못하면서 고문古文 보기를 좋아하고, 전고典故로 말하면 능히 내 집 보첩譜牒도 통하지 못하면서 여러 역사책 보기를 힘쓰며, 유관遊觀으로 말하면 능히 향리의 산천도 두루 돌아보지 못하면서 여도輿圖를 도사圖寫하니, 먼 것을 힘쓰고 가까운 것을 소홀히 하는 폐단이 참으로 가소롭다."²⁴⁶ 겸손함이 돋보이는 언사지만, '직접 지도를 그리는 것'을 선비의 일로 여기고 있다는 점에서 주목할 만한 대목이다. 학문 활동을 위해서라면 스스로 지도 제작자가 될 수도 있다는 일종의 선언인 것이다.

정상기鄭尙驥(1678~1752)는 사대부 지식인 가운데 지도 제작자로서의 면모를 유감없이 보여준 인물이다. 그는 각종 지리 자료를 모으고 백리척百里尺이라는 자를 고안해 '직접' 지도를 만들었을 뿐만 아니라, 그것을 주변에 배포했다. 정상기가 지도를 직접 만들어 자신의 커뮤니티를 중심으로 보급했다는 것은 무슨 의미일까. 지도 제작이 선비의 일이 될 수도 있다는 뜻이다. 정상기는 축척과 방위를 존중하여 합리적인 윤곽을 도면 위에 구현하는 것이 경세를 지향하는 선비에게 매우 중요한 일이 될 수 있음을 몸소 보여주었다. 정항령과 정원림鄭元霖(1731~1800), 정철조鄭喆祚(1730~1781) 등이 정상기의 지도를 '직접' 수정하는 작업을 진행했다. 정약용은 『대동수경』大東水經 등을 완성하는 과정에서 정항령의 지도를 적극적으로 활용했다. 정약용은 그 지도를 '정씨 지도'라고 불렀다.

---

245 윤두서가 지도를 직접 제작한 것은 거의 유일한 예외에 해당한다. 그가 그런 지도를 그릴 수 있었던 것은 그 자신이 뛰어난 회화적 역량을 가진 사대부화가였기 때문이다. 매우 예외적인 상황인 것이다.

246 안정복, 『순암집』 권12, 雜著, 橡軒隨筆(上).

余平生所爲 多沒緊要 以言乎文詞 則不能脩尋常尺牘而好觀古文 以言乎典故 則不能通自家譜牒而務閱諸史 以言乎遊觀 則不能周鄕里山川而圖寫輿圖 務遠忽近之弊 固可笑也.

긴 흐름에서 본다면 정상기가 보여준 문제의식을 한 단계 더 끌어올린 사람은 정약용이다. 1789년(정조 13) 정조는 규장각 각신들에게 지리地理에 대한 지식과 소견을 물었다. 정조가 직접 채점한 이 시험에서 일등을 차지한 사람은 정약용이었다. 정조는 지리학의 유래를 가장 먼저 질문했고, 정약용은 지리를 효과적으로 활용한 사례를 들어 답안을 작성했다. 정약용에 따르면 한나라와 당나라 등 중원의 패자들이 패권을 거머쥐는 과정에서 지도를 활용했으며, 역대의 역사가들은 방역方域과 물산物産에 관한 정보를 기록으로 남겼다. 지리정보는 일찍부터 제왕의 통치 자료로서 정치와 행정 분야에서 필수 불가결했다는 것이다.[247]

두 번째 논점은 지리 고증과 역사, 나아가 지리 고증과 정책 대안의 관계다. 정조의 논법에 따르면, 경전에서 말하는 성현의 가르침과 교훈은 역사에 투영되어 있고 그 역사를 알기 위해서는 지리 고증이 가장 중요하다. 역으로 말하면 지리 고증을 할 수 있을 때 역사가 주는 교훈을 읽어낼 수 있고, 교훈을 읽어낼 수 있다면 현실에 적용할 수 있는 새로운 정책을 구상할 수도 있다. 정조에게 지리는 경사체용經史體用의 일부이며, 동시에 정책을 구현하는 수단이었다. 정약용의 문제의식도 정조의 생각과 크게 다르지 않았다. 그렇다면 무엇을 할 것인가. 정조의 마지막 질문에 대해 정약용은 새로운 지리지를 만들고 동시에 수경水經을 편찬할 것을 제안했다.[248] 수경은 물줄기를 기준으로 하는 지리지를 뜻한다.

정조는 『해동여지통재』海東興地通載를 편찬했지만 그것은 고대국가의 위치와 지명에 관한 엄밀한 고증이 전제된 것은 아니어서 정약용이 말하는 새로운 지리지와는 성격이 달랐다. 정약용은 『삼국사기』 지리지나 『고려사』 지

---

247   정약용, 『여유당전서』 제1집, 詩文集, 권8, 對策地理策(乾隆己酉閏五月 內閣親試 御批居首).
漢定天下 先收圖籍 唐集一統 厥稱考圖 歷代史家 各志地理 必欲辨其方域 考其物産.
248   정약용, 『여유당전서』 제1집, 詩文集, 권8, 對策, 地理策.
今宜別降明旨 令博雅瞻敏爲衆人所推服者 總裁編書之役 另選數人 爲之副倅 取大明一統志 倣其義例 正
其疎失 纂成一書 (……) 又倣桑欽之經 酈道元之註 撰次東國水經一部 竝付剞劂 上之祕府 藏之名山 頒
之八方.

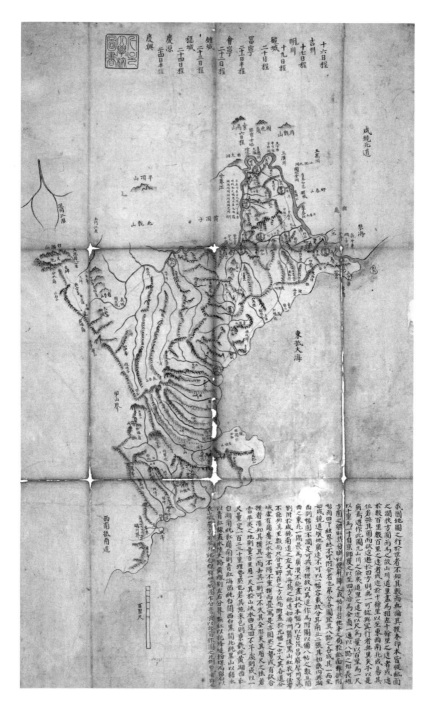

정상기의 백리척이 그려진 〈함경북도〉咸鏡北道, 「팔도지도」八道地圖, 18세기 이후, 필사본, 100.2×65.8cm, 서울대학교 규장각한국학연구원(古軸 4709-48).

심상지리적 측면이 강했던 유학자들도 땅의 윤곽을 정확하게 그려내는 작업을 중요하게 여기기 시작했다. 정상기는 경세를 지향하는 학자로서 백리척을 적용하여 지도를 제작했다.

리지를 대체할 수 있는 새로운 형태의 지리지를 생각했다. 이 지리지로 고대의 역사상을 확정하고 역사적 성패를 분명히 할 수 있으며, 그로부터 교훈을 얻고 새로운 정책적 대안을 얻을 수도 있기 때문이다. 그런데 정약용이 제안한 해법은 철저히 지리지 중심이었다. 그렇다면 지도는 어떤가.

정조가 책문策文에서 지도의 중요성을 강조하지 않은 것은 아니었다. 정조는 이렇게 말했다. "또한 내가 들으니, 별자리가 해당하는 지역과 땅의 모양, 명산名山·지산支山이 나뉘고 상류·하류가 갈리는 곳에 대해 눈썹처럼 벌여놓고 손바닥처럼 표시하여 그림으로 그리고 기록으로 나타낸 뒤에야 그 토질을 구별하고 이해利害를 알아서 생활을 넉넉하게 할 수 있고 교화를 닦을 수 있다고 한다. 그러므로 지리학에 뜻을 둔 이들이 역대마다 지리서를 남겼다."[249]

정조가 말한 '지리서'는 지리지와 지도를 포함한 것이었으며, 그것은 모두 학자의 일이었다. 그러나 수·당 이후로 전해오는 지도가 드문 상황에서 규장각 각신들에게 지도책의 편찬을 바랄 수는 없는 일이었다. 정약용은 '지리학이 선비가 반드시 힘써야 하는 학문이며 왕자가 반드시 필요로 하는 학문'이라고 말했지만, 그가 말한 것은 다만 지리지였다. 지도는 '선비가 반드시 힘써야 하는 학문'이라고 말하기 어려운 상황이었던 것이다.[250] 적어도 이 시점의 정약용에게 정확한 지도를 만드는 것은 선비의 일은 아니었다.

1811년(순조 11), 강진에 유배 중이던 정약용이 흑산도에 있던 형 정약전에게 편지를 보냈다. 10년 넘은 유배 생활 동안 온힘을 기울여온 『강역고』를 탈고한 지 얼마 되지 않았을 때였다. 지리와 지도에 관한 세 편의 이야기가 편지에 등장하는 것은 이런 사정 때문일 것이다. 첫머리에 〈성경지도〉盛京地

---

249   정약용, 『여유당전서』 제1집, 詩文集, 권8, 對策, 地理策.
且予聞之 星野所占 坤輿所載 名山支山之分 出水受水之所 眉列掌示 圖牘表識 然後物土宜而知利害 可以厚生 可以修敎 故志地理者 代有其書.
250   정약용, 『여유당전서』 제1집, 詩文集, 권8, 對策, 地理策.
臣伏惟地理之學 儒者之所必務 王者之所必需.

圖에 관한 이야기가 있다. 성경盛京은 중국 요령성의 성도省都인 심양沈陽의 옛 이름이다. 정약용은 이렇게 말했다. "성경지도는 무릇 세 번이나 초고를 고친 뒤에야 다른 여러 글들과 거의 서로 맞게 되었는데, 참으로 천하의 기관奇觀이며 우리나라의 더없는 보물입니다. 문인文人, 학사學士가 이 지도를 보지 않고서는 동북 지방의 형세를 논할 수 없을 것이며, 장수將帥, 군주軍主가 이 지도를 보지 않고서는 양계兩界의 방어를 논할 수 없을 것입니다."[251] 지도의 정밀함과 정확도에 관해 찬사를 거듭하고 있는 것을 보면 지도 제작자는 형 정약전이었던 것 같다. 중요한 것은 이 지도의 독자가 장수나 군주뿐만 아니라 문인, 학사로 가정되고 있다는 사실이다.

17세기에 남구만이 『성경지』를 토대로 성경지도를 만들어 올렸을 때, 가정된 독자는 왕과 일부의 정책 결정자였다. 그런 의미에서 볼 때 불특정 다수의 문인, 학사가 지도의 독자로 가정된 것은 특별한 의미를 가진다. 고대의 강역을 논증하고 지명을 추정하는 일, 그 시대의 역사적 성패를 통해 교훈을 얻는 일, 현재의 정책 대안을 모색하는 일이야말로 '문인, 학사', 즉 선비가 추구해야 할 학문의 본령이기 때문이다.

정약용이 이 〈성경지도〉를 통해 알 수 있었던 것은 무엇일까. 그는 당나라 군대의 지휘관 이세적李世勣이 고구려를 침략했을 때의 경로나 강홍립姜弘立(1560~1627)이 파병되었을 때의 노선을 추정하기도 했다. 지리지만으로는 확인하기 어려운 문제를 지도를 통해 해결한 것이다. 그뿐만이 아니다. 지도는 몽골에서 발원하여 백두산으로 연결되는 큰 산줄기, 요하로 모여드는 물줄기들이 지리적으로 가장 두드러진다는 것을 시각적으로 보여주었다. 그가 산줄기 서쪽과 요하 동쪽 사이, 즉 성경盛京과 홍경興京이 있는 지역을 옛 고구려의 영역으로 보거나, '큰 산줄기 동쪽에 숙신, 읍루, 말갈, 여진이 있다'고 말한 것도 이 지도 때문이었다. 그는 문인, 학사에게 이 〈성경지도〉가 어

---

251 정약용, 『여유당전서』 제1집, 詩文集, 권20, 書, 上仲氏(辛未冬).
盛京地圖 凡三易稿而後 悉與諸文相合 誠天下之奇觀 亦東國之絶寶也 文人學士不見此圖 不足以論東北之形勢 將帥軍主不見此圖 不可以議兩界之防禦.

떤 의미를 가질 수 있는지를 잘 보여주었다.

사대부가 지도를 학문의 도구로 활용했던 전례가 없는 것은 아니었다. 권근權近(1352~1409)에게 〈혼일강리역대국도지도〉는 '문밖을 나서지 않아도 세상을 볼 수 있는' 도구였으며, 이이명에게 〈요계관방지도〉는 '춘추대의春秋大義의 중요성을 환기해주는 수단이었다. 또 김수홍에게 역사 지도는 역대의 인물이 태어난 자리를 보여주는 도면이었다. 더 많은 지식인들은 지도를 보면서 한양으로 모여드는 지세地勢에서 인재의 융성함을 읽거나 중화中華의 지리적 근거를 발견했다. 그런데 이 행위자들에게는 공통점이 있다. 땅의 윤곽을 합리적으로 그려내는 것을 특별히 중시하지는 않았다는 것이다. 다분히 이념적이고 심상지리적인 측면이 강하다. 선비에게 중요한 것은 땅의 윤곽이 아니라 그 땅에서 살았던 사람들, 그 땅 위에 펼쳐진 역사였다. 그들에 비한다면, 정약용은 학문적 추론을 해나가는 과정에서 정확한 지도를 적극적으로 활용했다는 점에서 특별하다. 그에게 지도는 경세 지식을 담은 중요한 문헌 자료였다.

지도를 도구로 활용하는 차원을 넘어서려는 '문인, 학사'들도 생겨났다. 정상기의 지도를 활용하여 새로운 지도를 제작했던 신경준도 그중 하나였다. 그는 지도 제작과 천문(북극고도) 데이터의 관계를 이해하고 있었다. 신경준에 따르면, 정상기의 아들 정항령은 집에다 간평의簡平儀를 만들어두기도 했을 뿐만 아니라 자신과 더불어 한반도의 경계 지점을 천문 측량하기로 약속까지 했다고 한다. 간평의는 천문 관측기구다. 두 사람은 새로운 천문 관측기구를 만들어 활용해야 한다거나, 정확한 지도 제작을 위해서 천문 측량이 필수적이라는 점에 공감했다.[252] 그들이 지도와 천문의 관계를 주목했던 것은 '더 정확한' 지도에 대한 사회적 요구가 있었기 때문일 것이다. 지도 제작 혹은 지도 제작 기술의 문제는 '문인, 학사'의 경세적 학문 활동에서 점점 더 중

---

252   신경준, 『여암유고』 권5, 跋, 東國輿地圖跋.
       『승정원일기』, 영조 46년 1월 5일.
       (申)景濬曰 中原人 欲量地 則先尺天 北極出地上入地下 皆按而知之 不差毫未矣.

요한 의미를 가지게 되었다.

정약용도 지도 제작 기술을 고민한 '문인, 학사' 중 한 사람이었다. 그는 〈성경지도〉에 관한 논평 뒤에 이런 이야기를 덧붙여두었다.

무릇 지도를 만드는 법은 지리지에 기록된 거리를 따라 해야 할 것이나, 지구가 둥글다는 이치를 알지 못한다면 반걸음은 어긋나지 않더라도 끝내 어찌할 줄을 모르게 될 것입니다. 곤여도坤輿圖와 같이 경위선經緯線을 그린다면 가장 좋을 것입니다. 그렇지 않다면 매번 천 리를 그릴 때 그 네 꼭짓점에 대해 먼저 지리지를 살펴서 꼭짓점까지의 거리를 바르게 해야 할 것입니다. 만일 종횡으로 5,000리가 되는 지도를 그린다면 남북을 5층層으로 하고 동서를 5가架로 하여, 먼저 그 층과 가의 경계가 되는 선에 대해 네 꼭짓점에 이르는 거리를 바르게 한다면 천 리가 되는 한 구역 내에서 군현과 산천을 분배하고 늘리고 줄이는 데 크게 잘못될 근심은 없을 것입니다. 그렇게 하지 않으면 비록 지지를 따랐다 하더라도 필경 지도를 완성할 수는 없을 것입니다.[253]

〈성경지도〉는 지리지에 기록된 거리 정보를 도면 위에 충실하게 구현하기 위해 세 번이나 수정을 가한 결과물이었다. 그런데도 정약용은 이런 말을 적어 보낸 것이다. 논점은 두 가지다. 지리지에 기록된 거리 정보를 존중하는 것은 중요하지만 지구가 둥글다는 이치를 알지 못한다면 결국 오차가 생길 수밖에 없다는 것, 그리고 서구식 세계지도처럼 경위도를 고려하면 더 말할 것도 없지만 작은 곳을 그린다면 층層과 가架를 활용하는 것도 나쁘지 않

---

[253] 정약용, 『여유당전서』 제1집, 詩文集, 권20, 書, 上仲氏(辛未冬).
凡作地圖之法 一遵地志之道里 不知地圓之正理 則雖跬步不爽 畢竟有罔知所措之患 作經緯線如坤輿圖 則大善 不然每寫千里 執其四角 先檢地志 正其四抵之道里 若作縱橫五千里地圖 南北五層 東西五架 先於其層架所界之線 正其四抵之道里 則其一區千里之內 郡縣山川 分排伸縮 可無大段罔措之患 不然 雖一遵地志 畢竟無以成圖.

다는 것. '층과 가'란 모눈종이처럼 남북 방향, 동서 방향으로 같은 크기의 정방형 단면을 설정하고 그 위에서 지도를 그린다는 의미다. 정약용은 합리적인 외형을 구현하기 위해서 필요한 조건이 무엇인지를 충분히 이해했다.

정상기, 신경준, 정약용에게서 확인되는 지적인 성취는 높이 평가받아 마땅할 것이다. 그러나 엄밀한 의미에서 그 흐름은 미약했다. 더 많은 선비들에게 지도는 여전히 심상지리의 도구였을 뿐이다. 산수화풍의 회화식 지도나 일정한 축척의 기호식 지도를 막론하고 지도 제작자는 주로 중인 혹은 화원이었다. 정확한 지도의 필요성에 공감하고 지도 제작에 관심을 기울였던 사람 가운데 주류 집단인 노론계 지식인은 드물었다.

노론계 지식인들이 '명물도수'名物度數의 학문에 관심을 가진 것은 사실이지만, 적어도 정확한 윤곽의 지도를 그리거나 그것을 학문 활동의 도구로 활용하는 문제에 관한 한 그들은 무심했다. 새로운 문예론을 제시한 박지원도 예외는 아니었다. 그는 『열하일기』에서 중국인이 지은 벽돌집을 자세히 묘사했지만, 그 윤곽을 그림으로 정확하게 묘사하려고 하지는 않았다. 손끝의 재주가 없는 것도 문제였을 것이다. 그러나 그가 그런 일을 선비의 학문으로 생각했음을 보여주는 근거를 찾기도 어렵다. 이런 상황이 계속 이어진다면 직접 지도를 제작하겠다고 나서는 사람이 있을 리 없다. 그런 점에서 보면, 19세기의 상황을 확인하는 일은 중요하다.

영조·정조대는 산림山林들에게는 시련의 시기였다고 해도 과언이 아니다. 스스로를 군사君師로 여긴 이 영민하고 노회한 탕평군주들은 재야의 리더들이 주장해온 학문적 권위를 인정하려 하지 않았다. 시대는 다시 산림을 필요로 하지 않았으며, 탕평군주 아래에서 산림이 할 수 있는 일은 아무것도 없었다. 그들은 현실에 참여하지도 않았으며, 나아가 벽돌처럼 '하찮은' 것을 자세히 설명하려 하지도 않았다. 물론 산림의 존재 자체가 무의미했던 것은 아니다. 학맥을 중시하는 조선의 풍토가 바뀌지 않는 한, 산림은 그에게 배운 지식인들 사이에서는 여전히 존경의 대상이었다. 흥미로운 점은 이 노론계 학맥과 연결되는 두 사람에 의해 합리적인 윤곽을 가진 조선지도가 제작되었다는 사실이다. 한 사람은 유신환兪莘煥(1801~1859)의 학맥과 가까운 오창선이고, 다른 한 사람은 박지원의 손자 박규수朴珪壽(1807~1877)다.

유신환은 1801년(순조 1) 서울 장흥방長興坊에서 태어났다. 장흥방은 지금의 종로구 적선동 일대다. 정약용에게 지리에 관한 식견을 묻던 학자군주 정조가 세상을 떠난 지 1년 뒤에 태어났으니, 정조와는 시대를 비켜간 셈이다. 아버지 유성주는 오희상吳熙常과 같은 산림뿐만 아니라 민치복閔致福, 김조순金祖淳, 홍석주洪奭周, 박종경朴宗慶 등 학자관료들과도 폭넓게 어울렸지만, 세도勢道정국에서 김조순이나 박종경 등이 정치적 입지를 굳혀가는 것을 보고는 권력과 거리를 두는 처사적인 삶을 선택했다.[254] 유신환은 아버지의 권유로 노론계 산림 오희상에게 배웠다. 그러나 세상은 17세기와 너무나 달라졌고, 산림은 그 새로운 시대에 적응할 수 있는 능력이 없었다. 유신환이 산림이 지키려 했던 의리 혹은 대명의리론을 존중하지 않은 것은 아니었다. 그러나 17세기적인 산림의 삶과 가치관을 지키려 한 오희상은 결코 유신환의 모델이 될 수 없었다.

의리학을 계승하면서도 변화하는 현실 속에서 새로운 시대 과제의 해법을 찾는 일, 이것이 유신환에게 가장 중요한 문제였다. 그가 택한 길은 현실 참여였다. 그렇게 하기 위해서는 경세학에 대한 식견을 가다듬는 일이 필요하고, 식견을 갖추기 위해서는 폭넓은 학문 분야를 섭렵하는 일이 중요했다. 이것들 모두는 세도정치 시기 노론 산림계의 선배 학자들이 보여주지 못했던 면모이기도 했다. 유신환이 선택한 것은 엄밀한 의미에서 정조가 추구한 학문의 방향이었으며, 정조 시대의 시대정신이기도 했다. 정조 시대를 장식했던 정약용, 박지원, 홍양호, 박제가 같은 인물들이 서로 다른 스펙트럼 위에 존재한다는 사실도 중요하지만, 그들이 의리와 경세를 양 날개로 삼는 학문의 위계 안에서 정조와 만났다는 사실은 더욱 중요하다. 유신환은 그런 정조 시대의 그림자에서 그리 멀리 떨어져 있지 않았다.

---

[254]　노대환, 1993, 「19세기 중엽 유신환 학파의 학풍과 현실개혁론」, 『한국학보』 72, 200쪽.

지도 이야기는 유신환의 제자인 한장석韓章錫(1832~1894)의 문집에 들어 있다.[255] 한장석은 어린 시절부터 오창선吳昌善과 막역한 친구 사이였다. 한장석이 기억하는 오창선은 총명한 친구, 경세에 뜻이 있어 다양한 책을 섭렵하던 친구였다. 그런 오창선이 박지원의 손자 박규수와 『동국지도』를 편찬했다는 것이다. 한장석은 이 지도의 간략함과 정밀함에 놀라지 않을 수 없었다. 뒷날 오창선은 진사 시험에 합격했지만, 큰 포부를 펼치지 못한 채 젊은 나이에 세상을 뜨고 말았다. 10여 년 뒤 한장석이 용강현령으로 부임했다가 박규수의 제자이자 오창선의 친구인 안기수를 만나게 되었다. 한장석과 안기수 두 사람 모두 요절한 오창선의 친구이니 자연스럽게 오창선을 화제로 올리게 되었다. 안기수는 한장석에게 오창선과 박규수가 지도를 제작하던 당시의 이야기를 전해주었다.[256]

오랜 수정과 필사 과정에 관한 일화는 안기수가 이 지도의 제작 과정에 깊이 간여하지 않았다면 알 수 없는 이야기다. 안기수는 선비였지만 지도 제작에 남다른 관심과 열정을 가졌다.[257] 이야기를 마친 안기수가 그 지도의 부본副本이 김선근金善根에게 있다는 사실을 이야기했다. 김선근은 황강黃岡의 지방관으로 재임 중이었고, 황강은 한장석이 부임해 있던 용강에서 멀지 않은 곳이었다. 한장석은 김선근에게 이 지도를 빌려다가 안기수에게 부탁해 사본을 만들었다.[258]

김선근이 오창선과 박규수가 만든 지도의 복제본을 소장하고 있었

255 김명호, 2008, 『환재 박규수 연구』, 창비, 561~562쪽.

256 한장석, 『미산집』 권7, 東興圖序.
余少與吳汝大昌善友甚相得 汝大聰明有經世志 博極羣書 嘗與瓛齋朴公纂東國地圖 余從得見 喜其約而密 方輿家所未有也 旣而汝大擧進士 無所成名以歿 後十餘年 余宰龍岡 縣人安進士基洙 瓛公門下士 亦嘗從汝大遊者 爲余言纂圖時事 參校積屢月 相筆硯役.

257 박규수는 자신이 부임했던 용강의 경위도를 알고 있었으며, 같은 위도상의 중국 지역을 파악하려 했을 정도로 천문지리에 일가견이 있었다. 용강의 선비였던 안기수는 박규수가 용강에 부임했던 그때 그의 문하에 드나들었다. 박규수는 안기수를 '서울에 유학하여 실사를 공부한' 인물, '그림을 모사하는 정교한 솜씨를 가진' 인물로 묘사했다. 이상 박규수와 안기수에 대해서는 김명호, 2008, 『환재 박규수 연구』, 557~567쪽 참조.

258 한장석, 『미산집』 권7, 東興圖序.
今其副本在金公善根所 金公時守黃岡 與龍壤接 於是借以摹之 又出安君手 儘奇矣.

던 것도 우연은 아니었다. 김선근은 유신환의 또 다른 스승 김매순金邁淳 (1776~1840)의 아들이었고, 한장석은 유신환의 제자이자 오창선의 친구인 동시에 박규수와도 인연이 있었으므로, 박규수-오창선-한장석-유신환-김매순-김선근 사이에 연결선을 그려볼 수 있다. 오창선과 박규수가 만든 지도의 부본副本은 이 네트워크를 통해 김선근에게 전달되었을 것이다. 한장석이 김선근에게 그 지도를 다시 빌려다 복제할 수 있었던 것도 이 네트워크 덕분이다.

유신환이나 김매순이 지도에 대해 어떤 정서를 가지고 있었는지는 분명하지 않다. 그러나 그들보다 한 세대 후배인 한장석, 오창선, 안기수, 박규수 등은 선비의 학문에서 '간략하면서도 정밀한' 지도를 제작하고 그 지도를 활용하는 것이 중요하다는 점에 대해 같은 정서를 가지고 있었다. 그들은 화원과 서리의 손을 빌리지 않고 직접 지도를 만들려고 했고, 실제로 그 결과물을 낼 수 있었다. 세도정치기 노론 지식인 사회 일각의 움직임이기는 하지만 지도 제작과 학문 활동에 관한 태도에 변화가 감지된다는 점에서 매우 중요한 장면이라고 하지 않을 수 없다.

한장석이 김선근의 임지任地라고 한 황강은 황주목이다. 김선근은 1873년(고종 10) 윤6월 17일에 황주목사에 임명된 뒤[259] 1876년(고종 13년) 9월, 나주목사로 전보되었다.[260] 한장석이 김선근에게 지도를 빌려와서 안기수에게 다시 복제본을 만들게 했던 것이 바로 이 사이의 일이다. 그런데 한장석에 따르면, 이때는 오창선과 박규수가 처음 지도를 만든 시점에서 '10여 년 뒤'였다. 그렇다면 오창선과 박규수가 처음 지도를 만든 시기는 1860년 전후가 될 수밖에 없다. 김정호가 『청구도』를 펴낸 것이 1834년, 『대동여지도』 신유본辛酉本을 간행한 것이 1861년이므로,[261] 오창선과 박규수는 『대동여지도』가 간

---

259 『승정원일기』, 고종 10년 윤6월 17일.

260 『승정원일기』, 고종 13년 9월 24일.

261 『대동여지도』는 1861년, 1864년 두 차례 간행되었는데, 이 간행된 해의 간지를 따라 각각 신유본, 갑자본이라고 불린다.

행된 시기를 전후하여 자신들의 지도를 만들었던 셈이다.

한장석의 기록에 따르면, 오창선과 박규수가 만든 지도는 10리 방안方眼을 채택한 전국지도였다. 방안方眼은 모눈을 말한다. 지도책은 2권의 두루마리 형태인데, 각 군현별 경계와 넓이가 색깔로 구분되어 있었다. 군현별 지도집이 아니었기 때문에 상권과 하권을 펼친 뒤 연결 부분을 맞추어가며 보아야 하는데, 각 권에 '표목'標目, 즉 색인이 있어서 찾고자 하는 부분을 쉽게 확인할 수 있다고 한다.[262] 현재 확인되는 고지도 가운데 10리 방안을 채택한 상하 2권짜리 두루마리 전국지도는 없다. 그런데 유사한 실물이 남아 있는지를 확인하는 것보다 중요한 논점이 남아 있다. 오창선·박규수 지도와 김정호 지도 사이의 거리 혹은 관계에 관한 것이다.

김정호의 『청구도』는 지도 위에 모눈을 그리지 않는다는 점, 그리고 색인을 갖춘 상하권 책자 형태라는 점이 앞선 다른 지도들과 결정적으로 차이가 난다. 최한기에 따르면, 지도 위에 모눈을 그릴 경우 '물을 끊고 산을 자르는' 문제가 생기므로 김정호는 이 문제를 해결하기 위해 '전폭全幅에다 구역에 따라 재단'하였다고 한다. 김정호는 『청구도』 범례에서 이전 지도들이 한정된 크기의 종이 안에 도道 지도나 군현 지도를 그린 것은 치명적인 문제라고 주장했다. 한 도道 혹은 영역이 넓은 한 군현을 그려 넣으려면 모눈 간격이 좁아지고, 반대로 영역이 좁은 군현을 그리면 모눈 간격이 넓어질 수밖에 없다는 것이다. 이 문제를 피하기 위해서는 '대폭大幅 전도全圖를 사용해서 층판을 나누고 고기비늘처럼 잇대어' 지도책을 만드는 수밖에 없다.[263] 이것이 김정호의 결론이다. 『청구도』는 그런 문제의식의 산물이다.

오창선, 박규수의 지도는 모눈을 사용함으로써 '물을 끊고 산을 자르는' 문제를 여전히 드러냈지만, 한편으로는 '대폭 전도를 사용해서 층판을 나누

262   한장석, 『미산집』 권7, 東輿圖序.
其法以線表經緯之畫 十里爲井 山川關阨邑鎭坊里 細大悉擧 而設色以別其疆界廣袤 則以上下二編交互
聯絡之 各有標目不相亂 總二卷 放可以彌八域 卷之則一小篋中物耳.
263   배우성, 2011, 「공간에 관한 지식과 정조 시대」, 김인걸 외, 『정조와 정조시대』, 서울대출판부, 57~61쪽.

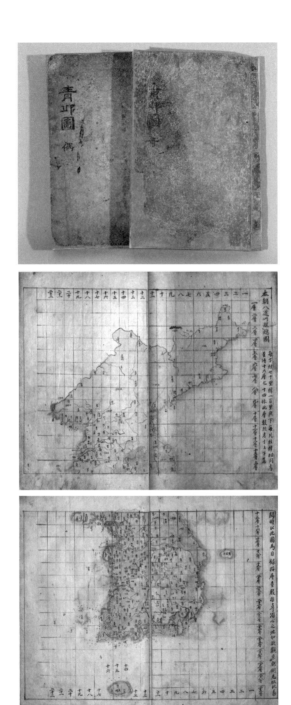

김정호, 『청구도』靑邱圖, 19세기, 채색 필사본, 2책, 31.4×21.3cm, 숭실대학교 한국기독교박물관.

김정호는 땅의 윤곽을 좀 더 합리적으로 그린 지도를 제작하여 정치·군사·행정의 실용적 목적을 이루어내고자 했다. 이는 김정호가 속한 집단의 의식이었으며, 유학자들의 의식과도 다른 것이었다.

고 고기비늘처럼 잇대어' 만든 것이기도 하다. 그런 점에서 보면 두 사람은 사실상 『청구도』 직전 단계의 지도 제작 기술을 구사했다고 볼 수 있다. 한장석의 경우는 어떨까. 그가 이 지도 이야기를 기록으로 남긴 것은 1893년이다.[264] 『청구도』만이 아니라 『대동여지도』 신유본辛酉本과 갑자본甲子本이 간행되어 유포되던 시점이었지만, 한장석은 '대폭 전도를 사용해서 층판을 나누고 고기비늘처럼 잇대어' 만든 두루마리 지도야말로 '방여가方輿家에서 일찍이 없었던 것'이라고 말했다. 뒷날 혹 쓰임새가 있으리라는 기대감도 감추지 않았다. 기술적 낙차가 보이는 장면이다. 그러나 무엇보다 중요한 것은 오창선, 박규수, 한장석이 만들었거나 활용했던 지도에서 김정호의 흔적을 찾아볼 수 없다는 점이다.

두 갈래의 지도 작업 사이에 소통이 되지 않았던 것은 무엇 때문일까. 소통의 매개체가 없었던 것일까. 현재까지 확인되는 것만으로 말한다면, 김정호의 주변 인물 혹은 김정호와 연관이 있는 인물군 가운데 오창선, 박규수와의 관계가 확인되는 인물이 전혀 없는 것은 아니다. 김정호에게 지도 제작을 위촉했다던 신헌은 박규수의 『숙수념행』孰邃念行에 대해 논평을 남기기도 했다. 신헌은 그럴 의지만 있다면 박규수와 김정호 사이에서 충분히 매개체 역할을 할 수도 있었을 테지만, 그런 일은 벌어지지 않았다. 신헌은 다만 자기가 김정호에게 지도 편찬을 위촉했다는 사실을 강조함으로써 그 지도 작업의 성과를 자신의 것으로 만들려 했을 뿐이다.

오창선·박규수의 지도에 김정호의 흔적이 보이지 않는다면, 그것은 김정호의 지도가 잘 보급되지 않았기 때문일지도 모른다. 교토 대학이 소장하고 있는 한국 고전적 자료 중에 '대동여지도'라는 제목이 붙은 필사본이 있다. 국사편찬위원회 홈페이지에 소개된 서지정보에 따르면, 이 지도는 두 개의 첩으로 되어 있는데, 1첩의 첫머리에 '삼가하리박문협모사三嘉下吏朴文俠模寫

264　한장석, 『미산집』 권7, 東輿圖序.
嗟乎 人之秀物之珍 將以有用也 不見用於當時 必在其後 人之不能待 物或有壽於人者 姑書此卷首 使兒輩 謹藏之以俟 癸巳中秋 眉山退士 書于西湖精舍.

임술3월王戌三月'이라고 적혀 있고, '당저십이년신유當宁十二年辛酉 대동여지도大東興地圖'라는 글씨가 목판으로 인쇄되어 있다고 한다. 이 지도가 1861년 판『대동여지도』인지『청구도』인지는 서지정보만으로는 분명하지 않다. 그러나 1861년판『대동여지도』가 간행된 지 겨우 1년 뒤에 삼가의 서리 박문협이『대동여지도』를 필사했거나 혹은 김정호 지도에 관한 정보를 알고 있었다고 말할 수는 있다. 이 사실은 자못 의미심장하다. 삼가의 서리는 오창선, 박규수, 한장석이 전혀 알지 못했던『청구도』혹은『대동여지도』관련 정보를 이미 파악하고 있었던 것이다. 김정호의 지도를 알고 있던 사람들 중에는 최한기, 이규경, 유재건 같은 사람들도 있었다. 그들은 서얼이거나 서리이거나 아전이었다. 꼭 그렇지 않다 해도 벌열가의 후예와는 체질적으로 다른 사람들이다. 그런 그들이 알고 있던 지도를 벌열가의 후예들은 알지 못했던 것이다. 이 사실을 어떻게 이해해야 할까. 오창선·박규수와 김정호·박문협은 왜 다른 길을 갔을까. 그들이 지도를 이해하는 방식 사이에 어떤 결의 차이가 있었던 것은 아닐까.

유재건이 전하는 김정호는 원래 '잘 그리고 잘 새기는' 사람이었다. 그런데『청구도』에서 읽히는 김정호는 그런 단순한 기술자는 아니었다. 김정호는『청구도』범례에서 이렇게 말했다. "(청구도 반포 후: 필자) 지명이 변경된 것과 읍진邑鎭이 옮겨간 것은 때에 따라 개정하지 않을 수 없으니 일정한 범례를 두고 합쳐서 한 질을 만드는 것이 마땅하겠지만, 만약 범례가 정밀하지 못하면 여러 군郡에서 수집한 것이 자세한 것도 있고 간략한 것도 있어서 일례로써 통합하기 어려울 것이다. 이에 일정한 규식規式을 정하니 도圖와 지志가서로 대조되어 당시의 전典을 밝히도록 하는 일은 실로 비변사와 팔도 감영에서 해야 할 중요한 일이 될 것이다."

김정호는『청구도』이후를 고심했다. 변화된 현실을 시의적절하게 반영한 수정본을 내고 싶었기 때문이다. 그뿐만이 아니다. 단순히 어떻게 '잘 그리고 잘 새길까'를 궁리한 것이 아니라 어떻게 지방관의 협조를 얻어 통일적으로 수정하고 보완해나갈 것인가를 생각했다. 그는 먼저 지도와 지리지가

한 세트가 되어야 한다고 강조했다. 물론 이런 인식이 새롭거나 특별한 것은 아니다. 이미 『동국여지승람』이나 『여지도서』에서 이런 방식이 시도되었기 때문이다. 『동국여지승람』이나 『여지도서』가 지리지에 지도를 결합한 것이라면, 수정본 『청구도』는 지도에 지리지를 결합하는 형식이라는 점에서 다르다. 김정호는 지리지와 지도를 결합하겠다고 선언하는 데 그치지 않고, 실제 그렇게 제작될 『청구도』 수정본의 기초 데이터를 확보하기 위해 비변사와 팔도감영의 역할을 주문하기도 했다.

최한기의 서문을 달아 지도집을 펴낸 사람이 개인 김정호임은 의심할 여지가 없다. 그러나 김정호가 『청구도』에서 1828년(순조 28)의 사회경제적 통계치를 구사한 것을 보면, 그의 지도 작업이 결코 개인적으로 이루어졌다고 보기는 어렵다. 『청구도』 범례에 보이는 행정 관료적인 면모와 문제의식도 마찬가지다. 그렇다면 온전히 개인적인 작업의 결과물이었을 『동여도지』東興圖志의 경우는 어떨까. 김정호는 『동여도지』 서문에서 시종일관 지도와 지리지가 하나의 세트라는 점을 강조했다. 김정호가 쓴 것은 '『동여도』의 지志'에 부친 글이 아니라, '동여에 관한 도圖와 지志'에 부친 서문이었던 것이다. 그 서문에 따르면, 지도는 '천하의 형세를 보는 도구'이며, 지리지는 '역대의 제작制作을 유추할 수 있는 수단'이다.[265] '천하의 형세'와 '역대의 제작'은 각각 공간 값과 시간 값을 상징한다. 공간적인 상황과 시간적인 변화를 아우를 때 정확한 판단이 가능하다는 의미일 것이다. 김정호는 『동여도지』를 통해 지도와 지리지가 결합된 책자를 시도하려 했던 것이다. 그것은 물론 『청구도』 수

265　김정호, 『동여도지』, 序.
夫興志之有圖有志 古也 圖有職方 志自漢書 圖以觀天下之形勢 志以推歷代之制作 實爲國之大經也 (……) 於是 考閱諸家之圖 按經緯而區分延柔 蒐羅史傳諸書 例勝覽而删翼門目 門凡四十二 編凡八十五 名爲東興圖志 若覽圖以觀其形勢 攷志而推其制作 則規模通變 在其中 豈非爲國大經歟 (……) 盖歷代興志之圖志 非徒民物之記載山川之勝蹟 而治國經濟 莫尙於此 (……) 本國 三面環海而 咸平兩道內外 則自秦漢以來 至于胡元 界限之縮無常 皇明初 界以頭滿鴨綠兩江 而地志始見三國 則三國以前 兩江以北 不復可考矣 故檀氏至于勝國 其國都彊域風俗官制及戰爭諸國 別以歷代標題 本朝八道所領州縣凡三百三十有四 以圖興志相體用 形勢制作在其中 則庶有補於爲邦之道云.

정 단계부터 꿈꾸어오던 것이었다.

『동여도지』의 서문에는 '호원'胡元, '황명'皇明 같은 단어들이 보인다. 김정호가 사대부 관료학자들의 중화주의적 역사의식에 동조하고 있었음을 보여주는 대목이다. 그러나 그뿐이다. 그는 자신의 지도를 중화주의적 사고를 확장하는 도구로까지 여긴 적은 없다. 지도와 지리지를 이용해서 행정과 국방에 보탬이 되는 것, 이것이 그가 『동여도지』 서문에서 강조하고 싶었던 점이다.

『대동여지도』에 실려 있는 '지도유설'은 정점에 도달한 김정호의 문제의식이 어떤 것이었는지를 잘 보여준다. 그는 이 글에서 『방여기요』方輿紀要 서문 등 다른 사람들의 말을 끌어다 자신의 생각을 드러냈다. '설자왈'說者曰로 시작하는 '지도유설'의 첫머리에 이런 대목이 나온다.

① 풍후風后가 도圖를 받아서 구주九州가 비로소 시작되었으니 이것이 여도輿圖의 시초요, 『산해경』山海經 13편이 있으니 이것이 지지地志의 시작이다.

② 『주례』의 대사도大司徒 이하 직방職方, 사서司書, 사험司險 등 관리들은 모두 지도를 가지고 험조險阻함을 두루 알고 명물名物을 변정했으며, 전국시대 소진蘇秦, 감무甘茂의 무리들은 모두 도圖에 의거하여 천하의 험이險易함을 말했다. 소하蕭何는 관문關門에 들어가자 우선 도적圖籍을 거두었으며, 등우鄧禹, 마원馬援 또한 이것으로 광무제를 섬기고 공명을 이루었다.

③ 유자儒者로는 정현鄭玄, 공안국孔安國 이하로 모두가 도적圖籍을 구해 보아 주周와 한漢의 산천을 징험했는데, 대개 도圖는 그 형상을 살피기 위한 것이요 서書는 그 수數를 밝히기 위한 것이니 왼편에 도圖를 두고 오른편에 서書를 두는 것은 진실로 학자의 일이다.[266]

이야기는 지도地圖와 지리지의 기원에 관한 것으로 시작한다(①). 풍후는 삼황三皇 중 하나인 황제黃帝의 신하다. 치우의 반군에게 밀려 패전을 거듭하던 황제가 꿈에 서왕모로부터 책을 하나 얻었다. 꿈에서 깬 그의 손에는 그 책이 들려 있었다. 풍후는 이 책으로 군사를 훈련시켰고, 결국 황제는 치우의 군대를 격파할 수 있었다. 구주九州가 열리는 순간이다. 인용문의 논리를 확장해보면 이런 해석이 가능하다. 풍후가 받은 책을 지도라고 특정할 수는 없어도 적어도 이 책 안에 도형圖形이 포함되었다고 본다면 지도의 기원을 풍후와 연결 지을 수는 있다. 또 『산해경』은 최초의 서적이라고 말할 수 없을지는 몰라도, 지리지로서의 조건을 구비한 최초의 저작이라고 말할 수는 있다.

②는 역대의 군주나 위정자들이 도圖, 지도地圖, 도적圖籍을 이용해서 정치·군사·행정의 목적을 달성한 사례에 관한 것이다. 김정호는 『청구도』이래로 한결같이 한 지점만을 바라보았다. 지도와 지리지를 일체화 혹은 세트화하고, 그것을 활용해서 정치·군사·행정의 수요에 부응하는 것. 그것은 김정호가 이미 '잘 그리고 잘 새기는' 수준을 넘어섰음을 보여준다. 김정호가 자신을 지식인이라고 여겼는지는 알 수 없지만, 그는 이미 '낮은 곳의 경세가'가 되어 있었던 것이다. 지도유설의 ②는 그런 일관된 문제의식이 그대로 드러난 것이므로 새로울 것은 없다. 이 경우 '도적'은 명백히 지도와 지리지를 가리킨다. 김정호 자신이 추구해왔던 것도 결코 이 범주를 벗어나지 않는다. 그는 늘 '도圖와 지志'에 대해서 고민했다.

문제는 ③이다. 김정호는 처음으로 '유자'儒者와 '도적'圖籍의 관계를 말했다. 이 이야기에 따르면 '유자'儒者에게 '도적'圖籍은 정치, 군사, 행정의 수요에 부응하는 도구만은 아니었다. 정현鄭玄이나 공안국孔安國이 '도적'을 가져다 주나라나 한나라 때의 산천을 연구했다면, 그들에게 '도적'은 역사지리를

---

266   김정호, 『대동여지도』, 地圖類說.
說者曰 風后受圖 九州始布 此輿圖之始也 山海有經 爲篇十三 此地志之始也 周禮大司徒以下職方司書司險之官 俱以地圖 周知險阻 辨正名物 戰國時蘇秦甘茂之徒 皆據圖而言天下險易 蕭何入關 先收圖籍 鄧禹馬援 亦以此事光武成功名 儒者自鄭玄孔安國以下 皆得見圖籍 驗周漢山川 盖圖以察其象 書以昭其數 左圖右書 眞學者事也.

고증하기 위한 자료인 셈이다. 이 경우 '도적'은 지도와 지리지일 수도 있고 지도와 역사서일 수도 있다. 그러나 엄밀하게 말한다면 '유자'儒者에게 지리지는 역사서의 일부이니, 여기에서 말하는 '도적'은 지도와 역사서라고 보는 편이 합리적이다.

이런 입장에 서게 되면 '유자'와 '도적'의 관계에 대한 김정호의 메시지는 좀 더 분명해진다. 유자는 언제든 관료가 될 수 있는 관료예비군이고, 그런 점에서 ②의 문제의식이 필요하다. '수신제가'하는 유자이지만 '치국평천하'하는 상황을 고려하지 않을 수 없기 때문이다. 그러나 그것이 '도적'의 유일하고도 본래적인 의미는 아니다. 유자에게 도적은 지도, 그리고 지리지를 포함하는 역사서다. 유자는 이것들을 이용해 역사상의 영역을 고증하고, 그 기초 위에서 교훈으로서의 역사를 서술하거나, 새로운 정책적 대안을 모색하는 존재다.

'지도유설'에 대한 필자의 독해가 타당한 것이라면, 지도와 지리지의 일체화를 통해 정치·군사·행정의 실용적 목적을 달성하려는 김정호와, 지도와 역사서의 일체화를 통해 역사 서술의 밀도를 높이고 그 역사에서 얻은 교훈을 기초로 새로운 정책적 대안을 모색해야 하는 사대부 지식인 집단의 후예들이 한 지점에서 만나기는 어렵다. 그런 점에서 보면 벌열가와 체질이 다를 수밖에 없는 무장 신헌이나, 조선의 미래를 고민했던 박규수조차 예외는 아니었다. 경세적 지식을 바라보는 그들의 시선은 결코 같지 않았던 것이다.

에필로그

역사를 어떻게 읽을 것인가

독서와 지식의 맥락과 위계에 관한 역사

이 책은 읽고 쓰는 것의 역사, 책과 지식의 역사를 쓴 것인가. 그렇지 않다. 이 책에 담겨 있는 것은 읽고 쓰는 것을 '둘러싼' 역사, 책과 지식의 '울타리'에 관한 역사다. 책과 독서의 '맥락'에 관한 역사이며 지식의 '위계'에 관한 역사이다. 읽기와 쓰기, 책과 지식에 관한 사실관계를 확인하려는 것이 아니라, 그것이 그때의 시대정신, 그 시대 지식인의 문제의식에 비추어 어떤 의미를 가지는지를 드러내려 한 것이다.

한국사에서 18세기, 19세기가 특별해 보이는 것은 적지 않은 새로운 현상들이 비로소 이 시대에 나타났기 때문일 것이다. 박지원을 중심으로 한 지식인들은 당파와 신분을 뛰어넘어 교류했다. 그 배경에는 도시문화가 있었다. 역관이나 서얼 등은 소설, 소품문 등을 즐겼다. 역사학, 지리학, 천문학·역산학 등 개별 전문 영역에서 심화된 지식정보를 담은 책들도 수입되었다. 권력의 안팎에 있던 지식인, 혹은 중인들이 이 경세적 서적들을 들여오고 활용하는 데 적극적으로 나섰다. 서적 판매상인 서쾌는 책의 보급과 유통을 촉진했다. 인쇄술의 발달도 책의 수와 종류를 늘리는 데 기여했다. 도시문화를 기반으로 형성된 지식인 집단은 흔히 경화세족이라고 불린다. 이들 중에는 '제도의 속박에서 벗어나 진정한 우정을 주장'하는 사람들도 있었다. 진眞의 재인식을 말하거나 회화적으로 표현하는 사람들도 생겼다.

새로운 방식으로 글을 읽고 쓰는 사람들이 생겨난 것도 이때였다. 성균관 유생 이옥은 '쓰고 싶어서 쓴다'고 선언했으며, 박지원은 '천년 전의 옛사람'을 벗하거나 '천년 후에 자기를 알아줄 친구를 기다리는' 행위를 모두 비판했다. 홍길주는 개인적인 독서 체험을 후세의 안목 있는 누군가를 위해 남기는 데 그치지 않고 불특정 다수를 독자로 상정하는 적극적인 저술 태도를 보여주었다. 자기 글과 남의 글을 구별해야 한다는 주장이 나오는가 하면, 공동 작업이라고 할 만한 수준의 협업도 많아졌다. 경세적인 지식 중에는 도형의 형태를 띠기 시작한 것들도 있었다.

지식을 생산하는 과정에 새로운 면모가 엿보인다는 점에서도 18, 19세기는 특별하다고 할 수 있다. 새로운 것들이 생겨난 것은 사실이다. 그런데 문제는 그 새로운 것들이 위치한 '맥락'이다. 조선 후기 지식인들은 '읽고 쓰는' 행위를 어떻게 생각했을까. 근기남인계 지식인 안정복에게 역사를 읽고 쓰는 일은 성리학적 실천의 과정이었다. 중화문화를 유일하게 계승한 조선을 역사적으로 정당화하는 것이며, 법제와 정책의 성패를 통해 교훈을 얻는 일이다. 안정복의 시선으로 보면 그렇게 읽고 그렇게 쓰는 것이야말로 경사체용의 원칙에 부합한다.

노론 명문가의 후예인 홍대용은 다독多讀을 중요하게 생각하지 않았으며, 사변적인 심성론은 물론 예학에도 눈길을 주지 않았다. '이단잡서'異端雜書의 경우는 더 말할 것도 없다. 그에 따르면, 책은 경전과 역사서, 이단 서적과 잡서, 음란하고 불경한 설을 담은 책으로 구분된다. 경전과 역사서가 '대의'大義와 '사위'事爲를 위해 읽어야 할 책이라면, 음란하고 불경한 설을 담은 책은 가까이해서는 안 된다. 다만 이단 서적과 잡서는 장점만을 취해서 읽는다면 굳이 독서 대상으로 삼지 말아야 할 이유는 없다. 이 기준에 따르면, 그가 열광한 서양 과학 서적은 '유용한 잡서'이며, 김조순과 박지원 등을 매료시킨 패관잡기는 '무용한 잡서'이거나 '음란하고 불경한 잡서'일 뿐이다. 독서 대상으로 삼을 만한 책이 아닌 것이다. 홍대용과 박지원은 노론 명문가의 후예이자 '북학'을 주장했다는 점에서 공통된다. 그러나 독서에 관한 홍대용의 문제의식을 확장해서 본다면, 홍대용이 박지원과 같은 곳을 바라보았을 가능성은 크지 않다. 박지원과 홍대용 사이에는 균열의 지점이 있었다.

안정복과 홍대용에게 '읽기와 쓰기'는 지극히 경세적인 행위였다. 그것은 선비가 국가와 사회에 느끼는 책임감의 발로라고 할 수 있다. 그런데 이 시기에는 새로운 글쓰기 방식을 주장하는 사람들도 있었다. 그들은 고문古文의 권위에 기댄 글쓰기보다는 모방하지 않는 글쓰기, 개성이 살아 있는 글쓰기를 시도했다. 『열하일기』의 저자 박지원 등이 대표적인 경우에 해당한다.

한문학적 시야에서 보면, 박지원은 원굉도의 문학적 세례를 받은 사람이다. 문제는 원굉도가 양명좌파의 사상적 기초 위에서 문학이론을 전개한 인물이라는 점이다. 그런데 박지원은 원굉도의 문예이론을 '의식적으로' 실천했던 것일까. 박지원은 분명 원굉도 등을 모델로 한 글쓰기를 시도했다. 그 자신도 그 점을 부정하지 않았다. 그는 '그런 사람'으로 세상에 알려졌지만, 그런 평판을 만족스러워하지는 않았다. 박지원에 따르면, 그런 이미지는 '고문에 기대지 않는 글쓰기, 모방하지 않는 글쓰기'에 열광하던 사람들이 『열하일기』를 전파하며 만들어낸 것일 뿐이다.

박지원은 자신의 고문을 내보였다. 그것은 그가 가진 자부심의 원천이었다. 그는 결코 자신이 '고문에 의존하지 않는 글쓰기'를 한다는 사실에 대해 자부심을 가진 적이 없었다. 박지원 자신의 논리로 설명한다면, 그가 『열하일기』에서 질문한 것은 '고문이냐 아니냐'가 아니라 '뜻을 세우고 쓰느냐, 문장론에 매달리느냐'의 문제일 뿐이었다. 정조가 『열하일기』를 읽었고 그 문체에 문제가 있다고 생각했음에도 박지원을 등용하려 했던 것은 『열하일기』를 관통하는 경세학적 문제의식 때문이었다. 박지원은 '수신제가, 치국평천하'의 가치를 믿어 의심치 않는 선비이자 경세가였고, 정조는 박지원의 그런 면모를 높이 샀던 것이다. 박지원에게도, 정조에게도 '어떻게 쓰느냐'보다는 '어떤 가치를 지향하느냐'가 중요했다. 정조와 박지원은 경세적 학문이라는 같은 지점을 바라보고 있었다.

원굉도의 저작에 영향을 받은 사람 중에는 서얼 출신으로 규장각 검서관이 되었던 이덕무도 있었다. 이덕무가 양명좌파 문예이론가의 저작을 읽고 또 그런 글쓰기를 했다면, 그는 진리의 내재성을 믿는 양명학적 세계관의 소유자였던 것일까. 그렇게 말하기 위해서는 그가 구상한 지식의 위계 안에서 문체의 위치와 의미가 선명해져야 한다.

이덕무는 규범적 글쓰기를 중시하는 의고파의 문장론과 개성을 강조하는 공안파의 문장론에서 '그 장점만을 취하고 싶다'고 말했다. 심지어 그는 아들 이광규에게 '명말청초의 소품小品을 경계하라'고 말했다. 그에게 『삼국지연의』는 다만 '정사正史를 어지럽히는 잡서雜書'였다. 이단을 배척하는 자세를 지닌 학자가 대명의리론과 중화의 당위성을, 나아가 성리학의 학문적 우위를 의심했을 리는 없을 것이다. 이광규는 송나라와 명나라의 유민에 관해 기록을 남기던 아버지, 명나라의 백성을 자처한 아버지, 윤가기·유득공·박제가·서상수와 모여 존덕성尊德性, 도문학道問學에 관해 토론하던 아버지의 모습을 기억했다.

이덕무가 제시한 독서 커리큘럼과 독서법 역시 그런 문제의식과 무관하지 않다. 그에 따르면, 학문을 하려는 사람은 『대학』, 『논어』, 『맹자』, 『중용』을 순서대로 읽은 뒤, 『격몽요결』, 『소학』, 『근사록』, 『성학집요』를 읽어야 하고, 이런 기초적인 독서가 끝나면 육경六經과 성리서性理書로 독서의 폭을 넓혀가야 한다. 주자학이 가장 상위의 지식이라면, 패관소품이나 소설은 최하위에 있는 지식이다. 이덕무가 아무리 '고문에 의존하지 않는 글쓰기'와 다독을 중시했다 하더라도 그것은 주자성리학적 사유체계와 충돌하지 않았다. 이덕무의 시각에서 보면 주자학적 사유체계에서 최상층에 있는 것은 의리학과 경세학이다. 그는 이이의 『성학집요』, 유형원의 『반계수록』, 허준의 『동의보감』을 조선이 자랑할 만한 세 가지 책이라고 평가했다. 이 책들은 각각 도학道學, 경세학經世學, 의학醫學을 대표한다.

이덕무는 선비들이 경세학과 의학을 도외시하고 오로지 사한詞翰에만 힘쓰는 현실을 비판하고, 이서구에게 『반계수록』과 『동의보감』을 보냈다. 사장

詞章보다는 '실심애물'實心愛物의 공부를 권하기 위해서였다. 이덕무는 자신이 그린 경세적인 선비상을 이 노론계 젊은이에게서 찾고 싶었던 것이다.

문체에 대한 이서구의 생각은 특별한 데가 있다. 그에 따르면, 문체는 세태世態를 반영하는 것일 뿐 결코 세태를 오염시키는 원인은 아니다. 문체가 세태 변화의 원인이 아니라면, 근심해야 할 것은 세태 그 자체가 된다. 세태를 바로잡으면 자연스럽게 문체가 바로잡힐 것이기 때문이다. 해결책은 군주에게 있다. 제대로 된 인재를 등용하는 일이 문체의 성패를 결정한다면, 인재 등용권을 가진 군주의 성찰이야말로 해법의 출발점이자 본질이 될 수밖에 없다. 성찰한 군주는 마침내 '의리가 밝혀진 사회, 사실이 아름다워진 사회'를 만들 수 있으며, 그런 군주의 정치를 도우려는 인재들이 나와 문체는 자연스럽게 순정해지리라는 것이었다.

읽고 쓰는 행위를 성찰했던 안정복과 홍대용, 새로운 문체를 구사한 박지원과 이덕무, 원론적 입장에서 문체 문제를 논의한 이서구에게서 공통적으로 확인되는 것은 의리학과 경세학을 정점에 둔 지식의 위계다. 청나라로부터 새로운 지식이 흘러들었고, 많은 사람들이 패관소품과 소설에 열광했지만, 그들이 지식인인 한, 지식인으로서의 책임감이 있는 한 의리학과 경세학을 중시하지 않을 수 없었다. 그들은 패관소품과 문체, 서학, 고증학과 양명학 등에 대해 다양한 태도를 보여주었지만, 그런 지식의 위계를 존중했다는 점에서는 다를 바 없다.

학자군주 정조도 그 점에서는 예외가 아니었다. 정조가 주자학을 정학正學으로 확신했다는 사실은 더 말할 필요가 없다. 그는 주자의 저술을 망라한 종합본을 펴내려 했을 만큼 주자학에 깊은 소양을 가지고 있었다. 정조는 송시열로 상징되는 의리론과 존주론을 충실하게 계승했다. 그러나 조선 학계가 이룬 심성론적 성취에는 상대적으로 무심했다. 그것은 '깊이 파고들 필요가 없는' 문제였다. 그 대신 주목한 것은 정도전, 양성지, 김육, 유형원, 육지 등 조선과 중국의 경세가였다. '교화'敎化와 '시무'時務에 도움이 되는 지식이야말로 정조에게는 '실용적'인 것이었다.

정조는 의리학의 안쪽에 경세학을 결합시키려 했다. 정조의 문제의식은 기본적으로는『대학』이 설정한 사士의 역할에서 비롯하는 것이라 해도 과언은 아니다. 벼슬을 하든 그렇지 않든 사士는 사회, 국가, 천하의 현실에 대해 고민해야 할 책임이 있다. 정조가 가진 그런 아이디어가 그가 총애했던 정약용에게서 확인되는 것은 전혀 이상한 일이 아니다. 정약용도 경세학의 맥락에서 주자를 이해하려 했다. 의리학에 충실하면서도 '명물'名物, '도수'度數와 '전곡'錢穀, '갑병'甲兵 등 경세적 역량을 겸비한 강력한 현실 참여주의자. 정약용이 생각하는 성리학, 정약용이 제시하고 싶었던 인재상은 그런 것이었다. 문체와 고증학에 대한 정약용의 태도는 이 위계 안에서 결정되었다고 해도 과언이 아니다.

정조가 고증학이 가진 방법론적인 장점을 부정하지 않으면서도 주자학의 절대 우위를 명시적으로 부정한 적이 없다는 사실, 패관소품 등에 무심했다는 사실은 그 지식의 위계에서 보면 당연한 일이다. 정조는 주자학과 무관한 다양한 사상의 조류를 사학邪學과 속학俗學(혹은 사설邪說)으로 구분했다. 이런 구도에서라면, 천주학은 사학, 패관소품 등은 속학에 해당한다. 주자학적 인간관이나 세계관과 대립한다는 점에서 보면 굳이 구별할 필요가 없는 듯하지만, 정조의 생각은 달랐다. 정조는 천주학을 비판하면서 양명학이나 고증학을 거론하지는 않았으며, 양명학이나 고증학의 폐단을 언급하면서 천주학을 동시에 문제 삼지는 않았다. 적어도 정조가 생각하기에는 두 개의 범주가 명확히 구분되었다는 의미다.

정조는 천주학을 엄중하게 경고하는 수준에 그치지 않고 명시적으로 배척했다. 정조는 주자학을 확신하지 않는 학문적 태도가 만연하면서 결국 천주학에 대한 관심이 불교, 도교와 같은 이단 학문 수준에서 사학 수준으로 변질되었다고 보았다. 정조가 걱정했던 또 다른 문제는 양명학과 고증학, 그리고 '고문을 존중하지 않는 글쓰기' 등이었다. 정조는 이 새로운 학술과 문예 이론을 하나로 묶어 잡학, 속학, 신서新書 등으로 표현했다. 정조의 시야에서 보면, 정학正學이 제대로 서지 않으면 속학이 사학으로 변질되어가게 마련이다. 정학만 제대로 서 있다면 속학은 다만 속학일 뿐이다. 큰 문제가 되지는 않는 것이다. 소품문과 고증학이 문제가 되는 것은 정학의 바다를 건널 용기를 내지 못하는 사람들에게 명분을 주기 때문이다.

정조가 서적 수입을 문제 삼은 것은 패관소설과 소품문, 고증학 때문만은 아니었다. 정조는 중국본 책자의 크기가 조선 지식인의 독서 자세에 끼치는 부정적인 영향을 예의 주시했다. 정조에게 독서는 성현을 만나는 통로다. 당연히 수도자적인 자세가 요구된다. 그러나 중국에서 들어오는 작은 크기의 책들은 심지어 경전조차 누워서 보는 풍조를 낳았다. 정조는 서적 금수 조치를 통해 그 세태를 바꾸어보려 했다. 중국본의 판형이 18세기 조선에서 독서하는 사람의 태도를 해이하게 만들었다는 사실은 정조의 출판문화 정책을 이해하는 데도 실마리를 던져준다. 정조가 주자소를 두고 활자에 공을 들인 데는 성현의 말씀을 누워서 보는 상황은 막아야 한다는 절박함이 작용했다. 정조의 시선으로 본다면, 의리학과 경세학의 재정립은 바른 자세로 긴장감을 가지고 독서하는 것에서 시작해야 하기 때문이다(1부).

경세서를 둘러싼 '다르게 읽기'의 가능성

조선 지식인 사회가 의리학, 그리고 의리학을 전제로 하는 경세학에 공감하고 있었다면, 그와 관련된 지식을 쓰고 읽고 공유하려는 의식적인 노력도 적지 않았을 것이다. 우리가 오늘날 '실학적' 텍스트로 간주하는 많은 것들이 그런 노력의 산물이다. 그런데 이 텍스트에는 근현대 역사가들의 시선, 저자의 시선, 그리고 그 시대 독자의 시선이라는 세 개의 층layer이 중첩되어 있다. 연구자들은 오랜 기간에 걸쳐 '실학'의 개념을 정의하고 다듬어왔다. 그런데 연구자들이 읽어낸 내용들이 저자가 그 텍스트 전체를 통해서, 혹은 행간에서 강조하려는 메시지와 항상 일치한다고 볼 수 있을까. 균열의 지점은 그 시대 저자와 독자 사이에서도 발견될 가능성이 있다. 저자라면 책을 쓰는 단계에서 지식의 내용과 밀도를 중시할 수밖에 없다. 그런데 독자라면 저자가 안내하는 방식을 따라, 저자의 시선에서 텍스트를 읽어나갈 수도 있지만, 저자의 의도와 무관하게 재해석할 가능성도 배제할 수 없다. 그렇다면 저자의 '쓰는 행위'뿐만 아니라, 독자의 '읽는 행위' 또한 맥락적으로 이해할 필요가 있다.

『택리지』는 이중환이 살 곳을 찾아 헤맨 기록이다. 이 책은 경세에 관한 다양한 문제의식을 담고 있는 저술인 동시에, 가장 많은 독자를 확보한 필사본 중 하나다. '다르게 읽기'의 가능성을 검증하기에 좋은 소재인 것이다. 최남선은 조선광문회에서 활자본 『택리지』를 펴냈다. 이 광문회본의 기본 형태는 조선 후기의 『택리지』 가운데 가장 일반적이고 대표적인 필사본의 구성을 계승한 것이다. 이것들은 대체로 「사민총론」四民總論, 「팔도총론」八道總論(도입부와 팔도), 「복거총론」卜居總論(도입부와 지리地理, 생리生利, 인심人心, 산수山水), 「총론」總論의 형식을 취하고 있다. 「사민총론」은 서론에, 「팔도총론」과 「복거총론」은 본론에, 「총론」은 결론에 해당한다.

구성 형식과 분량만 보면 매우 잘 짜인 느낌이다. 그러나 주의 깊게 들여다보면 적지 않은 곳에서 문제점을 발견할 수 있다. 서론(「사민총론」)과 본론의 첫 단락(「팔도총론」) 사이에, 본론의 두 번째 단락(「복거총론」)과 결론(「총론」) 사이에는 아무런 논리적 연관이 없다. 「팔도총론」과 「복거총론」 사이에 상반된 이미지의 정보들이 들어 있는 경우는 더욱 혼란스럽다. 『택리지』를 '실학' 텍스트로 규정한 많은 연구들이 이 '어색함'을 지적하지 않은 까닭은 무엇일까. 아마도 광문회본을 가지고 연구했기 때문일 것이다. 그러나 이런 '어색함'에 주목한다면, 이중환이 처음 쓴 『택리지』의 체제가 광문회본 유형과 같다고 단정할 수 없다. 더구나 그 시대의 독자들이 모두 그런 체제의 『택리지』만을 읽었으리라 단언할 수도 없다.

『택리지』의 최초 책 이름이 무엇이었는지는 단정적으로 말하기 어렵다. 그러나 분명한 것은 저자가 표시되어 있지도 않고 서문이나 발문조차 없는 필사본이 이미 영조 때부터 다양한 이름으로 유포되었다는 사실이다. 만일 이중환이 자신을 드러내지 않으려 했다면, 그것은 아마도 정치에 대한 그의 비판적 정서 때문일 것이다. 이중환이『택리지』에서 탕평정치를 포함한 18세기 정치 전반에 대해서 비판의식을 선명히 드러냈다면, 자신의 책이 그런 식으로 불특정 다수에게 읽히기를 바랐다면 그것은 그가 실명實名을 감출 만한 충분한 이유가 될 수 있을 것이다. 이중환의 의도가 그런 것이었다면, 책의 구성과 편차에도 그런 생각이 반영될 수밖에 없을 것이다. 그러나 이 광문회본 계열의『택리지』에서 그런 의도를 읽어내기는 어렵다.

　『택리지』의 필사본 중에는 '복거설' 혹은 '사대부가거처' 등의 제목을 가진 것이 있다. 제목만으로 본다면, 이 책의 주제가 사대부의 주거 입지에 관한 것이라는 뜻이 된다. 광문회본 계열(표준형)의 구성 요소로 본다면「복거총론」이 여기에 해당한다.「팔도총론」은 상대적으로 책 이름이 뜻하는 것과는 거리가 있다. 물론 팔도의 말미에 사대부가 살 만한 곳인지에 관해 논평한 내용이 들어 있지만, 나머지는 대부분 사대부의 주거입지론과는 무관하다. 광문회본 계열(표준형)의「복거총론」과「팔도총론」에 해당하는 내용이 본문과 부록, 원집과 별집의 관계일 때에만 '복거설' 혹은 '사대부가거처'라는 제목과 부합할 수 있다. '복거설' 혹은 '사대부가거처기' 등의 제목을 가진 필사본 중에서 그런 의미와 부합하는 구성을 가진 사례들이 확인되는 것은 흥미로운 대목이다. 이런 구성을 따라 읽으면 이중환의 생각을 좀 더 선명하게 읽을 수 있다. 일체의 사물이 분화되지 않은 태극의 상태에 도달함으로써 정치적 갈등과 붕당 문제를 해결할 수 있다는 것, 그렇게 되었을 때 비로소 살 만한 곳을 찾아 헤맬 필요가 없는 세상이 된다는 것, 이중환이『택리지』에서 말하고자 했던 가장 중요한 메시지다.

　이중환의 문제의식이 그런 것이었다면, 정치에 대한 이중환의 정서는 거의 혐오에 가까운 것이었다고 해도 과언은 아니다. 이중환은 그 혐오감과 분노를 '살 곳'에 관한 문제로 녹여냄으로써『택리지』를 완성할 수 있었다. 이중환은 젊은 시절 친구들과 함께 백련시사를 결성했다. 그들에게 산수는 유람의 대상이라기보다는 '언제든지 돌아가야 할' 곳이었다. 산수에 관한 철학, 주거지에 관한 견해들은 세속과 거리를 유지하려는 그들의 인생관, 삶의 철학에서 나온 것이었다. 그들이 단절하려 했던 것은 세상 그 자체가 아니라, 혼탁한 정치 현실이었다. 그런 점에서 그들의 은거隱居 방식은 도연명을 모델로 삼은, 유교적인 것이었다. 이중환에게는 백련시사의 동인들에게서 볼 수 없는 면모가 한 가지 더 있었다. 경제 문제에 대한 자각이다. 이중환이 이 문제를 중요하게 생각하게 된 것은 이익의 가르침 때문이었다. 이중환은 현실에 대해 희망의 끈을 놓으려 하지 않았다. 경제적인 문제를 고려해가며 살 곳을 찾는 행위도 희망이 있기에 가능한 일이었다.

이중환이 『택리지』에 붙여놓은 발문은 그의 문제의식을 좀 더 선명하게 보여준다. 그런데 『택리지』에 서문이나 발문을 쓴 사람들은 이 책을 어떻게 받아들였을까. 이익은 『택리지』에 실려 있는 자연지리와 사회경제에 관한 정보들에 특별한 의미를 부여했으며, 이봉환은 어디든 살 곳으로 만들 수 있는 주체적인 노력이 중요하다고 말했다. 목성관은 이중환이 이 책에서 보여준 역사, 지리, 경제에 대한 풍부한 식견들, 그리고 풍수지리와 불교를 넘나드는 박식함을 칭송했다. 그는 또 이 책에서 중화주의자 이중환을 발견하고 높이 평가했다. 목회경은 이중환이 가진 경세적 지식과 중화주의적 사고 그 어느 쪽에도 특별히 주목하지 않았다. 그는 『택리지』를 다만 '살 곳을 찾아 헤맨 기록'으로만 읽었다. 살 곳을 찾을 필요가 없는 세상을 꿈꾼 이중환을 읽어내지는 못한 것이다.

이중환의 주변 사람들조차 『택리지』를 이중환의 의도대로 읽어주지는 않았다. 그렇다면 그를 알지 못하는 다른 사람들이 『택리지』를 좀 더 자유롭게 독해했을 가능성은 얼마든지 열려 있다. 표준형 계열의 필사본이 유행했던 것도, 일부 필사본들이 현저하게 지리지화되어갔던 것도 '다르게 읽기'를 시도한 독자들이 광범위하게 분포하고 있었다는 사실을 보여준다.

수많은 독자들이 이중환의 의도와 무관하게 『택리지』를 다르게 읽었던 것은 그 책이 필사본이었기 때문일까. 경세 지식을 담은 책이라도 목판본이라면 사정이 다르지 않을까. 『반계수록』은 조선 후기에 나온 목판본 경세서로는 가장 널리 읽힌 책 중 하나다. 근현대 역사가들의 시선, 저자의 시선, 그리고 그 시대 독자의 시선이 겹치는 것은 이 텍스트 역시 예외는 아니다. '실학'을 연구해온 근현대 역사가들에게 이 책이 담고 있는 개혁적인 구상은 충분히 매력적인 것이었다. 그러나 유형원이 이 책을 통해서 전하려 했던 진정한 메시지가 그런 것이었는지, 그 시대의 독자들이 그런 방식으로 그 텍스트를 읽었는지는 별도로 확인이 필요한 문제다.

유재원에 따르면, 유형원은 사서와 육경을 학문의 기본으로 삼으면서도, 병모兵謀, 율려律呂, 천문天文, 지리地理, 의약醫藥, 복서卜筮, 나아가 외국어, 국제 정세, 해외 풍속, 불교, 도교, 심지어 굴원과 도연명의 시문학 등에까지 일가견이 있었다고 한다. 박학하다고 해서 독서의 원칙이 없는 것은 아니었다. 유형원은『소학』,『대학』,『근사록』,『논어』,『맹자』,『중용』, 삼경의 독서 순서를 중시했으며, 일상의 실천 속에서 도를 찾으려 한 주자주의자였다.

유형원은 명나라의 몰락을 슬퍼했으며 명나라의 회복을 누구보다 갈망했다. 그는 '중국에서 잃어버린 예를 사이四夷에서 찾으려' 했다는 점에서 중화주의자이기도 했다. 그뿐만이 아니다. 그가 정전제에 주목한 것은 이 토지제도야말로 성인의 도를 현실에 구현하는 도구였기 때문이다. 유형원은 기자 정전을 은나라의 토지제도로 설명함으로써 중화의 흔적이 자국에 남아 있다는 사실을 증명하려 했다. 기자로 상징되는 중화적 가치를 구현하려는 욕구는 마침내 자국사自國史를 강목체綱目體에 입각해서 체계화하려는 시도로 이어졌다. 말하자면 유형원은 기자와 기자 정전을 조선에서 찾아야 할 중화문화의 상징으로서뿐만이 아니라 경세의 원리로서 읽어낸 최초의 경세론자이기도 했다.

문제는 유형원이 그 이후의 시간대에서 본래의 면모대로 읽혔는가 하는 점이다. 소론 윤증은『반계수록』의 초기 독자 중 한 사람이었다. 윤증은 자신이 죽으면 장례에 청나라 물건을 쓰지 말라고 당부할 정도로 청나라를 배척했다. 그는 명나라를 잊지 않으려 했던 유형원과 같은 문제의식을 가진 인물이었다. 그런데 청나라 사신을 맞는 문제나 명 황제 신종의 사당을 건립하는 문제 등에 대한 그의 생각은 노론계의 리더 송시열에 비해 훨씬 유연했다.

유형원과 중화주의적 문제의식을 공유하고 있던 윤증이『반계수록』을 높이 평가했다고 말한다면, 그것은 옳다. 그러나 윤증은 기자로부터 정전제를 연상하지도 않았고, 기자의 흔적이 서린 자국사를 궁금해하지도 않았으며, 심지어 정전제를 자기 시대에 시행할 수 있는 제도라고 생각하지도 않았다. 정전제를 시행할 수 없다면 유형원이 정전제 시행을 전제로 구상했던 각종 개혁론도 실천하기 어렵다. 윤증은 유형원과 가장 가까운 시점에『반계수록』을 읽고 또 높이 평가했지만, 결코 저자의 저술 의도, 나아가『반계수록』에 담긴 논리적 맥락에 따라 읽은 것은 아니었다.

양득중도 스승 윤증을 통해『반계수록』을 보았다. 양득중은『반계수록』을 정전제로부터 시작되는 일련의 개혁 프로그램으로 이해하고 그것을 중외에 반포하여 차차 시행하자고 주장했다. 어떤 산림계 지식인도『반계수록』이 가진 제도 개혁론으로서의 중요성을 총체적으로 강조하지 않았다는 사실을 감안해본다면, 양득중은 매우 특별한 경우에 해당한다. 물론 양득중은 윤증으로부터 '실사'實事와 '실공'實功의 중요성을 배웠으며, 그 배움의 연장선상에서 일관되게 '실사구시'實事求是를 강조했다.

양득중은 1741년(영조 17)에 이르러서야 비로소『반계수록』을 주요 의제로 부각시키려 했다. 영조대의 탕평정국이 안정을 찾아갈수록 산림은 과거의 권위를 주장하기 어려워졌다. 소수파인 소론계 산림의 입장에서는 정치적 권위의 약화를 상쇄할 만한 학문적 의제가 필요했다. 그는 정전제의 시행을 주장했지만 결코『반계수록』의 개혁론에서 기자를 읽어내려 하지 않았으며, 그것을 중화의 문제와 연동시키려 하지도 않았다. 이런 상황에서 중화와 언어, 기자와 자국사의 연관을 기대하기는 더욱 어려운 일이다. 양득중은『반계수록』을 민생에 관한 종합 개혁안으로 이해했지만, 그조차 '중화-기자-경세-언어-고대사'라는 유형원의 지적 맥락 위에 서 있지는 않았다.

젊은 시절 이재의 문하에서 수학했던 노론계 관료 홍계희는 윤증이나 양득중과는 서 있는 자리가 달랐다. 홍계희는 경세론 분야를 연구하고 현실에 적용하는 일에 역량을 집중했다. 그는 개혁의 당위성과 필요성을 유형원의

『반계수록』에서 찾았다. "쓸 만한 것이 많다." 관료 홍계희가 『반계수록』을 평가하면서 한 말이다. 이 말은 유형원이 토지 문제 해결을 전제로 하여 연쇄적인 정책을 제안했던 것과는 그 의미가 같지 않다. 재야 지식인 유형원이 원론적이고 총론적인 제안을 했다면, 관료인 홍계희는 시급히 개선해야 할 문제들을 선별하고 그 해법을 『반계수록』에서 찾으려 했다.

홍계희는 중화주의적 시선으로 현실을 바라보았다. 유형원과 다를 바 없는 면모다. 유형원은 소옹의 상수학에 관한 초기적 이해를 주자의 학문적 구도에 결합시킴으로써 수리數理를 의리義理의 범주와 구체적으로 연관시켰을 뿐만 아니라, 그런 학문적 토대 위에서 경세론을 제시했다. 홍계희 역시 의리와 수리, 수리와 경세론의 관계를 같은 방식으로 설정했다. 그러나 홍계희가 중화와 경세를 필연적인 관계로 설정했다고 말하기는 어렵다. 유형원이 '중화주의자였으므로 경세론자'였다면, 홍계희는 다만 '중화주의자이며 경세론자'일 뿐이다. 그 경세론조차도 『반계수록』에서 '쓸 만한 말'을 골라내는 수준이었다. 그런 홍계희에게 '중화-기자-경세-언어-고대사'를 관통하는 문제의식을 발견하기는 어렵다. 『반계수록』의 마니아라고 해도 좋을 홍계희조차 『반계수록』을 유형원의 맥락대로 읽지는 않았던 것이다. 홍계희에게는 그 자신이 설정한 지식의 구성 요소가 있었을 뿐이다(2부).

지식이 공유되는 양상과 구조

의리학과 경세학을 정점으로 하는 학문의 위계 안에서 독자들은 『택리지』와 『반계수록』을 각자 자기 방식으로 다르게 읽었다. '학문의 위계'는 공유되어 있었으며, 그 공유되는 울타리 안에서 '다르게 읽기'의 가능성은 열려 있었던 것이다. '읽기와 쓰기'의 역사라는 관점에서 보면 그것들은 내부적인 힘에 해당한다. 그런데 그렇게 읽고 쓰는 과정에서 생산된 경세적 지식은 개인을 넘어 누군가에게 '공유'된다. 그 지식을 누구나 자유롭게 공유했으리라는 보장은 없다. 더구나 이 '공유'의 과정이 증류수처럼 투명한 환경에서 이루어졌을 리는 없다. 그렇다면 거기에 어떤 외부적인 힘이 어떤 방식으로 작용하고 있었는지를 이해하는 것이 중요하다. 그 힘은 왕정王政의 문제이거나 지역, 당파, 그리고 신분의 문제이기도 할 것이다.

지식과 책에 관한 정조의 관심은 남다른 데가 있었다. 규장각 도서, 그중에서도 『고금도서집성』 같은 중국본 도서는 궐내를 출입하는 관리들이 아니라 왕 자신을 위한 것이었다. 규장각 각신이나 검서관처럼 정조의 총애를 받던 신하들조차 이 거질의 책을 자유롭게 열람할 수 없었다. 정약용처럼 총애를 받는 신하에게 특별한 보고서 작성을 요구했을 경우에 한하여 사가로 반출하는 것이 허락되었으니, 왕실도서관만이 이 책을 소장하고 있는 한, 『고금도서집성』에 담긴 여러 정보들이 널리 공유되기는 원천적으로 불가능한 상황이었다. 정조는 자신이 필요하다고 생각하는 만큼만 제한적인 경로를 통해 이 지식을 제공함으로써 지식인 사회의 독서 분위기를 자신이 생각하는 방향으로 유도하거나 통제하려 했다.

정조가 이런 방식으로 지식을 통제하려 했던 것은 그가 취한 지역 전략과 무관하지 않다. 육지의 문집 『육선공주의』는 이전부터 제왕학의 교재로 사용되고 있었지만, 그 아이디어를 빌려 지역 전략을 수립하고 시행한 것은 정조가 처음이었다. 정조에게 『육선공주의』는 가장 중요한 경세학 교과서였다. 육지는 능읍제도와 함께 경읍−왕기 지역의 군사적 비중을 높여야 한다고 주장했다. 육지의 주장은 도읍의 상비 병력만이 아니라 능읍, 혹은 능읍이 포함된 경기 권역의 군사력 확보를 강조했다는 점에서 중요하다. 수도권으로 역량을 집중해 수도권을 선도적 모델로 만듦으로써 지방과 변경에도 일종의 '낙수 효과'를 미치게 할 수 있다는 것이 그 구상의 핵심이다. 정조는 서울−경기−지방의 위계화된 역할을 제시한 육지의 논설에서 신도시 개발에 관한 아이디어를 얻었다.

정조는 규장각에서 펴낸 간행물을 보급하기도 했다. 『규장전운』은 1,500질 가까이 개인과 기관, 중앙과 지방에 고루 배포되었다. 정조는 또 『흠휼전칙』과 『향례합편』을 펴내 사민士民에게까지 널리 보급하려 했다. 더 많이 보급하기 위해서라면 언해본을 갖추는 것도 좋은 방법이었다. 언해본을 갖춘 번각본이라면 최선이다. 『자휼전칙』은 활자본을 대본으로 한 번각본과 언해본이 모두 만들어졌다. 정조는 이 책을 전국에 보급하는 데 특별히 신경 썼다.

　정조가 널리 보급하려 한 책들은 대부분 예와 풍속, 교화와 형정, 기민饑民 구제에 관한 내용을 담고 있다. 행정과 통치에 우선적으로 필요한 내용인 것이다. 그런데 정조가 규장각에서 펴낸 책 중에는 경세학이나 의리학에 관한 선본들도 있었다. 교화에 관한 책이 번각본이나 언해본 형태로 면리 단위까지 보급된 반면, 경세학이나 의리학의 본령에 해당하는 선본들은 규장각 각신과 서울의 관료 집단, 성균관 유생 정도에게 배포되었을 뿐이다.

　후자의 배포 범위가 서울, 그것도 규장각 주변 인물을 넘지 못했다는 것은, 정조가 생각한 출판 활동의 본질을 이해하는 데 많은 시사를 준다. 규장각에서 펴낸 이 출판물들은 규장각에 출입했던 전직·현직 각신, 그리고 문한 기관에 근무하는 관료들을 주요 독자층으로 삼았던 것이다. 정조가 서학과 문풍을 문제 삼으면서 그 대안을 제시하려고 했을 때, 그의 시선 안에 지방과 지방 지식인은 들어 있지 않았다. 정조는 책을 통해 지식인 사회에 직간접으로 개입하고 싶어했지만, 그 개입의 대상은 다만 서울, 좀 더 넓게는 경기 지방 지식인일 뿐이었다.

　정조가 서울과 경기를 중심으로 지식정보를 통제하고 지식인 사회에 개입하려는 상황에서 지방 지식인은 소외될 수밖에 없었다. 17세기라면 상상할 수 없는 일이다. 그때는 아무도 산림의 권위를 의심하지는 않았다. 그러나 상황이 달라졌다. 도시문화를 향유하느냐 그렇지 않느냐, 경화세족이냐 아니냐가 점점 더 중요해졌다.

　지방 지식인 황윤석은 백과전서적 경향을 가진 이른바 '실학자'로 평가받지만, 그런 그에게서 경세학의 흔적이 많이 확인되지는 않는다. 그는 경세 문제에 대해 '시골 선비가 논의할 일은 아니다'라고 말했다. 물론 겸양이 섞인 언사다. 그러나 경세 문제를 자기의 책무로 여기지 않는 그의 태도에서 『반계수록』을 썼던 유형원의 문제의식을 읽을 수는 없다. 황윤석은 유형원의 명성을 익히 들어 알고 있었다. 그 역시 유형원 못지않은 중화주의자였다. 그러나 제도의 유용성을 신뢰하지 않는 황윤석이 『반계수록』을 높이 평가할 수는 없는 일이었다.

황윤석에게 경세에 관한 치열한 문제의식을 기대하기 어렵다고 해서 유형원과 일치하는 대목이 전혀 없는 것은 아니다. 가장 눈에 띄는 것은 수리론이다. 그에게 상수학과 서양 천문학·역산학은 주자의 의리학을 보완하는 도구 그 이상도 이하도 아니었지만, 그 생각의 틀을 정합적으로 구축하기 위해서는 서양 과학 지식을 알아야 했다. 문제는 지방 지식인이 그런 지적 갈증을 해소할 수 있는 통로가 많지 않다는 것이었다.

황윤석은 누구보다 지방 의식이 강한 사람이었다. 그는 서울 선비들의 부정행위를 못마땅하게 여겼지만, 서울에 살지 않고서는 서양 과학 서적 등 새로운 지식정보를 얻지 못한다는 점을 절감했다. 시골 출신인 데다 북경 구경은 꿈도 꿀 수 없었던 황윤석은 서울 학자들과는 입지가 전혀 달랐다. 그는 북학 혹은 청 문물 도입에 대해 좀 더 경직된 논리를 구사하지 않을 수 없었다. 그는 명나라 때의 서양 과학이 청나라에 의해 '강탈되었다'고 주장함으로써 청나라에서 들어온 서양 과학 서적을 참고할 수밖에 없는 현실을 합리화했다. 그러나 그는 청 문물을 도입하는 데는 무심했다. 그는 또 사대부가 중인에게 배우고, 그 사실을 아무렇지 않게 말할 수 있는 서울의 분위기에도 적응하기 어려웠다. 지식인 사회에서 중앙과 지방의 간극은 점점 더 커져만 갔다. 지방 지식인이 서울로 집중되는 지식정보를 공유하는 일은 갈수록 힘들어질 수밖에 없었다.

정조가 규장각의 선본을 보급해서 각신을 비롯한 서울-경기 지식인에게 배포했을 때 이 지역 안에 있는 지식인 네트워크의 다양성을 어느 정도 의식했는지는 분명하지 않다. 그러나 그 지식들을 소통하고 공유하는 메커니즘은 있었다. 이 메커니즘은 크게 두 개의 변수에 의해 결정되었다. 하나가 정조의 서울-경기 중심주의라면, 다른 하나는 당파와 신분이다. 전자가 지역적 범위를 규정했다면, 후자는 네트워크의 다양성에 결정적인 영향을 미쳤다.

홍대용의 『건정동회우록』은 친구가 되기 위해서는 당파나 신분 같은 제도적 구속을 넘어서서 기쁨과 슬픔을 함께하는 교감이 중요하다는 사실을 전해준다. 그러나 홍대용에 따르면, 벗이 된 두 사람은 궁극적으로 '도를 도모하는 일'을 추구해야 한다. 진정성과 교감은 박지원의 우정론을 구성하는 핵심 요소이기도 하다. 그러나 우정을 통해 지향해야 할 가치가 '도를 도모하는 것'이라는 점은 그 자각된 진정성과 교감의 맥락이 오륜적 질서와 충돌하지 않는다는 사실을 시사해준다.

수평관계의 확대를 의미하는 동지적 결합이 의연히 이 오륜 질서의 외연 안에 있었다는 사실은 양반과 서얼 사이의 교유라는 매우 특별한 현상을 설명하기 위해서도 중요하다. 박지원은 양반과 다른 신분층과의 관계에 대해 '등위에 구애되어 서로 교류하면서도 감히 벗으로 사귀지는 못한다'고 말했다. 박지원이 이덕무, 박제가 등 중인들을 벗으로 받아들여 '함께 도를 도모했다'고 말할 수 있는지도 미지수지만, 중인들과 교류하던 적지 않은 양반들이 중인들을 '도를 함께 도모하는 벗'으로 여겼다고 말하기는 더 어렵다. 벌열가의 후예들은 중인 출신 지식인을 다만 시인으로 대우했을 뿐이다.

벗이 도를 함께 도모하는 존재인 한, 학파와 정파의 그림자가 말끔히 가시기는 어렵다. 이중환이 전하는 당파 간의 대립이나 불화는 당파와 신분을 넘어선 교류가 박지원 일파를 중심으로 한 국지적인 현상이었음을 보여준다. 홍양호는 영조·정조 시대를 대표하는 문인이자 경세가 중 한 사람이며 소론계 학자관료이지만, 박지원을 비롯한 노론 명문가의 후예들과 결코 어울리지 않았다. 정치적 트라우마도 문제였다. 안정복의 『동사강목』은 당파와 신분을 넘어 독자들을 확보하는 데 성공한 드문 경우였다. 그러나 더 많은 경우 지식은 당파와 신분의 경계 안쪽에서 공유되었다. 『반계수록』을 펴낸 유형원도, 『강역고』를 쓴 정약용도 자기 시대의 불특정 다수를 독자로 상정하지는 않았다. 『성호사설』처럼 정치적 논란이나 사상적 시비가 예상되는 책이라면 더 말할 필요가 없다.

같은 유형의 경세적 지식이 특정한 네트워크의 안쪽에서 소비되었던 것은 신분에 따른 문제의식의 차이 때문이다. 가장 실용적인 지식이라고 해도 좋을 '지도'는 그 양상을 잘 보여준다. 지도는 많은 경우 '근거를 가지고 인용해야 할 지식'으로 여겨지지는 않았다. 그것이야말로 지도가 가지는 지식으로서의 맥락이었다. 지도는 이미 그 자체로 훌륭한 지식이었으며, 때로는 다른 지식을 생산하는 도구였다.

18세기 근기남인계 학자들 사이에서 정확한 지도를 '직접' 제작하고 활용하는 것을 선비의 일로 보는 경향이 있었다는 사실은 주목할 만하다. 한 세기 뒤, 노론 벌열가의 후예들도 그와 비슷한 성찰의 과정을 거치면서 지도를 '직접' 제작하려 했다. 그 한편에서는 김정호를 비롯한 중인 집단이 성장하고 있었다. '잘 그리고 잘 새기던' 김정호는 어느새 실용적인 지식의 생산자 수준을 넘어서서 경세적인 의식을 가지기 시작했다. 그에게 지도를 제작하는 일은 단순히 '그리고 새기는 작업'이 아니라 '낮은 곳의 경세가로서 당연히 해야 할 일'이 되어갔다.

정확한 지도를 제작하고 활용해야 한다는 점에서 양반 지식인 집단의 후예와 성장하는 중인 집단 사이에 공통 인식의 토대가 만들어졌다. 더구나 19세기 벌열가 출신의 지식인들은 오랫동안 시사를 매개로 중인 집단과 우호적인 관계를 유지해왔다. 그러나 신분을 넘어선 관계는 거기까지였다. 김정호는 결코 유자儒者를 자임하지 않았으며, 유자들이 지향해야 할 지도를 자신이 지향하는 지도와 같은 것으로 보지도 않았다. 지도를 바라보는 그들의 시선은 결코 같지 않았던 것이다(3부).

역사를 읽는 방법, 과거를 치밀하게 읽고 '현재까지'를 묘사하는 과정

이 책에서 검토한 읽고 쓰는 것을 '둘러싼' 역사 이야기, 책과 지식의 '울타리'에 관한 역사 이야기는 여기까지다. 이제 논의를 마무리하기 위해 이 책의 출발점으로 다시 돌아가보자. '읽고 쓰는 것'의 역사, 나아가 '책과 지식의 역사'는 곧 인쇄출판의 역사이며 기록의 역사이기도 할 것이다. 이 점에 대해 묻는다면 우리는 어떤 결론에 도달할 수 있을까. 어떤 이들은 이렇게 말할 수 있다. '우리는 금속활자를 세계에서 가장 먼저 만들었다. 그뿐만이 아니다. 우리에게는『화성성역의궤』와 같은 훌륭한 기록물이 있다. 그러니 그런 역사를 계승한 이 나라는 기록의 나라라고 말할 수 있지 않은가.' 비교사적인 안목을 중시하는 사람들은 정반대로 이렇게 물을 수 있다. '금속활자와『화성성역의궤』는 한국사에서 어떤 사회적인 변화를 불러일으켰는가. 유럽과 달리 조선에서 민간의 상업출판은 부진했으며, 서점의 존재도 미미했다. 유럽에서 인쇄물과 거기에 담긴 새로운 지식은 여론을 형성했으며, 마침내 근대를 불러왔다. 그러나 조선 사람들이 읽고 쓴 결과는 그런 변화를 불러오지는 않았다.'

'읽기와 쓰기' 혹은 '책과 지식'의 내용에 대해서 묻는다 해도 논란의 소지는 여전하다. 전에 볼 수 없던 사상적, 문화적 성취가 확인된다는 점에서 조선 후기는 특별한 시대였다. 작고 사소한 영역에서부터 전문지식을 다루는 영역까지 다양한 수준의 전문가가 탄생했는가 하면, 고문에 연연하지 않는 글쓰기, 개성이 살아 숨 쉬는 글쓰기를 시도하는 작가가 생겨났다. 천기天機나 진眞을 강조하는 인물들도 등장했다. 그런가 하면 공안파의 문예이론, 고증학, 양명학, 천주학, 서양 천문지리 지식 등 새로운 지식정보들이 중국에서 들어왔다. 이런 모든 변화의 요소들은 지식인이 읽고 쓰는 행위 속에 녹아들었다.

지식의 자생성을 중시하는 입장에 서면 이렇게 말할 수도 있다. '성리학의 조선화는 주체적인 문화 의식을 낳았고 그것이 진경을 재발견하는 동력이 되었다. 그 성리학의 자기극복 과정에서 물物을 재발견하게 되었고, 그것이 결국 북벌의 태내에서 북학이 탄생할 수 있게 한 힘이 되었다. 북학군주 정조는 서얼을 검서관에 등용함으로써 북학사상을 체제 안으로 편입시켰다.' 그러나 동아시아 문화 교류를 중요하게 보면 이렇게 말할 수도 있다. '양명좌파의 문예이론이 새로운 글쓰기를 낳았고, 이것이야말로 주자학적 세계관을 극복할 수 있는 힘의 원천이 되었다. 그러나 정조는 문체반정을 통해 그런 가능

성의 싹을 잘라버렸다.'

'읽기와 쓰기'의 역사, 나아가 '책과 지식의 역사'만을 문제 삼는다면, 그런 논란을 피할 수 없다. 그런데 이 충돌하는 논의들의 밑바닥에는 공통된 지점이 하나 있다. 이런 식의 질문을 던지는 역사가에게 과거란 늘 현재의 로망을 비추어보는 거울이다. 그들에게 인쇄술의 발달이란 근대를 가져와야 하는 현상이며, 책이란 언제 어디서나 다양한 지식을 불특정 다수에게 전하기 위한 도구여야만 한다. 민간이 상업출판을 주도하고, 그렇게 출판된 서적은 상품으로 시장에서 거래되어야만 한다. 유럽의 역사적 경험을 중시하는 역사가에게 지식이란 언제 어디서나 그런 것이어야 한다. 그런데 과연 그런가. 유럽사에서 확인되는 그런 양상을 다른 역사에서 기계적으로 찾을 필요가 있을까. 우리가 사태를 그렇게만 봄으로써 놓치게 되는 문제는 없는가.

만일 모든 역사에 '가야 할 길'이 늘 정해져 있다면, 현재에 대한 우리의 로망을 거기에 비춰보기는 더욱 쉬워진다. 이제 그 역사가 그 궤도를 얼마나 충실히 따라갔는지, 혹은 그 궤도로부터 얼마나 멀리 벗어났는지를 판단하면 그만이다. 그러나 어떤 역사에 '가야 할 길'이 항상 그런 식으로 정해져 있단 말인가. '가야 할 길'에 대한 강박에서 벗어날 수 있다면 이제 현재의 가치를 과거에서 찾을 것이 아니라, 과거를 치밀하게 읽어내고 그 위에서 '현재까지'를 설명하는 것이 옳지 않은가. 이 책에서 읽기와 쓰기 혹은 책과 지식의 '울타리'에 관한 역사를 살펴보려 한 것은 그런 이유에서다.

확실히 조선 후기 지식인들이 가지고 있던 '읽기와 쓰기'에 관한 문제의식, 책과 지식에 관한 아이디어는 유럽적인 것과는 차이가 있었다. 책이 상품으로서 활발히 유통되지도 않았으며, 서점의 존재도 쉽게 확인되지 않는다. 그러나 그런 그들도, 그런 시대에도 지식인들은 책을 읽고 쓰고, 또 그들의 방식으로 공유했다. 그것이야말로 가장 중요한 사실이 아닌가. 이 책은 그렇듯 읽고 쓰고 공유하는 행위가 가지는 조선적인 의미의 맥락에 대해 질문했다.

필자는 조선 후기 지식인들에게 지식이란 결코 등가等價적인 것은 아니었음을, 모든 지식은 의리학, 그리고 의리학을 전제로 한 경세학을 정점으로 하는 위계 속에 위치 지어졌음을 발견했다. 위계 안의 질서는 결코 이분법적이지 않았다. 다양한 새로운 지식들은 지식의 위계에 관한 합의된 외연 속에 존재했으며, 결코 반주자학적이라는 이유로 동일시되지도 않았다. 조선 후기 지성계의 지형을 주자학과 반주자학의 이분법적 구도로 본 것은 그 시대 사람들이 아니라, 현재의 로망을 그 시대에 비추어보려 했던 근현대 역사가들이다. 정조의 문체반정을 보는 시선에도 같은 문제가 있다. 문체반정은 사상 '탄압' 또는 정치적 노림수이기도 하지만, 그 시대의 맥락에서 보면 정조가 노론 엘리트와 규장각 검서관의 문체를 문제 삼는 방식과 밀도가 달랐다는 사실이 더 중요하다.

경세서를 읽는 과정 역시 예외는 아니었다. 저자의 의도를 충실하게 따라가는 독자도 있었지만, 더 많은 경우 독자들은 자신의 시선으로 텍스트를 재해석, 재구성했다. 독자가 텍스트를 읽는 과정은 심한 경우 새로운 텍스트를 생산하는 과정이기도 했다. 어느 경우든 저자의 시선, 그리고 그 시대 독자의 시선은 '근대' 혹은 '실학'을 읽으려 했던 근현대 역사가들의 시선과는 같지 않았다.

같은 문제는 지식을 공유하는 장에서도 발견된다. 역사가들은 조선 후기 지식인들이 신분과 당파를 뛰어넘어 서로 교류하고 지식을 나누는 장면을 주목했다. 물론 그런 장면이 있었다. 그러나 그런 일은 부분적이거나 제한적으로 이루어졌다. 많은 지식인들은 당파와 신분의 제한 속에서 지식을 나누었다. 그런 점에서 보면 불특정 다수와 광장에 모여 소통하는 장면을 더 많이 찾아내는 것은 중요하지 않다. 소통의 장에 관성과 힘이 어떤 방식으로 작용하고 있었는지를 드러내는 것이 더 중요하다. 그들은 지식인의 책무에 대한 그들 나름의 자각을 기반으로 하여 그 자장 안에서 그들의 방식으로 책을 읽고 쓰고 지식을 나누었다.

이 책이 조선 후기 지성계의 지형과 그 지형에 작용하는 힘을 살펴보는 데 집중했다면, 그 뒤의 역사를 상상하는 것으로 글을 마무리하는 것도 나쁘지는 않을 것이다. 근대사회에서 의리학, 그리고 의리학을 전제로 하는 경세학이라는 학문적 위계는 붕괴했다. 그러나 지식의 위계를 시대정신으로 공유하고 그것들을 보편적 가치와 연결시키려 했던 정서, 다르게 읽기의 관성, 그리고 지식 공유의 장에 작용하는 힘의 구조는 어떤 식으로든 일제강점기를 거쳐 변형, 해소, 재해석, 재구성되었고, 다시 오늘날 한국 지성계와 특별한 방식으로 연결되었을 것이다. 그 과정에 관심을 두고 살펴볼 일이다. 그것은 현재를 과거에 비추어보는 방식이 아니라, 과거로부터 '현재까지'를 묘사하는 과정이 될 것이다. 물론 이런 방식은 다소 낯설고 생소할 수도 있다. 그러나 결코 어렵거나 무의미한 시도는 아닐 것이다. 혹시 그렇게 보인다면, 그것은 해보지 않았기 때문이다. 시작이 중요하다. 언제나 처음이란 그런 것이 아닐까.

부록

<표 1> 표준형의 구성

단원	대항목	소항목	번호	광문회본 『택리지』의 해당 부분 원문	광문회본 해당 쪽수
四民總論			1	古無士大夫 (……) 人有進退出處之異也	310.1 – 309.7
八道總論	(도입)	연혁	2	崑崙山一枝 (……) 此我國建置沿革之大略也	309.9 – 308.6
			3	新羅以前 (……) 自高麗而始可述矣	308.6 – 308.10
	평안도	(지리역사)	4	平安道在鴨綠南浿水北 (……) 未幾禪代	308.11 – 306.11
		(도별총평)	5	大率淸川江以南爲淸南	306.11 – 305.1
	함경도	(지리역사)	6	平安之東 白頭大脈南下 截天爲嶺 嶺東卽咸鏡道	305.2 – 303.5
		(도별총평)	7	太祖以將帥 受王氏禪代 (……) 西北咸平二道不可居	303.5 – 303.10
	황해도	(지리역사)	8	黃海道居京畿平安之間 (……) 貿遷交易 常得奇羨	303.11 – 302.16
		(도별총평)	9	大抵一道 (……) 當爲要衝戰爭之場 此其所短也	302.16 – 300.3
	강원도	(지리역사)	10	江原道在咸鏡慶尙之間 (……) 漢水漸淺矣	300.4 – 298.16
	경상도	(지리역사)	11	慶尙道地理最佳 (……) 時不可往	297.1 – 293.5
	전라도	(지리역사)	12	全羅道東與慶尙接界 (……) 皇明賞罰之顚倒 有如是矣	293.6 – 289.5
		(도별총평)	13	大抵全羅一道 (……) 地遠俗渝 不可居	298.5 – 289.9
	충청도	(지리역사)	14	忠淸道在全羅京畿之間 (……) 西與京畿竹山陰竹接壤	289.10 – 281.7
	경기도	(지리역사)	15	忠州之西 與京畿竹山驪州接界 (……) 有許眉叟穆故居	281.8 – 273.12
卜居總論	(도입)		16	大抵 卜居之地	272.1 – 272.4
	地理		17	何以論地理 (……) 此六者乃要旨也	272.5 – 271.12
	生理	田地	18	何以論生利 (……) 此乃我國田地之大略也	271.13 – 269.4

단원	대항목	소항목		번호	광문회본 「택리지」의 해당 부분 원문	광문회본 해당 쪽수
		貿遷		19	貿遷交易之道 (……) 此乃我國水道船利之大略也	269.5 – 267.1
		(부상대고)		20	至於富商大賈 (……) 以爲備冠婚喪 祭四禮之需 又何害乎	267.1 – 267.3
	人心	(팔도인심)		21	何以論人心 (……) 此乃八道人心之大略也	267.4 – 267.8
		(사대부인심)		22	然此從庶民而論 (……) 人心之好不好 又非可論矣	267.8 – 261.8
	山水	(도입)	(팔도산계)	23	何以論山水 白頭山在女眞朝鮮之界 (……) 或云漢拏	261.9 – 260.10
			(유구국)	24	又渡海爲琉球國 (……) 幾死僅生	260.10 – 260.16
			(팔도수계)	25	一國之水則 (……) 此皆我國山水之大略也	260.16 – 259.1
			(국토형상)	26	大抵古人謂我國老人形 (……) 不及李如松 實欠典也	259.1 – 259.13
		名山	名山	27	夫全羅平安 (……) 爲國中大名山 爲隱流藏修之所	259.14 – 254.7
		名刹	名刹	28	古語曰天下名山僧占多 (……) 至今仍在	254.7 – 252.5
		都邑	都邑	29	凡山形 必秀石作峯 (……) 此三山 皆不及上四山	252.6 – 251.9
		隱遯	隱遯	30	夫下野之山 (……) 小可爲高人隱士栖遯之地	251.9 – 250.2
			(기타)	31	至於人不可居而山以名勝稱者 (……) 無泉石不載	250.2 – 250.10
		海山		32	夫海山中 (……) 映帶而絶勝者 開錄于下	250.11 – 249.10
		嶺東	(6호)	33	山水之勝 當以江原嶺東 (……) 故人材不出云	249.11 – 248.16
			(기타)	34	其他如襄陽洛山寺 (……) 有烟霞山水氣	248.16 – 247.4
			(기타)	35	嶺東九郡外 (……) 風雨之異 (鶴浦, 國島)	247.4 – 247.13

단원	대항목	소항목		번호	광문회본 「택리지」의 해당 부분 원문	광문회본 해당 쪽수
		四郡		36	永春丹陽淸風堤川四郡 (……) 俱非可居之地也	247.13 – 246.13
		江居		37	夫高山急水 (……) 維此可居 鴨綠豆滿不論	246.14 – 245.14
		溪居	(산계)	38	諺曰 溪居不如江居 (……) 尤貧儉矣	245.15 – 242.2
			野溪	39	至於離嶺之下野溪村 (……) 始有京城士大夫亭臺樓閣矣	242.2 – 241.6
			(산수론)	40	夫山水也者 (……) 後之好山水者 可以此爲法也	241.6 – 241.10
總論				41	我國寧有士大夫 (……) 我國處中國之外 (……) 作士大夫可居處	

* 대항목, 소항목의 이름 중 괄호가 있는 것은 필자가 임의로 붙인 제목이며,
 괄호가 없는 것은 광문회본 혹은 다른 필사본들에서 확인되는 제목이다.
** 광문회본은 이익성의 번역본(을유문화사 간행) 말미에 실린 원문이다.

〈표 2〉「택리지」 필사본들에 표시된 책자의 이름

	도서번호	표지 (목록)	내제 (본문 시작부의 제목)	표준형의 사민 총론 제목(본문)
규	奎4790-55	擇里志		(士大夫可居處)
규	상백고9151y58c	八域誌	青華山人八域志抄	(士大夫可居地志)
국	한고조60-17	八域誌	青華山人八域誌	(士大夫可居地志)
규	규7732	震維勝覽	震維勝覽	(士大夫可居處記)
국	고2700-12	擇里誌	擇里誌	
장	K2-4190	擇里誌		
규	15580	朝野信筆	青華李公擇里誌	
규	상백고9151D717	東國山水錄		
규	규7676	增補山林經濟	東國山水	
		萬物類聚		
장	K2-4189	東國總貨錄	總貨	(士大夫可居處)
규	奎15537	東國總貨錄		(士大夫可居處)
장	K2-4346	東國山川錄別集		(士大夫可居處)
규	古9151y58t	擇里志	擇里志	(士大夫可居處)
장	K2-4192	擇里誌	士夫可居處, 擇里誌	(士夫可居處)
국	한고조60-70	震維勝覽	震維勝覽	(士大夫可居處)
국	조60-28	卜居說	卜居說	(士大夫可居處)
국	승계고2701-4	野史略記(卜居說)	野史記略, 卜居說	(士大夫可居處)
규	奎3742	博綜誌		(士大夫卜居說)
장	귀K2-4180	博綜誌		(士大夫卜居說)
서	고서간행회본	八域誌	八域誌	(士大夫可居處)
장	K2-4191	八域可居處	八域可居處, 擇里志, 士大夫可居處	(士大夫可居處誌)
국	한조60-67	八域記	八域記	(士大夫可居處)
규	일사고915.1y58t	擇里志	(擇里志, 本名士大夫可居處)	(士大夫可居處)

표준형의 총론 제목(본문)	서문(정언유)	발문 1 이중환	발문 2 목성관	발문 3 이봉환	발문 4 목회경
(士大夫可居處)	八域可居處	擇里誌	擇里誌	八域可居處	擇里誌
(士大夫可居處記)					
(士大夫可居處)					
(士大夫可居處)		擇里誌			
		제목 없음			
(士大夫可居處)					
(士大夫可居處)					
(士大夫可居處)		擇里志			
(士大夫可居處)					
(士大夫可居處)					
(士大夫可居處)					
(士大夫可居處)	八域可居處	擇里志	제목 없음 (擇里志)	八域可居	
(士大夫可居處)	八域記	擇里誌	擇里誌 (擇里誌)	八域可居處	擇里誌
(士大夫可居處)	擇里志, 本名八域可居處	擇里志	擇里志	八域可居處	擇里志

	도서번호	표지 (목록)	내제 (본문 시작부의 제목)	표준형의 사민 총론 제목(본문)
국	한고조60-50	八域誌	卜居說, 八域誌	(士大夫可居處)
서	일석915.1.Y58pp	八域誌	可居處	(士大夫可居處)
규	古4790-38	震維勝覽	震維勝覽	
국	古2701-5	靑華漫錄	卜居說	(士大夫可居處)
국	2700-105	士大夫可居處, 擇里志	士大夫可居處	(士大夫可居處)
국	고귀2700-11	震維勝覽	震維勝覽	
국	조60-29	擇勝誌	擇勝誌	(士大夫可居處)
규	상백古915.1.J563	震維勝覽		(士大夫可居處)
장	B15AB-2A	靑邱志(擇里誌)	擇里誌	(士大夫可居誌)
장	B15AB-9	東興彙覽	擇里誌抄	
장	B15AB-2B	擇里誌		(士大夫可居處)
장	B15AB-16	震維勝覽	震維勝覽	(士大夫可居處)
장	B15AB-2	擇里志(附封事)	士大夫可居處	(士大夫可居處)
규	奎7492	飄然堪超世(八域可居志)	八域可居志	
규	奎11638	山水錄(東國山水錄)	東國山水錄	(士大夫可居處)
고	B10A127신암	東國山水誌	東國山水論可居地	(士大夫可居誌)
고	B10A186	八域誌	八域可居誌	(士大夫可居誌)
고	만송B10A3B1	擇里誌	擇里誌("士大夫可居處")	(士大夫可居處)
고	B10A3B	擇里志	東國山川總論	(士大夫可居處)
고	B10A3	擇里志	士大夫可居處	(士大夫可居處)
고	B10A3A	擇里誌		(士大夫可居處)
고	B10A132신암	八域要覽	卜居說	(士大夫可居處)
고	만송B10A185	八域誌	士大夫八域可居誌	(士大夫可居誌)
고	B10A50A육당	擇里誌	擇里誌	
고	B10A50육당	擇里誌	擇里誌	
고	B10A119신암	震維誌	震維勝覽	

표준형의 총론 제목(본문)	서문(정언유)	발문 1 이중환	발문 2 목성관	발문 3 이봉환	발문 4 목회경
필사 누락	필사 누락	필사 누락	필사 누락	필사 누락	필사 누락
(士大夫可居處)	八域可居處				
(士大夫可居處記)					
(士大夫可居處)	八域可處	擇里誌	擇里誌		擇里誌
(士大夫可居處)	八域可居處	擇里志	擇里志 (擇里志)	八域可居處	擇里志
(士大夫可居處)					
(士大夫可居處記)					
		擇里誌	(擇里誌)		
	八域可居處				
(士大夫可居處)					
(士大夫可居處)	八域可居處	擇里志			
(士大夫可居處)					
(士大夫可居誌)		(可居誌)			
(士大夫可居處)		擇里誌			
	八域可居處				
(士大夫可居處)					
		擇里志			
(士大夫可居處)	擇里誌(李重煥著)				
(士大夫可居處)					

	도서번호	표지 (목록)	내제 (본문 시작부의 제목)	표준형의 사민 총론 제목(본문)
국	古2709-3	邱隅誌	總貨	
국	한고조60-5	東國山川關防軍政總錄	總錄	

표준형의 총론 제목(본문)	서문(정언유)	발문 1 이중환	발문 2 목성관	발문 3 이봉환	발문 4 목회경

<표 3> 「규장전운」의 배포처*

배포처		대본	소본	비고
鄕校		白紙：334		四都八道 鄕校
賜額書院		白紙：262		전국의 賜額書院
기관	23곳	嶺壯紙：34 卷册紙：19	嶺壯紙：3 完壯紙：9 卷册紙：6 白紙：10	內閣 藏書閣 弘文館 成均館 外奎章閣 外閣 四學 史庫 承政院 起居注室 禮曹 水原府 開城府 江華府 廣州府 八道監營
개인	閣臣	23員	白綿紙：23 白紙：23	完白紙：23	原任提學 原任直提學 原任直閣 檢校待敎
	舊抄啓文臣	72員	白紙：72		
	新抄啓文臣	28員	白紙：28	完白紙：28	
	閣屬官	43員	白綿紙：4 白紙：43	白紙：17	
	大臣	2員	白紙：2	白紙：2	
	宗班	10員	白紙：10		
	卿宰一品	19員	白紙：19		
	二品	132員	白紙：132		
	堂上三品	131員	白紙：131	白紙：1	
	弘文館堂下官	42員	白紙：42		
	兩司堂下官	158員		白紙：158	
	兼春秋	5員		白紙：5	
	蔭官	2員		白紙：2	
	校正堂上別頒	4員	毛面紙：1 嶺壯紙：1 白綿紙：2 白紙：2	毛面紙：1 白紙：4	李家煥 李書九 李冕膺 徐榮輔
	書寫人別頒	28員		禮單紙：28	28員
	개인 자격	5員	白紙：5		5員
계		1,189질 1,483질	297질	

* 『일성록』, 1796년(정조 20) 8월 11일.

〈표 4〉『사기영선』의 배포처*

<table>
<tr><th colspan="2"></th><th>세부 배포처</th><th>직책</th><th>권</th></tr>
<tr><td colspan="2">왕실</td><td>內入本 및 宙合樓 소장본</td><td></td><td></td></tr>
<tr><td colspan="2">기관</td><td>史庫(太白山城, 五臺山城, 赤裳山城) 春秋館 內閣 外閣 外奎章閣 弘文館 世子侍講院 成均館</td><td></td><td>10</td></tr>
<tr><td rowspan="15">개인</td><td>總裁</td><td>蔡濟恭</td><td>大臣</td><td>1</td></tr>
<tr><td>監印</td><td>李晩秀</td><td>閣臣</td><td>1</td></tr>
<tr><td>校準</td><td>李翼晉 丁若鏞 都總管 李在學</td><td>抄啓文臣</td><td>3</td></tr>
<tr><td>監印校準</td><td>朴齊家</td><td>前檢書官</td><td>1</td></tr>
<tr><td rowspan="8">前現職
閣臣</td><td>蔡濟恭 金鍾秀 尹蓍東</td><td>原任提學</td><td>3</td></tr>
<tr><td>金熹 李秉模</td><td>原任直提學</td><td>2</td></tr>
<tr><td>鄭民始 沈煥之</td><td>提學</td><td>2</td></tr>
<tr><td>徐浩修 徐有防 徐鼎修 金載瓚 徐龍輔 鄭大容</td><td>原任直提學</td><td>6</td></tr>
<tr><td>李晩秀</td><td>直提學</td><td>1</td></tr>
<tr><td>金勉柱 尹行恁 徐榮輔 南公轍 金祖淳 李始源</td><td>原任直閣</td><td>6</td></tr>
<tr><td>沈象奎 徐有榘</td><td>待敎</td><td>2</td></tr>
<tr><td>李存秀</td><td>待敎</td><td>1</td></tr>
<tr><td rowspan="3">繕寫</td><td>洪仁浩 洪義浩 金熙朝 金啓洛 丁若鏞 李相璜 崔光泰 鄭晩錫 趙萬元 李勉昪 權晙 申絢 韓用鐸 鄭魯榮 嚴耆 李錫夏 李東萬 李基慶 李儒修 宋祥濂 宋知濂 丁若銓 金熙華 吳泰曾 曺錫中 尹致永 姜浚欽 徐俊輔 柳遠鳴 黃基天</td><td>抄啓文臣</td><td>30</td></tr>
<tr><td>金近淳 柳台佐 洪樂浚 金熙洛 具得魯 宋冕載 鄭取善 洪命周 金履載 金熙周 金處巖 李英發 洪奭周 金履永</td><td>抄啓文臣</td><td>14</td></tr>
<tr><td>柳得恭 徐理修 李集箕 李蓋模 成海應 李旭秀 李光葵 朴宗善 元有鎭 鄭柑</td><td>檢書官</td><td>10</td></tr>
<tr><td>기타</td><td>재고</td><td>西庫에 보관</td><td></td><td></td></tr>
</table>

* 『일성록』, 1796년(정조 20) 12월 25일.

<표 5> 『육주약선』의 배포처*

		세부 배포처	직책	권
왕실		內入本		330
		宙合樓 소장본		2
기관		西庫(100질), 內閣(3질), 外閣(1질), 弘文館(1질), 世子侍講院(3질), 외각(1질) 史庫(적상산, 오대산, 태백산, 각 1질) 成均館 (1질)		113
개인	閣臣	時原任閣臣 20인(각 1질)		20
		監印閣臣 2인(각 1질)		2
	校正	趙鎭寬	行都承旨	1
	監印	韓晩裕	行護軍	1
	標題書寫	曹允亨	行護軍	1
	監印	金近淳 申絢 吳泰曾 金履永 曹錫中 洪奭周 각 1질	抄啓文臣	6
	繕寫	趙萬元 權晙 金熙華 金熙周 徐俊輔 洪樂浚 金履載 黃基天 姜浚欽 宋冕載 尹致永 洪命周 각 1질	抄啓文臣	12
		嚴耆 李勉昇 李東萬 具得魯 金熙洛 柳台佐 柳遠鳴 金處巖 李英發 각 1질	時抄啓文臣	9
		朴齊家 柳得恭 각 1질	前檢書官	2
		李蓋模 成海應 元有鎭 각 1질	檢書官	3

* 『일성록』, 1797년(정조 21) 윤6월 12일.

〈표 6〉 화성 인근 10읍 유생 응제시 합격자에 대한 시상 내역*

지역	종류	합격 등급	赴試	규장각 간행본 (개인당 1질)					비고
				史記	五倫	陸奏	大本	小本	
華城	賦	草三下一	1						許赴監試會試
		草三下					5		
		次上						10	
	詩	三上	1						許赴監試會試
		草三下					11		
		次上						5	
	銘	三下	1						許赴監試會試
		次上					3		
廣州	賦	三下一	1						許赴監試會試
		三下					2		
		次上						2	
		草次上						15	
	詩	三下	1						許赴監試會試
		三下					1		
		草次上						7	
	銘	次上			1				
富平	賦	二下	1						直赴會試
		三上			1				
		三中				2			
		草三下					2		
		次上						10	
	詩	二下一	1						許赴監試會試
		二下		1					
		三上			2				

지역	종류	합격 등급	赴試	규장각 간행본 (개인당 1질)					비고
				史記	五倫	陸奏	大本	小本	
		三中				2			
		草三下					3		
		次上						6	
	頌	二下	1						直赴會試
		三下					1		
		草三下					1		
		次上						4	
南陽	賦	三下一	1						許赴監試會試
		三下					2		
		草三下					2		
		次上						7	
	詩	三下一	1						許赴監試會試
		草三下					2		
		次上						8	
	贊	草三下	1						許赴監試會試
		次上						1	
仁川	賦	三下	1						許赴監試會試
		草三下					1		
		次上						9	
	詩	三下	1						許赴監試會試
		草次上						4	
	銘	三下	1						許赴監試會試
		草次上						3	
		三上一							許赴監試會試
		三上			2				

지역	종류	합격 등급	赴試	史記	五倫	陸奏	大本	小本	비고
安山	賦	三中				1			
		三下					1		
		草三下					2		
		次上						8	
	詩	三下一	1						許赴監試會試
		三下二					1		
		三下					1		
		草三下					1		
		次上						4	
	銘	草三下	1						直赴會試
		草次上						1	
金浦	賦	三中	1						許赴監試會試
		三下					1		
		草三下					1		
		次上						7	
	詩	三中一	1						許赴監試會試
		三中				2			
		三下					3		
		草三下					1		
		草次上						3	
	論	三中	1						直赴會試
		三下					2		
		草次上						2	
陽川	賦	二下一	1						許赴監試會試
		二下		1					

| 지역 | 종류 | 합격 등급 | 赴試 | 규장각 간행본 (개인당 1질) | | | | | 비고 |
				史記	五倫	陸奏	大本	小本	
		三中				4			
		三下					1		
		次上						8	
	詩	三中一	1						許赴監試會試
		三中				1			
		三下					1		
		次上一						1	
		次上						1	
	銘	三下一	1						許赴監試會試
		三下					1		
		草三下		.			1		
		次上						2	
始興	賦	三上一	1						直赴會試
		三上			1				
		三中				1			
		三下					3		
		次上						8	
	詩	三下一	1						許赴監試會試
		三下					1		
		次上						6	
	銘	三下一	1						待窠復職
		三下					1		
		次上						1	
果川	賦	三中一	1						許赴監試會試
		三中二				1			

지역	종류	합격 등급	赴試	규장각 간행본 (개인당 1질)					비고
				史記	五倫	陸奏	大本	小本	
		三下					8		
		草三下					5		
		次上						25	
	詩	三上	1						許赴監試會試
		三中				1			
		三下					2		
		次上						2	
	銘	草三下一	1						許赴監試會試
		草三下					1		
		草次上						2	

赴試: 直赴會試나 許赴監試會試 또는 待窠復職 (비고란 참조)
史記: 史記英選
五倫: 五倫行實
陸奏: 陸奏約選
大本: 大本奎章全韻
小本: 小本奎章全韻

* 『내각일력』, 1797년(정조 21) 9월 12일.

430